新世纪戏曲研究文库

江巨荣 主编

汤显祖及明代戏曲家研究

吴书荫 著

复旦大学出版社

  吴书荫，1938年生，安徽无为县人。1962年毕业于北京大学中文系。1982年由中国艺术研究院研究生部毕业，留戏曲研究所戏曲文献研究室工作，1991年晋升为教授。1993年调回北京语言大学人文学院任教。主要从事明清戏曲文献整理和研究，出版有《曲品校注》、《浣纱记校注》、《梁辰鱼集》编校等。主编《绥中吴氏抄本稿本戏曲丛刊》《北京大学图书馆藏程砚秋玉霜簃戏曲珍本丛刊》及《中国十大古典悲喜剧集》《古本戏曲剧目提要》（合作）。参与《古本戏曲丛刊》六、七、八集的编辑。主持编纂《清代古典戏曲总目》（合作）已杀青。

序

颜长珂

书荫兄命我为此书作序,给我出了难题。对他钟情的学问,我知之甚少,几乎是个门外汉,实在无从置喙。书荫对戏曲古籍研究的兴趣,大概早年就萌生了。1978年,中国艺术研究院招收研究生,他有幸成为张庚先生的的弟子。张庚对于戏曲文献的搜寻与研究,历来非常重视,但深憾于人材的匮乏。书荫学习勤奋,热爱专业,刻苦钻研,深得导师的赏识和器重。1982年,书荫《曲品校注》著就,张庚为其欣然作序,肯定"作者经过多年辛勤搜寻,从大量的明人诗文集、笔记、碑传及地方志中,征引了比较丰富的资料,特别是向来被人所忽视的中小作家的材料,尤为罕见和珍贵。所以本书无论是对作家作品的考证,还是对以往成说的修订,都显得详明和公允",期望他继续努力,做出更大的成绩。1989年,张庚、郭汉成主编的《中国戏曲通史》再版重印,将对原作进行必要的修订。张庚请他通读全书,帮助查找可能存在需要改正的瑕疵。书荫应命读后,写了一篇《读〈中国戏曲通史〉札记——供修订再版时参考》。每页300字的稿纸,写了32页,内容涉及关于史实、史识、引文乃至错字、标点等方面的问题。条分缕析,巨细靡遗,显然是认真阅读原著,并查阅了众多资料的结果。对于"通史"的修订,提供了有益的帮助,也是向导师交了一份合格的作业。这篇读书札记,现在还保存在我处。数十年来,书荫孜孜矻矻,卓有成就,不负师望。本书所辑诸多论文,均可显示其深厚的研究功力。

如书名所示,本书内容集中于汤显祖及明代曲家的研究。我们知道,戏曲史家徐朔方先生以毕生精力,对汤显祖及晚明曲家有深入研究,著有《汤显祖全集》及《晚明曲家年谱》,受到学界好评与重视。本书开宗明义的几篇重点文章,如《〈汤显祖全集〉笺校补正》《汤显祖交游和创作年代补考》和《别具一格的晚明戏曲史——读〈晚明曲家年谱〉》等,都是针对徐朔方的著作而发的。文中充分肯定了徐作的成就,如《汤显祖全集》"对诗文的笺注用力最勤,广征博引,考证缜密……将他多年积累的研究心得融入其中,全书的笺注不仅理清许多作品的人事关系,查证了原来不能编年的一百多首诗文的创作年代,而且对戏曲史上'汤沈之争'、汤氏剧作演出的声腔等重大学术争论问题,都提出了自己独到的见解"。至于《晚明曲家年谱》,则是几乎囊括了当时重要的杂剧、传奇和曲论家的生平和创作,反映了晚明时期丰富多彩的戏曲面貌。"替这么多曲家编撰年谱,这在年谱史上也是绝无仅有的,是件非常了不起的事情"。同时,文章以主要篇幅,对两书中关于作品的归属或系年、作家生平以及某些资料的引用和辨析等,提出了具体的订正和补充的意见。对于书荫的批评,徐朔方不但未以为忤,而且真诚欢迎。戏曲文献,尤其明代曲家作品的研究,有关资料浩如烟海,对其搜寻辨识,确非少数人之力所能完成的。任何个人的研究,都难免有其不足。而徐朔方与吴书荫在学术道路上,更有着共同的爱好与关注,经常交流切磋。徐朔方曾在他致吴书荫的信函中说道:"年谱中有多处注明是您的心得。只有一处同您的意见相左。在这崎岖少人的小径上,也许我们是少见的同伴。不请你求助,还去求谁呢?"(1996年6月24日)《汤显祖全集》出版之后,又特意请书荫校读一遍。徐朔方珍惜自己的著作,如他所说,希望得到的反映和意见,是以补正为上,重要的是实质性的改正与提高,而不在于过情之誉。书荫正是在认真研读之后,以其心得,写成前述关于《汤显祖年谱》的评论,寄去请他过目。对"鸿文三篇联翩而下",徐朔方复函深表感激(2002年12月28日)。其后,《〈汤显祖全集〉笺校补正》和《汤显祖交游和创作年代补考》,分别发表于《燕京学报》和《中华文史论丛》。透过这些文章与其背后的故事,我们可以看到两代学人动人的友谊与风致。

戏曲文献整理和研究是一项坐冷板凳的工作。他不汲汲于名利,趋时逐热，而是沉潜学术，深耕细作。在研究中，总是要将有关资料搜集齐备，绝不一知半解，急于求成。史学大师陈垣教导其学生要多读书，勤于搜集资料，他所倡导的"竭泽而渔"的治学方法，对书荫有深刻的教益和影响。所著论文厚积薄发，内容充实，大都发表于专业性较强的书刊。今汇编为集，可面向更为广泛的读者，嘉惠学林。书荫已不再年轻，至今仍不辞辛劳，笔耕不辍。我由衷希望他注意身体健康，将手头未尽的项目早日完成，以期有更多的奉献。是为序。

2018 年 6 月于团结湖畔

目 录

序 …………………………………………………… 颜长珂

《汤显祖全集》笺注补正 …………………………………… 1
汤显祖交游和诗文创作年代考略 …………………………… 24
汤显祖交游和诗文创作年代补考 …………………………… 46
汤显祖佚文三篇 ……………………………………………… 70
"玉茗堂四梦"最早的合刻本探索 …………………………… 79
盛演不衰的"临川四梦" ……………………………………… 90
"汤学"研究新篇章 …………………………………………… 92
情深 情真 情致
  ——青春版《牡丹亭》观后 ……………………………… 94
对青春版《牡丹亭》演出的思考
  ——谈昆曲遗产的保护和研究 ………………………… 99
《牡丹亭》不可能成书于万历十六年
  ——与《〈牡丹亭〉成书年代新考》作者商榷 ………… 103
别具一格的晚明戏曲史
  ——读《晚明曲家年谱》 ………………………………… 116
吕天成和他的作品考 ………………………………………… 134
从《曲品》看吕天成的戏曲理论 …………………………… 147
新印耕读山房抄本《曲品》校读记 ………………………… 165
关于《古人传奇总目》和《金滕记》 ……………………… 172

《宝剑记》《浣纱记》《鸣凤记》与明代政治斗争 …………… 177
《梁辰鱼集》前言 ………………………………………………… 195
《浣纱记》的创作年代及版本 …………………………………… 200
关于梁辰鱼的《鹿城诗集》 ……………………………………… 219
一编在手忆师友
　　——《梁辰鱼集》再版后记 ………………………………… 223
《香囊记》及其作者邵璨 ………………………………………… 230
关于《金丸记》的作者问题 ……………………………………… 235
《杀狗记》改编者徐畖用名考 …………………………………… 238
张凤翼和《琵琶记》 ……………………………………………… 243
《还金记》传奇和《鸳鸯坠》杂剧 ……………………………… 250
卜世臣家世、生平和作品 ………………………………………… 258
明代戏曲家陈汝元考略 …………………………………………… 270
许自昌和《水浒记》 ……………………………………………… 278
《再生缘》杂剧作者考辨 ………………………………………… 294
对明末杂剧《破梦鹃》的不同解读
　　——与《古杂剧〈破梦鹃〉初探》作者商榷 ……………… 306
《竹林小记》作者考 ……………………………………………… 319
明代戏曲作家作品考略 …………………………………………… 322
明代戏曲选集中的目连戏 ………………………………………… 338
明传奇佚曲目钩沉 ………………………………………………… 347
明代戏曲文学史料概述 …………………………………………… 370
曲谱绝学有承传
　　——《曲谱研究》读后 ……………………………………… 393
收罗完备　校勘精当
　　——《汤显祖全集》评介 …………………………………… 396
一部富有创新精神的曲学著作
　　——评周巩平《江南曲学世家研究》 ……………………… 398

《鸾啸小品》著录小议 …………………………………… 400
古代戏曲选本的价值 …………………………………… 402
《同窗记·山伯千里期约》赏析 ………………………… 405
张庚与戏曲文献 ………………………………………… 409
马隅卿先生为抢救和保存戏曲文献所做的贡献 ……… 416

《汤显祖全集》笺注补正

徐朔方先生长期致力于汤显祖研究,成就卓著,蜚声海内外。他早就想编辑一部收罗完备的汤氏全集。1962年出版的《汤显祖诗文编年笺注》,就是这方面的一次尝试。又经过30多年的潜心钻研,终于将精心编纂的《汤显祖全集》奉献给读者,1999年1月,由北京古籍出版社出版。这个全集对诗文的笺注用力最勤,广征博引,考证缜密,仅尺牍部分就比《汤显祖诗文集编年笺校》增加新注150多条,或订正讹误,或增补新的内容,或考订写作时间,将他多年积累的研究心得融入其中。全书的笺注不仅理清许多作品的人事关系,查证了原来不能编年的100多首诗文的创作年代,而且对戏曲史上汤沈之争、汤氏剧作演出的声腔等重大学术争论问题,都能提出自己独到的见解,并用事实予以回答。这是《汤显祖全集》中具有较高学术价值的地方。由于汤显祖的交游特别广泛,涉及的人事比较多,难免有不足之处。今就我的一隅之见,予以订正和补充。所补正诸人,不是汤显祖的同年好友,就是当时诗文名家,或是以名节为重的官员,这对深入考证汤氏的作品和交游会有所裨益。

一、原笺注因疏忽而致误者

(一)《汤集》卷六,页183《赠赵司理池阳》

按:池阳,即安徽池州。查《万历池州府志》卷四:"赵世显,侯官人。进士,万历十六年任本府推官,二十七年任通判。"从《光绪池州府志》卷二七"府秩官",可知他因被贬官,十七年由王洽接任。《清侯官县乡土志》卷三"耆旧录内编二"有传：赵世显，字仁甫，万历十一年(1583)进士，除池州推官。左迁梁山知县，转通判(按：据《万历池州府志》，应为"池州通判")，以母老不赴。六经子史靡不淹贯，诗综盛唐，与徐㶿等结社芝山。著有《芝园稿》《山居》《阙下》《入蜀》诸集。此诗笺注认为："或作于万历十一年癸未。时在北京为礼部观政进士。三十四岁。"此注应误，因赵氏万历十六年(1588)任池州推官，次年离任，诗当写于万历十六年至十七年之间，这时汤显祖早就离开北京礼部，已由南京太常博士改官南京詹事府主簿。

(二)《汤集》卷八，页270《寄章衡阳吏部。公旧以郢令起当涂，清方见擢，喜之》

按：此诗笺注云："诗当作于万历十六年。据《当涂县志》，章嘉祯十四、十五年任当涂知县，下任十六年接替。……衡阳当是其别号。"查万斯同《明史列传》卷三二九《章嘉祯传》：章氏"万历八年进士，授蒲圻知县。忧归，补当涂。擢兵部主事，移礼部。二十年，尚书陈有年秉铨，调为己属，历文选员外郎。明年，坐会推内阁，失帝意。郎中顾宪成削职，嘉祯亦谪罗定同知，解职归里。"据《明史》陈有年传，陈有年代温纯之位，诏拜吏部尚书，在万历二十一年(1593)。次年五月，才有"坐会推内阁"事，"谪宪成及员外郎黄缙、王同休，主事章嘉祯、黄中色为杂职"。《明神宗实录》、明顾与沫等辑《顾端文公年谱》皆同此；顾宪成，谥端文，故称顾端文公。《明史列传》作"二十年……历文选员外郎"，误，应官吏部主事，时在万历二十一年(1592)。诗题既称"顾衡阳吏部"，那么，此诗当写于万历二十一年(1592)与二十二年(1593)五月之间，嘉祯任吏部文选司主事时。笺注认为"作于万历十六年"，应误。

(三)《汤集》卷九，页294《寄李崞峇内乡追忆陈宝鸡》

按：笺注云："李崞峇名荫，字于美，内乡人。曾任宛平知县(仙令长安)，后迁户部主事，时已家居。"《康熙内乡县志》卷七"人物"有传：李荫，嘉靖四十三年(1564)举人，授临海教谕。隆庆五年，迁阳谷知县。擢知宛平,中官母杀人,捕论如法。司礼监太监冯保召之,竟不往。迁刑部广东司主事,即告归,与兄蓘唱和为乐。沈榜《宛署杂记》卷二"职官":"李荫万历三年任,万历八年升刑部广东司主事。"两书都记载他由宛平令迁刑部主事,而笺注与《汤显祖年谱》引《列朝诗集小传》丁集下李传所附李荫传,均作"迁户部主事",应误。《千顷堂书目》卷二三著录,李荫著有《内丘集》《吏隐轩诗话》,其诗作载《六李诗集》。

(四)《汤集》卷一〇,页389《哭陈宝鸡贞父》

按:陈贞父名忠言,嘉靖四十三年(1564),入贡太学,改名以忠,无锡人。隆庆元年(1567),举顺天乡试,五年,授宁乡知县。万历三年,迁宁州知州,寻,以事贬职。万历五年(1577),蒲州相公张四维强起贞父补宝鸡令。万历八年,调任光州知州。据沈懋学《郊居遗稿》卷四《陈贞甫传》,说他上任后"逾月而病,盖五上乞归,不报。八月,以疾稍差,强起视篆,未几病再举,遂不食。再上书,不待报而归。归不再旬而竟卒"。当卒于万历八年(1580)秋末初冬。陈传又见顾宪成《泾皋藏稿》卷一九,有《云浦陈先生传》。前诗笺注云:"诗作于任官南京时。万历十七年作诗《寄李崖客内乡追忆陈宝鸡》,时宝鸡知县陈贞父已物故。"汤显祖任官南京是万历十一年至十九年,而此诗则写于万历八年秋末或初冬,他尚未中进士,笺注误。

(五)《汤集》卷一五,页646—647《东馆别黄贞父》

按:笺注云:"作于万历三十三年(1605)乙巳五月,家居。五十六岁。黄汝亨,字贞父,仁和人。万历二十六年进士,授进贤令。"据黄汝亨《寓林集》卷二七《与刘云峤祭酒》:"不肖以五月十七日去钟陵。"钟陵,即进贤的古称。卷九《游麻姑诸山记》又云:"乙巳夏五,余得释肩钟陵以行。……十九朝,乃得抵临汝,诣同年袁沧孺,而后造若士。……迟予东馆已三日,相聚快甚。二十二日,鸡始鸣,别若士。"此诗应写于这年五月二十二日。徐朔方《汤显祖年谱》云:"邻县进贤令黄汝亨,于万历二十六年莅任。"《寓林集》卷一五《亡儿茂梧圹志》云:"戊戌,余举进士,次年授江西进贤令。"戊戌,即万历二十六年(1598),次年,有《五月授进贤令出都辞诸游好作》诗(《寓林诗集》卷一),可知黄氏万历二十七年(1599)五月出任进贤令。笺注和汤谱作二十六年,皆误。

(六)《汤集》卷一五,页649《玉版师别意赠贞父十绝》

按:进贤县城南里徐福胜寺后有一块方丈地,修竹数百竿,绿树浓荫覆盖,环境清幽。万历三十年(1602)九月,黄汝亨将它辟为休憩之所,颜其居名玉版里。又仿苏轼邀刘器之参玉版和尚食笋事,别刻石为玉版居,作《玉版居记》记其事(见《寓林集》卷九)。此诗前一首为《玉版居述怀赠黄贞父进贤三十韵》,故《玉版师别意赠贞父十绝》之"师"应为"居"之误。笺注认为此诗"作于万历三十三年(1605)乙巳,家居"。然而,诗题后小注云:"代贞父所种寺笋作。"这一年五月十七日,黄汝亨内征仪曹离进贤赴京,在临行之前,他既要办理卸任移交手续,又要与同僚、当地的士绅及友人告别,可能无暇栽种寺笋;况且诗中所写的内容,不管是时间还是节令,都不是当年春夏的情况。万历三十一年(1603)秋,汤显祖作客进贤,曾作有《玉版居》七言古诗(原载《进贤县志》卷二五,今收入《汤显祖全集》诗文卷五一补遗)。这首诗也当写于此时,因为他的所见所闻正好同《玉版居》诗的描述相吻合,诗云:"不应便作题门去,五六年来为此君。"黄氏万历二十七年五月莅任进贤,至万历三十一年秋,正好是五年多不到六年;又云"几曲栏干风露低"、"竹橱凉夜驻征骖"、"偶怜秋色净居天"等,均是秋天的节令。再如:明年春入觐上计,这年冬黄汝亨就要动身进京,故诗的结尾有"向后长安天欲远,可能相报日平安"句,汤氏对老友的殷勤叮嘱,恰到好处的体现了诗题的离别之意。

(七)《汤集》卷一五,页660《送宜黄令武昌赵明府入觐并怀解元令侄》

按:此诗笺注云:"作于万历三十三年(1605)乙巳,家居。五十六岁。据《抚州府志》,赵明府为刘孕昌之后任,刘于三十二年由宜黄调任临川,赵任宜黄当为同年。至此将一年,与'仙令宜人向一年'诗合,明年丙午春,例须入觐上计,送行诗当是年冬作。"据明万历刊本《刘氏类山自序》:"余自戊戌手录是书成,岁岁挟与出入,辛丑为友人晏懋谦携来豫章,越三载不归。去冬作令宜川,首晤懋谦滕王阁下,握手道故,因索得之,如家宝久逸复得,获喜可知已。"此序署"万历乙巳中秋燕及再题",乙巳,为万历三十三年(1605),燕及,即刘胤昌之字。既然序称"去冬作令宜川",当是万历三十二年(1604)冬任宜黄令,直到三十三年秋刊刻《刘氏类山》时,他仍在宜黄任上,笺注作"三十二年由宜黄调任临川",误。笺注又云:"芝加哥大学中文图书馆马泰来馆长抄示《宜黄县志》卷二二云赵邦梅于三十四年任宜黄知县,存疑。"刘胤昌调任临川最早也是万历三十三年冬或三十四年春,才由赵邦梅接任,因此,马泰来所说是。明制,外官三年一朝觐,朝以辰、未、戌、丑年。丁未即万历三十五年,此年为入觐考察之年。送行诗当写于万历三十四年(1607)之冬。笺注和汤谱所云:"明年丙午春,例须上计。"因"丙午"非上计之年,此说也误。刘胤昌,字燕及,号浈水先生,桐城人,万历三十二年进士,选宜黄县,终官大理寺评事,未赴卒。见马其昶《桐城耆旧传》卷五《刘评事传》。"胤"可作身孕解,故《光绪抚州府志》作刘孕昌。

(八)《汤集》卷一五,页661《浮梅槛为贞父作四首》

按:此诗笺注云:"作于万历三十三年(1605)乙巳,黄汝亨自进贤知县内调仪部郎之后,家居。五十六岁。"因为诗中有"故事江头仪部郎"句,况所写黄氏在西湖的闲居生活。据《寓林集》卷一五《亡女姚仲子妇圹志》云:"太仆以忠亮亢爽忤于时,拂衣归西湖,余亦遭时忌谪居。"太仆,指其亲家姚文蔚,字养谷,钱塘人。万历二十年进士,官至太仆寺少卿。所谓"遭时忌谪居",《明史》卷二三〇《汪若霖传》云:"先是,吏部列上考选应授科道者,知县新建汪元功、进贤黄汝亨、南昌黄一腾与焉。(朱)赓党给事中陈治则推毂元功、汝亨。若霖劾二人嚣竞,吏部因改拟部曹。治则怒劾一腾交构。帝以言官纷争,留部疏。

廷臣屡请乃下，而责若霖首倡烦言，并元功、汝亨、一腾各贬一级，出之外。廷臣论救，皆不省。"《神宗实录》载"言官纷争"事，在万历三十六年二月戊午，而贬谪事稍后。《寓林集》卷一五《亡儿茂梧圹志》云："戊申，复就予京师。……无何，予亦绌而归西湖三年，集二三子讲道谈艺。……（壬子）予官南工部转仪部郎。"戊申，即万历三十六年（1608），由仪部郎谪居，三年后壬子，即万历四十年才起用。在罢黜谪居这几年中，他遍游安徽、浙江、福建一带名山大川，万历三十八年夏，他在友人潘之恒等的陪同下，游览了黄山、白岳。归来后忽萌生奇想："客夏游黄山、白岳，见竹筏行溪林间，好事者载酒从之，甚适。因想吾家西湖上，湖水清且广，雅宜此具。"于是制成朱栏青幕之筏，因《地理志》载古人有以梅为筏，至春则开花流满湖面。故友人周本滢欣然题此筏为"浮梅槛"，黄氏撰《浮梅槛记》（见《寓林集》卷一〇）。按：据诗题应为"浮梅槛"，"海"字误。此记写于万历三十九年（1616），汤诗也应作于这一年。笺注说"作于三十三年"，误。

（九）《汤集》卷一六，页1422《候董廓庵司空》；又，卷四七，页1425《与门人胡元吉》

按：前信笺注云："董廓庵名裕，抚州乐安人。官至南京工部尚书。见《抚州府志》卷四十八。"而后信笺注则云："董裕号扩庵，杨秋寅号临皋，皆江西泰和人，先后任东莞知县。"明吴道南《吴文阙公文集》卷一六《扩安董公神道碑》：董裕，字惟益，号扩庵，乐安人。隆庆五年（1571）进士，任东莞县令，擢御史，官至刑部尚书。又《明清进士题名碑录索引》云，董裕，江西乐安人。因此，董裕号扩庵，前诗题和笺注作"号廓庵"，误。董氏应为乐安人，而后诗笺注作"泰和人"，也误。

（十）《汤集》卷一七，页767《清高起后诗为姚广昌作。公子当世俊才，公侯必复，其在兹乎》；又，卷四七，页1432有书信《与姚承庵》

按：《千顷堂书目》卷二五云："姚舜牧《承庵文集》十六卷，字虞佐，乌程人。广昌知县。"查《同治广昌县志》卷四"宦绩"："姚舜牧，字承庵，乌程人。万历三十一年，令广昌，本理学为治，慈爱若桑门，而行义若壮夫。"据《乾隆乌程县志》卷六姚氏小传，"慕唐一庵、许敬庵之为人，自号承庵"。承庵为姚氏之号，而《同治广昌县志》所说"字承庵"，误。八千卷楼主人丁丙得明刊姚氏《乐陶吟草》时，根据姚氏家谱所写题记云："姚承庵……生于嘉靖癸卯十一月二十五日卯时，卒于天启丁卯九月初五日申时，寿八十五。"而此诗笺注却云："〔姚广昌〕当是荣国公姚广孝之后人。"据《明史·姚广孝传》，姚广孝为江苏长洲人。汤氏诗题以作官之地称人，姚广昌即广昌令姚舜牧，非姚广孝之后人。此笺注应误。"公子当世俊才"，指姚舜牧之子姚祚端。《乾隆乌程县志》卷六载：姚祚端，字正初，号世所，舜牧子。万历三十五年(1607)进士，知江都县，官至南太仆丞，晋尚宝司丞。

(十一)《汤集》卷三〇，页 1106—1108《超然楼后序》

按：笺注云："《超然楼集》，冯时可作，时可字元成，华亭人。隆庆五年(1571)进士，曾任处州同知。见《处州府志》卷十三。"《超然楼集》卷三《入浙记》："丙申岁，六月朔，吏部以予调浙江，盖仍旧官。""丙申"为万历二十四年(1596)；所谓"旧官"，指他官湖北右参政，分巡郧阳道(见《湖广通志》卷二八)。他调入浙江则为按察使，分司温处道，驻处州。按察使与右参政虽不是同官，但按察使为正三品高于从三品的右参政。他八月十六日，挈家发郧阳，次年元月抵达处州，二十一日移入署。据此，冯时可由按察使摄处州同知。万历刊本《超然楼集》12 卷，最后一卷为《雨航杂录》，可是不见汤氏所作的《超然楼集后序》。

(十二)《汤集》卷四四，页 1293《答冯具区》

按：笺注云："冯具区，名梦祯，字开之，秀水人。万历五年会元，选庶吉士，除编修，官至南京国子监祭酒。万历二十六年劾罢。……书当作于冯氏罢官后。"据钱谦益《初学集》卷五一《南京国子监祭酒冯公墓志铭》载，冯梦祯中进士后不久，南归，"三年赴阙，除翰林院编修"。万历十五年(1587)京察，因忤张居正而谪官。回杭州家居后，徜徉湖山,礼佛参禅。万历二十年,才重新起用,后累迁至南国子监祭酒。早在万历十一年,冯氏分考会试,于闱棘中认识汤显祖(见《快雪堂集》卷四二《答费学卿》)。《快雪堂日记》万历十六年十月十四日日记云:"得许敬庵、汤义仍报书。"所得报书,或就是汤氏的这封答书,此信当写于此时,而笺注认为作于冯氏罢国子祭酒之后,恐不确。

(十三)《汤集》卷四四,页1298《上张洪阳相公》

按:笺注云:"张洪阳,名位,新建人。万历五年若士游学南京国子监,张位为司业。"据黄佐《南雍志》卷五"司业",张位万历八年三月陞,六月任司业。笺注作五年,误。

(十四)《汤集》卷四七,页1457《答朱广原》

按:笺注云:"万历十一年汤显祖之同年进士,朱姓者四人。此似指状元朱国祚。"据朱彝尊《静志居诗话》卷一七,朱大启,字君舆,又字广原,秀水人。万历三十八年进士,除南昌推官。擢吏部主事,历员外、郎中。崇祯初,升太常寺少卿,提督四夷馆,官至刑部左侍郎。《千顷堂书目》卷二六著录有《漫寄斋集》24卷,"诗话"作《曼寄轩集》,似误。盛枫《嘉禾征献录》卷一有传,称其号广原,"诗话"作"一字广源",亦误。他非朱国祚,乃其兄国祯之子。万历四十年(1612),充任江西同考官。崇祯十五年(1642)卒,年七十八,赠尚书。《答朱广原》信中说:"癸未仕人,最早零落。子弟象贤者,亦不数家。"其意似指晚辈而言,但通篇用词比较委婉客气,故笺注误作朱国祚。此信写于万历三十八年至四十年间,朱大启任职江西时,汤氏给他的回信。

二、作品系年可考者而失考

(一)《汤集》卷二,页35《孤桐篇遗沈侍御楠》

按:汤集卷一六有《负负吟》诗,序云:"为诸生时,太仓张公振之期予以季札之才,婺源余公懋学、仁和沈公楠承异识。"由此可见,直到万历四十四年，汤显祖辞世前不久，对曾经赏识过他的张振之、余懋学、沈楠等人仍念念不忘。而此诗对沈氏其人却失注，据范应期《江西道监察御史让亭沈君楠墓志铭》，沈楠(1534—1575)，字汝材，自号让亭子，武林(今浙江杭州)人。隆庆二年(1568)进士，奉使三边，寻授南昌都司理，数平冤狱，民甚德之，"三载考绩，例得赠父如其官，母与妻封赠皆孺人。今上召为江西道侍御史……又二年，巡按陕西"(见焦竑《国朝献徵录》卷六五)。"今上召为"句，指明神宗朱翊钧改元(即万历元年，1573)，沈楠官江西道监察御史。据《明史》卷七三"职官二"，"监临乡、会试及武举"乃侍御史的职责之一。《孤桐篇遗沈侍御楠》中有"且停张女弹，听我孤桐叹。……何似孤桐埋雪时，峨峨崇山人不知"等诗句，可知应是万历二年(1574)，汤氏二十五岁，再次春试不第(见《汤显祖年谱》)，才有此诗向沈楠表达自己怀才不遇的痛苦心情。因此，这首诗可系于这一年。

(二)《汤集》卷一〇，页377《送伍给事谪万载丞》

按：伍给事其人可考，即伍可受。《同治汀州府志》卷三〇"人物"云："伍可受，号冲吾，清流人。万历丁丑进士，知容县。擢南礼科给事，弹劾辅臣许国，谪万载县丞。起开封府推官，迁户部郎中，榷关广陵，有清誉。擢云南佥事，转山东参议，以入贺归省，卒。著有《博艺堂稿》《焚余草》《谪居草》《代奕吟》诸集。"查《民国万载县志》卷五"职官"，伍可受，万历十二年，以给事中谪任县丞。而余懋学等所撰《南垣论世考》卷一〇载，伍氏因言事，这年七月被贬为万载丞。《送伍给事谪万载丞》诗首联云："年来清奏出陪京，每向秋江送客行。"可知，此信应写于万历十二年(1584)秋，即七八月间，汤氏官南太常博士任上。

(三)《汤集》卷一〇，页386《送宋崇阳暂归广汉》

按：宋崇阳其人可考，即崇阳知县宋兴祖，字维杰，四川汉州籍，中江县人。汤显祖同年进士，授崇阳县令。后调德清，行取陕西、福建道监察御史，巡按辽东、云南和贵州，累官大理寺少卿。传见《嘉庆广汉县志》卷二五"名宦"。据《同治崇阳县志》卷六"职官",宋兴祖,万历十二年任,寻以忧去。十四年,由陈洪烈接任。此诗当写于万历十四年(1586)。

(四)《汤集》卷一〇,页 390《西川学使郭参知棐调西粤》

按:郭参知其人可考,名棐,字笃周,东莞人。嘉靖四十一年(1562)进士,初授户部主事,寻改礼部。独以数忤当路,出为夔州知府,官至云南右布政。万历二十三年大计,遭逸言,遂乞休。诏晋光禄寺卿,致仕。著有《粤大记》《岭南名胜记》《梦菊全集》《齐楚滇蜀诸稿》《兰省稿》《名公玉屑录》等。据过庭训《本朝分省人物考》卷一一一《郭棐传》载:"万历丁未,始改四川提学。癸未抵京,将补铨司,相国申时行、余有丁皆同年,雅欲推毂,而每见辄进轨讽,由是失二相意,仅除广西右江副使。"广西右江地处西粤,所以诗题说"调西粤";癸未,为万历十一年(1583),此信应写于这一年。

(五)《汤集》卷一〇,页 391《过宛平县治,忆庚辰春雪,宝鸡令陈贞父同访李崔峇,时双鹤乘舞,今崔峇已去郎位,而贞父物故,鹤犹迎舞,泫焉悲之》

按:这一首诗虽未系年,但也可考知。明制,京官六年一考察,察以巳、亥年。因万历十五年(1587)为丁亥年,京察,汤显祖赴京过宛平时,追忆庚辰事而有这首诗之作,当写于这一年冬。

(六)《汤集》卷一五,页 651《怀贞父长安》

按:笺注云:"当作于黄汝亨别后,姑系于前诗之后。"前诗为《玉版师别意赠贞父十绝》,此诗题之"玉版师",应为"玉版居",《汤集》失校。据汤注作于万历三十三年(1605),而此诗姑系于其后,然而语焉不详。其实此诗可考。《寓林集》卷四《郑应尼出守真定序》:"及应尼成进士为南工部郎,又二年,予来同官。"卷一五《亡儿茂梧圹志》亦云:"壬子,(茂梧)入试列副榜,不即售,命也。时予官南工部转仪部。"郑之文(字应尼)万历三十八年进士,授南京工部主事。所谓"又二年",

即万历四十年壬子(1612),黄汝亨亦官南工部。诗称"御沟晴雪过啼鸦,犹自空闲带粉衙",宋刘攽《汉官仪》云:"省中皆胡粉涂壁,故曰粉署。"后来称尚书省为粉署,亦称粉省。因为杜甫曾官校检工部员外郎,他的《秋日夔府咏怀奉寄郑监李宾客一百韵》中有"馨香粉署妍"句,所以又称工部为粉署。汤诗中的"粉衙"即粉署,指工部。因此,这首诗应作于万历四十年(1612)或稍后,黄氏正任官南京工部时。南京为明陪都,故诗题又以长安称之。

(七)《汤集》卷一七,页753《送淮扬分司吴年兄并问谢山子》

按:吴年兄即吴扰谦,与汤显祖同中隆庆四年(1570)举人,故称年兄。《汤集》卷十四《庚子七月晦吴观察得月亭举烛沾醉,云各有子秋试,望之,怅然成韵八绝》诗,笺注云:"〔吴观察〕当即吴扰谦,曾金宪西粤,临川人。"《抚州府志》卷五一"宦业"有吴扰谦小传:他字如亨,号文台。隆庆五年(1571)进士。曾由遂安知县升任南工部主事。据《明史》卷七五"职官四"载,工部四司中有都水、虞衡两司,吴扰谦在这两司任过职;京口,指镇江,他由南比部郎出任镇江知府,故此诗首联称:"十年南署水衡清,大府仍高京口名。"吴扰谦曾两任盐运官,一次是由镇江知府降职为两淮运判,另一次由绍兴兵备左迁两浙运副(见《钦定重修两浙盐法志》卷二一"职官")。又据《乾隆镇江府志》卷三二"刺守",吴扰谦万历十一年(1583)任镇江知府,十三年,由曹一鹏接任。他降为两淮运判,分司淮扬,当在万历十三年(1585)。此送行诗应写于此年,汤显祖在南京太常博士任上。

(八)《汤集》卷一九,页837《逢左拱之章门即赠二首》;又,卷四九,页1527《寄左沧屿》

按:左拱之其人可考,即左光斗(1575—1626)。其字遗直,一字拱之,号沧屿,别号浮丘,桐城人。万历三十五年(1607)进士,除中书舍人,七年后选授御史,官至左都御史。因反对魏忠贤,与杨涟一起被逮下狱,迫害致死。《明史》有传。据邹维琏《明都察院左佥都御史特赠太子少保都察院右副都御史谥忠毅左公墓表》及马其昶《左忠毅公年谱定本》,万历三十九年,吏部尚书蔡国珍卒,左光斗奉差赴江西奉新祭葬。道经南昌时(按:诗题中的"章门"指南昌),与汤显祖相遇,赠诗二首当作于此时;又,《寄左沧屿》信中有"零露蔓草,未足拟其清扬;秋水霜兼,差以慰其游溯。……倏焉别去,渺矣伊人"诸句,此信当也作于万历三十九年(1611)秋天。

(九)《汤集》卷二〇,页 896《送王正之宜阳》

按:今查《光绪宜阳县志》卷七"职官",万历时县令王姓者仅有王政,孝义人,万历十一年任。又查《明清进士题名录索引》,王政为汤显祖同年进士,山西孝义人。小传见《山西通志》卷一一四"人物",其字正之。万历十三年(1585),由宜阳调知清苑县令(见《民国清苑县志》卷二"职官"),以裁冗费、抚流亡、不阿权贵为人所称。官至刑部主事。据《千顷堂书目》卷六所载,他在清苑任上纂修过《清苑县志》。王政万历十一年(1583)出任宜阳令,送行诗当撰于此年。

(十)《汤集》卷二〇,页 901《留别蹇汝上郡丞还皖》

按:蹇汝上其人可考,即蹇达(1542—1608),字汝上,改字汝循,号理庵,巴县人。嘉靖四十一年(1562)进士,授颖上县令,移祥符,官至右都御史兼兵部尚书,总督蓟州、昌平、保定、辽东四镇军事。事见李维桢《大泌山房集》卷一一三《太子太保兵部尚书蹇公行状》。《康熙安庆府志》卷一二"明同知"载:"蹇达,四川巴县人,万历乙亥任皖郡丞。"万历乙亥,即万历三年(1575)。《蹇公行状》说他"迁皖郡丞,三年,擢平阳知府",此信或作于万历三四年之间。沈懋学《郊居遗稿》中也有留别蹇达之诗。

(十一)《汤集》卷二〇,页 901《喜昆明刘茂学出宰新都,缅怀杨用修作》

按:刘茂学其人可考,即刘文征。《光绪昆明县志》卷六上"宦绩"

有传,茂学作"懋学",云南昆明人。汤显祖同年进士。知新都县,居官六年,复起为威清兵备。量移四川右参政,备兵松潘。天启时,起南鸿胪卿,三疏力辞,加太仆卿,致仕。曾纂修《滇志》33卷。据《民国新都县志》第二编"职官",刘文征,万历十三年(1585)任知县。此诗当作于这一年。

(十二)《汤集》卷三一,页1116《仪部郎蜀杨德夫诗序》

按:杨德夫其人可考,即杨容,字德夫,号复城,四川荣县人。嘉靖四十四年(1565)进士,授湖广应城知县。升刑部主事,改户科给事中。升刑科右给事,除浚县丞,历南京礼部郎中。万历九年免官。传见《掖垣人鉴》卷一五。此序或为万历八年(1580)汤显祖游南太学时所作。

(十三)《汤集》卷三二,页1145《徐司空诗草序》

按:徐学聚,字敬舆,号石楼,兰溪人。与汤显祖同年进士,授浮梁知县,官至右佥都御史,巡抚八闽。传见清王崇炳《金华献征略》卷二十。徐司空,即徐学聚之父徐用光(1526—1560),字成孚,号益庵。嘉靖三十二年(1553)进士,任工部都水司主事,历员外郎,升屯田司郎中,卒于官。叶向高《苍霞草》卷一三有《徐公神道碑铭》。《光绪浙江通志》著录有《徐工部诗集》,可能就是汤氏所序之诗集。祖徐袍,字白谷,嘉靖十三年(1534)举人。博学高行,从游者数百人。著有《枫山记实》《事典考略》等。序中所说"其弟鲁源",乃徐学聚之叔的外号。"弟"字,应为"叔"字之误。其叔徐用检,字克贤,嘉靖四十一年(1562)进士,官至南京太常寺卿。著有《鲁源文集》《三儒类要》等。序云:"余待诏容台署中。"容台,即礼部的别称。万历十二年(1584)八月,汤显祖任职南京礼部,此序或写于次年六月南京太常博士任上。

(十四)《汤集》卷四六,页1419《与许仰亭吏部》

按:许仰亭其人可考,黄体仁《四然斋藏稿》卷四有《贺邑侯仰亭父母三载奏最叙》,许仰亭名汝魁,官上海县令。查《嘉庆松江府志》卷四二"名宦传":许汝魁,字元甫,号仰亭,江西湖口人。万历十四年(1586)进士,由浙江常山知县调上海。居三年,以母丧去。服阙,还补故职。秩满,迁南京吏部主事,官至南通政使。"府志"卷三八载,许汝魁,万历十七年调任上海知县,服阙后再官,两莅上海县令,前后凡七年。因此,任南京吏部主事在万历二十三年(1595)。此信当写于这一年。

(十五)《汤集》卷四七,页1430《与冯文所大参》

按:汤氏此信云:"知名公近著《宝善编》,记吴中耆旧逸事。而太仓起潜师父子幽善良多,惟前后裁入。书得明公而信,庶可不朽。"据此可知,冯时可正在撰写《宝善编》。《宝善编》分甲乙两集各1卷,原刊已不见,今存《宝善编》甲集1卷乙集1卷选刻2卷,已无冯氏甲乙两集的原序。然此序尚保存在万历刊本《冯元成选集》卷一四中。《宝善编序》说:"万历戊戌,余还吴门……以当世贤人君子懿行为小传,日课三篇,秋日汇之,计百八十篇。"戊戌,为万历二十六年(1598)。信中还涉及万历二十九年辛丑大计,汤显祖遭到落职的处分,然而此时他已家居三年,不当入计。浙江按察使李维桢为汤氏鸣不平,这年五月被降为右参政。直到写此信时,《宝善编》可能尚未杀青刊行,否则汤显祖不会向冯时可提出请求,将其师张振之(字起潜)父子事裁入该书。此信当写于万历二十九年(1601)或稍后。

(十六)《汤集》卷一三,页545《先秋榜一日泊富阳怀吴伯霖》;又,卷四八,页1479《与吴伯霖》

按:吴伯霖其人可考,名之鲸,传见《光绪浙江通志》卷一七八"文苑一":吴之鲸,字伯霖,又字伯裔,钱塘人。文才俊爽,高自标举,与冯梦祯、黄汝亨为莫逆交,同《再生缘》杂剧作者吴大山并称"江皋二俊"。但屡试不第,万历三十七年(1609)才中举,谒选浮梁县令,不久病卒。著有《阆阁草》1卷、《瑶草园集》1卷(今国家图书馆残存明刊

《瑶草园初集》10册11卷)、《武林梵志》12卷。据冯梦祯为伯霖母所撰写的《吴母孙硕人墓志铭》,万历二十二年甲午,伯霖已经参加过四次乡试,都没有考上。此诗题既云"先秋榜一日",殆指万历二十五年(1597),他第五次参加秋试,这年秋天汤显祖正在浙东一带游览,惦念老友的科考情况,故诗应写于此时。《与吴伯霖》信中说:"贞父于弟不薄,五年之中,无一私语。"黄贞父于万历二十七年至三十三年任江西进贤县令,在任一共六年,这里所说"五年之中",此信当写于万历三十二年(1604)。

(十七)《汤集》卷四九,页1522《答沈湛源》

按:沈湛源其人可考,即沈应奎,字伯和,号湛源,武进人。万历十三年(1585)举人,授昆山县教谕。历裕州知州,为官廉洁,召为刑部主事。升汀州知府,终官南京光禄少卿。传见清邹漪《启祯野乘》卷三。答书有"捧读方城诸议,公真可作州也"。据《乾隆裕州志》卷四"职官",沈应奎,万历三十四年(1606)任知州。此信应写于这一年或稍后。

三、交游可考知者而未考

(一)《汤集》卷六,页178《送胡司李都云,癸未秋已闻播横,勉之》

按:据《贵州通志》卷一七"职官",万历时任贵州司理胡姓者两人,即:胡校,安徽池州人;胡孝崇,湖南辰州人,皆即以举人任。汤显祖往来江西和南京之间,都必须取道池州,他在池州有很多朋友,故此诗所送胡司理应是胡校。

(二)《汤集》卷六,页186《送王淑父理广平,有怀马长平》

按:查《乾隆广平府志》卷一三"职官",万历时王姓推官有两人,一为王价,孟津进士;另为王遵训,杞县进士。据《明清进士题名碑录索引》,王遵训,宁陵人,与汤显祖同为万历十一年进士。"府志"作杞县人,误。淑父,或为王遵训之号。宁陵在明代属河南归德府,《乾隆归德府志》卷六"选举":"王遵训,万历癸未科进士,历任刑科给事中。"据《明实录》神宗十九年五月辛卯二十七日,户科给事中王遵训上《请加意旁搜人才疏》,王氏应为户科给事中,"府志"或有误。

(三)《汤集》卷七,页229《答恒叔并忆梦白伯符》

按:笺注云:"伯符,不详。"伯符其人可考,陈泰来字伯符,一字上交,平湖人(见《明诗综》卷五三小传)。年十九,中万历五年(1577)进士,授顺天府教授,进国子博士。后迁膳部员外郎,因抗疏申救赵南星,谪饶平典史。泰昌时,赠光禄少卿。传见《明史》卷二三一、《本朝分省人物考》卷四五。黄虞稷《千顷堂书目》卷二五,著录有《员峤集》,冯开之为撰《陈伯符诗集序》(见《快雪堂集》卷二)。

(四)《汤集》卷七,页234《寄罗青浦兼怀旧令长卿》

按:罗青浦,即青浦令罗朝国。据《嘉庆松江府志》卷四二"名宦",罗朝国,字维桢,新建人。万历十一年进士,除青浦县令,累官至南京刑部尚书。

(五)《汤集》卷八,页248《顾膳部宴归三十韵》;又,同卷,页258《送顾思益膳部》

按:顾膳部,即礼部精膳司郎中顾汝学,汤显祖同年进士。《康熙太平志》卷一五"职官·知府":"顾汝学,字思益,号悦庵,浙江仁和(今杭州)人。进士,通判言子,郎中任。风雅清正。著有《悦庵集》。"据《康熙太平府志》,顾氏万历二十年由郎中任知府。郎中,指南京礼部精膳司的主官。又历四川按察副使(见《四川通志》卷四〇"职官"),官至云南按察史、右参政(见《天启滇志》卷一一"官师志")。《千顷堂书目》卷二六著录,顾汝学著有《双清堂集》7卷,卷首有"临川汤显祖序"。此序汤集未收。

(六)《汤集》卷八,页249《送安卿》

按:安绍芳(1548—1605),字懋卿,无锡人。太学生。工诗善画。著有《西林全集》20卷,传见曹溶《明人小传》卷四。《西林全集》卷五有《分得乌衣巷同吴公择臧晋叔徐茂吴汤义仍诸子赋》:"曾闻江左事,兹地擅风流。素倩围棋赌,钱将作埒游。衣冠多捉麈,里巷半鸣驺。惆怅豪华尽,空余故垒秋。"诗题称汤显祖等为诸子,说明当时皆未及第。万历初,安绍芳三十多岁,正居住在金陵。所以《送安卿》才写道"安卿此时三十余,未三十时金陵居"。"安卿诗人亦画史"、"吴山惠水是君家"等,也皆与安氏为人相合。可知安卿就是安懋卿,疑诗题脱一字,应为《送安懋卿》。据《汤显祖年谱》,万历四年,汤氏游南太学,可能在此时结识安懋卿。

(七)《汤集》卷六,页269《送王当世理台州,有怀天台胜寄,乞县不果偶及》

按:笺注云:"据《台州府志》,王道显,闽人,是年(荫按:指万历十六年戊子)任台州推官。"此注稍简,今据《兰台法鉴录》卷二〇小传,略作补充:王道显,字纯甫,福建同安人。汤显祖同年进士,万历十七年(1589),由台州府推官选贵州道御使。万历十九年(1591),升山东提刑按察司佥事(又见《山东通志》卷二五"职官"),云南参议,浙江副使。官至参政(《康熙福建通志》卷三七"选举")。送行诗写于万历十六年(1588)。

(八)《汤集》卷一〇,页339《送吴幼锺归皖》

按:笺注云:"[吴幼锺]皖人。本书卷八《送汪汝立郎中奏最兼怀吴幼中马长平》诗云:'不知归皖否,可悉吴生状?前观乞米帖,军规与筹量。无令卒饿死,负此时贤望。'境况甚苦,余不详。"吴幼锺其人可考。其名岳秀,安徽怀宁人,万历八年进士。授中书舍人,与同年顾宪成辈,讲学东林,以道德文章相砥砺,世号五人,一时麟凤。迁礼科给事中、给谏,直声震天下。以忤权贵,出为河南右布政使。莅任一月,乞归。归筑方丈一室,改号遁斋。卒后,门人私谥为直方先生。传见《江南通志》一六四"人物志·儒林"、《康熙怀宁县志》卷二三"理学"。

(九)《汤集》卷一〇,页396《寄李铜陵有怀佘参知先辈》

按:查《乾隆铜陵县志》卷二,万历时任知县李姓者仅李思振一人。李思振,广东海阳人。万历十七年(1589)进士,十八年除铜陵县令,二十二年卒于官,由熊懋官接任。

(十)《汤集》卷一〇,页397《送陈比部宪蜀暂归福清》

按:陈比部,即刑部郎中陈锦,福建漳州人,汤显祖同年进士。据《福建通志》卷三六"选举",陈锦,先授康海令,历比部郎,擢四川按察副使。比部,即刑部。

(十一)《汤集》卷一〇,页397《送汪青城》

按:查《民国青城县志》卷一"知县",万历时知县无汪姓者,只有姓江名焕者,注云:"河南嵩县籍,徽州府人。治威仪,立府城。"《明清进士题名碑录索引》万历十一年进士,有"汪焕,河南嵩县守御千户所籍,直隶休宁人"。江焕和汪焕的籍贯、里居皆相同,应为同一人,《民国青城县志》将"汪"字误成"江"字,所以"汪焕"也就误作"江焕"。据《康熙休宁县志》卷五,汪焕,汤显祖同年进士,"字文仲,千村人。知任丘县,升户部主事,进郎中,卒"。《光绪河北广昌县志》卷三:"汪焕,南直隶进士。万历二十一年任,行取刑部主事,历户部郎中"。两志所载略有出入。

(十二)《汤集》卷一三,页525《送谢君实理高州》

按:《光绪高州府志》卷一六卷"职官",万历时任推官者,有"谢继科,江西金溪人"。查《抚州府志》卷五一"宦业":"谢继科,字哲甫,金溪人。万历己丑进士,授山东登州府推官,由刑部侍郎出知琼州府。"《乾隆琼州府志》卷之五上"官志"云:"知府,谢继科,江西金溪人。民间祀浮粟泉。"据该志卷一"山川"所载,浮粟泉又名金粟泉,万历四十二年,郡守谢继科在泉旁井上瓮石琢双龙头于井中,泉从口涌出,遂使周围田地得以灌溉。万历四十五年,提学副使戴建祠于泉上。由此可知,谢继科任琼州知府在万历四十二年(1645)左右,而他任广东高州府司理的时间则不详。

(十三)《汤集》卷一四,页587《忽见缪仲醇二首》;又,卷四七,页1468《答缪仲醇》

按:汤诗笺注云:"缪仲醇,吴人,曾为闽抚许浮远幕客。"此注过简,今略作补充:缪希雍(1546—1627),字仲醇,自称泌园叟,常熟人,后移家金坛。喜谈古今成败事,所重在气节,与东林诸人相友善。精医术,治病多奇中。故他曾经关心过汤显祖的病,汤氏有《七年病答缪仲淳》之诗(见《汤集》卷一六)可证。著有《先醒斋广笔记》4卷、《神农本草经疏》30卷、《画筴图解》1卷等。传见《明史》卷二九九《李时珍传》附、清龚立本《烟艇永怀》卷三。

(十四)《汤集》卷一六,页671《上巳前一日永宁寺同莆中蓝翰卿宗侯郁仪孔阳孝廉邓太素》;又,卷四八,页1489《与邓太素》

按:邓太素其人可考。黄虞稷《千顷堂书目》卷二五云:"邓文明诸集共十卷,字太素,南昌人,连州知州。"查《光绪江西通志》卷三〇"选举表":"万历十三年乙酉乡试,邓文明崇仁人,知州。"《千顷堂书目》作"南昌人",误。据《同治连州志》卷五"职官",邓文明,天启元年(1621)出任知州。

(十五)《汤集》卷一八,页806《魏辟疆云欲上都二首》

按:黄汝亨为魏辟疆之父魏廷玉所撰《奉训大夫宗人府仪宾魏公墓表》说:"余为钟陵令时,以汤若士识西昌魏生辟疆曰广国者,名士也。"(见《寓林集》卷一六)《寓林集》卷二六有《与魏辟疆》信。《千顷堂书目》卷二五:"《魏广国文集》十卷,字辟疆,南昌人,诸生。"据"墓表",万历三十三年(1605),"余去钟陵,辟疆以太学入京师来会"。此诗应写于这一年或稍后。万历三十九年,左光斗奉使江西时,曾有诗赠给他:"莫因相识晚,不与订生平。"(《左忠毅公集》卷三《赠魏辟疆太学》)

(十六)《汤集》卷一八,页 808《送桂文学归慈溪兼讯姜给事松盘》

按:姜给事松盘可考。其人即理学家姜应麟,清姜宸英《湛园集》卷五有《先太常公传略》,云:姜应麟(1546—1630),字泰符,號松盘,浙江慈溪人。万历十一年进士,由庶吉士授户科给事中。万历十四年(1586),疏请封皇长子生母郑贵妃为皇贵妃,上怒,谪广昌典史。五年后,量知余干县令。万历二十九年(1601),有诏立皇长子为太子,公喜遂归,杜门垂二十年。光宗立,起补太仆寺少卿,赠太常卿。著有《五经绪言》等,尤精于《易》,有《周易容光》《易会》诸书。

(十七)《汤集》卷二〇,页 902《送刘司理平乐》

按:刘司理其人可考。今查《嘉庆平乐县志》卷一六"秩官",万历时任推官者仅刘镇一人,"福建进士,万历十二年任"。据《明清进士题名录索引》,他也是汤显祖同年进士,福建福清人。《光绪福清县志》卷一四"循良"有小传:刘镇,字雅居,福清万安里鳌江人。进士及第后,授广西平乐府推官。其地苗瑶杂居,刘镇能劝学与文、凿山、置堡,民甚安之。转刑部主事,旋以疾乞休。行至杭州,中途而卒,贫无以殓。他为诸生时即博学能文,尤长于声诗,所著有《纪游小草》。既然是万历十二年(1584)任平乐府推官,送行诗应作于这一年。

(十八)《汤集》卷二〇,页 905《送徐大名》。

按:汤氏惯用做官之地称人,今查《民国大名县志》卷一四"官师",万历时,任大名知县徐姓者仅一人,即徐顺明,所谓徐大名应指此人。他是杞县进士,二十七年任。再检《乾隆杞县志》卷一〇"选举":徐顺明,字子治,万历二十六年进士。授元城知县(按:大名本汉元城地,明清同属大名府,1913年两县合并为大名县)。升刑部员外郎,历郧阳知府、四川副使、陕西参政。

(十九)《汤集》卷二一,页929《花塘答苏青阳》

按:查《光绪青阳县志》卷二"职官志",万历时任青阳县令苏姓者仅苏万民一人,湖北江陵人(按:应为安远人)。由举人万历四年任,后擢监察御史。其后任卢尧典,万历九年接任。《湖广通志》卷三五"选举志"载,苏万民,嘉靖四十三年(1564)举人,安远人。《同治安远县志》卷三,说他由青阳知县升贵州御史。此信当写于万历四年(1576)或稍后。

(二十)《汤集》卷四四,页1332《与张东山司马》

按:张东山其人可考,即张应泰,字大来,号东山,安徽泾县人。万历二十年(1592)进士,授泰和县令,量移河间丞,转南膳部主事,寻改兵部,升吉安守,未莅任,卒。著有《艺葵草》《百门草》《晚香亭稿》《泾献遗音》等。传见《嘉庆宁国府志》卷二九"文苑"。据郭子章《黔草》卷一二《泰和邑侯张东山先生德政碑》,"张侯令吾邑六年",他万历二十年任县令,二十五年离任。此信应写于万历二十五年(1597)量移河间丞(即司马)时或稍后。

(二十一)《汤集》卷四六,页1407《与张异度》

按:张异度其人可考。据钱谦益《初学集》卷五四《张异度墓志铭》:张异度,名世伟,吴江人。万历四十年(1612),举顺天乡试,寻以贤良方正不就。生于隆庆三年(1569),卒于崇祯十四年(1641)。崇祯甲申(十七年,1644)赠翰林待诏。著有《自广斋集》《周吏部纪事》等。

(二十二)《汤集》卷四八,页1484《与沈华东宪伯》、页1485《答沈华东》

按:汤集卷六有《同沈胤盛送钱国贤赟武成侯诰之广陵归觐》诗,

卷七又有《初南奉常留别沈胤盛亳州》诗，前诗笺注云："〔沈胤盛〕或名丞，显祖同年进士，又为京寓邻居。"此笺注欠详。查《光绪亳州志》卷一〇有沈丞小传，他万历十二年任亳州知州。传见《本朝分省人物考》卷四五：沈丞，字华东，桐乡人。万历十一年进士，初任亳州守。丁艰，服阕，补濮州。升福州郡守，改济南。擢宪副，改督粮参政。升按察使，寻改福建右方伯。丙辰入觐，改山东左布政，逾年，擢操江都御史。据《江西通志》卷一三"职官表"，邬鸣雷，万历三十八年任左参政。沈丞乃其后任。此信或写于他任江西右参政时。

（二十三）《汤集》卷四八，页1458《与苏石水督学》

按：苏茂相，字弘家，号石水，晋江人。万历二十年（1592）进士，授户部主事，出为彰德守。迁河南副使，寻督学江西。累官至刑部尚书。传见《乾隆晋江县志》卷九"人物"、《泉州府志》卷四四至四五。据《千顷堂书目》卷一〇，苏氏著有《皇明名臣类编》《临民宝镜》《读史咏言》等。

（二十四）《汤集》卷四八，页1495《与易楚衡》

按：易楚衡其人可考。其名之贞，一字忠甫，湖广蕲水人。隆庆四年举人，万历七年，授青浦教谕（见《光绪青浦县志》卷一〇"职官表"）。以廉勤擢户部郎中，督饷易州，奏免积逋二十万。行部至良乡，悯逋粮故官，为请减十之九，且捐俸代偿之。奏罢矿珰王虎，卒为忌者所中，出守马湖，三月归。传见《湖广通志》卷五二"人物"、《光绪青浦县志》卷一四"职官"。马湖府明置，清废，属四川屏山县。今查《乾隆屏山县志》卷四"秩官志"："易之贞，蕲水人。举人，万历二十年任。"到任仅三个月，即辞归。此信应写于易氏归家以后。

（二十五）《汤集》卷四九，页1533《寄叶增城》

按：叶增城，名灿，字以冲，桐城人。万历四十一年（1613）进士，改庶吉士，授编修。迁南国子司业，历左中允、右庶子。天启末削籍。

崇祯初,起补少詹侍读学士加礼部右侍郎,累迁至南礼部尚书。追赠文庄。有《天柱》《南中》《庑下》诸集及《读书堂稿》。传见《桐城耆旧传》卷五。

(二十六)《汤集》卷四九,页 1537《答沈幼宰》

按:沈幼宰,名长卿,钱塘人。举万历四十年(1612)顺天乡试。《沈氏弋说》卷六《世俗好传人死》,自述其父死后他的不幸遭遇:"予辛丑遭帷薄之变,壬寅遭阋墙之变,辛亥遭逆奴谋弑之祸于中途,命几殒者屡矣。"此信云:"尊公名德中朝,旧于让亭师座右习闻风淑。"据黄汝亨《寓林集》卷一七《四川按察司佥事沈公行状》:幼宰父沈楩,字才叔,号襟江。万历十六年(1588)进士,授凤阳府推官,终官四川按察司佥事。让亭,即沈楠之别号。他和沈楩应是兄弟行。卷五一页 1646《弋说序》:"子殆有意于时,传记而敏给者欤!"据万历刊本《沈氏弋说》,"传记"之"传"字,为"博"字之误。

(本文刊于《燕京学报》新第 14 期,2003 年 5 月)

汤显祖交游和诗文创作年代考略

1999年1月由北京古籍出版社刊行的《汤显祖全集》，是迄今为止最为完整精审的汤显祖诗文和戏曲作品集，徐朔方先生为该集所作的笺注用力甚勤，经过日积月累和长期的发微抉隐，对汤显祖的交游、人事关系和诗文的创作年代作了细致的考订，使此书具有较高的学术价值，受到学术界的称赞。然而，汤氏留下2 200多首诗文作品，涉及的人事面既广且多，难免会有所疏忽和失误。拙文《〈汤显祖全集〉笺注补正》(见《燕京学报》新第14期，2003年5月)已经作了补充和订正，此文为其续篇，再作一些拾遗补阙的工作。若有不当之处，敬祈作者和方家纠谬。

一、交游可考知者而未考或误考

(一)《汤集》卷九，页332《送蒋祠部使归宜兴》

按：此诗云："春风闰月宜阳羡，旧宅沧浪似汉皋。"笺注考订送行诗写于万历十九年辛卯(1591)三月，是。《汤显祖年谱》也将此诗系于这一年，但对蒋祠部其人均未考。阳羡为宜兴的古名，蒋祠部当为宜兴人。今查《嘉庆增修宜兴县旧志》卷一〇"选举"，果有"蒋应震，万历十一年朱国祚榜进士，官建昌知府"的简单记载。可知他是汤显祖的同年进士。据《明清进士题名碑录索引》，汤显祖同年进士蒋姓者两人，另一人为江西庐陵人蒋荐，而送行诗所说的蒋祠部肯定是蒋应震无疑。据此诗诗题，他既是汤显祖的同年，也可能是汤氏在南京礼部祠祭司的同事。惜《县志》无蒋应震的传记，他书也不载，故其字号及生平也不详,只知他万历二十三年(1595)出任建昌知府(见《康熙建昌府志》卷一三"官师")。毛宪所编《毗陵人品记》,卷首不仅有署"建昌知府蒋应震"所撰的序,而且他还同顾宪成等参与此书的订正。

(二)《汤集》卷一二,页 515《答范南宫同曹尊生》

按:范南宫其人可考,即河南南宫县令范应宾。字光父,号松台,又号果庵,浙江嘉兴秀水人。万历二十年进士,授商城知县,时值大灾,他救荒有法,并广置学田以赡贫士,又仿常平法,储粟数千石以备旱涝。调南宫,惩恶扶良,治为畿辅第一。迁工部屯田主事,督易州山厂。因太监刻期征督,稍有怠慢便遭严谴,光父殚力焦思,劳瘁成疾,呕血而卒。世论为之惋惜。他少有文名,工诗古文辞,所著有《水部集》14 卷、《文记》,并辑有《明诗征》《语录》等。传见《光绪嘉兴府志》卷五二"秀水列传"。申时行《赐闲堂集》卷二七有《承德郎工部屯田清吏司主事范君墓志铭》。据《民国南宫县志》卷一二"职官篇",范应宾万历二十三年任县令,二十六年由舒城进士程希道接任。范应宾可能将升迁之事告诉汤显祖,因而诗的首联云:"南宫几岁得为郎,曾伴飞凫入帝乡。"其尾联汤氏答以自己将要归隐:"况是折腰过半百,乡心早以到柴桑。"万历二十六年(1598),他四十九岁,故诗言整数"半百",答诗应作于这一年。曹尊生其人也可考,见后文。

(三)《汤集》卷一〇,页 399《祠署送朱礼垣奏计过家淮上》

按:朱礼垣其人可考,即朱维藩,字介卿,号贞石,南直隶淮安卫人。世袭千户,让职其弟。万历五年(1577)进士,授浙江鄞县知县。七年,丁忧。十年,复除上虞县。十四年,选任礼科给事中。二十年升江西按察司副使,致仕。林居十余年,野服角巾,绝足公门,绝面士大夫,绝口宦途旧事,人称"朱公三绝"。传见余懋学撰、卢大中补《南垣论世考》卷一〇"南京礼科",《乾隆淮安府志》卷二二"仕绩"。万历十五年(1587)丁亥,考察京官,此诗当写于这一年。

(四)《汤集》卷一七,页 746《送张广陵》

按:张广陵其人可考。秦置广陵县,汉改为江都县,因此,后世常称江都为广陵。查《嘉庆重修扬州府志》卷三七"秩官三",万历时任江都知县张姓者仅张宁一人,"襄城人,进士,二十二年任"。传见《乾隆江都县志》卷一四"名宦":张宁,字坤一,河南襄城人。万历二十年进士,二十二年知江都县。升南京刑部主事。送行诗有"石城秋雨送高旌"句,此诗当作于万历二十二年(1594)秋,时汤显祖由遂昌知县北上上计路过南京,送张宁赴江都任。

(五)《汤集》卷一七,页 773《送石首王司理南康》

按:查《同治南康府志》卷一二"职官",万历时任推官者王苾,石首进士。王司理当是此人。《光绪荆州府志》卷四九"宦绩":王苾,号筠野,湖北石首人。万历二十三年进士,任南康府推官。升北大理寺评事,再历工部主事,迁太平知府。此诗应写于万历二十三年(1595)。

(六)《汤集》卷一八,页 811《寄陈河州并问王道服岳伯二首》

按:诗前有"陈,前廉州理"五字注,可知其曾任过廉州司理。查《广东通志》卷四一"名宦志":陈文焯,临川人,举人(万历十三年举人,见《光绪抚州府志》卷四三"选举")。万历二十二年("职官表"作二十一年),任廉州府推官。廉洁性成,人比之冰壶秋月。又查《康熙河州志》卷三"官师表":陈文焯,江西临川人。万历三十年,由举人任知州。王道服,名民顺,时任陕西参政。此诗其一云:"万里珠从合浦还,凤林春色远临关。知君不似贪炎热,暂与开牙向雪山。"合浦为廉州的属县,陈文焯由廉州司理调任河州时,先回临川省亲,故称"合浦还"。从整首诗意看,当写于万历三十年(1602)陈文焯赴河州不久。

(七)《汤集》卷二〇,页 870《送别驾胡用光年兄归养》

按:胡用光或是胡笃卿,字培元,宁国府太平县人,万历十一年进士。历官汉阳、云南、抚州三郡,所至皆有政绩。茌任抚州时,奖拔士类,号称得人,如丘兆麟、蔡国用并出其门。著有《徐于轩诗草》《续自警编》等。传见《嘉庆宁国府志》卷二七"宦绩"。《光绪抚州府志》卷三五"职官"载:万历时任府同知者,有胡笃卿,宁国人,进士。胡笃卿与汤显祖同年进士,故汤氏称之为年兄,而用光当为笃卿之号。汉有别驾从事史,为刺史的佐官,后世一般称通判为别驾。但同知也为知府的副职,胡用光任府同知,故也可以称为别驾。

(八)《汤集》卷二〇,页 896《送李蔚元扶风》

按:李蔚元其人可考。名懋春,字蔚元,号槐墅,河南杞县人。万历八年进士,授扶风知县,调丰裕。风骨崭然,清操如水。为上官陈地方利病,侃侃无所忌。历户部员外郎中、陕西佥事、山西按察使、参政。事见雁门张凤翼《句注山房集》卷一九《送李槐墅宪使归田序》及《陕西通志》卷五三"名宦四"。据《嘉庆扶风县志》卷一〇"官师表",李懋春万历十一年(1583)任知县。诗有"秦中过客非为远,腊里逢春去莫迟"句,此送行诗应作于这一年腊月。

(九)《汤集》卷二〇,页 901《送马临淄,时有采木之役》

按:查《民国临淄县志》卷一七"职官志",万历时任县令马姓者仅马悫一人。马悫,河南禹州人,进士。任县令时,"政令严明,盗贼屏迹,民心大悦"。《道光禹州志》卷五"选举":马悫,字慎卿,万历十一年进士,除令山东临淄外,还转寿光知县,擢户部主事,官至浙江参政。《明实录》载,万历二十五年夏六月,皇极、中极、建极三大殿遭火灾。由于三殿工兴,采楠杉诸木于湖广、四川、贵州(见《明史·食货志》)。采木时间与此诗所写不合。据《明实录》,万历十二年十月,以预建寿宫于昌平大峪山,择吉伐木,大学士申时行奉敕看视。十一月初六日辰时伐木日,祭告本山之神。所谓"时有采木之役",或指此事,诗如写于万历十二年十一月,汤显祖已在南京太常博士任上,不可能在北京送马悫赴临淄,待考。

(十)《汤集》卷二一,页 932《寄叶石埭》

按:查《康熙石埭县志》卷五"官秩",万历时任知县叶姓者仅叶明元一人。叶石埭当是此人。福建同安人,由进士万历元年任。《福建通志》卷四五"人物三"有传:叶明元,字可明,同安人。隆庆二年进士,授石埭县令。历南京刑部郎,迁广西参政,以劳卒于官。此诗写于万历元年(1571)或稍后。

(十一)《汤集》卷二一,页 938《送林贵县》

按:查《民国贵县志》卷一五"职官表上",万历间任知县林姓者仅林朝钥一人。林为南海县人,汤显祖同年进士,官至户部主事(见康熙《新修广州府志》卷二七"选举",亦见《广东通志》卷二二"选举")。今查《同治南海县志》,未见其小传。故送行诗写于万历十一年或十二年秋季,时汤显祖在北京礼部观政。

(十二)《汤集》卷二一,页 938《送武林陈判之郁林》

按:陈判其人可考。《光绪林州志》卷一〇"州判":"陈楚产,麻城进士,(万历)二十五年任,以兵部主事谪郁林州判。"《民国麻城县志》前编卷九"仕绩":陈楚产,字北学,万历十一年进士。授博野知县,清廉劲直,迁兵部主事,谪郁林州判,升兵部员外郎。陈楚产非浙江武林人,诗题恐有误。据徐朔方《汤显祖年谱》,万历二十五年,汤氏赴杭州,以平昌令上四年计。后又游览温州等地,归遂昌不久,再取道杭州赴京上计,与陈楚产相遇,故有送行诗之作。诗云:"乡树秦人隔几重,郁江秋暖衣芙蓉。"故此诗应写于这年秋冬间。诗题误,应订正为《武林送陈判之郁林》。

(十三)《汤集》卷三一,页 1113《太学同游记序》

按:此文笺注云:"〔鄢许公〕名国,歙县人。歙县秦时属鄢郡。《明史》卷二一九有传。何时任官太学不详。"焦竑《国朝献征录》卷一七载王家屏《光禄大夫柱国少傅兼太子太师吏部尚书建极殿大学士赠颖阳许公墓志铭太保谥文穆》云:"戊寅,迁南国子祭酒;庚辰,转太常寺卿领国子祭酒事。""戊寅",即万历六年(1578),"庚辰",为万历八年。黄佐《南雍志》卷五"祭酒":"许国,万历六年二月升,六月任太常寺卿管国子监祭酒。"两书记载都认为许国万历六年任国子监祭酒。万历八年(1580),又由太常寺卿领国子祭酒事。

(十四)《汤集》卷四四,页 1298《上张洪阳相公》

按:笺注云:"张洪阳,名位,新建人。万历五年若士游学南京国子监,张位为司业。"据《南雍志》卷五"司业",张位万历八年(1580)三月升,六月任司业。笺注作五年,误。

(十五)《汤集》卷四四,页 1320《答余中宇先生》

按:笺注云:"余中宇名有丁。万历四年,汤显祖游学南京太学,有丁官祭酒。"余有丁号同麓,从来都未用中宇为号。"中宇"乃汤显祖老师余懋学之号,见《南垣论世考》卷九。此书为余懋学所撰,他称自己的字号应当可信。《千顷堂书目》卷三〇,著录余懋学自撰《余中宇奏议》6卷,也能作为佐证。因此,笺注和汤谱之误。余懋学,字行之,安徽婺源人。隆庆二年(1568)进士,授抚州府推官。时汤显祖补县诸生,开始与余懋学交往,直到汤氏晚年,他在《负负吟》诗前小序中,还念念不忘当年的老师,其中就有余懋学,故说:"为诸生时,太仓张公振之期予以季札之才,婺源余公懋学、仁和沈公楠并承异识。"(《汤显祖全集》卷一六)后来汤氏始终以师礼对待张、余、沈三人。万历元年(1573),余懋学迁南京户科给事中。三年,以言事忤张居正,削职为民。张死后,万历十一年,才诏复原官,十二年(1584)擢尚宝卿,十三年上《十蠹疏》,朝野震动。累官至南京户部右侍郎兼总督粮储。懋学夙以直节著称。传见焦竑《澹园集》卷二四《大司空余公传》、《明史》卷二三五。此信开头说:"某少有伉壮不阿之气,为秀才业所消,复为屡上春官所消。然终不能消此真气。"显然是中进士未授官之前的口气,而信的结尾又云:"惟吾师此时宜益以直道绳引上下,万无以前名自喜。弟子不胜为国翘祝。"看来此信似写于万历十一年至十二年之间，时懋学刚复官，显祖中进士后在北京礼部观政。

（十六）《汤集》卷四四，页 1320《寄余瑶圃》；又，同卷页 1321《答瑶圃》

按：此信笺注云："余瑶圃，名懋孳，当为有丁之子。"余懋孳，字舜仲，瑶圃可能是号。他幼年失怙，在伯兄懋学教导下成人。中万历三十二年(1604)进士，授山阴县令。邹元标《愿学集》卷三有《答余瑶圃给谏》，可知他还出任过给事中。著有《蕙言》6卷，周汝登为撰序（见《东越证学录》卷七）。传见《道光婺源县志》卷一四"名贤"。因前信把余懋学的号"中宇"误成余有丁之号，而此信首句又云"尊公老师"，故笺注便将余懋孳误作余有丁之子，这样余懋学、懋孳两兄弟的关系也就被弄颠倒。

（十七）《汤集》卷四五，页 1341《寄章仲明侍御》

按：章仲明或章守诚之号，字念清，会稽（今浙江绍兴）人，汤显祖同年进士。初授桐城县令，报最，召拜南京福建道御史。三王并封，抗疏，极言皇长子册立之典。旋升河南参议，迁湖广副使。时税使四出，楚藩尤毒，税监惧惮于守诚严毅，全楚才稍安。升广东参政，以疾致仕。万历十九年八月，章守诚就曾上有《贪肆科臣罪状彰露乞赐究处以昭公论疏》（见《万历疏抄》卷一七），与汤显祖《论辅臣科臣疏》相呼应，万历二十一年九月，又上《议处民饥兵饷疏》。汤氏在这封信中所说的"大疏见示，俱经世大略，且不激不随，使人心服"。当是指此疏。信应写于万历二十一年(1593)九、十月间，信中又说"山城厄塞，无缘一望帝城为怅"，可知汤氏当时在遂昌任上。

（十八）《汤集》卷四五，页 1366《寄杨日南醝使》

按：杨日南或为杨宏科，字融博，浙江余姚人。万历十四年进士，二十年由江西新淦知县选任江西道御史。据《河东盐政汇纂》卷四，他万历二十一、二十二年,为盐课御史,巡盐河东。后官至大理寺左寺丞(见《兰台法鉴录》卷二〇)。万历二十一年(1593)三月,汤显祖由徐闻典史量移浙江遂昌知县。信云:"以冰雪之心,行米盐之地,足矣。"此信应写于万历二十一、二十二年(1594)间,时杨宏科为盐课御史,汤氏在遂昌知县任上。

(十九)《汤集》卷四五,页 1368《与周叔夜》;又,卷一七,页 728《止周叔夜岭行并示丹坛诸友》

按:周叔夜其人可考。方应选《方众甫集》卷五《周叔夜先生论草序》云:"吾乡叔夜先生,自为弟子多所论撰,大都取材欧、苏,而皆至乎? 其至者也。今读其文如岷江之水东下,滔滔滚滚,莫之所之。"方应选,字众父,华亭人,万历十一年进士。《汤集》卷六有《方众父得选冀州》诗。方序既称"吾乡叔夜先生",周叔夜也当为华亭人。今查《光绪华亭县志》卷一四"人物",果有周叔夜其人。名思兼,号莱峰,嘉靖二十六年进士。授平度州知州,以治行第一,擢工部员外郎,进郎中。出为湖广佥事,遭内艰,去官。久之,起为广西提学副使,未闻命,卒。为官清正,关心民瘼,谢除豪强,谥贞靖先生。《周叔夜先生集》卷首有王世懋所撰《贞靖周先生传》。所著除《周叔夜先生集》11 卷外,还有《道学纪言》《西斋日录》《西峰明道录》等。

(二十)《汤集》卷四六,页 1387《与曹尊生廷尉》

按:曹尊生其人可考。陈邦瞻、黄汝亨等人集中都有与曹尊生唱和的诗作,《寓林集》卷二五《与曹尊生评事》,云"贵同年补汝州者刘君覿文"。刘覿文为万历二十三年进士,据《明清进士题名录索引》,此年中进士曹姓者仅曹学佺一人。他曾官南京大理寺左寺正(见《明史》卷二八八"本传"),故称曹评事。大理寺是中央掌管审理平反刑狱的官署,故可称其职官为"廷尉"。曹学佺,字能始,尊生或为其号,福建侯官人。万历二十三年进士,授户部主事。中察典,调南京大理左寺正,添注。后累迁南户部郎中、四川右参议、按察使。后南明唐王朱聿键立于闽,官至礼部尚书、加太子太保。事败,投缳而死,年七十四。著有《石仓诗稿》《石仓三稿》《石仓十二代诗选》等。传见《明史》卷二八八。据《曹大理集》卷一《陈大理诗》:"乙(按:应为'己'字之误)亥岁,予左迁南大理,二棘下有二君子称诗。其一为高安陈德远,一则新会陈栩之也。""己亥",为万历二十七年(1599)。此诗写于这一年或稍后。

(二十一)《汤集》卷四六,页 1416《答陈如吉给谏》;又,卷四八,页 1472《柬陈如吉给谏》

按:陈如吉何许人?黄汝亨《寓林集》卷二〇《祭给谏陈公文》,并未点出所祭者的名号,仅说:忆余戊戌,揖公长安;余辱钟陵,公居锁闼;余来豫章,公已物化。卷二七又有《与陈吉如给谏》,云:"今得作一文哭之(按:指江西新建丁此吕,万历三十七年三月八日卒),其家其子若孙如何?知有翁辈在无虑耳。"由此可知,陈给谏为江西人。黄汝亨曾在江西进贤任职,今查《同治进贤县志》,果在卷一四"选举"中,查到陈给谏其人。陈维春,字于阶,号如吉,编修陈栋之子。万历二十年进士,初授庶吉士,迁刑科给事中,巡视皇城。补吏科,升刑科右,巡视京营。以建言谪典史,卒。天启间恩恤复官,赠光禄。万历二十七年八月,陈维春曾上《听勘奸邪贪缘叙功乞彰睿断以警官邪疏》(《万历疏抄》卷一九)。二十八年,税监陈奉恣横武昌,民怨沸腾,"吏科给事中郭如星、刑科给事中陈维春更连章劾奉。帝怒,谪两人边方杂职"(《明史》卷二三七《冯应京传》)。杨时乔《开读疏》为迕误触犯官员平反名单中,就有:"陈维春,江西人,刑科给事中。二十九年九月,降贵州铜仁县典史,添注。"(《万历疏抄》卷一六)《县志》所说"以建言谪典史,卒",陈维春应卒于万历二十九年。汤氏信中所说"朝论固如沸……但我辈不宜急以小人与人耳",似应写于万历二十七、二十八年(1600)间。

(二十二)《汤集》卷四六,页 1417《答陈子显》

按:陈子显其人可考。名公相,子显为其字,号鉴塘,福建漳浦人。与汤显祖同年进士,万历十一年任宣城知县(见《乾隆宣城县志》卷一八"官师"),二十七年任大名知府(《康熙大名府志》卷一八"知府"),官至广西副使。小传见《江南通志》卷一一六"名宦"。汤宾尹《睡庵文稿》卷一四有《陈侯祠碑》。

(二十三)《汤集》卷四七,页1433《寄罗柱宇中丞》

按:此信笺注云:"时任应天巡抚(中丞)者为徐民式,标题疑有误夺。"方应选《方众甫集》卷一二有《简罗柱宇明府》云:"青溪故水泽之薮,频年几成大浸,民苦流移。德隆曼星,当今箕毕退舍,复赖吾丈心劳抚字,穷谷生春。千里故人,酹酒加额,慰藉何如也?"青溪即青浦县。今查《光绪青浦县志》卷一二"职官上":罗朝国柱宇,江西新建人。万历十一年进士,任知县。升礼部主事,官至刑部尚书。罗朝国为汤显祖同年进士,字维桢,柱宇当是其号。据《江西通志》卷六九罗朝国小传,他以治最行取铨部(荫按:铨部为吏部,与《青浦县志》所载礼部略有不同),历尚宝卿、通政使,晋操江副都御史。明代一般称巡抚为中丞,但巡抚都要加都御史或副都御史衔,而副都御史职与前代御史中丞略同,故称罗中宇为中丞。此信标题不误。

(二十四)《汤集》卷四七,页1434《寄胶州赵玄冲》

按:本书卷一九页860《送刘大甫谒赵玄冲胶西》笺注云:"玄冲,疑是赵任,胶州人。汤氏同年进士。"玄冲可能是赵任的号。今略作补充于后。据《同治胶州志》卷二五"文苑传",赵任,字仁甫,一字肩吾,山东胶州人。与汤显祖同中万历十一年进士,授中书舍人,以忤权贵谪南直隶太平县县丞。因不能俯仰于时,乞休归。故汤氏在此信中感叹道:"以翁丈纬武经文,何在古英雄下,而竟以一尉小县令长谢里门,高歌纵酒,忘忧用老,悲夫!"他在太平县丞任上,远近名流以文就正,尤赏识汤宾尹,会试果第一,后官大理司右评事事终。辞官归里后,又捐资修学宫,奖掖后进,一时游其门者甚众。此信说:"门人旌德刘大甫,穷弥甚,气弥高,欲渡淮而东,终业大兄之门。"

诗与信应同时作。

（二十五）《汤集》卷四七，页1454《与孙令弘》

按：据《明文海》卷二五三李日华《孙令弘〈朴语〉叙》，友人孙令弘为简肃公闻孙，"有逸韵，有遐寄，才多芒角，颇攒眉世味"，故其为文宏肆奇绝。据《千顷堂书目》卷二六，孙令弘，名弘祖，浙江嘉兴人，太学生。祖父孙植为南京刑部尚书。因此汤氏信中说"孙君奇人也，乃知为公孙贵门"。著有《芙蓉馆集》、《朴语》1卷、《影语》1卷、《可笑言》1卷。

（二十六）《汤集》卷四七，页1459《答王慕蓼宪伯》

按：王慕蓼其人可考。慕蓼为理学家王畿之号。清李清馥《闽中理学渊源考》卷七七《藩伯王慕蓼先生畿》：畿，字翼邑，号慕蓼，福建晋江人。失怙家贫，发奋勤学。万历二十二年乡荐第一，二十六年进士，授余干令，未赴任，改越州教授。迁国子博士，转户部主事，督太仓储。历吏部，出典蜀试。迁杭州守，督学浙江。擢江西参政，晋观察使。后迁山西右布政，转浙江左布政。以闽学为派，所著有《慕蓼王先生樗全集》《四书易经解》等。传见《明史》卷二八三。明清称府道以上地方官为宪台或宪伯，《慕蓼王先生樗全集》卷首有蒋德璟所撰《墓志铭》，云"甲寅，擢参知江右，进观察"。"甲寅"为万历四十二年（1614），此信写于这一年或稍后，王畿任官江西时。

（二十七）《汤集》卷四七，页1464《与王敬止侍御》

按：王敬止其人可考。名时熙，字缉甫，号敬止，江西南昌人。万历二十九年进士，初授河南灵宝知县，三十三年，调知昆山县。后选为山西道监察御史，终官太仆寺少卿。天启中名列东林。传见张大复《昆山人物传》卷一一附《太常卿前知昆山县事南昌王侯时熙》。王时熙何年擢为御史呢？据《道光昆新两县志》卷一八"名宦"，王时熙在任三年，万历三十五年，由清江进士祝耀祖接替，他升任御史当在这一年。《明史》卷二二五《赵焕传》云:"明年(荫按:指万历四十一年)春,以年例出孙振基及御史王时熙、魏云中于外。"由此可知,王时熙任御史前后五年。汤氏此信一开头就说:"门下以清衷雅抱,擢居耳目之司,世道良幸。"并对他任御史寄予很大期望:"幸益自韬,以须大用。"信应写于王时熙刚任御史时,即万历三十五年(1607)。

(二十八)《汤集》卷四八,页1489《与陈思冈给谏》

按:陈思冈其人可考。即陈嘉训,传见《同治饶州府志》卷一八"人物·理学"。陈嘉训,字彝仲,江西鄱阳人。受学于史惺堂,生平端严清苦,与人不苟话。万历十七年进士,初授行人,便慨然有澄清天下之志,一时名流如邹元标、顾宪成、刘日宁等,皆相与砥节砺行。两领册封,一典越东试,所历都识拔名士,留意风俗民隐,清操凛然。万历二十六年行取,遭人排挤。三十三年,出为南京吏科给事中。刚入垣,即裁正上供钱粮,肃清耗蠹,中贵人惮之。屡疏请立光宗,以及论罢闽、越两巡抚与有司之不称职者。又疏救刘元珍、庞时雍等。先是科员命下,例当面阁,时相(荫按:所谓"时相"似指阁臣沈一贯。见《明史》卷二八一沈一贯传)温颜与之语,嘉训不为动,辞出。至南中,不逾年,竟被罢斥。嘉训谪归后,杜门不交宾客,山居野处,惟会友讲学。学者称为思冈先生。据府志所载,他万历三十三年任职南垣,不逾年,竟被罢斥,应该是这年谪归。但《万历疏抄》卷一七,有陈嘉训《贪暴抚臣不堪重地节钺乞罢斥以快公论疏》(见该书卷一八),此疏具万历三十三年七月,当为"论罢闽越两巡抚"所上之疏,说明此年他仍在任上。次年六月又上《时事日坏奸辅希留仅列乱政误国之状疏》,才遭到罢官的处分。友人陈邦瞻有《陈思冈给谏以言事解官归里》诗:"石城摇落感秋阴,送客西征泪满巾。海内几人关出处,百年吾道寄浮沈。星霜易入忧时鬓,日月常悬报主心。此去还山应抱膝,从来梁父足悲吟。"(见《陈氏荷华山房诗稿》卷一八)诗写于万历三十四年丙午(1606),更可证明府志所载之误。汤氏信中云"大奏抵疑触忌",应指万历三十四年六月所上的奏疏,信当写于此时。

(二十九)《汤集》卷四八,页1491《与王相如》

按：王相如其人可考。据《千顷堂书目》卷二六著录,王相如,名若,清流人,布衣。著有《二雅三集》2卷、《文园掌录》2卷。此信云："得贞父来……亦时念及足下,恨远莫为致。余生时艺批往,蓝翰卿奇博士也,烦为道眷眷。"蓝翰卿为福建人。黄汝亨《王母传》云："闽有奇服之子王相如曰若者,所过从半天下知名士。余以唐美承识其人,相如意偶偿自喜,豁如也。友人曹能始向余称,亦云。"(《寓林集》卷一三)可知王相如的籍贯当为福建清流县,非安徽清流县。

(三十)《汤集》卷四九,页1513《答吴彻如大参》

按：邹元标《愿学集》卷三,有《答吴彻如光禄》,黄汝亨《寓林集》卷二八,也有《复吴彻如》,吴彻如何许人也？今读顾宪成《泾皋藏稿》,卷一四《题吴允执海花楼藏稿》云："今年秋,果获隽南畿,允执复来谒予曰：'不佞闻君之捷也,一则以喜……夫何以喜？为安节先生喜有孙,为彻如君喜有子也。'"吴允执,名洪亮,万历三十七年举人。可知他是吴安节之孙,吴彻如的长子。安节名达可,字叔行,江苏宜兴人。万历五年进士,历会稽、上高、丰城知县。选授御使,巡盐长芦,改按江西。后累官至通政使。《明史》卷二二八有传。据《嘉庆增修宜兴县旧志》卷八"忠义",吴彻如,名正志(《县志》作"正字"),为吴达可(安节)之子。《汤集》卷九页299有《送杜给事出宪延安并问高君桂吴君正志二郎吏》诗,对吴正志其人也未考。正志,字子矩(万斯同《明史》卷三三九作"之矩"),幼承家训,讲学东林。万历十七年(1589)进士,授刑部主事。曾劾李春开、陈与郊党护大臣,而御使赫瀛又纠集诸御使劾正字。正字遭严旨切责,将受廷杖,乃备席槀待命。或劝他备黑羊皮以防腐溃,正字认为不可,曰："如此是畏死矣。"经阁臣申时行救解,谪陕西宜君典史。稍迁饶州推官,召为光禄寺丞,再出为江西湖西道佥事。著有《云上语录》《云起楼诗文集》等。事又见利瓦伊桢《大泌山房集》卷二〇《吴光禄诗序》。

(三十一)《汤集》卷四九,页 1518《与孙子吝》

按:孙子吝其人可考。据黄汝亨《寓林集》卷三《郡司李孙公奏最序》云:"子吝孙公之司李吾郡,夫所称郡司李之重。"该卷又有《孙子吝稿序》。子吝名縠,号偃虹,湖广华容籍,江西进贤人。万历三十五年(1607)进士,三十六年任杭州府推官。历两京兵部郎,山东参议,辽东南路监军。又升本省提刑按察司副使,调密云道,升浙江参政、按察使。据吴廷燮《明督抚年表》卷一,崇祯四年(1631),孙縠官右佥都御史,巡抚辽东。孙縠与其弟穀、瀫有"三珠"之誉。所著有《盘谱》《藜床吟》诸集。传见《光绪华容县志》卷一〇"文苑"及《同治进贤县志》卷一四"选举"。

(三十二)《汤集》卷四九,页 1527《答赵我白太史》

按:赵我白其人可考。赵师圣,字原睿,号我白,江西南丰人。万历二十六年进士,选庶吉士,官至少詹,赠礼部侍郎。"曾作边词三百余首,论九边大计,都人传之。"著有《漱芳楼集》《东缘堂集》《鸣椰草》《东里集》《红泉集》《丹霞洞草》等。传见《康熙建昌府志》卷一八"名宦"、清曾澳编《江西诗征》卷九四。

(三十三)《汤集》卷四九,页 1529《与康日颖》

按:康日颖其人可考。据黄汝亨《寓林集》卷三《嘉善康侯三载奏绩序》云:"康侯日颖,以进士高第令瑞安。逾年邑大治,会大计,移而令嘉善。"康日颖名元穗,江西安福人。万历三十四年(1606)举人,四十七年进士,任嘉善知县,秩满,拟升吏部时,魏珰恨元穗与魏大中善,改南礼部主事。致仕,里居,建同善书院。传见《江西通志》卷七七"人物"。信说:"读大作,玼玼琤琤,鲜发可喜。加以珑琢,魁卷无疑。"据此,信当写于万历三十三、三十四年间,康日颖乡试之前。

(三十四)《汤集》卷四九,页 1537《答杨景欧大行》

按:杨景欧其人可考。景欧名祠修,河南怀庆人。万历三十五年

(1607)进士,授行人。崇祯元年,以佥都御史巡抚宁夏。见《河南通志》卷六四"人物"。此信似写于万历三十五年或稍后。

二、诗文作品系年可考而失考或误考

(一)《汤集》卷三,页72《奉怀大司成余公》

按:笺注云:"作于万历五年(1577)丁丑。二十八岁。据《实录》,去年十月南京国子监祭酒余有丁以病乞归。明年三月起任为詹事府少詹事兼翰林院侍读学士掌本院印信。诗末句云:'定是陪温树,难终隐大梅。'大梅,在四明,以是年作最有可能。"据焦竑《国朝献征录》卷一七《光禄大夫少傅兼太子太傅户部尚书建极殿大学士赠太保谥文敏同麓余公有丁墓志铭》,万历二年甲戌(1574),余有丁任南国子祭酒,居二岁,万历四年丙子(1576),因病归卧东湖;戊寅起少詹事兼侍读学士领词林,未至,升太常卿管国子祭酒事。黄佐《南雍志》卷五"祭酒":"余有丁戊寅三月升少詹事兼侍读学士掌翰林院事,七月升太常寺卿管国子监祭酒事。"所记余有丁任国子祭酒的时间与《墓志》一致,"戊寅"为万历六年(1578)。因此《明实录》所谓去年十月以病乞归,当指余有丁万历四年病归;所谓明年三月应指万历六年戊寅三月,故《奉怀大司成余公》当写于万历六年(1578),余有丁重新起用为南国子祭酒时,笺注作万历五年丁丑,应误。本卷页84《奉寄学士余公》也应作于此时。

(二)《汤集》卷四,页115《答蹇平阳二首》

按:笺注:"〔蹇平阳〕据本卷《送傅吏部出守重庆》,蹇达为明初尚书蹇义之后,巴人,时为平阳知府。"蹇达其人可考,见拙文《〈汤显祖全集〉笺注补正》。据《康熙安庆府志》卷一二"明同知":"蹇达,四川巴县人,万历乙亥任皖郡丞。""乙亥"为万历三年(1571)。又据李维桢《大泌山房集》卷一一三《太子太保兵部尚书蹇公行状》,他"迁皖郡丞,三年,擢平阳知府"。蹇达由安庆同知调任平阳知府在万历六年(1578),

这首诗应写于这一年或稍后。

(三)《汤集》卷一四,页 617《和吏部陈匡左奉常东署见怀之作二首》

按:笺注云:"作于万历二十九年(1601)辛丑,家居。五十二岁。作年据诗'流放初归恰九年'定。"万历十九年(1591),汤显祖因上《论辅臣科臣疏》,五月被贬为广东徐闻典史,万历二十年量移浙江遂昌知县。故徐朔方先生据"流放初归恰九年",定此诗作于万历二十九年。但这一年陈邦瞻(字匡左)在南京大理事任上,尚未官吏部郎,与和诗的诗题也不合。今检陈邦瞻所作《陈氏荷华山房诗稿》,卷一八有《得汤义仍书却寄时所居官舍即义仍太常故宅因有末句》七律,云:"江上秋风落木惊,怀人江阁重含情。清时词赋谁先达,乡里衣冠自大名。南国旧游芳草歇,楚天遥望莫山平。可知吏隐栖迟处,长似清斋对月明。"从诗题以及所抒发的内容来看与汤显祖的和诗正相吻合。《陈氏荷华山房诗稿》卷一八所收诗,为万历三十四年丙午(1606)的作品,汤氏和诗也应写于这一年,如果从万历二十六年上计,汤显祖向吏部告归算起,到三十四年正好是九年,然而,又同"流放初归"有所乖违。疑和诗有误。

(四)《汤集》卷一五,页 661《忆黄贞父并其高弟罗玄父孝廉》

按:罗玄父其人可考。玄父名大冠,浙江仁和(今杭州)人。万历十三年左右,忝列黄汝亨门墙,从授《书》。虽名为师弟,但情同手足。黄汝亨《寓林集》卷七《罗玄父稿选序》云:"余二十年来及门士,独玄父周旋久。海内人犹以余知玄父,而后乃以玄父知余。玄父自谓师予,而予之心师玄父世不知也。"同书卷一七有为大冠之父所撰写的《处士罗次公行状》,曰:"大冠为辛卯举士,好修有高行。""辛卯",即万历十九年(1591)。这一年,他与黄汝亨同举于乡(见《浙江通志》卷一三九"选举")。后又同官南京礼部(见《寓林集》卷一八《赠南京礼部司务罗公元配冯孺人行状》)。此诗笺注云:"作于三十三年(1605)乙巳后,时黄汝亨自进贤知县内迁礼部仪制司郎中离去。"此说不确切。黄汝亨

《寓林集》卷二七《与刘云峤祭酒》云："不肖以五月十七日去钟陵,六月十三日抵家。"说得非常清楚,他赴礼部仪制司主事(按:非郎中)任之前,先回杭州省亲,但事情发生变化,同卷《答吴安节荐师》云:"自离任以来,已逾秋凉……朝局至今纷纷,常念师台苦心调御之力,而东流西注,澠淄之水巧者莫合,不至于大溃。前察后,未见师台有疏,心窃疑之。"吴达可(号安节)当时正在京中,"佐温纯大计京官。寻陈新政要机,痛轨首辅沈一贯"(见《明史》卷二二七本传)。所谓"前察",指万历三十二年甲辰的大计。据此信,黄汝亨因遇到朝中的纷争而未能成行,直到次年,即万历三十四年,"正月杪起行,到京师四月"。从汤诗中所写的情况来看,黄汝亨正在西湖赋闲,因此,这首诗不作于离任赴官仪部之后,而是写于万历三十三年(1605)六月后,黄氏由进贤令离任家居这段时间。

(五)《汤集》卷一四,页 617《读陈匡左〈元史本末〉有感》

按:笺注云:"姑系前诗之后。""前诗"即上文《和吏部陈匡左奉常东署见怀之作二首》。陈邦瞻撰有《宋史纪事本末》10卷和《元史纪事本末》4卷,后者有陈氏万历三十四年(1606)自序。据王重民《中国善本书提要》考订,此书始撰于万历三十三年,成于三十四年孟秋。汤诗应写于万历三十四年冬或稍后。

(六)《汤集》卷一八,页 814《遣宜伶汝宁为前宛平令李袭美郎中寿,时袭美过视令子侍御江东还内乡四首》

按:李袭美名荫,河南内乡人。曾为宛平县令,万历八年春,汤显祖赴北京春试,同宝溪县令陈贞父过访李荫,遂与李荫订交。《汤集》中有多首诗写给李荫,万历十九年,汤显祖因上《论辅臣科臣疏》,被贬为徐闻典史,李荫曾《寄汤义谪徐闻尉》诗予以安慰(见《李比部集》卷五)。万历八年,李荫由宛平知县升为刑部广东司主事。据谢廷谅《李岸崟先生奉诏增秩序》,他令宛平时以强项著称,"内戚家犯法抵禁,先生持之急",权相为之调停,他坚卧不往,又让大京兆移檄宛平,促他前去,他复不听。"以故权相衔令深,比部(按:指刑部)之令甫下,倏罢去"(《薄游草》卷一八)。李荫的去官当也在万历八年(1580)。诗题中所谓"令子侍御江东",指李荫长子云鹄,据《康熙内乡县志》卷八,他是万历二十年进士,御史,官副使。何年任御史则语焉不详。今存万历刊本《六李集》,卷首有万历甲辰(即万历三十二年)春李化龙序,云:"最后行河济上,则伯举从留都寄一帙凡六册,曰《六李集》。"《明史》卷二二八李化龙本传载:三十一年四月起,他以工部右侍郎总理河道。所谓"行河济上"殆指此事。"伯举"即李云鹄之字或号,另字黄羽。云鹄官南京御史应在万历三十一年(1603)。《六李集》万历三十五年刊刻于南京;《万历疏抄》卷四,有李云鹄万历三十五年三月的《乞公会推精简用以清政本疏》,时仍在南京四川道御史任上。又据《李比部集》卷六《万历壬午元夕时余行年五十》诗,"壬午"为万历十年(1582),以此年推算,万历三十五年(1607),李荫七十五岁,汤显祖遣宜伶为李荫祝寿或在三十五年元夕前数日,诗也当作于这一年。

(七)《汤集》卷一六,页 687《送叶纳廷令福山歌》

按:叶纳廷其人可考。名继龙,字司言,安徽婺源人。万历十年举人,任山东福山知县,官至霸州知州(见《道光婺源县志》卷一○"选举")。笺注云:"或作于万历三十六年戊申,家居。五十九岁。诗云:'我昔弹琴括苍曲,十载田园媚松菊。'汤显祖自遂昌知县罢任适已十年。"但据《民国福山县志稿》卷三之一"职官",叶继龙万历三十五年任县令,三十九年由陆可久接任。这首送行诗应作于万历三十五年(1607)丁未,作三十六年,误。

(八)《汤集》卷二〇,页 895《虞惔然在告》

按:虞惔然其人和此诗之作年皆可考。虞惔然即虞淳熙,据明刊本《御选明诗》卷首"姓名爵里":"虞淳熙,字长孺,一字澹然。""惔"与"澹"在安静、恬淡义上相通。万历十一年,虞淳熙春试及第后在京观政,"明年将除官,而宾门公(荫按:指其父虞舜卿)讣至,公哭欲死。

奔而归,庐居三年,授职方司主事"(见黄汝亨《寓林集》卷一五《吏部稽勋司员外郎德园虞公墓志铭》)。进士观政虽然还不是正式任官,只是授官前的实习,但回去奔丧也必须向上司告假。虞氏的同年进士朱长春所撰《朱太复文集》,卷九有《虞长孺得告还南适余出宰殊路远奔赋言送之》诗,云:"共恰怀关意,况复在秋天。"可知朱大复赴安徽舒城知县任,应在万历十一年癸未(1583)秋。朱诗诗题所说"得告",指虞氏已经获得准假。虞淳熙南还也应在这年秋天。所谓"在告",一般指官吏休假。汤诗所说"心身不减三年字,病残难销十步香。剩有闲情堪弄月,西湖竹色未应凉"。正是写虞淳熙丁忧在家的闲居情况。因此《虞恢然在告》诗当作于万历十三、十四年间,时汤显祖在南京太常博士任上。

(九)《汤集》卷二一,页943《题苏判画四首》;又,同卷,页948《题画送苏判南还,怀唐少屿二首》

按:此诗笺注云:"〔苏判〕名九河,云南人。何年任抚州通判不详。见《府志》卷三十五。"此注过简,今略作补充。苏九河,云南晋宁州人。万历十年举人。郭子章《黔记》卷二九"守令表":苏九河,晋宁人,举人。万历二十三年,任麻哈州知州。二十九年调任,由张镕接替。他任抚州府通判应在万历二十九年(1601)或稍后。

(十)《汤集》卷二八,页1051《芜湖张令公给由北上序》

按:此文未编年,但作年可考。芜湖张令公,即张天德,字新吾,号莲滨,浙江乌程人。汤显祖同年进士,万历十一年任曲周知县,汤氏在北京礼部观政,有《送张莲滨曲周》诗(见《汤显祖全集》卷六)。万历十三年改任芜湖县令。据《兰台法鉴录》卷二〇载,万历十六年,他由芜湖知县选福建道御史,巡抚陕西、福建,有真御史之称。历湖广右参议,备兵湖南。传见《乾隆乌程县志》卷六。明制,考核官员,分为考满、考察,两者相辅相成。考满之法,三年给由,曰初考,六年曰再考,九年曰通考。万历十四年丙戌(1586),为考察外官之年,张天德从万历十一年开始任县令,至今年正好三年,故此序题目称其上计为"给由",序云:"张君入计,人歌而送之;来,又歌相迎也。"又云:"余尝摄簿南太常寺事。"此序应写于万历十四年,汤氏在南太常寺博士任上。

(十一)《汤集》卷四○,页 1259《处士野亭罗公墓志铭》

按:此文作年也可考。"野亭罗公",即罗应良,字子才,别号野亭。他是罗大冠之父。《墓志》未载其卒于何时,黄汝亨《寓林集》卷一七为大冠父所撰写的《处士罗公行状》则记载详明,卒于万历甲午(即万历二十二年)秋七月,其伯子大任率诸昆季请黄汝亨为状。《墓志》与《行状》的内容基本一样,有些地方甚至字句都雷同,可见《墓志》是根据《行状》撰写的。《行状》既写于万历二十二年(1594)甲午七月,那么《墓志》也应当写于这一年秋天。

(十二)《汤集》卷四六,页 1385《答邓远游侍御》

按:邓渼,字远游,号壶丘,江西新建人。钱谦益《列朝诗集小传》丁集下《邓佥都渼》云:"万历戊戌进士,除浦江知县,调秀水,召为河南道御史,巡按云南。"《汤集》卷一五《次答邓远游渼兼怀李本宁观察六十韵》诗笺注,即据此说认为邓氏"自秀水令调为河南道御史"。但《江西通志》卷一五五"列传",说邓渼"由内黄知县擢河南道御史",据《康熙大名府志》卷一八,邓渼万历三十二年任内黄知县,三十五年(1607)擢为御史。笺注说此信写于万历二十九年恐不确,因为当时邓氏尚未官御史。

(十三)《汤集》卷四七,页 1432《与陈匡左》

按:此文作年可考。信云:"近得曹能始示游西山匡阜诗,如出武陵谈谷中事。"曹学佺(字能始)《曹大理集》卷三《豫章游稿》,有《游西山》《游西山纪胜》诗及《游匡庐诗三十首》等。据其《游匡庐记》所载,他游江西匡庐诸山在万历甲辰夏日。"甲辰"为万历三十二年(1604),既然说近得曹氏游匡庐诸诗,汤氏此信应作于这一年夏秋之际。

（十四）《汤集》卷四七，页1445《与门人孙子京》

按：孙子京名起都，号幼如，金陵（今江苏南京）人。太学生。顾起元在《客座赘语》卷一〇"文士"称"孙幼如起都，少而称诗，长习经义，雅丽宏肆，烁古切今，极才人之致"。据周晖《金陵琐事》载，他万历三十七年赴北京乡试，朱长春有《送孙子京北上兼应秋试》诗（见《朱太复文集》卷四），或为子京此次应试所作。此信云："秋风厉时，必须一大决。令郎当已诸生冠军，父子骞旗必登，快事也。望之。"对其父子应试寄予热切的希望和鼓励，信当写于万历三十七年（1609）孙子京赴京秋试之前。但这次秋试蹶于场屋，以后不再应试。

（十五）《汤集》卷四七，页1464《复甘义麓》；又，卷一九，页825《九日遣宜伶赴甘参知》

按：甘雨因所居面临义山，以义麓为号。甘雨，字子开，别号应溥，又号嘉禾外史。江西永新人。与邹元标为莫逆之交，同举万历五年进士，选为庶常。张居正夺情，元标切谏，被谪戍都匀卫，甘雨也黜为御使，又出为按察佥事，遂投牒致仕。江陵卒后，万历十四年起浙江，视学台州。明年京察，为当路所忌，遭降级处分。公论冤之，即家起楚司理，升南刑部主事、员外、仪部郎中。擢为广西督学使，以病归。归十余年，被礼聘为吉安白鹭州书院山长。起视贵州学，晋少参、福建副使。升湖广参政，未任，卒。生于嘉靖三十年（1551）三月，卒于万历四十一年（1613）五月，得年六十三。著有《古今韵分注撮要》《白鹭洲书院志》及《翠竹》《青莲》二集。传见《明文海》卷四四五邹元标所撰《甘义麓墓志铭》。据"墓铭"，甘雨"在黔五年，在闽三年"，他万历三十二年任贵州学使，在这之前归于林下，"沉湎于酒，或寄之歌舞湖山云烟间"。汤氏信云："弟之爱宜伶学'二梦'，道学也。""二梦"指《南柯记》和《邯郸记》，这两本传奇创作于万历二十九年至三十年间，《复甘义麓》当写于万历三十年至三十二年之间，时甘雨正归于林下还未赴贵州学使任。甘雨"在黔五年，在闽三年"，如果从万历三十二年算起，至万历四十年，恰好是八年，这一年他升为湖广参政，还未去莅任便回到故乡永新。《九日遣宜伶赴甘参知永新》这首诗应写于万历四十年（1612）九月。

(十六)《汤集》卷四九，页 1532《与罗玄父》

按：此文作年可考。信云："梦泽书来，始知皋比南学。以弘材而早摄清序，士固有所自致。"梦泽，即张师绎，江苏武进人。万历二十六年进士，二十八年出任江西新喻知县。三十年以丁忧离任，汤氏撰有《渝水明府梦泽张侯去思碑》（见《汤显祖全集》卷三五）赞之。张梦泽与汤显祖交谊深厚，多有所唱和及书信往还，万历四十四年（1616），汤显祖逝世不久，即作《祭故祠部郎临川汤若士先生文》悼之。所谓"皋比南学"，指在南京国子监执教席。今查黄佐《南雍志》卷六"学正"，有张师绎和罗大冠任教职的记载：

张师绎，克隽，直隶常州武进人。由进士万历三十八年十一月任。

罗大冠，玄父，浙江仁和人。由举人万历三十九年五月任。

大冠其人，见本文《忆黄贞父并其高弟罗玄父孝廉》诗的考证。据《南雍志》载，可知此信写于万历三十九年（1611）五月稍后。

（本文刊于《中华文史论丛》第 74 辑，上海古籍出版社，2004 年 1 月）

汤显祖交游和诗文创作年代补考

汤显祖不仅以传奇《临川四梦》知名于世,而且也是明代的诗文大家,留下2 200多首诗文作品,徐朔方先生的《汤显祖全集》(北京古籍出版社,1999年版),对他的交游和作品系年进行了认真细致的考订和笺注,受到学术界同行的称赞。但"汤显祖的人际关系千头万绪,不啻是当时整个中上层社会形形色色的人事关系的再现"(《汤显祖全集·编校缘起》),况且明人喜欢给自己起许多不同的字号,这就给考证工作增添了许多麻烦,出现疏忽和失误在所难免。拙文《〈汤显祖全集〉笺注补正》(《燕京学报》新第14期,2003年5月)和《汤显祖交游和诗文创作年代考略》(《中华文史论丛》第74辑,2004年1月),已经予以补充和订正,此文为其续篇,再作一些拾遗补阙的工作。

一、交游可考知而未考

(一)《汤集》卷九,页280《董光禄招游城南三兰若,同南海曾人蒨即事》;又,卷一七,页732《送曾人蒨由武夷还南海》

按:曾人蒨,《汤集》又作"曾人倩"(见卷二〇,页880《别曾人倩》),冯梦祯《快雪堂集》卷二九有《与曾人倩孝廉》书,可证"蒨"字应为"倩"字之误。其入可考知,黄虞稷《千顷堂书目》卷五"别史类",著录曾氏所撰《皇名大政纂》云:"曾仕鉴,字人倩,南海人。万历乙酉举人,户部主事。"《康熙南海县志》卷一一"人物·名宦"有传:曾仕鉴,15岁通经史,十九补邑诸生。所著如《两粤镇乘》《顺德图经》,翕然称史才。万历十三年(1585)举于乡,二十年,授内阁制敕房中书舍人。

时因倭警,赵文华延仕鉴入幕画策,他著《兵略》上。宋应昌经略得之,惊喜,疏请加仕鉴职衔,充赞画,与俱东征,上以其供事制敕,不许。宁夏平定,使传谕两广,复命,纂修《玉牒》和《宝训实录》。关心民瘼,锦衣千户韦梦麟请采珠,疏止之;又疏屯政。迁户部主事,会差趱南直隶白粮,乘便南还,遂不复出。除《皇明大政纂》外,《千顷堂书目》还著录有《庆历集》《公交车集》《洞庭集》《罗浮集》《和杜集》等。《庆历集》亦作《庆历稿》,不分卷,今存康熙四十四年刻本(见《中国古籍善本书目》"集部上")。

(二)《汤集》卷一〇,页 360《送王伯祯同顾吏部兄弟》

按:王伯祯其人可考。即王元瑞,字伯祯,一作伯征,号心岫,青浦(今属上海市)人。万历四十一年(1613)进士,授兵部主事。改江西泰和知县,有善政,尝筑矶以御赣水,为人所称道,谓之"王公堤"。天启元年,由泰和知县选福建道御史(见《兰台法鉴录》卷二一)。传见《光绪青浦县志》卷一八"人物二"。"顾吏部兄弟"不详。

(三)《汤集》卷一〇,页 375《送李明瑞归华州,因饷兵宁夏》

按:李明瑞其人可考。即李为芝,字明瑞,四岁失怙,育于祖母。与汤显祖同中万历十一年进士,历官户部员外郎,迁九江知府(见《同治九江府志》卷二五"职官·知府")。见《华州乡土志》"耆旧"小传。

(四)《汤集》卷一〇,页 388《送王道父归侍稷山》

按:王道父其人可考。查《同治稷山县志》卷五"人物",王时济,字道甫,号龙坞,汤显祖同年进士。曾督饷西秦,士伍颂德。榷税清源,有清廉之声。万历十九年,以户部郎中迁卫辉知府(见《万历卫辉府志》卷七"职官表"),政崇简要,不事严。二十二年(1594)卒于官,年六十三,当生于嘉靖十一年(1532)。何东序《九愚山房稿》卷四四有《王公墓志铭》。《同治稷山县志》卷八"艺文志"著录有《龙坞集》55 卷行世,今存明刊本。

(五)《汤集》卷一○,页 390《戏赠卢国征使催药材松江》

按:卢国征其人可考。《光绪华亭县志》卷一二"人物":"卢梦锡,国珍,余姚人,兵部主事。"《光绪余姚县志》卷九"选举表":"卢梦锡,华亭籍,万历十一年进士。"这两种县志均不见他的小传。据《明清进士题名碑索引》,卢梦锡,确系汤显祖同年进士。"国征"与"国珍"音相近,汤氏可能误记。

(六)《汤集》卷一○,页 408《闻萧生成芝入都欲得光禄署,寄作》

按:《汤集》卷四八,页 1492《与吴葵台》信中也涉及"瓜州萧成芝"。但对萧成芝其人均失考。成芝,字紫芝,号起元,江都瓜州镇(今属江苏扬州)人。以例入南太学(即纳粟入监),时"临川汤显祖以文章名,折节交公,居师友间"。成芝屡蹶场屋,先谒选人,后改授宛平丞,擢安吉州同知。奉使上都,抵武林忽病,乞归,卒。得年五十三,生于嘉靖十六年丁酉(1537),卒于万历三十七年己酉(1609)。李维桢《大泌山房集》卷八五,有《同知安吉州事萧公墓志铭》。此诗首句云"樱笋冰鲜南奉常","奉常"即太常,掌管宗庙祭祀和礼仪的官署。万历十二年,汤显祖任南京太常寺博士,故自称南奉常,诗当写于太常博士任上。

(七)《汤集》卷一一,页 423《杪秋度岭,却寄御史大夫朱公王弘阳大理董巢雄光禄刘兑阳司业邹南皋比部五君子金陵》

按:笺注云:"〔御史大夫朱公〕指南京御史大夫。"具体指何人,却未考。然而朱御史其人并不难考。当时南京有两位朱姓御史,一为朱鸿谟,字文甫,号鉴塘,山东青州人。隆庆五年进士,授吉安推官,识邹元标于诸生。调南京御史,江陵夺情,邹元标、吴中行、赵用贤等谴责张居正,遭到廷杖,朱鸿谟上疏援救,语多触犯,被斥为民。居正卒后,起为故官,以河南道御史巡按江西。历官光禄少卿,由大理少卿擢右金都御史,提督操江。改抚应天苏州等十府,累官刑部右侍郎。卒,赠刑部尚书,谥恭介。见《明史》卷二二七本传,邹元标《愿学集》卷六下有《刑部尚书鉴塘朱公传》。另一为朱吾弼,字谐卿,江西高安人。万历十七年进士,授宁国推官,征为南京御史,有直声。历官南京光禄少卿、大理寺右丞,终南京太仆寺卿。传见《明史》卷二四二。诗题既称"御史朱公"且置之于首位,而他又与邹元标等关系密切,所谓"御史大夫"当是朱鸿谟。

(八)《汤集》卷一二,页514《都下柬同年三君二首》

按:诗前小序云:"同年南君、鲁君、刘君,偕予试政礼闱,十五年所矣。俱以县令来朝,困顿流移,可笑可叹。"笺注考此诗写于万历二十五年丁酉(1597)除夕,是,但同年三人俱未考。南君,即南邦化,见后文《送南蓥屋》诗考订。南邦化初任陕西盩厔县令,后调澄城,或以澄城县令来朝。鲁君,即鲁点,曾任广州府司理,笺注已考,见《汤集》卷六《南漳鲁子与出理广州过别》,但任知县一职却未涉及。清丁宿章辑《湖北诗征传略》卷三八,有鲁点略传,云:"初任广州推官,折狱忤时,拂衣奉母归。起补休宁令。"据《康熙休宁县志》卷四"职官表"载:万历二十四年,鲁点接替祝世禄,出任县令,其后任为项维聪,二十七年继任。因此,万历二十五年,鲁点以休宁知县来北京上二十六年大计。刘君,汤显祖同年进士刘姓者十四人,只有河南祥符的刘不溢未有过升迁。《康熙祥符县志》卷四"选举":"万历十一年癸未科进士,刘不溢,知县。"而其同年进士刘鹿鸣名下,则注任官"通判"。可知刘不溢除了知县,未任过他官,《县志》未替他立传。汤氏所指的刘君,或许就是此人。南邦化任盩厔令时,政治廉明,立一条鞭法,邑人沈邱有《生祠德政碑》颂其政绩。鲁点在休宁任上,执政不阿,轻徭赋,省刑罚,平市价,绝请托,"邑为立永慕祠"(《康熙休宁县志》卷四"名宦")。汤显祖任遂昌知县,其政绩也是有口皆碑。然而,他们入仕十五年,不仅没有升迁,反而"困顿流移",故相聚之日,颇多感慨,汤氏写此诗记之。

(九)《汤集》卷一二,页512《高唐同计谐嘉兴陈公九德午火,偶一走马,伎人来侑饭。陈故盛德士,时有故人守高唐不受谒,为题壁恼之四首》

按:万历二十五年十二月,汤显祖赴北京上计,途中遇同年进士、嘉兴秀水知县陈九德。诗题所说"故人守高唐",即高唐知州梅守极。《光绪高唐州志》卷一"职官"载:梅守恒(旧志"恒"作"极"),宣城举人,万历二十四年任。二十六年,由乌程举人邹思明接任。汤、陈二人赴北京上计时,他正在州守任上;万历四年,汤显祖客宣城,与戏曲家梅鼎祚订交,并结识其父梅守德和从叔梅守箕等,梅守极也应是梅守极的从叔,汤氏当相识,所以称为"故人"。今查《光绪宣城县志》卷一五"宦业":梅守极(《光绪高唐志》作"恒",误),号斗枢,按察使守相的二弟。万历二年举人,初授安吉州。丁忧,归,起除高唐州守。二十七年,量移建宁郡丞,寻移通、冀二州。三十六年,迁南户部郎中。后致仕归。

(十)《汤集》卷一七,页744《送参藩寄问覃见日卢海畴诸子》

按:覃见日,"覃"应为"谭"字之误,《汤集》卷二一,页936有《梦见谭见日、祁羑仲、韩博罗、区海目如昔时下第出长安》诗可证。谭名清海,字永明,号见日,广东东莞人。为人高视阔步,好谈天下大计。隆庆初,赴北京上"复建文年号,追谥"等三大礼疏,言人所不敢言,不报。乃仗剑出塞,谈用兵之策为戚继光所欣赏,请他为军祭酒。朝廷正诏选边才,继光疏荐,宜超格录用,不报。他为继光上书言十事,多经国硕画,辅臣张居正、尚书叶梦熊、都御史庄尚鹏称其为当今奏议第一,将留谭读中秘书。清海说:"吾能为真布衣,不能为假仕宦。"拂袖归,隐于罗浮山见日峰,乡里称为见日山人。卒年八十四。有奏牍、诗文、杂著十余种,今仅知《灵洲草》一种(见朱彝尊《静志居诗话》卷一八)。传见清梁其淦辑《东莞诗录》卷一五、《民国东莞县志》卷五九"人物略六"。"卢海畴"其人不详。

(十一)《汤集》卷一七,页 753《送黄冲辅西归并示李孺德》

按:朔方先生对李孺德已考订,即李邦华,江西吉水人,万历三十一年进士,官至南京兵部尚书。《送李孺德二首》其二云:"十年师弟子,千古吉州人。"(《汤集》卷九)可知李为汤显祖的弟子。对黄冲辅则未考,其实此人也是汤氏的门人,《光绪吉水县志》卷三七"文苑"有他的小传:名希周,字冲甫,号管岑,栋厦人。师汤显祖,制艺精绝。邹元标致书显祖:"黄生心潜气恬,大可入道。"显祖答曰:"黄生眼甚彻,原不烦知解讲论得也。"冲甫肆力于古文词,丰韵飘然,谈吐诙谐,然肝肠如雪。年四十九卒。著述甚多,《县志》"书目"仅著录《管岑集》一种。

(十二)《汤集》卷一七,页 755《送顾亭之东归》

按:顾亭之其人可考。名与淳,字亭之,号缜斋,无锡人。诸生,与其弟与沫(夔州知府)均有诗名,著有《缜斋诗抄》。见清顾光旭辑《梁溪诗抄》卷一一。

(十三)《汤集》卷一七,页 758《送周咸宁应召,公家舒庄僖同里期之》

按:此诗笺注云:"〔周咸宁〕临川人,曾任咸宁知县。"其实周咸宁其人,可考。《同治咸宁县志》卷五"秩官":"周曰庠,江西临川人,万历癸巳,以进士任(知县)。"周咸宁当是此人,系汤显祖的同乡。其字时化,万历五年(1577)进士,初授武昌令,治行为三楚之冠。二十一年(1593),任咸宁知县,邑东北近湖,公建议筑堤捍城,城以不溃,为民所爱戴。召拜刑科给事中;历礼部、工部左右给事九载,考绩,擢太仆寺少卿。万历三十七年,典试浙闱,四十一年,分校南宫。官至大理寺少卿,卒。著有《三垣奏议》行世,另有文集、杂稿等藏于家。传见《同治咸宁县志》卷五"知县"、《同治临川县志》卷四一"人物·宦业"。舒庄喜已考,见笺注二。

(十四)《汤集》卷一七,页 759《送王孝廉东旭还越》

按:王东旭其人可考。名日华(1565—1620),字君实,号东旭,浙江定海县人。万历十九年(1591)举人。二十五年至三十二年,迭遭父母丧。初选德清,移安徽颍上令。据《同治颍上县志》卷六"秩官表",王日华任县令在万历四十四年,四十七年离任。卒于四十八年,年五十六。薛三省《薛文介公文集》卷四有《文林郎颍上令王君实墓志铭》。

(十五)《汤集》卷一九,页 854《章门送刘冲倩之虔台四首》;又,卷二十,页 918《山阴刘冲倩粤行祈子口号》

按:刘冲倩其人可考。名塙(《同治嵊县志》卷一七"流寓"作"王高"),字静之,号冲倩,会稽人。太学生,屡试场屋而不售。赋性任侠,慨然有四方之志。周汝登,字继元,号海门,人称海门先生。当他和许敬庵、杨复所讲学于南都,刘塙参与其事。周、杨二人学说,同出于罗近溪,而许敬庵则主张有异有同、无善无恶之说。周作《就解》,许作《九谛》,彼此诘难,不无异同。刘塙合两家而刻之,以求归一。塙拜海门为师,海门赠以"万金一诺,珍重"六字,塙报以诗曰:"一笑相逢日,何言可复论。千金唯一诺,珍重自师门。"海门讲学越中,刘塙助之,接引后进,被推为入室弟子。传见黄宗羲《明儒学案》"泰州学案五"。

(十六)《汤集》卷二〇,页 863《江馆忆别蔡青门》;又,同卷,页 904《次韵蔡青门雪唱》

按:蔡青门其人可考。名文范,字伯华,号青门,江西新昌县人。隆庆二年(1568)进士,授刑部主事。万历五年(1577),江陵夺情,他纠集同官沈思孝、艾穆等疏劾之。因蔡母老,沈、艾等止其勿进,但疏稿则为文范执笔。当沈思孝等遭到仗谪,文范周旋护视之。江陵得知,以星变考察众官,将他谪为福建盐运判官,凡七年。江陵殁,才起用为兵部武库郎中,典试福建。寻出为湖广学使,不受私牍,誉著公明。官至广东布政司左参议。传见《江西诗征》卷五九、《列朝诗集小传》丁集下,《乾隆新昌县志》卷一四"名臣"。《县志》卷二四"书目"著录,蔡文范撰有《缙云斋诗草》《甘露堂诗草》(《静志居诗话》卷一五作《缙云斋稿》《甘露堂集》)、《玉銮社集》、《青门集》(《千顷堂书目》卷二四作《青门先生文集》十八卷)以及《五经翼》。

(十七)《汤集》卷二〇,页879《送周子中归楚,追忆其叔,见素沂孝廉并问王子声》

按:周子中其人可考。名应嵩,字子中,号中岳,湖北麻城县人。父弘祖,官至南京光禄卿。子中为人磊落不羁,笃友谊,好施予。万历十七年进士,授南京国子监博士,逾月,得痰疾,归,卒。小传见《民国麻城县志》卷一〇"义行"。其叔,即周弘禴,万历二年进士,官至尚宝司少卿,《明史》有传。此诗或写于万历十七年。王子声,名一鸣,太湖知县,已考。"素沂孝廉",待考。

(十八)《汤集》卷二〇,页902《送许鼎臣姑蔑》

按:许鼎臣其人可考。名国诚,鼎臣为其字,福建晋江人,汤显祖同年进士。万历十一年,授浙江安西令(见《康熙衢州府志》卷一三"县官")。后累迁户部郎中,万历二十二年,出为镇江知府(见《乾隆镇江府志》卷三四"名宦下")。居官清廉,重士恤民,未尝私入己囊,满考,挂冠归。小传见《道光晋江县志》卷四三"人物志·宦绩"。

(十九)《汤集》卷二〇,页903《送吴漳平》

按:吴漳平其人可考。《道光漳平县志》卷六"秩官志",万历知县仅吴中英一人。他和其前任朱世盛的履历,因万历十八年卷房失火被焚毁,无考。据杨廷福、杨同甫编《明人室名别称字号索引》,知吴氏为安徽全椒人,字梦育,号卓山,别署万竹山房。查《民国全椒县志》卷一〇,有吴中英传略,他隆庆间乡试第一,五年辛未(1571)会试,因策论忼直,置于乙榜。古文法唐顺之,为人耻于干谒。任漳平令时,能礼贤下士,创心源精舍,提倡教化,吏而兼师。去任之日,民图政绩十六帧志感。历官礼部主事。著有《万竹山房集》8卷。

(二十)《汤集》卷二一,页 931《与刘东流》

按:刘东流其人可考。《乾隆东流县志》卷一二"职官上"载:"刘铃,湖广宜城人,选贡,万历七年任(知县)。"万历时刘姓县令仅刘铃一人,汤显祖所赠诗者当是此人。卷一三"政绩"有略传:刘铃,字子信,莅任,治事勤能,存心清慎,设立社仓,积谷备荒,东人赖之。以清丈田亩有功,委丈铜陵田亩。升任去,官至府通判(《同治宜城县志》卷六"选举")。

(二十一)《汤集》卷二〇,页 937《梦见谭见日、祁羡仲、韩博罗、区海目如昔时下第出长安,潞河雪舟言别成韵,后绝余和者,羡仲抛盏落地,怆然罢起,觉而纪之二首》

按:谭见日见上文。祁羡仲即祁衍曾,已考,曾入闽访武夷,归途,"因于南昌,从二童乞于市,作《乞食文》,临川汤显祖见而奇之"(《东莞诗抄》卷一六"小传")。区海目其人,虽然在《汤集》卷一四《送马仲高入都并问区太史邓吏部梅岭诗》笺注中涉有:"据《实录》,万历二十八年四月以右赞善区大相升右中允兼编修。"但过于简略,区大相,字用孺,号海目,广东高明(今属高鹤县)人。万历十七年进士,由庶吉士授检讨。历赞善、中允,谪南京太仆寺丞。著有《区太史诗集》27 卷,今存明崇祯刻本(见《中国古籍善本书目》"集部上")。屈大均云:"岭南自张曲江始唱正始之音,明三百年诗之美者,海目为最。"韩罗博其人也不难考,即韩晟,字寅仲,号嵩少,人又称博罗,广东博罗人。万历十九年举人,除授浙江遂昌知县。著有《书云台稿》《雁木稿》《燕市稿》等行世。《乾隆博罗县志》有小传。

(二十二)《汤集》卷二一,页 941《寄南平令》

按:南平令其人可考。查《康熙南平县志》卷一二"官师",湖北江夏人段然,万历二十三年进士,授福建南平令。或许是此人。据《同治江夏县志》卷六"人物",段然,字幻然,由南平调吴县,守制,复补河南辉县。所至皆有政声,迁南户部给事中,尝论救李三才,疏劾王锡爵,以宗室华越讦楚藩上疏,与首辅沈一贯不合,谪江西按察司知事(按:

皆见《明史》李三才、王锡爵、沈一贯本传)。后迁兵部员外。

(二十三)《汤集》卷二一,页 950《湖上有怀陶兰亭》

按:陶兰亭其人可考。名允宜,字懋中,兰亭为其号,浙江会稽人。万历二年进士,授刑部主事,官至黄州府同知(见清陶元藻辑《全浙诗话》卷三四)。工诗,《菊坡诗话》称其楚中诸咏深得古人规讽之意,如《蕲簟》云:"皇都炎热逾江湖,贵臣催簟如催租。"《麻城鹅》云:"今年黄州失耕耨,一鹅之肥几人瘦。"《黄陂葛》云:"进之内宫传相夸,云绡雾縠无光华。价值减少尺幅加,织者十家九逃亡。"著有《镜心堂集》16 卷、《陶驾部选稿》15 卷(见《千顷堂书目》卷二五)。

(二十四)《汤集》卷二一,页 961《姑苏莫公远欲往南溪,戏之》

按:莫公远其人可考。名叔明,一名更生,字公远,一字延年,小字刘郎,号寒泉子,晚年自称大鼻老人。长洲(今江苏苏州)人。家贫,不绝吟咏。与钱塘周通政兴叔、马纳言松里辈相善,遂移家武林。酷嗜诗,诗务苍简,多为不经人道语。所历览匡庐、泰山、三湘、七泽诸名胜,皆有诗成编。为人高自标誉,傲然物表。卒年七十六,葬于武林,自伐石为表云"明诗人莫公远之墓"。黄汝亨《寓林集》卷一二有《莫山人传》、王世贞《弇州四部续稿》卷一一三有《明诗人莫公远墓志铭》。俞宪编《盛明百家诗》后编有《莫公远诗》1 卷。

(二十五)《汤集》卷四五,页 1341《寄李心湖祠部》

按:李心湖其人可考,即李懋桧,字克苍,号心湖,福建安溪人。万历八年(1580)进士,除安徽六安知州。据朱长春《贺六大夫李克苍考最上封序》,"令六安三年",此序作于万历十三年(见《朱太复集》卷二二),是年入为刑部广东司员外郎。十四年三月,会诏求言,上疏陈"保圣躬、节内供、御近习、开言路、议蠲振、慎刑法、重举刺、限田制"等八事,由是有直声名。十五年七月,因给事中邵庶请禁诸曹言事,李抗疏力争,帝责其沽名,贬秩二等,降为湖广按察司经历(亦见吴亮编《万历疏抄》卷一六杨时乔《开读疏》)。历礼部主事,以忧归。家居二十年,始起故官,升南京兵部郎中。天启初,终官太仆寺少卿。传见《明史》卷二三四。

(二十六)《汤集》卷四七,页 1442《答邹公履》

按:邹公履其人可考。王重民《中国善本书提要》"集部一·总集类"著录万历间刊本《文府滑稽》云:"原题'梁溪邹迪光彦吉甫选,弟同光彦公甫校,男德基公履甫、侄振基兴公甫辑'。"由此可知,邹公履名德基,为邹迪光仲子。邹迪光,万历二年进士,授工部主事,累官湖广提学副使。壮年解组,回乡后,广置园亭,与公卿名士游宴其中,极声伎觞咏之乐。与汤显祖为莫逆之交,最早为汤氏写传,即《临川汤先生传》,汤氏也为其《调象庵集》写序,两人唱和之作不断。"梁溪"乃无锡古地名,今查《光绪无锡县志》卷二二"文艺"邹迪光小传附:"子德基,字公履,负不羁之才,工诗文书画,尝上疏愿以家财三十万助边,不报。好为惊绝之行,为盗所杀。"《梁溪诗抄》卷一一选其诗四首,如《自题磨蝎居士照》云:"岁月蹉跎可奈何,半生强半恨中过。看来不似书生面,还向沙场夜枕戈。"傅远度《与邹公履》诗也云:"人头杯子盛心血,不报恩仇不丈夫。且去悲歌屠狗者,得娥眉处好呼卢。"(《傅远度集》第六卷《筌筱集》)从这两首诗可想见其为人,《县志》说他"好为惊绝之行,为盗所杀",应不是虚语。

(二十七)《汤集》卷四七,页 1465《答陈古池》

按:陈古池其人可考。名致和,字永宁,号古池,江西乐安人。理学家。笃志圣学,敦实行,从邹守益、罗汝芳等学。常集门人讲学,"以兴起后学为念",抚州知府苏宇庶眉源,以宾礼聘他讲学于临川,巡抚王佐太蒙又聘主澹台祠之学。一时名儒硕彦,皆以学问相投契。邹元标称其"少年问道,老复孳孳,士林所宗,乡邦所仪"。传见《同治乐安县志》卷八"人物志·理学"。据《县志》"艺文志"载,所著有《知本同参》《学庸语录》《知止堂稿》《尊闻录》《入闽豫章鳌溪会讲》《澹祠就正草》《耄龄草》《崇德流水堂草》《春风堂草》等。

(二十八)《汤集》卷四八,页1480《答黄二为》

按:黄二为其人可考。黄龙光,字二为,江西浮梁人。万历二十六年进士,授工部主事。督两宫大工,以节省而忤中官,会六科廊毁,奸珰因此中伤,谪官黔。据杨时乔《开读疏》:"黄龙光,江西人,工部都水司主事。二十七年十二月,降贵州布政司经历,添注。"(《万历疏抄》卷一六)后召还,家居。天启元年,起复兵部武选司,转尚宝,升太仆寺正卿。历右通政司,因建言停刑,拂魏珰意,罗织罪名,戍沅州。珰败,诏复原官。著有《黔游集》《燕游集》等。传见《江西通志》卷一六二、曾燠《江西诗征》卷六一。

(二十九)《汤集》卷四八,页1487《答章斗津》

按:章斗津即章潢之号,其人见《汤集》卷二八《章本清先生八十寿序》,笺注也作了考证,但嫌过略,今予以补充。清毛德琦《白鹿书院志》卷五云:"章潢,号斗津,南昌布衣。"章氏字本清,幼颖悟好学,长与万思默同举业,已而同问学。构此喜堂,聚徒讲学。万历二十年壬辰(1592),被聘主白鹿洞书院,二十二年甲午(1594),庐陵会将。笃学敦行,从游者甚众。御史吴安节、少宰杨止庵疏荐,授顺天儒学训导。万历三十六年戊申(1608),年八十二,卒,依此上推,当生于正德十二年丁丑(1517)。私谥"文德先生"。与吴兴弼、邓元锡、刘元卿,号称"江右四君子"。尝辑群书127卷,曰《图书编》。还著有《周易象义》《诗经原体》《书经原始》《春秋窃义》《礼记札记》《论语约言》等。传见《明儒学案》卷二四、《明史》卷二八三。

二、诗文作品系年可考而失考或考证不确

(一)《汤集》卷六,页189《南漳鲁子与出理广州过别》

按:此诗笺注云:"当作于万历十一、二年(一五八三、一五八四),在北京礼部观政。三十四、五岁。子与名点,湖广南漳人。以上据《题

名碑录》。"鲁点与汤显祖同年进士,其小传见清丁宿章辑《湖北诗征略传》卷三七、《民国南漳县志》卷一五"人物志"。他万历十一年考中进士后,与汤显祖同在北京礼部观政(见上文《都下柬同年三君二首》诗的考证)。明制,进士观政即正式任职前的实习,一般需要近一年时间,然后再分派到中央各部或到府州县任职。因而,鲁点应在十二年出任广州府司理,故《光绪广州府志》卷一八"职官表二"载:"鲁点湖广南漳人,进士,十二年任。"《广州通志》与此记载相同。此诗当写于这一年。

(二)《汤集》卷七,页 217《送欧虞部》

按:笺注云:"据《秣陵集》卷首《虞部公行状》,欧大任万历十年升南京工部虞衡寺郎中,次年秋致仕,诗或作于万历十二年(1584)甲申秋。"《虞部公行状》应为《家虞部公传》,为欧大任族曾孙必元所撰。《秣陵集》只是这个总集的一种,此传非置于其首,而置于《欧虞部集》之前。余梦麟《秣陵集序》:"会桢伯倦游,且移疏乞休。新安吴梦白、广陵陆无从次其秣陵诸诗刻焉,征余言揭诸首。"序署"万历癸卯仲冬日"。"癸卯"为万历十一年,序既说"且移疏乞休",只是提出辞职请求,但至这年冬天还未致仕;诗集虽编定也并未刻印。今集中卷三有《汤义仍至,闻丁此吕已次扬州,时邹尔瞻茬比部三月矣。予将归岭外,留赠三君子》可证。汤显祖(字义仍)由北京礼部观政进士授南京太常博士,在万历十二年八月,汤氏《怀戴四明先生并问屠长卿》有"八月十日到官寺,是日临斋多所思"句,说明这年八月汤氏已茬南太常寺任,可是欧大任还未离开南京。欧诗中所提到的丁此吕和邹尔瞻(即邹元标之字)两人,都是汤显祖的江西同乡和挚友。丁此吕万历五年进士,十一年由漳州府推官选山东道御史,十二年巡盐长芦,建言,调潞安府推官,升太仆寺丞(见《兰台法鉴录》卷一九)。所谓"建言",指十二年三月(《明通鉴》作"夏四月"),丁此吕揭露科场弊端,劾礼部侍郎高启愚主南京试,以"舜亦以命禹"为题,为居正劝进。大学士申时行和尚书杨巍均斥责丁此吕,"不顾经旨陷启愚大逆"。杨巍因请出此吕于外(见《明史》卷二三六李植传,《国榷》卷七二以及《明通鉴》等)。外出潞安推官,李植、江东之、杨四知、王士性等不平,"交章劾巍,语侵时行……时行、巍并求去。帝欲慰留时行,召还此吕,以两解之"。因此,丁此吕便很快转升南太仆丞。南太仆丞管理孳牧、寄牧各马匹驻扬州。丁至扬州任所,约在这年七八月间,所以诗题说"闻丁此吕已至扬州"。万历十一年十二月,慈宁宫火灾,吏科给事中邹元标上《严加修省以大王心疏》,言六事,"万历十二年正月二十七日,奉圣旨:'……邹元标以灾变为言,内多疑君怨上,本当拿问严处,姑以言官着降一级调用。'"(邹元标《邹忠介公奏疏》卷一)即将他降为南京刑部照磨(见吴亮编《万历疏抄》卷一六杨时乔《开读疏》)。诗题所谓"时邹尔瞻莅比部三月矣","比部"即刑部,邹元标由北京赴南比部任,当在十二年四月底或五月初。《欧虞部集》中所收《诏归集》1卷,次欧氏辞官归岭南途中纪游之作,有《九日同陈同甫梁伯龙登马鞍山得高字》诗,说明是年九月初欧大任离已南京抵达昆山,与曲家梁辰鱼(伯龙)等在重九这天登高赋诗唱和。因此,这首《送欧虞部》诗应作于万历十二年九月初。

(三)《汤集》卷一〇,页344《汤考功招游燕子矶别洞,独宿圆爱师房六十韵》

按:汤考功其人可考,即南京吏部考功司员外郎汤聘尹。其字国衡,号觉轩,长州(今江苏苏州)人。隆庆二年(1568)进士,授江西进贤知县。以高第召为吏科给事中,寻进工科右给事中。入侍经筵,权珰惑于左道,欲引游僧入朝,议建浮屠。台省相视,莫敢先发,聘尹独抗疏,事竟寝。万历三年(1575),转户部左给事中。四年,会河决淮、徐,条上利害,"议导淮入江以避黄"(见《明史》卷八四"河渠二"),议不尽用。丁忧,服阕,补官福建参议。九年(1581),中以考功法,谪江西吉水县丞,稍迁浙江仙居县令。居三年,擢南刑部主事,寻进南考功员外郎。明年,官广西按察副使。卒于万历十九年(1591),得年六十四,当生于嘉靖七年(1528)。生平事迹,见申时行《中顺大夫广西按察副使汤君墓志铭》(《赐闲堂集》卷二九)。据《墓志》,初任广西时,他"骎骎响用",欲有一番作为,可能体力不支,不久"君归志已决矣。归来,未几,遂病不起"。《嘉庆广西通志》卷三〇"职官表",不见其任职的记载,可见在任时间极短,应是万历十九年任,当年即病逝。他官南考功郎的第二年,遂擢官广西,进考功员外郎当在万历十八年(1514),此诗应写于这一年,时汤显祖在南礼部祠祭司主事任上。

(四)《汤集》卷一〇,页370《万寿节送顾郎中北上,暂归省长洲》

按:顾郎中其人可考。顾其志,字太冲,号冲吾,江苏长洲人。隆庆五年进士,授长兴知县,迁南昌府同知。晋工部员外郎,以廉洁著称,出为荆南道副使,转陕西参政。调广西,以功进按察使。丁忧,起补山西。歷山东右布政、陕西左布政。擢右副都御使,巡抚陕西。加兵部侍郎,总督三边军务。终官南京兵部尚书。卒,赠太子太保。事见《乾隆长洲志》卷二四、《同治苏州府志》卷八七。据《同治南昌府志》卷二一"职官",万历三年,顾其志任同知,五年离任,由鄞县进士陈大章接任。顾其志于此年奉调进京,先回长洲省亲。诗有"乍可迎凉归茂苑"句,"迎凉"点出秋日的时令,"茂苑"乃长洲的古称,"万寿节"为皇帝的生日。沈德符《万历野获编》卷二"壬寅上寿"云:"壬寅之岁,上圣龄甫满四旬,而御极已三十年。至秋八月,值上万寿圣节。"顾其志万历五年(1577)晋工部员外郎进京,这一年八月正值神宗朱翊钧十五岁生日。送行诗当写于此时。

(五)《汤集》卷一〇,页373《送林志和巴陵》

按:林志和其人可考。名熙春,湖南巴陵知县。《同治巴陵县志》卷一二"职官上"载:"林熙春,福建进士,隆庆间任。"据《明清进士题名碑录索引》,林熙春为万历十一年(1583)进士,系汤显祖的同年,但其户籍、乡贯却失载。查《福建通志》"选举",也不见林熙春其人的片言只语。万历三十四年,吏部左侍郎杨时乔上《开读疏》,提供为诖误触犯官员110人平反复职的名单,其中就有:"林熙春,广东人,工科都给中,二十四年二月,降湖广茶陵州判官,添注。"(见吴亮编纂《万历疏抄》卷一六)再查《广东通志》,在该书卷六九"选举"、卷二九四"人物"中,果然有林氏的科第和生平事迹的记载。林熙春,字志和,号仰晋,广东海阳县人。万历十年(1582)举人,联捷登进士第,授巴陵知县,清浮粮,豁差役,井然有序。万历十四年(1586),闻讣归。服阕,擢户科给事,历礼科右给事中、兵科左给事中、工科都给事中。二十三年(1596)冬,因兵部考选军政事,帝移怒两京科道,斥逐言官30余人,熙春等抗疏,忤旨,二十四年二月,降为茶陵州判。三十四年(1606)量移贺县知县,至四十八年(1620),诏起废始,才由南礼部转光禄寺少卿,累官户部左侍郎。年八十而终。谥忠宣。所著有《赐闲草》《赐还草》《赐传草》《城南书庄草》《掖垣书草》等行世。此诗既题《送林志和巴陵》,当写于万历十一年或十二年,林熙春由北京赴巴陵任,时汤氏正在北京礼部观政。《巴陵县志》作"福建进士,隆庆间任",显然错误。

(六)《汤集》卷一〇,页376《送杨太素中书出祭赵府》

按:杨太素其人可考。即杨文焕,字太素,浙江余姚人。汤显祖同年进士。他为闻人诠之孙婿,精研三礼,深得闻氏宗旨。闻杨继盛忤权相严嵩被杀,慷慨发愤,潜草谏章,欲为代诉。由中书舍人擢刑科给事中,时戚党秉权,曾疏劾东厂大太监张鲸;支援尚书宋纁荐用邹元标为文选司员外郎,帝怒,谪文焕于外(见《明史》卷二四三邹元标传)。万历十八年二月,降为广东海阳县典史,添注(见杨时乔《开读疏》)。未几,以疾归。年七十九卒。天启元年(1621),诏录直臣,赠光禄寺少卿。据《明史》卷一〇三"诸王世表四",明成祖嫡三子朱高燧,永乐二年(1404)封赵简王,就藩河南彰德府。故"赵府"指赵王府。诗题为《送杨太素出祭赵府》,而《光绪余姚县志》卷二三杨文焕传,作"万历十一年进士,授中书舍人,册封赵藩",诗题为"出祭",此为"册封",两说抵牾。赵穆王常清子由松,万历十三年封为世子,如果是"册封",应当是指此事,但万历十二年,汤显祖已赴南太常寺博士任,不可能在北京为杨太素送行。赵简王高燧的另一支,河南襄邑赵端顺王厚爌,嘉靖三十八年袭封,万历十一年薨,杨氏奉使致祭的有可能是此人。送行诗有句曰:"梅风晓角催寒送,花月春帆截浪回。"此诗或写于万历十二年初,时显祖在北京礼部观政。

(七)《汤集》卷一〇,页369《送史德安》

按:此诗笺注已考,史德安即江西德安知府史记勋,浙江余姚人,汤显祖同年进士。但何时出任德安知府及此诗作年均未涉及。《光绪余姚县志》卷二二有史记勋传,云:"(记勋)登万历十一年进士,授南刑部主事,历郎中,迁湖广知府。"今查《光绪德安府志》卷九"职官",万历十七年(1589),史记勋任知府。送行诗当写于这一年,时显祖在南京礼部祠祭司主事任上。

(八)《汤集》卷一〇,页372《送长沙易掌故》

按:余已对易掌故其人作过考证,名之贞,字忠甫,一字楚衡(见《汤集》卷四八,页1495《与易楚衡》)。参见拙作《〈汤显祖全集〉笺注补正》(《燕京学报》新第14期,2003年5月)。但当时不知易之贞曾任长沙教授,故在行文中未涉及,今予以补充。掌故,汉代太常属官,掌管礼乐制度等故实。后世可用来指教职。查《同治长沙县志》卷一七"职官",万历时教谕,易姓者仅有一人,即"易之贞,蕲水,经魁"。他万历七年在青浦教谕任上,任长沙县教谕当在此之前,约在隆庆末年、万历初年,送行诗可能写于此时。

(九)《汤集》卷一〇,页373《送朱应春平湖》

按:朱应春其人可考。《乾隆平湖县志》卷五"职官志":朱星曜(《南雍志》《明清进士题名录索引》均作"耀"),江西贵溪人,万历十一年任。查《同治贵溪县志》卷七"选举",他是万历十一年进士,与汤显祖同年。初仕平湖知县,万历二十三年十二月,任南国子监助教(见《南雍志》卷六"助教"),历官西安府同知,官至南刑部郎中。据《乾隆平湖县志》,其后任为由福建漳浦进士江环,万历十五年接任。可知他于这一年擢西安府同知。送行诗应写于万历十一年(1583),汤显祖在北京礼部观政。

(十)《汤集》卷一〇,页 379《送刘襄阳》

按:刘襄阳其人可考。查《光绪襄阳府志》卷一九"历代职官",万历时无刘姓者任知府,而任襄阳知县也仅刘宇一人,所送刘襄阳当是此人。据《明清进士题名碑录索引》,刘宇,陕西金州人,万历十一年进士。《嘉庆松江府志》卷三八"职官表",也记载一刘宇,字景宣,号复亭,万历十一年至十三年任上海知县,进士,钧州人。这两个刘宇应是一人,但籍贯不一样。原来还有一个刘宇,字至大,河南钧州人,成化八年进士,也出任过上海知县,后官至吏部尚书文渊阁大学士(传见焦竑《献征录》卷一四)。《府志》显然将"金州"误作"钧州"。汤显祖的同年刘宇,先任上海,后改任襄阳知县。此送行诗应写于万历十三年,时汤显祖在南京太常博士任上。

(十一)《汤集》卷一四,页 613《送胡瑞芝以东粤右丞入都,行仲秋大庆礼。万寿日十七,千秋日十三,奇逢盛际也,时君方以平播功贵,望之》

按:笺注云:"作于万历二十九辛丑(1601)八月,家居。五十二岁。时神宗翊钧四十岁,其长子常洛二十岁,惧八月生。"《明史》卷二〇《神宗本纪一》:"隆庆二年,立为皇太子,时方六岁。"据此上推,神宗朱翊钧当生于嘉靖四十二年癸亥(1563)。据《万历野获编》卷二"壬寅上寿"载,万历三十年壬寅,神宗四十岁(见上文《万寿节送顾郎中北上,暂归省长洲》考证)。如从壬寅岁上推,神宗生于嘉靖四十二年癸亥,与《明史》所记相吻合。因此,这首诗应作于万历三十年壬寅(1602),笺注误。同样,此诗之后的一首《送姜仲文使君以上万寿行归里,并致常润诸君子三十韵》,笺注系于万历二十九年作也误。

（十二）《汤集》卷一八，页 782《香城寺口占，时洪都诸老有道术者与丰城李稠原侍御争此，讽之》

按：同卷有《稠原家在丰城，说有佳地在华山下，肯见推与笑答》诗，笺注云："疑即李瑄，丰城人，万历五年进士，任南京御史。万历十九年以奉表进京，上章弹劾首辅申时行，削籍家居。"李稠原确系李瑄，字邦和，稠原殆为其号。笺注过于简单而给人以错觉：一是好像李瑄万历五年中进士后即任御史；二是他似乎在万历十九年以南京御史奉表进京。然而，并非如此。《兰台法鉴录》卷二〇云：李瑄"万历五年进士，十三年由成安知县选广西道御史，十四年巡按辽东，升福建佥事"。杨时乔《开读疏》说："李瑄，江西人，福建佥事，十九年七月为民。"（《万历疏抄》卷一六）可知他是以福建佥事奉表进京弹劾申时行。诗题既然称李稠原为御史，汤氏此诗应写于万历十三年，时在南京太常博士任上。汪道昆曾为李瑄老父撰《李封君传》，为了表达对汪道昆的感激，李请汤显祖作《代谢少司马汪南溟启》，这封谢启不见《汤显祖全集》。参见拙文《汤显祖佚文三篇》（刊于《中国典籍与文化》2003 年第 4 期）。

（十三）《汤集》卷二〇，页 879《送周子中归楚，追忆其叔见素沂孝廉并问王子声》

按：周子中其人可考。名应嵩，字子中，号中岳，湖北麻城县人。父弘祖，官至南京光禄卿。为人磊落不羁，笃友谊，好施予。万历十七年进士，授南京国子监博士，逾月，得痰疾归，卒。小传见《民国麻城县志》卷一〇"义行"。其叔，即周弘禴，万历二年进士，官至尚宝司少卿。此诗或写于万历十七年。"素沂孝廉"，待考。

（十四）《汤集》卷二〇，页 897《送王可大遂昌》

按：王可大其人可考。名有功，字可大，吴县（今属苏州）人。汤显祖同年进士。万历十二年，任浙江遂昌知县，"六载治平，擢监察御史"（《光绪遂昌县志》卷六"职官"）。据明何出光、陈登云等所撰《兰台法鉴录》卷二〇载,万历十七年,王有功选为广东御史,十八年巡茶陕西,二十年巡按广东。后为忌者所中,二十四年削职为民。归家十余年,蔽庐不避风雨,殁无以殓。天启初,赠光禄寺少卿。《民国吴县志》卷六六有传,录自邹元标所撰《王有功传》。此诗应写于万历十二年,送王氏赴遂昌知县任,时汤显祖在北京礼部观政。

(十五)《汤集》卷二〇,页 901《送黄归安》

按:黄归安其人可考。《同治湖州府志》卷六"职官表":黄洽中,湖南善化人,万历十一年进士,任知县。黄归安当是此人,汤显祖同年进士,字景台(见《光绪善化县志》卷二一"选举",而《府志》则作"号景台"),云南通判黄模第四子,孤介自持。初知归安,历宜春、乐平知县,迁刑部主事,升户部郎中,知太原、南安二府。所至皆有惠政,任职宜春,时值万历十七年己丑大荒,悉心赈救,开仓借粮。莅官太原,奏减晋阳地亩荒税两万余两。在南安任上,蠲免木价五万缗,留库,缓二千抵饷;修饬学宫,屡荐边材。传见《乾隆长沙府志》卷二九"人物"、《光绪善化县志》卷二一"选举"。送行诗写于万历十一年,时汤显祖在北京礼部观政。

(十六)《汤集》卷二〇,页 904《送南蓥屋》

按:南蓥屋其人可考。即汤显祖同年进士南邦化,字号不详,山西安邑人。历任陕西蓥屋、澄城知县,刑部主事。初任蓥屋,"政治廉明,心存仁恕,始立一条鞭法,大便里中"(《山西通志》卷一三一"人物")。小传见《乾隆安邑县志》卷八"人物"、《民国蓥屋县志》卷五"官师"。万历十一年,进士及第后,与汤显祖等在北京礼部观政,十二年赴蓥屋县令任,送行诗当写于这一年。参见前文《都下柬同年三君二首》。

(十七)《汤集》卷四六,页 1407《与张异度》

按:张异度名世伟,其人已在拙文《〈汤显祖全集〉笺注补正》中考订(见《燕京学报》新第 14 期,2003 年 5 月)。今再略作补充,崇祯刊本《张异度先生自广斋集》卷一五有《汤常博义仍先生》文:

> 汤显祖,字义仍,江西临川人,癸未进士。自余十四读公制义,辄心神往之。已读《问棘堂全集》(即《问集棘邮草》)及《紫箫》、《大槐》(即《邯郸记》)诸传奇,胸中往来一汤先生,不知神采位置何似? 然守其固陋,不欲辄自通也。甲辰,晤其仲子大耆,南都一见语合,问谓余云:"家君大慕兄,有书寄兄曾达否?"从而索复书,余谓实未见寄,渠言已刻集中。时匆匆别去,不成复。后《玉茗堂集》出,果见书存焉,则先生已谢世矣。书云:"足下制义(《汤集》作"读门下制义"),气质为体,既写理以入微;音采为华,复援(缘)情而极变。"末又申言之,云:"企佩弥怀,觏止何日?"若深以心神注之,而几不得晤者,此时年少诸生不假先容而此,于高名贤达岂不字内怪事耶? 先生以常博上书左其宫(官),后补遂昌令。久之,迁郡丞以殁,名在文章气节中。三子开远,以孝廉起家,为崇祯名臣,余亦识之。暇日,翻先生集诸尺牍,无未通讯而先焉者,不胜知己之慨。

文中虽然有两处如"以常博上书左其官"及"迁郡臣以殁"不实,但后者也并非一点根据没有,汤显祖的同年进士刘芳誉广平任温州知府时,曾传闻显祖要"以平昌令擢温丞",后来未有结果(见《汤显祖全集》卷一四《彭兴祖远过别去访刘广平。广平守温郡时,闻予且以平昌令擢温丞,喜盛,为起书楼五间,不果。忽感其意焉》)。此文有几点值得注意。一、可考知汤氏写此信的年代。所谓"甲辰",为万历三十二年(1604),这年张异度与汤氏次子大耆邂逅于南京。由他们的交谈对答中可知,汤氏曾有书信寄给张,就是这封《与张异度》信,可是张异度并没有收到。再从大耆说话的语气揣度,此信的写作时间不会太久,很有可能就写于这一年或稍前。二、有利于考知《玉茗堂选集》刊刻的情况。汤氏最早刊刻的文集是《临川汤海若玉茗堂文集》,版心题"玉茗堂选集，南京文荟堂梓"。扉页题"丙午夏金陵周如溟刊"，"丙午"是万历三十四年(1606)。卷首帅机和屠隆两家的序言撰写较早，可知这个集子汤氏着手编于遂昌任上，大概因缺资斧未能印行，后来又陆续有所增补(见徐朔方《汤显祖年谱》附录甲《汤显祖诗赋文集考略》)。"甲辰"当指此集的上版开雕之年，而"丙午"则为全书刻成装订成书的时候。从这个集子的题名"文集"和大者所说"已刻集中"来看，原书计划不仅收录韵文赋和诗，而且还可能包括各类散文文章和尺牍。但核查此集共 15 卷，只收赋和古今体诗，并未收各类散文，当然《与张异度》这封书信也就未能刻入集中。直到汤显祖逝世后，万历四十六年，汤氏第三子开远所刻本《临川汤若士先生玉茗堂尺牍六卷绝句二卷》，才收入"尺牍"第五卷。因此，张异度非常感慨地说："后《玉茗堂集》出，果见书存焉，则先生已谢世矣。"三、此文还表达一个前辈对年轻人的期望和厚爱。张异度少年时喜读汤氏书，其所作制义深受汤显祖的影响。此时汤氏文章气节已腾誉士林，他能主动写信给一个比他小二十岁而又未曾谋面的后学，给予很高的评价并以资鼓励，反映了他的谦虚和爱才的美德，使张异度引为知己，终身难以忘怀。

(十八)《汤集》卷三一，页 1115《二周子序》

按：《二周子》其书及撰者均可考。这是两种书，即《蜩笑子》1 卷，《何之子》1 卷，据《中国善本书目》"子部杂家类"著录，今存清人抄本，湖北省图书馆藏。《蜩笑子》为周弘祖(一作"宏祖")所撰，《何之子》作者系周弘禴(一作"宏禴")。周弘祖，字少鲁，湖北麻城人。嘉靖三十八年进士，四十年，由吉安府推官，选广东道御史。隆庆改元，弘祖疏请对司礼中贵及藩邸近侍、瘝锦衣指挥以下至二十余人，"止赉金币、或停世袭"；又请裁汰内府监局、锦衣卫、光禄寺、文思院冗员，以及仿行古社仓制。寻迁福建提学副使。四年，大学士高拱掌吏部，考察言官，谪弘祖安顺州判官，六年，移广平府推官。累迁至南京光禄卿，诖误免官，卒。著有《内外编》2 卷、《古今书刻》。事见《兰台法鉴录》卷一七、《明史》卷二一五本传。弘禴，弘祖弟，字二鲁，一字符孚，万历二年进士,授户部主事。降无为州同知,迁顺天通判。十三年春,上疏指斥朝贵,谪代州判官。升南京兵部主事、尚宝司少卿。"二十四年,降广东海澄县典史,添注"(杨乔《开读疏》),投劾归,卒。天启初,赠太仆寺少卿。诗文著作甚多,有《海澄集》《周冏卿诗集》等刊行。事见《明史》卷二三四本传。汤氏序云:"是时长公尚玺南都……授而序之。"《明实录》云:万历十二年七月,补南鸿胪寺卿周弘祖为太仆寺少卿,八月升南京光禄寺卿。十三年四月,弘祖谒陵穿红,为御史王学曾所劾,黜为民。又《四库全书总目》"子部杂家类·存目二"著录《何之子》,云"是编乃初谪代州州判时所作"。祖襧谪代州州判在万历十三年春,《何之子》当作于这一年。《二周子序》也写于十三年三四月间。

(十九)《汤集》卷四九,页 1516《答彭芹生侍御》

按:彭芹生其人可考。汤显祖的同年进士吴仁度所撰《吴继疏先生集》卷一二,有书信《答彭芹生》,他又在《与董见龙》信中,竭力称赞彭芹生的为人:"兄知彭芹生之为人乎?忠肝义胆,敢作敢为,他日担当大事者终必赖之。且其人高而不诡,矜而不争,虽识论各有所执,而心事粹白,绝无蹊径。"汤氏在答书中也对其寄予厚望:"门下言其内,熊公(按:指熊廷弼)言其外。言其外者,乃在干城;言其内者,乃在心腹。"那么这位彭芹生究竟是何许人?因查御史彭端吾时,在《同治庐陵县志》卷二九"庶官"中发现有彭芹生小传:名惟成,字符性,号芹生。万历二十九年辛丑(1601)进士,授中书舍人,擢给事中。力持代王立嫡,发防边固圉之策,陈言不避权贵,风裁凛然。万历三十八年,进《法祖交泰录》,被上采纳。又疏奏建文诸臣,正史应编死事,应褒名谥,应定语,论者称之。终因以敢言为忌者所中,遭回原籍。天启中召用,寻遭削夺。崇祯初又被起用,授太常寺卿。著有《谏垣存稿》。李绂《赠太常寺少卿彭公传》云:"是时庐陵彭给事芹生,与公并以抗直著,人称'二彭',以比汉'二鲍'。"(见《同治庐陵县志》卷四八)万历三十六年,熊廷弼由保定推官擢御史,巡按辽东,三十九年,督学南畿。

此信应写于万历三十七或三十八年。

（本文刊于华玮主编《汤显祖与牡丹亭》，汤显祖与牡丹亭国际研讨会论文集，"中央研究院"《中国文哲专刊32》，2005年12月；袁行霈主编《国学研究》第16卷，2005年12月）

汤显祖佚文三篇

1999年1月,北京古籍出版社出版的《汤显祖全集》,由诗文和戏曲两部分组成,诗文集囊括了现存汤氏所有的诗文作品,总计2 200首以上,另有新编进的《汤海若先生制艺》1卷;戏曲集除《临川四梦》外,还收入了他早年创作的《紫箫记》。徐朔方先生在编年笺校此书时,对待汤显祖的佚作非常谨慎,他经过认真的考证辨析,认为过去所题署的《玉茗堂批订董西厢序》《艳异编序》等七篇作品,非出自汤氏之手而系书贾的伪托,因此,将它们从1982年出版的《汤显祖诗文集》"补遗"中剔除,并增补了后来新发现的《溪山堂草序》《游名山记》等序、赞、墓志铭等八篇佚文,以及八则制艺。2001年4月,汤集重印时,又补入复旦大学江巨荣教授新辑的《皆春园集序》《李秀岩先生诗序》等四篇佚文,从而使这个新编的全集所收汤氏佚文总数达四十六篇。可以说,这是迄今为止最为完备的《汤显祖全集》。但汤氏交游广泛,一生创作宏富,其散失之作恐怕也不在少数。最近,笔者读明人俞安期汇编的《启隽类函》时,又发现汤显祖的信札三篇,即《贺王翰林启》《代谢少司马汪南溟启》《上张洪阳阁下启》。它们不见于《汤显祖全集》中,当是汤氏的三篇佚文。

俞安期,初名策,字公临,更名后,改字羡长,吴江人。倾慕于后七子,万历七年(1579),以长律一百五十韵投王世贞,为他所称赏;又与汪道昆、吴国伦等结社,文名鹊起。所著有《翏翏集》以及《唐类函》《诗隽类函》等。传见《列朝诗集小传》丁集。俞安期所编《启隽类函》,由王嗣经协助编纂,曹学佺订定。全书107卷,首为"职官考"5卷,所载笺疏表启,分为古体2卷,近体102卷。近体取唐宋以下至明代诸名手之作,"上自诸王宰相,逮至丞簿、教职,以类汇从,俾易于揽括"(《启隽类函》"凡例四")。此书卷首萧曲山人邓渼的序,署万历四十六年(1618)中秋,当刊行于这一年八月以后,距汤显祖逝世已经两年。俞安期与汤氏都是同时代人,虽然未见两人有过交往的记载,但作为《启隽类函》审定者曹学佺,为之作序者李维桢、邓渼,均是汤氏的好友,因而该书中所载三通汤氏的笺启,应当是可信的。

第一封《贺王翰林启》,见《启隽类函》卷二三:

> 木新妙选,作新四海之人文;桂海荣声,缉熙九重之圣学。儒流生色,士类腾欢,恭维某官,学包九流,声弥六合。操持素定,如泰山乔岳之不摇;议论弗穷,真长江大河之无极。自宦途鸿渐,旋朝露鹏骞,顷时进龙尾之阶,一日上鳌头之禁。视玉堂草远,追三盘五诰之遗;阅金华书尽,洗诸子百家之陋。虞夏浑浑,尚书灏灏,直期续圣人之传;尧舜汲汲,仲尼皇皇,所贵为王者之事。地禁度花砖之日,红药春翻;天低垂华衮之云,金莲夜灿。夺五十席何以为多,奏三千牍犹然未已。号唐臣于三足,咸知稽古之荣;取汉相于一言,伫究(二字疑有误)经邦之业。某系心玉峙,决眦冰衔,虽怜点铁之难成,不觉弹冠而自喜。结柳而送穷鬼,又惊岁律之推移;折梅以寄故人,正待春风之披拂。

王翰林,即王图(1557—1627),字则之,号衷白,耀州(今陕西耀县)人。万历十四年进士①,选翰林院庶吉士,授检讨。历官右中允掌南翰林院事,升少詹事、吏部右侍郎,终官礼部尚书兼翰林院学士。传见《明史》卷二一六。万历二十三年乙未大计,年初,汤显祖以遂昌令在北京上计,与袁宗道、宏道、中道三兄弟,以及王图衷白、萧玄圃良有、王一

---

① 见钱谦益《牧斋初学集》卷四六《故礼部尚书兼翰林院学士协理詹事府事赠太子太保谥文肃王公行状》及《明清进士题名碑录索引》,而《明史》、万斯同《明史列传》王图本传,作"万历十一年进士",误。

鸣子声等七人聚首,雪夜畅饮①。后来汤氏在《寄袁小修》信中,也忆及乙未雪夜聚首事,对当年燕集诸人的星云聚散,感慨嘘唏(见《汤显祖全集》卷四五)。他可能就是在这次大计时结识王图,两人订交。不数日,汤显祖和袁中郎离京,有《乙未计逾,二月六日同吴令袁中郎出关,怀王衷白石浦董思白》诗(见《汤显祖全集》卷一二),王图衷白时官翰林院检讨,袁宗道石浦、董其昌思白也皆为翰林院属官。明清翰林院的属官皆可称作"翰林",汤氏特意祝贺者恐非一般通称的翰林。据钱谦益《牧斋初学集》卷四八《故礼部尚书兼翰林院学士协理詹事府赠太子太保谥文肃王公行状》,王图三次掌翰林院事:一是以右春坊右中允掌南京翰林院,二是万历三十七年以吏部右侍郎掌翰林院,三是天启四年(1624)以礼部尚书兼翰林院学士。从此信的内容和歌颂的词语来看,当是祝贺王图首次掌南京翰林院事。《王公行状》说:"公守检讨十五年,于时相一无所附丽。……久之,升右春坊右中允掌南院。"万历十四年(1586)王图进士及第后,即选庶吉士,授检讨。由于不愿攀附权贵,过了十五年以后才得到升迁,他官南翰林学士应在万历二十八、二十九年。贺启云:"结柳以送穷鬼,又惊岁律之推移。""结柳送穷"为古代的一种祭祀风俗,据《岁时广记》所载,一般多在每年正月晦日(即三十日),因而,此贺启当写于万历二十九年(1601)正月。

玩味此启的最后一节,对汤显祖的宦途和弃官以后的一些处境,也可以略窥一二。汤显祖久令遂昌,五年不调,当时风闻有升迁温州同知之说,他的友人同年进士刘芳誉广平,时任温州知府,"闻予且以平昌令擢丞温,喜甚",后来并未有结果,汤氏有诗记之。② 他对自己未能晋升感慨系之,但对友人的高迁却喜不自胜,故《贺王翰林启》中有"某系心玉峙"四句,而所说的"决眦冰衔"、"点铁难成"两句,则表示急盼迁调(冰衔,指清贵的职位),而点铁不成,终未能成为现实。万历二十六年,汤氏向吏部告归,弃官回临川。次年,他在答友人王思任遂

---

① 见袁中道《游居柿录》卷九"万历四十二年甲寅日记"。
② 见徐朔方《晚明曲家年谱》卷三《汤显祖年谱》,浙江古籍出版社,1993年,页309。

东的信中说:"弃官一年,便有速贫之叹。斗水经营,室人交谪。"(《汤显祖全集》卷四六《答山阴王遂东》)万历二十八年秋他给次子大奢的诗中说:"虽为县长儿,饥寒在身口。"(《汤显祖全集》卷一四《念大奢久秣陵讯王巽父堪汪生继曾》)一再谈到自己的窘迫,可知他的经济状况很差,故贺启所云"结柳而送穷鬼",虽说是用典,何尝不反映他手头的拮据呢?结尾两句既表达他折梅怀人,也企盼对方有所关照,尽管用语婉转含蓄,其意思还是非常清楚的,不像是一句应酬的客套话。

第二封《代谢少司马汪南溟启》,见《启隽类函》卷四五:

> 天上文昌府,凝精崧岳之申;人间社稷臣,望重东山之谢。彼寓县久云推毂,若荐绅咸愿执鞭。况效蛙鸣,更深骥附。寅惟门下,气蕴风云,身冯日月。稽古而典坟丘索,尽入网罗;属词而班马韦匡,任从隐括。蚕扬礼乐,暂试程书。对客解颐,看檐花之落酒;问童何事,喜桑陌之驯雏。圣天子以治郡治戎,非公不可;大丈夫惟乃文乃武,随地皆宜。简擢中丞,制临闽省。长挥玉钺,净洗天河之兵;一改化弦,满鼓云门之瑟。佥调帷幄,上东北事累数千言;快意居胥,减县官材以亿万计。勋铭彝鼎,迹托江湖。两鬓未斑,禽鱼俱看是乐;余心更赤,边书未暇忘忧。龙卧讵坚,鹰(鹰)扬有待。群工(公)想风采,允惟周室父师;异域问起居,不数宋家司马。金殿早卜,玉铉同调。矧身历三朝,文鸣四海,诚理祖新安之奥妙,而文追北地之豪雄者也。某久慕阳春,自渐里耳,奈红尘日积,奚能曳屣于龙门?顾青眼时加,遂而借光于鄱县。惊承大传,悚读清音,老父得此有余荣,顿添桑榆之色。不才何由以报,聊输葵藿之忱。目盼中台,神池(驰)南羽。

汪道昆(1525—1593),字伯玉,号南明,一作南溟,安徽歙县人。嘉靖二十六年(1547)进士,授义乌知县,累官至兵部左侍郎。故称为少司马。在《代谢少司马汪南溟》题下,有"撰《李封君传》"小字注。据此可知,李某受到朝廷封赠,汪道昆撰此传表示祝贺,传成,又请汤显祖代撰写谢启向汪致以谢意。那么,这位李封君究竟是谁呢?他与汪道昆、汤显祖又是什么关系?今查汪道昆《太函集》,卷三三果收有《李封君传》。另外,集中还有《邑大夫李君侯上计序》《李令君课最弛封序》(均见卷五)、《湖茫李氏三宗谱序》(见卷二二)以及《李令君遗爱碑》(见卷六五)等。综观上述诸文,李封君,即李万清,江西丰城人,经商而家业丰饶。其子李琯,字邦和,万历五年(1577)进士,授歙县知县。据《神宗实录》,万历三年六月,"兵部左侍郎汪道昆给假归省,许之",此时汪氏在家闲居,故启云:"勋铭彝鼎,托迹江湖。两鬓未斑,禽鱼俱看是乐;余心更赤,边书未暇忘忧。"李琯既是汪道昆家乡的父母官,而丰城李族多人又与汪氏同朝为官,故李琯与汪道昆过从甚密。明制,州郡守及县令,三年课最,可以封及其父母及家室。万历八年上计,李琯因"三年课最,得封父万清为文林郎,母叶、生母何并以孺人"(见《李令君课最弛封序》)。当时,请汪道昆为文称贺,而他以"病毁而文不工",婉言辞谢,但表示异日将为封君立传。"越三年,封君始老,明年正月元日,则览揆之辰(萌按:览揆,指生辰),都人士申畴昔之言,不佞敬诺。"(见《李封君传》)所谓"越三年",即万历十一年。李封君万清生于正德十四年己卯(1519)①,"明年正月元日"(即万历十二年元旦),适值六十五岁寿诞。因此,汪道昆为践诺言,撰《李封君传》为李琯老父祝寿,此传应写于万历十一年(1583)岁末。

《代谢少司马汪南溟启》云:"惊承大传,悚读清音,老父得此有余荣,顿添桑榆之色。"显然是李琯的口气,汤氏的代谢启当替他所作。汤显祖与李琯都是江西人,临川与丰城又相距不远,万历五年,两人同为江西举人赴北京应春试,李琯中进士,汤显祖不愿巴结首辅张居正,而名落孙山。后来,李琯由成安知县选为广西道御史,官至福建佥事。万历十九年三月,汤显祖上《论辅臣科臣疏》,抨击朝政,斥责首辅。七月,李琯也奉表进京,疏劾大学士申时行十大罪状,语涉王锡爵,以外

---

① 正德己卯,原文作"正德乙卯",因正德无此纪年,"乙卯"应为"己卯"之误。

吏诋辅臣罪削职为民。① 故张廷玉等撰《明史》时,将琯传附于汤显祖传后。由于李琯一直都追慕汤氏的为人和才学,所以才请显祖代写致汪道昆的谢启。《李封君传》既然写于万历十一年岁末,那么谢启也当撰于此时,显祖进士及第后,正在北京礼部观政之时。

汪道昆与南京兵部尚书王世贞声名籍甚,并称为"两司马"。汪道昆虽然未名列于后七子之中,但他同后七子一样主张复古,同王世贞互为犄角,成为当时文坛的领袖。汤显祖和他们在政治主张和文学思想上不一致,彼此互不往来。他既然乐意为友人代写致汪道昆的谢启,尽管这不是直接交往,而是一种间接关系,至少从一个侧面说明,汤氏对待汪道昆还不是那么反感,这和对待王世贞的态度则大不一样。

还有一封《上张洪阳阁下启》,见《启隽类函》卷一二:

鹓序班庭,涣扬大号,凤池宅揆,首属真儒。万邦新岩石之瞻,九庙壮覆盂之势,王民皞皞,喜色欣欣,恭惟师相阁下。箕翼垂芒,匡庐毓秀。硬语盘空,独唱出万人之上;贵名揭日,横飞绝四海之间。挺身任重,六鳌背上擎山;定力镇浮,万马群中驻足。挺挺乎,明堂一柱之用;堂堂乎,太阿三尺之锋。既简在于帝心,爰进专于国柄。顺谋猷于外,咸称告后之君陈;言仁义于前,第见敬王之孟子。不离阙下方寸之地,常近城南尺五之天。台曘动色,泰阶秉两两之符;宝历绵休,神鼎增九九之重。扫四天之氛翳,擎出太阳;卷百川之狂澜,敛还大海。跻时仁寿,京师讹德雨之呼;致主华勋,天瑞示汝霖之作。如太公宜生见而知者,岂管仲、晏子可纯哉!兴国咸休,固亿万年之允赖;锡公纯嘏,何二十四考之足云。某门墙下士,学校旧生,幸叨一命之荣,仰慰二亲之望。偕(借)之春色,倘参桃李之浓荫;报以岁寒,敢废松筠之劲节!

---

① 李琯奉表进京,疏劾申时行被削职为民事,在万历十九年。万历三十四年,吏部左侍郎杨时乔上《开读疏》,提供被诖误触犯官员 110 人平反复职名单中,就有:"李琯,江西人,福建金事,十九年七月为民。"(见《万历疏抄》卷一六)可作为佐证。而《明史》《明史列传》俱作"显祖建言之明年",即万历二十年,应误。

此启与本书卷四所录南宋周必大《贺汤右相启》有不少相似之处,不妨抄录如下,作一个比较:

鹓序班庭,耸闻大号;凤池宅揆,首属真儒。万邦新岩石之瞻,九庙壮覆盂之势。王民皞皞,喜色欣欣,恭惟某官,九德备躬,千龄应运。渊渟岳峙,凛汉相之威仪;玉式金相,妙皋谟之述作。粤濯缨而入世,即结绶以登黻。常近城南五尺之天,不离玉阶方寸之地。备密访于北门之遴,总神几于西府之严。皆以儒宗结于帝眷,进擢遂居于台路,委蛇靡出于修门。伟治世之登庸,掩前闻而增贲。况沙堤甫筑,玉烛遽调,正炎威稍兆于恒旸,俄膏泽有开于丰岁。天瑞示汝霖之作,宫童讹德雨之呼。方且致主华勋,跻时人寿,如太公宜生见知者,岂管仲晏子可复许哉!与国咸休,固亿万斯年之允赖;锡公纯嘏,何二十四考之足云。某锥钝亡堪,途穷已甚。朝运须于泮水,贫屡贷于监河。幸大钧方播于无垠,肆小子或容于有造。借之春色,倘参桃李之浓荫;报以岁寒,敢废松筠之劲节。永言欣颂,倍百长均。

这封贺启见四库本周必大《文忠公集》卷二一(也见《省斋文稿》卷二一),又见《翰苑新书续集》卷一。收入《启隽类函》时作了较大的删节,参见文后附录。所谓汤右相,即南宋汤思退。据《宋史》卷二一二"宰辅表四":"绍兴二十七年丁丑,六月戊申,汤思退自知枢密院事授右通奉大夫,授右仆射、同平章事。"二十九年进左仆射,三十年罢左相。传见《宋史》卷三七一。周必大字子充,又字洪道,号平原老叟,庐阳(今江西吉安)人。绍兴二十一年进士及第,授左迪功郎、徽州司户参军。绍兴二十七年,中博学宏词科,授建康府学教授,二十八年到任(见周必大《文忠惠公集》前所载"年谱")。《宋史》卷三九一有传。汤思退绍兴二十七年(1157)六月进右相,《贺汤右相启》写于这年秋。

对比这两通贺启就可看出,两启何其相似,前一篇显然是受到后者的影响而改写的骈文笺启,但对仗工整、词采清丽、音节浏亮,比原作更符合四六文的规范。明人喜欢造假,也许是他人假托汤显祖之名的伪作。但又不大有这个可能,因为:一、如果不熟悉汤显祖的情况,以及他同张洪阳的特殊关系,如果不是一个擅长写四六文的高手,很难将它改写得如此漂亮;二、参与《启隽类函》的审订者曹学佺,为之作序者李维桢、邓渼,均是汤氏的好友,汤集中仍保存有与诸家的诗歌唱和及书信往还,如果真是作伪也瞒不过他们的眼睛;三、汤显祖早年受过六朝骈体文的熏陶,又娴熟于唐宋以来笺启的特点,因此他长于撰写四六文,此书已经收录了他的两封笺启,足以表现他在这方面的才情,又何必再盗用其名作伪呢?多一篇少一篇,对编者意义也并不大。我觉得很有可能是汤氏改其乡贤之作。作为一种应酬文字的贺启,它有一套固定的格式,一定的常用套语,只要翻一翻"翰墨"之类的书,也就一目了然,如本篇"鹓序班庭,涣扬大号……万邦新岩石之瞻,九庙壮覆盂之势",以及"跻时人寿……何二十四考之足云"之类语句,谁都可以套用。即使贺启写得再好,对方也不一定过目。汤氏为了文字应酬,偶一为之也未尝不可,我们大可不必为贤者讳。

张洪阳名位,字明成,江西新建人。隆庆二年(1568)进士,选翰林院庶吉士,授编修。官至吏部尚书,武英殿大学士。传见《明史》卷二一九。据黄佐《南雍志》卷五"司业":"张位万历八年三月升,六月任司业。"这一年汤显祖春试不第,游南太学,从师张位。他们两人既为同乡,又有师生之谊,因此,关系非同一般,一直到万历二十六年(1598)张位罢官,甚至坐事削职为民以后,都有书信往还,并时有过从。据《明史》卷一〇九"宰辅年表二",万历十九年(1591)九月,张位进吏部尚书兼东阁大学士,二十年四月入阁,故《上张洪阳阁下启》说:"王民皞皞,喜色欣欣,恭惟师相阁下。"此启可能写于这一年四月或稍后。从它的内容来看,无非是一些礼仪性的贺辞,表达汤显祖对这位老师荣登内阁、总领国政的颂扬。据徐朔方《汤显祖年谱》,万历十九年(1591)三月,汤显祖上《论辅臣科臣疏》,矛头指向首辅申时行,五月十六日,被贬为广东徐闻县典史,添注。然而不到一年时间,二十年(1592)四月,他就由贬所徐闻返回临川,下半年晋京,得量移遂昌知县。这次由贬斥到升迁，变动如此之快，固然与申时行万历十九年九月致仕有关，是不是张位也从中关照，尚无确切记载，但贺启中流露出作为"门墙下士，学校旧生"得到提携的感激之情，却多少透露此事确乎与这位师相也有关系。结句却云"报以岁寒，敢废松筠之劲节"，则又反映出汤显祖的性格特点，他即使受人恩惠，也不愿俯仰于人，改变自己凌霜傲雪的松筠气节。

以上这三篇新发现的书启，均用四六文写成。因为都是一些应酬文字，大概这个原因，所以汤显祖没有将它们收入到自己选编的集子里。新编《汤显祖全集》卷三六"启类"，仅收三篇骈散二体兼用的启，但不见四六文的笺启，而这新发现的三篇则可聊备一体，补其不足，录之可供汤学研究者参考。

汤显祖不仅以戏曲名世，而且也是明代诗文大家，其散佚之作当不止新发现的几篇。据我所知，如朱大复《朱太复文集》卷三八《复汤义少太常博士书》云："昨足下遗书，语似薄奉常者。奉常古夔氏之职也，处足下意气即不宜然。……足下逸才，日所难得，愿无以奉常泱泱。"汤氏给朱大复的信，却不见汤集中。又如余纫兰《燕林藏稿》卷四有与《汤义仍先生》书信两通，汤氏应有回信，今也不见。再如黄虞稷《千顷堂书目》卷二六，载顾汝学《双清堂集》7卷，卷首有临川汤显祖序，如果《双清堂集》仍在人间，此序也不会散失。我们相信将还会有汤氏佚文发现，以丰富《汤显祖全集》，为汤显祖研究提供更多的新资料。

（本文刊于《中国古籍与文化》2003年第4期）

"玉茗堂四梦"最早的合刻本探索

明代茅元仪为其弟茅暎刊所刻的朱墨套印本《牡丹亭》,写了一篇《批点〈牡丹亭记〉序》,曰:"《玉茗堂乐府》,临川汤若士所著也。中有《牡丹亭记》,乃和李仲文、冯孝将儿、睢阳王谈生事而附会之者也。""乐府"一词自宋代以后,其义比较宽泛,就不局限于指"乐府诗",词、散曲和剧曲都可以称作"乐府"。既然《玉茗堂乐府》中包含有《牡丹亭记》,它应当是一部汤显祖戏曲的合集,不是词或散曲集。但这个"合刻集"从不见有关书目著录,也不见有存本流传,因此,学者在称引《批点牡丹亭记序》时,忽视了对《玉茗堂乐府》的留意,当然也就谈不上去探索和研讨。

笔者在考察汤氏交游和诗文系年时,从明人吴之鲸(伯霖)的《瑶草园初集》卷一中,发现了久被遗忘而又罕为人知的《玉茗堂乐府总序》,从而更进一步证实,《玉茗堂乐府》的确是汤显祖的戏曲合集。序云:

汤若士先生初为《紫箫记》,后编为《紫钗》,才子之思,文人之笔,娇弄潜移,清风独转。继复为《牡丹亭》,三吴咸称,自《会真传》来,今始□(为)两。最后为"二梦",而极变穷工,又现一奇矣。齐梁丽曲,首推鲍、谢。要以含意未申,芊绵结郁,为传情之至。故河梁送别,揽祛〔袂〕归黄,总不若春草□(碧)色,春水绿波二语,自足伤神。至读长卿《长门》,陈思《感甄》,宋玉《讽赋》,令人齿酸气颤,又何绵藐酷酊也。然枣下纂纂,花上盈盈,风雪襟带,一时都尽,又何言哉!若士发小玉之幽悱,抒丽娘之异恫,婉娈乍矜,余音半逸。擢紫茎〔董〕于黄台,射青磷于白昼,哀响外激,按节欲停。当令鹄将霜飞,飙横芭灿,而归之蕉鹿,等知十千大地,俱属劳尘。弃海认沤,湛圆悉碍,觉而知梦,未名真觉也。四编次第以出,意在斯乎? 噫! 空花泡影,总为情结情随。才转才高则情深,亦惟情深者能忘情,登徒子皆不及情者耳。余友德聚,耽奇嗜古,喜搜异书,帐无蓄伎,而雅慕洛咏,汇若士先后制,合刻之曰《玉茗堂乐府》,成以示余。时余方偃□(卧)朗阁,咏无言之诗,急携《邯郸》,枕游大槐国,命雪儿歌之,栩栩然适也。因作呓语数行弁其首,以偿昔之许序"二梦"而未果者。

这篇"总序"值得注意之处:一是前人多肯定《紫钗记》《牡丹亭》为写情之作,而此序则强调汤显祖所有戏曲作品都是写情的,"空花泡影,总为情结情随。才转才高则情深,亦惟情深者能忘情,登徒子皆不及情者耳"。在"四梦"中,作者尤推崇《邯郸》《南柯》二记,称其"极变穷工",这恐怕与序作者当时的处境大有关系。因为吴之鲸屡蹶科场,心境极其不佳,遂留心方外,耽于"二梦",从中寻求其内心的寄托,"时余方偃□(卧)朗阁,咏无言之诗,急携《邯郸》,枕游大槐国,命雪儿歌之,栩栩然适也";二是提供了《玉茗堂乐府》所收作品和编刊者的简略情况,为我们深入探索这个"合刻集"的编刊者、刊刻时间以及与其他几部明人编刻的汤氏戏曲合集的关系,考察汤显祖戏曲作品在明代的刊刻和传播,都是极为有价值的文献资料。

一、《玉茗堂乐府总序》的作者吴之鲸

吴之鲸,字伯霖,汤显祖《玉茗堂尺牍》卷五有《与吴伯霖》书信一通,徐朔方先生已经编入他校笺的《汤显祖全集》卷四八中,但对吴伯霖其人未加考订。其实《清光绪浙江通志》卷一八七"文苑一"、清丁丙《杭州艺文志》卷五均有他的略传。笔者在《〈汤显祖全集〉笺注补正》中作了补考。[①] 现根据方志、吴之鲸及友人诗文集中的有关材料加以

---

① 《燕京学报》新第 14 期,北京大学出版社,2003 年 5 月。

综合,其小传为:

> 伯霖,又字伯裔,号朗士,钱塘(今浙江杭州)人。文才俊爽,笃于义气,工文章,以骚雅自命。万历二十九年建成朗阁,成为他读书宴客,参禅礼佛的场所。四方从学者众,其弟子中不乏考中进士者。但伯霖屡蹶场屋,直至万历三十七年(1609)才中举。数上春官不第,谒选浮梁县令,甫六月卒。著有《闻阁草》一卷(佚)、《瑶草园初集》十册(存十一卷)、《武林梵刹志》十二卷、《西湖双忠传》(佚)等。

吴之鲸和黄汝亨两人文名相伯仲,他同《再生缘》杂剧作者吴大山并称为"江皋二俊"。① 在冯梦祯、陈继儒、虞长孺、屠隆、吴用先、潘之恒、沈朝焕诸家的诗文集中,都能发现与吴之鲸酬唱和交往的文字,彼此之间过从较多。他们都是当时江浙一带的著名文人或士大夫,除了吴大山以外,其余的也都是与汤显祖来往较密切的友人。吴伯霖与《玉茗堂乐府》编刊者的父亲吴伯实、叔父吴仲虚的交往,就是通过冯梦祯、汤显祖的介绍,"向余从冯开之、汤义仍两先生获闻新安吴伯实、仲虚两君子,恂恂孝友,多长者行,窃心仪之"②。汤氏《邯郸记》《南柯记》写成后,伯霖又允诺为二记作序。可见他和汤显祖之间的关系也非同一般,他们的深厚情谊,过去却不为汤显祖研究者所了解。这篇"总序"不仅仅是探讨"玉茗堂四梦"最早刊刻的重要资料,也是研究汤显祖交游活动的有力证据。

二、《玉茗堂乐府》的编刊者 吴敬家世及刻书

黄汝亨《寓林集》(天启四年刻本)卷首,在"校文姓氏"中首列"吴

---

① 见拙文《〈再生缘〉杂剧作者考辨》,《文学遗产》2004 年第 1 期。
② 吴之鲸《瑶草园初集》卷三《冈陵阁寿侍封吴母程太夫人七十序》。

敬德聚"的名字。同书卷八有黄氏为吴敬书斋所写的一篇《尊闻堂记》,云:"吴子德聚……父伯实先生、叔仲虚氏。"由此可知《玉茗堂乐府》的编刊者应当是这个吴敬。

吴敬,徽州府休宁县(今属安徽)人。《康熙休宁县志》卷五"舍选"云:

> 吴敬字德聚,商山人。加例文华殿中书舍人。

他生长于"素封"之家,其祖父吴洽为大徽商,仅在杭州一带就经营不少产业。父继美(1545—1597),字伯实,世称"伯实先生",弱冠曾游南雍,由于为人醇谨忠厚,乃父临终前,嘱其掌管家业,"怔营(荫按:指惶恐不安)较计,至达旦不昧,分理诸生产作业在武林诸郡者"。① 伯实对吴敬寄予很高的期望,让他跟随在身边,这样才得以从杭州黄汝亨游学,并以家赀捐官文华殿中书舍人。因为黄汝亨的关系,吴敬与吴伯霖的交往也非常密切。

吴敬的叔父名继灼(1553—1599),字仲虚,以字行。五次应乡试皆败北。冯梦祯《快雪堂集》卷二二有《祭吴仲虚文》,是他与黄汝亨、虞长孺三人所撰,其中有:"呜呼!仲虚多情嗜义,于吾三人足称嗅味。"可见仲虚的为人,他们三人与仲虚最称为莫逆。黄汝亨也赞扬"仲虚,生平不妄交人,闭户下键,多所事玄览。于武林独昵就予与虞长孺、冯开之先生,与吴昵王百谷,与临川昵汤若士,俱文章气谊之知"。

吴仲虚自幼聪颖,喜好读书,"偏嗜《左》、《史》、两汉、晋魏诸书,及百家言、稗官小说,无不涉及津涯"②。他的书斋名西爽堂,撰有《西爽稿》。正因为他兴趣广泛,涉猎驳杂,"遂不利于有司试"。但他雅好刻书,其西爽堂刊刻过《晋书》130卷,每卷卷末题"吴氏西爽堂校刻",黄汝亨为之作序。还刊刻过《虞初志》7卷,王稚登序曰:"吾友仲虚吴君,博雅好古。以《虞初》一志,并出唐人之选,乃于游艺之暇,删厥舛

---

① 《寓林集》卷一六《吴伯实先生墓表》。
② 《寓林集》卷一八《亡友吴仲虚先生行状》。

讹,授之剞劂。"汤显祖曾点校过《虞初志》,是否用过此本,待考。仲虚卒于万历二十七年,其后人继续以"西爽堂"名刻书。据瞿冕良《中国古籍版刻辞典》载,除上述两种外,今尚存者还有十种,即《三国志》裴松之注65卷,《大唐西域志》12卷,《大慈恩寺三藏法师传》,明高棅《唐诗正声》22卷,明乔时敏辑《王元美先生文选》26卷,明天启四年(1624)刻《新镌出像点板北调万壑清音》6卷,天启五年(1625)西爽堂自编《皇朝历科四书墨卷评述》不分卷,崇祯三年(1630)刻元杨士弘辑、明顾林批点的《唐音》15卷,明朱一是、吴玙评《樊川集》17卷,及崇祯四年(1631)刻王征《新制诸器图说》1卷等。吴氏在杭郡多处商业活动中,我想也应包括经营售书业,不然为什么大量刊行史书、诗文集、戏曲、墨卷、佛经、器用之类的书籍?

吴敬为人也是"醇质而秀文,袭素封不为侈,寄官中翰,非其所好也。恂恂好修,喜读书"。① 他深受其叔父仲虚的影响,对刊印书籍也极有兴趣。早在万历二十九(1601),就刻过黄汝亨辑《古奏议》,卷首有黄氏自序和吴之鲸序。万历四十一年(1613)又为顾起元刻《说略》30卷,有顾起元自序。万年四十三年(1615),刊印乔时敏辑《王元美先生文选》26卷(此书也列于西爽堂刻书中)。万历四十六年(1618)三月,黄汝亨督学江西时,因官署不慎失火,"衙斋长物,俱为煨尽,其他亡论。而生平诗文集累千余篇,付之一炬……何其惨也!"德聚昆季闻讯后,即以"盛币兼金"去慰问。而汝亨再三致谢,退回馈赠,恳求"以收拾遗文为第一义,托在德聚,幸勿置之"。② 德聚果然不负重托,与黄氏门人四方搜集遗文,终于在天启四年(1624),与其从弟吴芝(字采于,仲虚次子)等刊印了黄汝亨的《寓林集》32卷,《诗集》6卷。

徽州吴氏虽然经商起家,资产雄厚,但历来重视子弟读书,一门都具有深厚的文化修养,又广泛结交当时的文人士大夫。吴敬有这样的经济、文化和社会关系背景,特别是其父辈与汤显祖的交往,再加上有

---

① 《寓林集》卷八《尊文堂记》。
② 《寓林集》卷二八《与吴德聚》。

刊印书籍的家传和经验,况且他生平又喜好戏曲,为汤显祖编刊《玉茗堂乐府》也就是非常自然的事。

三、"四梦"的刻印和《玉茗堂乐府》的编刊

《玉茗堂乐府总序》称"'四梦'次第以出",《紫钗记》成书于万历十五年前后,有金陵陈氏继志斋刻本行世,卷首镌有万历三十年(1602)陈大来所书写的汤显祖《紫钗记题词》,可知它刊于是年,它是"四梦"中刻印最早的一本。《牡丹亭》撰于万历二十六年(1598),《南柯记》成于万历二十八年(1600),而《邯郸记》正在写作中,直到次年才杀青,故汤氏《答张梦泽》书云:"谨以玉茗编《紫钗记》操缦以前。余若《牡丹魂》《南柯梦》,缮写而上。问黄粱其未熟,写卢生于正眠。"①他只能将新出的《牡丹亭》和《南柯记》以手抄本赠给友人。万历三十年秋,又将《牡丹亭》赠给黄汝亨,黄氏极为赞赏,即作《复汤若士》信:"政雀鼠喧阗时。得《牡丹亭记》。披之情魂俱绝。三昧游戏,遂而千秋乎?妒杀,妒杀。"所赠本究竟是抄本还是刻本?《汤显祖年谱》未作可否。② 古人尤重视自己诗文集的刊行,多数是自己出资刻印。万历二十三年(1595),汤显祖在遂昌知县任上,自编了《玉茗堂选集》,当时未能付梓。二十六年(1598),他弃官归临川后,家境相当窘迫,当然更无财力出书,直至三十四年(1606),才由金陵文荟堂刊印。此集仅有15卷,只收韵文赋和诗,未收戏曲,原来打算收录的各类散文和书信,在上版开雕时也统统被删去。③ 因此,《牡丹亭》《南柯记》《邯郸记》不可能在万历三十年就有自刻本行世,黄汝亨所得到的很可能还是抄本。

---

① 徐朔方笺注《汤显祖全集》卷四七,北京古籍出版社,1999年。
② 《晚明曲家年谱》卷三《汤显祖年谱》,浙江古籍出版社1993年,页409。
③ 见拙文《汤显祖交游和诗文创作年代补考》,载于《国学研究》第16卷,北京大学出版社,2005年。

万历三十二年(1604)六月,钱希言到南昌为退休首辅张位祝寿,八月既望,往临川访县令袁世振。希言字简栖,系钱谦益的从高祖叔父,其人甚高傲,"笔下目中俱无旁人,而独亟见海若先生"①。因此,他至临川后,特借住汤显祖的东阁旧居,先后盘桓近三个月,汤氏和帅家兄弟热情接待,他们"日逐舞裾歌扇",并观看了"二梦"传奇的演出,但没有提到赠送《牡丹亭》诸传奇之事(《松枢十九山》之《二箫篇》)②。如果汤氏的文集或"四梦"善本已经印行,肯定会送给钱希言的,而希言也就不会向汤显祖表示,愿意帮助他选书稿以流传。直至次年,即万历三十三年(1605),黄汝亨由奉贤县令调北京礼部,先回杭州探亲,汤显祖即致书钱简栖:"贞父内征过家,兄需一诣西子湖头,便取'四梦'善本,歌以丽人,如醉玉茗堂中也。"另外,黄汝亨也将《牡丹亭记》赠予沈德符,沈在《万历野获编》卷二五"杂剧"中提到此事:"顷黄贞甫汝亨已由进贤令内召还,贻汤义仍《牡丹亭记》,真是一种奇文。"万历三十三年五月十七日,黄汝亨离开奉贤任所,六月十七日先回到杭州,由此可知"四梦"善本的刊刻,应在三十二年底至三十三年五月之前。万历三十二年甲辰,张世伟(异度)与汤显祖次子大耆邂逅于金陵,崇祯刊本《张异度先生自广斋集》卷一五《汤常博义仍先生》载有此事:"甲辰,晤其仲子大耆,南都一见语合,问谓余云:'家君大慕兄,有书寄兄曾达否?'从而索复书,余谓实未见寄。渠言已刻集中。时匆匆别去,不成复。"从两人对话中透露一个信息,此时大耆正在南京为其父刊印《临川汤海若玉茗堂文集》(即金陵文荟堂刊印的《玉茗堂选集》)。万历时金陵刊刻戏曲的唐氏书坊主人,大多来自江西金溪。金溪与临川毗邻。明代同属抚州,万历间"四梦"的刊本大多数由江西老乡所刻印。在刊印文集时,可能中间又插印了这四本传奇,致使资金受到影响,从而延迟了文荟堂刊印本《玉茗堂选集》的竣工,直至两年后才刊印出来。而且将文集中准备收录散文和书信删去。汤氏所说的"四梦",是对自己剧作的"总称",还是指四本传奇的"合刻本"?我认为应

---

① 转引自《晚明曲家年谱》卷三《汤显祖年谱》,页 416—417。
② 《汤显祖全集》卷四七《与钱简栖书》。

该是指前者,其原因有三:一、如果不是单本刊行而是"合刻",黄汝亨就不会只赠给沈德符一本《牡丹亭》,而应当赠以全套"四梦",不然有失礼貌和人之常情;二、如果为"合刻本",卷首应当有汤显祖自撰或请友人撰写的总序,可是此序既不载于各种刊本的汤氏文集中,也不见于其友人的任何记载,足见根本就不存在汤氏自刊"合刻本"事;三、吴敬印《玉茗堂乐府》,是"汇若士先后制,合而刻之"。假如"四梦"已有新刻合刊本问世,作为汤氏挚友的晚辈就不必再迫不及待的"合而刻之"。

吕天成《曲品序》云:"予舞象时即嗜曲,弱冠好填词。每入市,见新传奇,必挟之归,笥渐满。"他广泛搜罗当时刊行的各种曲本,早在万历三十年,就开始撰《曲品》,后几经修订,终于在万历三十八年(1610)完成此书。《曲品》中著录了汤显所创作五种传奇,说明这一年之前,《紫箫记》和"玉茗堂四梦"都以刊本的形式在社会上广泛传播。今皆有万历间刻本传世者,汤显祖所创作的四本传奇,今有万历间的刻本传世者,《紫箫记》创作于万历五年至七年之间,有金陵唐对溪富春堂、唐绣谷世德堂刊本;《紫钗记》则有万历三十年(1602)继志斋本行世;因为《牡丹亭》最受读者欢迎,所以当是刊本较多,有万历间金陵唐氏文林阁、槐塘九我堂和七峰草堂等刻本、万历间刻本,以及万历四十五年(1617)石林居士序刻本;《南柯记》仅有万历间金陵唐振吾刻本;《邯郸记》也只见万历间一种刻本。这三记的坊刻本都没有刻书牌记,很难断定其具体刊刻年代。当时金陵等地的书商为了牟利,竞相刊印小说戏曲,像汤氏的戏曲作品一旦问世,在其还是传抄时,就会不胫而走,而坊刻本则可能出现得更早一点。汤氏大概不满意坊本,才有"四梦"善本之刻。当然,也不排斥上述诸本中,有的可能和"四梦"善本有关联(如金陵唐氏所刻《牡丹》《南柯》二记)。

《玉茗堂乐府》既然"汇若士先后制,合而刻之",很可能是黄汝亨带到杭州的汤氏戏曲"四梦"善本,或者先汇集诸坊刻本,再用"四梦"善本进行校订。因无存本比勘,目前只能如此推测。

那么吴敬究竟编刊于何时呢？只要搞清《玉茗堂乐府总序》的撰写时间，这个问题也就会迎刃而解。"总序"的结尾说："因作呓语数行弁其首，以偿昔之许序'二梦'而未果者。"所谓"二梦"，是指《南柯记》和《邯郸记》。他们刊印前，汤显祖曾请吴氏作序，他也允诺。可是直到万历三十二、三年间，"二梦"已经有了刻本，他都未能兑现。当吴敬请他为《玉茗堂乐府》写序，吴之鲸总觉有一种负疚感。"总序"中既云"昔之"，说明他对汤氏的允诺，不是近一两年的事，已经过去相当一段时间。他科举蹭蹬失利，但他功名心切，几乎每试必应。万历三十四年丙午(1606)，吴伯霖忙于参加乡试，当然无暇他顾。万历三十七年己酉(1609)，他终于中举，授江西浮梁知县，不久卒于任所。因此，"玉茗堂乐府总序"只能写于这一年前，当在万历三十五、三十六年间，而吴敬所编刊的《玉茗堂乐府》也成于此时。

汤显祖"玉茗堂四梦"的明代合刻本，万历间有臧懋循改订本《玉茗新梦四种》，但已失去汤氏原作的风貌，先可不计算在内，今尚有存本传世的，如万历末柳浪馆评点本"临川四梦"①、天启四年张弘毅著坛刻本《玉茗堂四种曲》(但这四种曲并未刻完，只刊出《牡丹亭》)、明崇祯间所刻沈际飞独深居点定本《玉茗堂四种曲》、明末刊本《汤义仍先生四种曲》等。在这四种中虽然以柳浪馆本刊刻最早，其他几种都在万历末期以后，可以看出它们的刊刻的时间，都在《玉茗堂乐府》之后，因此"玉茗堂四梦"应当是汤显祖戏曲集的最早合刻本。其他合刻集的刊印显然要受到它的影响。

四、《玉茗堂乐府》遗存

茅暎刊所刻朱墨套印本《牡丹亭》，其插图有"庚申中秋写"的题

---

① 荫按：柳浪馆镌刻"四梦"最为罕见，郑振铎曾有《牡丹亭还魂记》《南柯记》两种，而《紫钗》《邯郸》二记则为大兴王孝慈所藏，"海内未闻第三人有之也"(见《郑振铎古典文学论文集》卷下《西谛所藏善本戏曲题识》，上海古籍出版社1984年版)。后来此"四梦"也流散，《牡丹亭还魂记》则藏入台湾中央图书馆，《邯郸记》为神田喜一郎所得，今藏日本大谷大学图书馆。余下两种归国家图书馆善本部。

字,"庚申"为明泰昌元年(1620),此本当刻于这一年。茅元仪既然在《批点〈牡丹亭〉序》中,提到了《玉茗堂乐府》,说明直到泰昌间这个"合刻集"仍然在流行。后来虽然失传不为大家所知,但我们仍能在现存的戏曲选集和汤显祖戏曲的各种版本中探索到它的遗存。如:

(一)明止云居士编、白云山人校本《新镌出像点板北调万壑清音》卷七,收有《牡丹亭》中《冥判》《还魂》两折。这个戏曲选集是西爽堂在明代天启四年(1626)所刊刻。这是吴氏刻的选本,所选《牡丹亭》的折子戏,当然会出自吴敬所编刊的《玉茗堂乐府》。

(二)明泰昌间茅暎朱墨套印本《牡丹亭》,茅元仪在序中称"家季校其原本,评而播之"。此剧也应以《玉茗堂乐府》为底本,可是与今存万历间刻本、万历四十五年刊石林居士序本(此两本最接近原刊)比较,刊印者作了不少改动,多少要失去原著的特色。因为此本的批语出于臧晋叔的"四梦"改本,可能受其影响而加以改动。

(三)《玉茗堂乐府》今虽然不见传本,但从独深居点定本"玉茗堂四梦"可以看出其原貌。独深居点定本"玉茗堂四梦"卷首,列有《总序》《会序》两篇,今仅存目录,而缺原文,可能是上版开雕时才删去。只在每剧前保留点定者沈际飞的《题词》和汤显祖的原序或题词。这个《总序》如果是沈氏所撰,绝不会轻易抽掉。此本自称用的是原刻本,且强调"四传奇本勿可改也……存大美以着本色"①。可见这个《总序》,或许就是吴伯霖所写的《玉茗堂乐府总序》,独深居点定本可能也是以吴敬刻本为底本。日本学者根山彻对今存各种刊本的《牡丹亭》作了认真细致的比较,可以看出独深居点定本《牡丹亭》与万历间刻本、石林居士序刻本、玉海堂刻本、朱元镇校刻本以及柳浪馆、蒲水斋、词坛双艳、安雅堂、汲古阁等本一脉相承,文字基本相同,它们应当是同一个版本系统(参见《明清戏曲演剧史论序说》,创文社2002年版)。这些刊本最接近汤氏的原著。尤其是石林居士序本的刊刻在诸本之上。此本现存台湾,分为4卷本和2卷本,4卷本为初刻,插图精

---

① 见《独深居点定玉茗堂集》卷首古吴陈勖授梓时吴所写的《识语》。

美,而文字有讹误;2卷本则对前本的文字进行了校订,也最能反映出汤显祖原著的风貌。

2006年9月18日于京郊寓所

(本文刊于《戏曲研究》第72期,文化艺术出版社,2007年1月)

盛演不衰的"临川四梦"

汤显祖的"临川四梦"自问世以来,一直盛演不衰,成为光照剧坛、垂范后世的古典戏曲的瑰宝。

"四梦"以《牡丹亭》最负盛名,万历二十六年(1598)秋脱稿,翌年春在玉茗堂中,由汤显祖亲拍檀板,指导优伶排练和演唱。万历三十七年(1609)冬,明代著名的戏曲评论家潘之恒在南京友人的家中,五次观看昆腔演唱《牡丹亭》,对饰演柳梦梅、杜丽娘的两位女演员冒阿荃和江阿蘅竭力称赞,不仅欣赏其"珠喉宛转如沸",而且为他们"各具情痴而为幻荡"的演技拍案叫绝。"《牡丹亭》一出,家传户诵,几令《西厢》减价。"

明末清初以后,由于传奇剧本的体制庞大,剧情冗长,文辞典雅,不大适应观众的欣赏口味,于是成本大戏被单出戏所取代。"临川四梦"也主要以精彩的折子戏葆其艺术青春。从清代乾隆年间起,京剧和各种地方戏争奇斗艳,得到迅速发展,汤显祖的剧作逐渐被其他剧种改编或移植,为越来越多的观众所喜爱。

中华人民共和国成立以后,特别是近些年来,"四梦"的演出更显得妍丽多姿。1981年,北方昆剧院演出了傅雪漪和时弢改编的《牡丹亭》,次年,上海昆剧团改编的《牡丹亭》和江苏省昆剧院缩编的《牡丹亭》及其折子戏,以崭新的面貌呈现在昆曲知音的面前。同年11月,戏作家故乡江西抚州的戏曲工作者,又将"四梦"全部改编,整体上演。这是一次创举,历史上还从来没有过。无论是古老的赣剧《紫钗记》《邯郸记》和《南柯记》,还是年轻的采茶戏《牡丹亭》,都在如何使古典名剧通俗化上作了大胆而有益的尝试。从今年11月20日起,在文化部等联合举办的"纪念汤显祖逝世370周年活动周"中,北京、上海以及汤显祖生活、活动过的地方,都要举行学术讨论和演出。江西省的"玉茗花戏剧节",已于10月30日揭开了序幕。各地正在掀起一个上演"四梦"的新热潮。

1920年5月,梅兰芳主演的《春香闹学》被拍成电影,这是汤氏剧作首次被搬上银幕。30年后,1959年12月,梅兰芳、俞振飞和言慧珠联袂演出的《游园惊梦》,以及1961年赣剧弋阳腔《还魂记》,又相继拍成彩色戏曲片。最近,江苏省昆剧院演出的《牡丹亭》,也摄制成彩色影片,即将同观众见面。

早在本世纪20年代,汤显祖的剧作就被介绍到国外。日本学者宫原民平译注的《还魂记》,于1920—1924年在东京出版,后来陆续被翻译成德、法、英、俄等多种文字。随着中外文化交往的增多,《牡丹亭》及其折子戏也远涉重洋,蜚声海外。1928年秋,著名昆曲演员韩世昌等,应日本满洲铁道株式会社的邀请,最早将《春香闹学》《游园惊梦》带到日本。1930年4月,梅兰芳访问美国,在旧金山自由戏院和喀皮他尔剧院,演出了《春香闹学》。

去年6月,由著名昆曲演员张继青率领的江苏省昆剧院应邀参加了西柏林第三届"地平线世界文化节",今年又飞赴巴黎和马德里,参加法国和西班牙的秋季艺术节,她主演的《牡丹亭》,场场座无虚席,每次剧终,经久不息的掌声和一束束鲜花涌向舞台,表达海外友人对我国古典戏曲的热爱。汤显祖犹如一颗璀璨的明星,与他同时代的莎士比亚东西辉映,他的作品永远都是全人类宝贵的精神财富。

(本文刊于《人民日报》"海外版"1986年11月2日)

"汤学"研究新篇章

汤显祖的《紫钗记》《牡丹亭》《南柯记》和《邯郸记》,不仅受大广大读者和观众的喜爱,而且也为戏曲研究者所瞩目。特别是《牡丹亭》,更引起人们浓厚的探讨兴趣。从明末以来,许多学者对它做过大量的研究工作,其中不乏精辟独到的见解,但多偏重于本事的考证、剧本的评点和音律的审订。

中华人民共和国成立后,才开始用历史唯物主义的观点和方法,考察和研究汤显祖的生平事迹,揭示其剧作的主题思想和社会意义,对创作方法和艺术风格也多有涉及。当然,研究的重点仍集中于《牡丹亭》。

十年动乱过后,进入改革开放的新历史时期,汤显祖研究也呈现出生机勃勃的局面。1982年10月,为了纪念汤显祖逝世366周年,在江西南昌举行了规模盛大的学术研讨会,取得了丰硕的成果,标志着汤显祖研究已经进入一个崭新的阶段。

首先,老一辈专家学者不仅仍在辛勤地耕耘,而且热情扶植后进,使一大批中青年学者迅速成长起来,成为汤显祖及其剧作研究的中坚力量。其次,研究向纵深发展,开拓了汤显祖研究的一些新领域,对某些传统的看法提出了挑战。例如,过去受"左"的影响,贬低《南柯记》和《邯郸记》,甚至加以否定。不少研究者都提出相反意见,他们着重从汤显祖的世界观和创作思想出发,联系作者的政治斗争生活,将"四梦"作为一个整体来考察,从而充分肯定后"二梦"的价值。再次,近年来演出团体对"四梦"的改编、移植越来越多,从事戏剧导演和戏曲音乐理论研究的学者也深入剧团,同编导、演员一起,紧密联系舞台演出实践,互相切磋,各抒己见,不仅提高新改编本的质量,而且也是发扬理论联系实际的良好学风。

最近几年来,先后出版了一批汤显祖研究的著作,如徐朔方继《汤显祖年谱》后,又推出《论汤显祖及其它》,江西省文学艺术研究所编辑的《汤显祖研究论文集》(书后附《汤显祖研究资料索引》),收录三十多篇论文,比较全面的对汤显祖及其作品进行了研究。作品校注本有钱南扬的《南柯梦记》和胡士莹的《紫钗记》(附《紫箫记》),以及江西抚州青年学者黄文锡和吴凤雏的《汤显祖传》。即将问世的还有徐扶明编著《牡丹亭研究资料考释》,已故老戏曲和民俗学研究专家黄芝冈的遗稿《汤显祖编年评传》,也将由吴启文校订出版。

汤显祖的研究正方兴未艾,可以预料,它像曹雪芹《红楼梦》研究有"红学"一样,将会在我国出现一门新兴的研究学科——"汤学"。

(本文刊于《人民日报》"海外版"1986年11月22日第七版纪念专刊)

情深　情真　情致

——青春版《牡丹亭》观后

这次应邀赴台北参加"汤显祖与《牡丹亭》国际研讨会",并观摩苏州昆剧院上演的青春版《牡丹亭》,感到特别兴奋。白天,我们在会场里探讨和交流汤显祖的创作思想、艺术构思以及《牡丹亭》的传播和影响;晚上,则在剧场里聚精会神地欣赏精致优雅的演出,充满青春活力的演员,将汤显祖所塑造的艺术形象生动地展示在舞台上,那悠扬婉转的歌喉,轻柔飘逸的舞蹈身段,诗一样的韵味和魅力,多么令人感动啊,让大家浸润在一种美的享受里。学术讨论和舞台演出,如此相辅相成,交相辉映,会永远留在我们与会者的记忆里。

接连看了三场演出,每当大幕降落,曲终人散,而我的思绪却久久不能平静,脑海里反复思考这样一个问题。我是一个老戏迷,北京凡有昆曲演出,我几乎都去观看,为什么都没有像这一次让我激动不已,而且让我想得很多很多? 这大概有以下三个原因。

一是不论这个剧团的领导人、演出的策划者、剧本的编导,还是整个剧组的演员、乐队、舞美、灯光以及场上工作人员,都能拧成一股绳,全力以赴,共同打造青春版的《牡丹亭》,使其在继承传统的同时,又力图有所革新,给人以新鲜感。这种通力合作,用戏班的行话说,就是"全场一棵菜",今天的通用语则是"发扬团队精神"。昆曲作为中华文化的瑰宝,正如白先勇先生所说:"正在出现断层,再不培养新的接班人,我们就会成为历史罪人。"[1]他以一种"等不及了"的紧迫感,从20

---

[1] 本文所引白先勇先生的话语,均见他在桂林《姹紫嫣红〈牡丹亭〉——四百年青春之梦》和《青春想念》两书新闻发布会上的讲话(见《北京晚报》2004年5月17日的报道《白先勇:抢救昆曲我等不及了》)。

世纪80年代排演《游园惊梦》开始，就不断地往来海峡两岸，为了积极抢救和弘扬昆曲遗产，沟通两岸的民间交流，他风尘仆仆，周旋于方方面面，团结两岸三地的学者和艺术家，并争取各种力量的大力支持。在他身上始终洋溢着一股青春活力，那种对昆曲的痴情和执着精神，实在令人钦佩！当他见到我们大陆参加会议的学者时，第一句话就说："你们终于来了，我就感到很高兴！"就是这么一句简单而朴实的话语，可以胜过许多客套和寒暄，让大家非常感动。记得1986年11月，由文化部、中国剧协、中国艺术研究院、江西省文化厅共同在北京举办了"纪念明代伟大戏剧家汤显祖逝世370周年活动周"，当时我在中国艺术研究院戏曲研究所任职，被抽调去参与学术研讨会的筹备和组织工作。第一次见到昆曲表演艺术家汪世瑜和张继青，他们虽然已过不惑之年，但正当艺术生命的鼎盛时期。这次再相见，两人已经鬓毛斑白，尽管告别了舞台生涯，仍在发挥余热，不辞辛苦地传帮带，这才有俞玖林和沈丰英等一代新人的茁壮成长。正是有这样一批乐于奉献的人全身心地投入，古老的昆曲才能继往开来，传承有人，参天古木，枝枝新绿，焕发出一片生意盎然的春色。这是一件最值得庆幸的大事。

　　二是接连三场演出，都是场场爆满，座无虚席，每当谢幕时，经久不息的掌声，热烈的欢呼声，响彻了整个剧场。我是一个喜爱昆曲的老观众，很少看到这样激情洋溢的场面；特别有那么多的年轻观众，更是出乎我的所料，使我看到昆曲发展的希望。昆曲已于2001年5月18日被联合国教科文组织命名为"人类口头遗产和非物质遗产代表作"，予以继承和保护，这是我们中国人和炎黄子孙的光荣和骄傲。这份遗产能不能保存下去，使其香火不断，抢救演出剧目、培养新的接班人，固然是首要的任务，但是红花还得绿叶扶，她离不开广大观众的支持，尤其需要一代又一代的年轻观众的参与。因此，培养新的观众也是刻不容缓的事情，应当引起戏曲工作者和教育工作者的高度重视。像当年吴梅、许之衡等学者一样，把昆曲教育引进北京大学课堂，我们可不可以先从两岸三地中学的语文课入手，适当选用一些《西厢记》《牡丹亭》《长生殿》《桃花扇》等古典名剧的曲文，介绍一点有关昆曲的常识;再在大学的艺术教育课上,开设昆曲欣赏讲座,成立曲社,请人拍曲子,让青年学子受到昆曲的涵泳,提高他们的文化素养。如果能够形成一定的社会风气,才能在真正的意义上继承和保护昆曲文化遗产。

三是据已故北京昆曲社的社长张允和女士在《百年来南方昆剧演出剧目略述》中回忆,从清末以来,能够上演的《牡丹亭》曲目,只有《劝农》《学堂》《吊场》《游园》《惊梦》《堆花》《寻梦》《离魂》《冥判》《拾画》《叫画》《问路》《硬考》《圆驾》等十四出(见中国昆剧研究会《会刊》第3期,1987年10月),而20世纪60年代后,经常上演的也不过《春香闹学》《游园惊梦》《拾画叫画》等几出,至于《硬考》和《圆驾》等早就绝响于舞台。80年代,江苏昆剧院张继青等所演出的《牡丹亭》,后来拍成彩色电影片,也只演到《回生》为止。这次能欣赏到三本《牡丹亭》的演出,看到一些新上演的折子,给人以一种高雅精致的艺术享受,使我大饱眼耳之福。改编者将原剧的五十五折,精练成三本二十七折,它不是过去舞台上常演的折子戏的连缀,而是在突出汤显祖写"情"的创作理念的指导下,经过删繁就简、调整合并,去掉一些过场戏或可有可无的场子,使之既保持原作结构的首尾完整,又不损害昆曲的原汁原味,适合于现代舞台演出和观众的审美要求,可以说青春版《牡丹亭》,"充分体现了情深、情真、情致的主题"。尽管她艺术上还不是完美无缺、天衣无缝,但她确实是现代昆剧史上一次重要的演出,使我圆了看全本《牡丹亭》的梦。我国戏曲极少有西方那种严格的悲喜剧之分,为了适应观众的审美和欣赏习惯,每本戏中都有喜有悲,少不了插科打诨的调笑场面,而且总以大团圆结束,十部传奇几乎九部都是如此。《牡丹亭》在《圆驾》后才落幕,像汤显祖这样伟大的戏剧家也未能免俗于大团圆,超越自己的时代。近百年来昆剧逐渐式微,昆班经常要搭京剧戏班演出才得以生存,因此常演一些以生旦为主的折子戏,给人以错觉,似乎昆剧只能演才子佳人戏,不能窥见其演出的全豹。演全本大戏,使生、旦、净、末、丑各类角色皆能登场献艺,展示自己的才情,全场既有声情并茂的演唱,又有幽默风趣的调侃,还有翻滚跌扑的打斗,悲喜交集,雅俗共赏,昆腔昆韵盎然,这样才能满足各种观众的需要。

我认为全本《牡丹亭》的演出,更能反映汤显祖的创作理念和艺术构思。

青春版的《牡丹亭》的改编和演出是成功的,但有些地方还需要认真考虑,有待于打磨锻炼,进一步提升她,使其日臻完美,成为21世纪昆剧艺术的珍品。我想提几点具体意见,供修改时参考。

一是杜丽娘游园困倦,惊梦而醒,低声叫道:"秀才,秀才,你去了也。"被母亲听见,紧接着就是责备女儿的戏。改编本则将它删去,换成春香上场,接过话茬。岂不知对女儿的教训和下面《慈戒》这个关目,与《训女》《延师》《闺塾》同样重要,母亲甄氏也是构成杜丽娘对立面的重要人物,如果没有她对女儿的严加管制和压抑,也就不会有《寻梦》这场戏,杜丽娘渴望自由幸福、反抗封建礼教压迫的个性,当然也就得不到升华。慈母的训诫是不可少的,至于是否要单独保留《慈戒》这场戏,我看也可不必,只要将其压缩精炼后与《惊梦》合并就行了。

二是按照《牡丹亭》第二十四出《拾画》,柳梦梅游玩杜家后花园时,在太湖石下发现一个檀木匣儿,其中装有丽娘的写真。而改编本则由柳梦梅唱完【锦缠道】,突然走进上场门,取出一个画轴,接着才念下面的道白。这种处理方式,既不符合汤氏的原作,又破坏了这场戏独有的规定场景,因为它背离了生活真实,必然影响了演员的演唱和表演,观众看了也极不舒服。《缀白裘》反映了清代中叶昆曲演出的情况,"拾画"过程是这样处理的:"〔内作石倒响介〕阿呀!好一座太湖石山子,怎么就倒坏了?吓吓,你看石底下是什么东西,待我看来,咦,是一个紫檀匣儿。不知什么东西在内?……咦,原来是一幅观音大士。善哉善哉,待小生捧到书馆中去焚香供奉,强如埋在此间。"当然我们不一定照搬,不妨在场上立一块湖山石景片,画匣子藏于其下,这个问题也就迎刃而解了。

三是青春版《牡丹亭》为了追求舞台雅致净洁,尽量简化场上的装饰,淡化天幕的背景,可是《如杭》这场戏,却用了一片萧瑟的芦苇,点出深秋节令。而戏中一个重要的情节,就是写柳梦梅到杭州去赴试,后面《索元》《硬拷》则写他考中状元。显然他去参加的是春闱考试。宋代礼部的省试在春天举行,考取后由皇帝主持殿试,廷试列第一甲的进士，不一定是第一名，也可以称为"状元"。而从汤氏的原作来看，《硬拷》【南彩衣舞】曲唱"则他是御笔亲标第一红"，由此可知，柳梦梅所中的状元应属于明制第一甲的头名状元。不管是宋代还是明代，其"礼闱"或"春闱"都不会挪到秋天去举行，用芦苇做背景肯定是不恰当的。原作写《如杭》这场戏，其节令是不确定、虚化的，为什么不去遵从原作而要用实景呢？这样做与其他各场的舞美风格也不协调。

四是以笛子作为主伴奏乐器的昆曲，过去多在红氍毹上小规模的演唱，为了适应现代化的大剧场演出，面对众多的观众欣赏，必须要进行乐器的改革，添加新的配器。但我和许多观众的感觉一样，这三场戏的演出，器乐与演唱未能配合好，前者表现得过于强烈，有时甚至掩盖了演唱，未免给人以喧宾夺主之感，有失于昆曲的优雅韵味。不是没有处理得好的唱段，如《闹殇》中几支【集贤宾】的曲子，由于突出了笛子伴奏，而削弱了其他配器，唱来缠绵悱恻，回肠荡气，感人至深。突然我耳边就好像回想起当年听张继青的演唱，这种艺术享受使人终身难以忘怀。古老的昆剧如何满足今天观众的需要，必须不断摸索探求，不断实践和改进，这还有一段很长的路要走。

（本文刊于白先勇编著《牡丹亭还魂》，台湾时报文化，2004年）

对青春版《牡丹亭》演出的思考

——谈昆曲遗产的保护和研究

由白先勇先生策划、海峡两岸的戏曲家精心打造、苏州昆剧院排演的青春版《牡丹亭》,自去年成功上演以来,在两岸三地引起很大的轰动,而且其影响也波及海外,在美国发行的著名华文报刊《世界日报》和《世界周刊》都发表过热情的赞扬文章,予以介绍和宣传。"风乍起,吹皱一池春水",面对这样一股热潮,给濒临危殆的昆曲带来一线希望,它的现状与命运再次引起人们的关注。我们不禁要思考,昆曲作为"人类口头和非物资遗产",如何才能得到保护、继承和发展,使它真正焕发出生机勃勃的青春活力?我作为一个戏曲史研究者,一个老昆曲爱好者,想从以下三点略陈己见。

一、昆曲艺术应从青少年抓起。从乾隆以来地方戏曲的蓬勃发展,曲高和寡、知音难觅的昆曲逐见走向衰落,随着当今我国社会现代化进程的加快,它更面临生存困难的严峻形势。尽管多年前政府就已明令重点保护,但并没有从根本上改变其式微的现状。为了使其香火不断,抢救演出剧目、培养新的演出接班人,固然是当前的重要任务,但最迫切的是改善它生存发展的各种条件和环境,鲁迅先生说过,首先是生存,然后才谈得上发展。即使这些问题都得到了妥善解决,出人出戏了,推陈出新了,仍离不开广大观众的支援,尤其需要一代又一代的年轻观众的参与。报载北京戏曲学校校长、京剧表演艺术家孙毓敏,前不久率领她的学生赴法国演出,获得成功,使她大受震动。因此,她在全国政协会上大声疾呼,认为要保护和发扬京剧国粹,必须从孩子开始普及戏曲艺术,建议把戏剧剧本和唱段唱词选入学生课本教材。据云她的建议已经获得了支持,形成提案,提交给政协会议。我觉得这个建议很好,应当引起政府有关部门和教育工作者的高度重视。京剧是雅俗共赏的艺术,可以从娃娃抓起,但是作为高雅艺术的昆曲,文辞华丽典雅,唱腔清柔婉转,表演细腻优美,将文学、戏剧、音乐、舞蹈、美术熔于一炉,是我国戏曲艺术美的典型代表。过去主要在达官贵人和富商巨贾的红氍毹上演出,它的观众也主要是具有高度文化修养的知识分子群体。因此,昆曲艺术要争取观众,它的定位应高一点,当从青少年抓起。我们可不可以先从两岸三地中学的语文课入手,适当选用一些《西厢记》《牡丹亭》《长生殿》《桃花扇》《雷峰塔》等古典名剧的曲文,介绍一点有关昆曲的常识,提高他们的文化素养。然后再在有条件的大学艺术教育课上,开设昆曲欣赏讲座,成立曲社,请行家拍曲子;剧团也应经常送戏上门,让青年学子在潜移默化中受到涵泳,使他们了解和热爱昆曲艺术。今天我们坐在北大开研讨昆曲的圆桌会议,让人联想起许多往事。1917年9月,近代曲学大师吴梅应聘为北京大学教授,首先把昆曲教育引进大学课堂,稍后,鲁迅先生也在北大讲授《中国小说史》课。过去被目为不登大雅之堂的俗文学,终于登上了学术殿堂,这在当时需要有敢为人先的大智大勇才行。1922年秋,吴梅先生举家南归,他向校方推荐曲学专家许之衡以自代,继续担任曲学教授和国学门导师。吴梅南还后,又把昆曲教学和研究的火种引到东南大学、上海光华大学、中央大学等高等学校。他们所开的风气影响非常深远,直到20世纪五六十年代,北大还有昆曲曲社活动,在我的业师中就有朱德熙、林焘、吴小如等先生,不是会昆曲,就是能唱京戏,每当中文系的新年联欢会上常有他们的演唱,不少学生对戏曲的爱好,显然是受到这些老师的熏陶。吴梅先生的嫡系传人卢前、钱南扬、王季思以及赵景深等老一辈曲学大家已先后作古,但是今天仍活跃在戏曲研究领域的中坚,大多是他们的弟子或再传人。如果我们现在能继承昆曲艺术教育这个良好的传统,又措施得力,长期坚持不懈,必能形成一定的社会风气,这样既培养了大批喜爱的观众,又能涌现出一定数量的研究人才,才能在真正的意义上保护和继承昆曲文化遗产。

二、建立昆曲遗产研究基地。记得中国昆曲研究会在80年代成立后，做了不少工作，如在北大举办了戏曲艺术讲座；还拟定了一个研究计划的细目，广泛征求专家的意见，连老诗人卞之琳也在回函中谈了自己的看法。当时学会的秘书长柳以真，对保护和振兴昆曲情有独钟，曾聘请《戏曲研究》主编颜长珂先生和我负责学会研究和出版工作。第一件事情就是想出一套《当代缀白裘》，也就是把现在仍能在舞台上演出的剧本进行整理点校，然后裒为一编，并配备演出录像出版，为观众提供一个可读可欣赏的舞台剧本集。1988年11月，我还和柳先生去了杭州，在浙江省昆剧团看了十天戏，请随去的中国艺术研究院录像室做了录像，并开始向六个保留的昆曲院团，征集剧本和演出剧照。由于研究会不是一个实体，活动经费捉襟见肘，加之老柳不久赍志以殁，而整个研究计划也就告吹了。近几年来，教育部根据有关民族、地域、学科的特点，在一些高校建立了一批研究基地，如藏学、蒙古学、徽学等，它们都是具有法人资格的研究实体，有相当雄厚的科研经费支持，既培养了大批新学科人才，又出了许多高质量的研究成果。因此，我希望能在昆曲的发祥地的苏州建立昆曲研究基地，这个基地可设在苏州大学。苏州有着深厚的昆曲文化底蕴，又地近上海、南京和杭州这样戏曲文化氛围浓厚的大城市，这里经济繁荣发达，人才济济，旅游资源丰富，而且和香港、台湾昆曲界有着频繁的交流与合作，具有很强的辐射力，便于推动两岸三地对中华文化瑰宝的保护和弘扬。据云苏州市政府对昆曲遗产的继承和保护非常重视，制定出一个十年发展规划，出台了很多具体措施，诸如精心构筑"节"（中国昆剧艺术节和虎丘曲会）、"馆"（中国昆曲博物馆）、"所"（苏州昆曲传习所）、"院"（江苏省苏州昆剧院）、"场"（一批演出场所）与建立昆曲研究中心、筹建中国昆曲学院等，还要出台相关的地方法规。这个信息非常令人鼓舞，但是摊子不宜过大，关键在于一个一个落实。在苏州大学建立昆曲遗产研究基地比较容易实现，如果有中央和地方政府的大力支持和扶植，这个研究基地可以整合各种力量，侧重于昆曲文本、昆曲艺术理论、昆曲文献等领域,运用现代化的研究手段,进行全方位保护和研究工作,我想只要期以数年,就会做出喜人的成绩。

三、成立汤显祖研究学会。如果说昆曲研究基地的建立,是从整体上对昆曲的保护和研究,那么对昆曲史上著名大作家的研究,则属于个案问题,也就是对其人及作品的专题探讨,这也是一种对昆曲遗产的保护和继承。汤显祖是明代伟大戏曲家,他以"临川四梦"(或"玉茗堂四梦")饮誉剧坛,当《牡丹亭》一出现在舞台上,就几令《西厢记》减价,近500年来一直家传户诵,盛演不衰,甚至远涉重洋,蜚声海外,成为昆曲艺术中最光彩夺目的瑰宝。汤显祖也是有明一代的诗文大家,还留下2 200多首诗文,为研究他的哲学思想、政治态度、诗文创作、戏剧艺术,提供了第一手资料。明清以降,谈曲者莫不瓣香临川,研究"临川四梦"代不乏人,虽然出现了以徐朔方先生为代表的一批专门研究汤显祖的专家学者,海内外以汤氏及其作品做博士论文的也大有人在,但是对他的研究还有待于深化。为了加强与海内外同道的联系,回应"汤学"研究日益国际化所带来的挑战,有计划地组织对汤显祖的各项研究活动,2000年8月,在大连召开了纪念汤显祖诞生450周年国际学术研讨会,经过与会代表的倡议,成立了汤显祖研究会筹备会,当时想作为二级学会挂靠在中国戏曲学会之下。近年来这个筹备会编辑出版了《汤显祖研究在遂昌》(2002)、《汤显祖新论》(2004)、《汤显祖研究通讯》创刊号(2004),在学术界产生了一定影响。然而,时至今日"筹备会"三字仍未去掉。时不我待,我们希望能尽快予以落实,这样既有助于团结海内外的学者,互通信息,交流成果,将汤显祖的研究引向纵深发展,也有助于带动对其他昆曲作家作品的研究。

(本文刊于北京大学昆曲艺术圆桌论坛《保护传承和发展》特刊;《汤显祖研究通讯》第2期转载,2005年8月)

《牡丹亭》不可能成书于万历十六年

——与《〈牡丹亭〉成书年代新考》作者商榷

关于《牡丹亭》的具体创作年代,早在20世纪40年代末至50年代初,日本学者八木泽元《明代剧作家研究》中,有一篇《论牡丹亭的版本及其成立年代》,曾经因为臧懋循改本卷首《牡丹亭还魂记题词》署"万历戊子"(即万历十六年),与汤显祖原作署年"万历戊戌"(即万历二十六年)不同,便认为前者系初稿,而后者才是定稿本。因为此书一直到1959年,才由日本讲谈社出版。传入我国的时间就更晚,且入藏于当时的北京图书馆、中国社会科学院文学所、中国戏曲研究院等图书馆,能阅读到的人极少,所以此说并未引起争论;后来这种推考也不为中日两国学者所认同。《文学遗产》2010年第4期上,刊发了霍建瑜博士的《〈牡丹亭〉成书年代新考》,才引起爱好和关心《牡丹亭》这部名著的读者关注。既然标为"新考",又发表在名刊上,给人印象这可能是一篇颇有新见的文章。可是拜读后,令我很失望,《新考》仍沿用八木氏旧说,不仅没有提供新的材料,而且行文经不住推敲,疏漏很多,当然难以让人苟同。我想从汤显祖生平、剧作的创作历程和流传版本的归类,以及对历史文献的理解、诠释和运用等方面,谈一己之见,并向《新考》作者和广大读者求教。

一、徐渭怎么可能批阅《牡丹亭》

《新考》作者先有一个"戊子系统"(万历十六年)本概念,然后从汤显祖友人的诗文集中捕风捉影地寻找例证,来加以阐述和证明自己的所谓新论。

万历八年(1580),徐渭在客中读到《问棘堂集》(即《问棘邮草》)时,对比他小二十九岁的汤显祖非常欣赏,不仅写了一封《与汤义仍》书信,而且赋诗加以称赞。后来有客道出临川,还托他捎去自己的作品两种及湘管四支,以资鼓励。汤显祖也有书信和诗赠给徐渭,直到文长去世后,他还拜托山阴县令余懋孳(字瑶圃,汤显祖老师余懋学之弟)关照他的后人。[①] 正因为徐、汤有这样深情厚谊,王思任才在《批点玉茗堂〈牡丹亭〉词序》中对这两位文坛奇才,给予极高的赞扬和评价。该序中插入有"往见吾乡文长批其卷首"一段话,《新考》作者就断定它是徐渭批阅过《牡丹亭》的证据:

> 《牡丹亭》,情也……往见吾乡文长批其卷首曰:"此牛有万夫之禀。"虽为妒语大觉颊心。而若士曾与李恒峤云:"《四声猿》乃词场飞将,辄为之唱演数通。安得生致文长,自拔其舌!"其相引重如此。

这段引文删节太多,如"《牡丹亭》,情也"之前,被作者删去"而其立言神指,《邯郸》,仙也;《南柯》,佛也;《紫钗》,侠也"18字;之后则更大刀阔斧,一下砍掉"若士以为情不可以论理……习气所在,不足为若士病也"93字。《新考》作者不顾王思任对"四梦"精炼概括的总体评价,将"《牡丹亭》,情也"单独抽出来,并删去其后专门谈论《牡丹亭》的"情"和语言的一大段,再与"往见吾乡文长批其卷首……其相引重如此"拼接在一起。这样就给人以错觉,徐渭批阅过《牡丹亭》。作者就是用这种割裂文意、移花接木的手法,为所谓"戊子系统"说张本。她认为王思任既是徐渭同乡,又是他的学生,所"言徐渭批阅过《牡丹亭》,当为可信",而徐氏在万历二十一年辞世,他"所批之本当是成书于万历十六年的'戊子系统'本《牡丹亭》"。

[①] 见拙文《汤显祖交游和诗文创作年代考略》,《中华文史论丛》第74辑,上海古籍出版社2004年1月,页201。

徐渭非常喜爱汤显祖的作品，当时他只能读到《问棘邮草》(《问棘堂集》)，没有任何文献可以提供他阅读过汤氏的其他作品，当然包括《牡丹亭》在内。在阅读《问棘邮草》时，也的确写过批语，后人在重刻此集时，不仅将徐渭对《问棘邮草》的总评和批语吸收进来，而且卷首还冠以他的《与汤义仍书》和《读问棘堂诗》，见浙江省图书馆所藏《汤海若问棘邮草》二卷本。① 可是遍查此集，不见有"此牛有万夫之禀"之语。既然王思任目睹过，殆不会虚妄。因为二卷本《汤海若问棘邮草》是后人所编的，很可能将它删掉。问题的关键是，如何理解"往见吾乡文长批其卷首曰'此牛有万夫之禀'"这段话。

《清晖阁批点玉茗堂还魂记》刊本的序言，重点放在对《牡丹亭》的评论，王思任所引用的这段话，并不是针对上文的总结，况且文意与上文也不连贯，如果按照今天的段落划分，应当另起，作为一个新的段落。为什么王氏要加上这一段徐、汤互相推崇的文字？我认为主要有两个原因。一是这篇序文的开头，作者谈到古往今来的文章大家时，特别推重擅长于叙事文学者，上至"左丘明、宋玉、蒙庄、司马子长、陶渊明、老杜、大苏、罗贯中、王实甫"，下到"我明王元美、徐文长、汤显祖而已"，一共列出十二人。为了与前文遥相呼应，这里再点一笔，使其文脉不致中断。二是王思任为人幽默诙谐，他给自己的书斋起名为"谑庵"，并用它作为自己的号，甚至还以之命名自己的文集，如《谑庵文饭小品》。他的这种个性和风格也常在他的文章里表现出来，因此"往见"这段涉笔成趣的话，既表达后学对两位前辈的崇敬和颂扬，也使其说理文章显得生动活泼而有灵性。这恰是晚明小品文的一大特点。

徐朔方先生在《玉茗堂传奇创作年代考》一文中，谈到《牡丹亭》时说：王骥德《曲律·杂论》第三十九下，记载汤显祖任遂昌知县时，他的同年友孙如法(吕胤昌的表兄弟)来访，当涉及《题红记》和《紫箫记》，特注明"时《紫钗》以下俱未出"。若士万历二十一年(1593)三月赴遂昌令任，时《紫钗》虽成而未行，所谓"以下俱未出"，指《牡丹》《南

---

① 收入《续修四库全书》集部第 1363 册，北京大学图书馆也藏有此书明刊本，不分卷，二册。

柯》《邯郸》三记,"知文长生前不及见《牡丹亭》也"。① 所以说"徐渭批阅过《牡丹亭》",是《新考》作者对文献资料误解的臆说。

二、《牡丹亭》不可能成书于南京

《新考》第二节说汤显祖任南京祠部郎期间,"公务少,充分利用空闲时间读书、著述,而且确实有新作问世"。为什么说得如此肯定,言之凿凿? 原来她引梅鼎祚《与汤义仍祠部》的信,来为所谓《牡丹亭》成书于南京作证。信云:

> 大作年来,绝不得读。兄所托订三册,转索徐茂、吴业先归左右矣(笔者按:"吴"字属上,顿号改为逗号。徐茂吴,名桂,著有《大涤山人诗集》13卷,今存)。弟近周览今代作者,或风格不乏藻缋满前,而真情急切、自然成文,惟有仁兄。诚固陋不敢与于知言,实愿得而属厌焉。倘以原草见借,当什袭驰还;肯缮录一部寄示,犹幸。如必俟副在通都,悬之国门,则虎关之贤、鸡林之贾争相摩列,何以明不佞弟为仁兄所偏嫜乎?

信中说得很明白,梅氏喜爱汤显祖的诗文"真情急切,自然成文",但近年未能读到,风闻汤氏撰有新作,于是驰书索取。但"犹幸"后"如必"数语,显然是一种假设和愿望之词,不能说明该书是否问世。然而《新考》作者,非常肯定"确实有新作问世"。至于这部新作的书名和内容还一概不知,就敢于大胆推测,"新作"就是《牡丹亭》。连毕生大部分时间从事汤学研究的徐朔方先生,在《汤显祖年谱》中征引此信,都不敢轻易下断语,只笼统地说"梅鼎祚来书索文稿"。② 这才是一种实事求是的严谨态度,我不知《新考》作者行文时查阅过该谱没有。

---

① 徐朔方《晚明曲家年谱》卷三《汤显祖年谱》附录乙,浙江古籍出版社,1993年,页487—488。
② 同上书,页291。

如果再仔细检查她的这一段论述，还有一些行文疏漏的地方。一是《与汤义仍祠部》作于何时，未作交代。据《汤显祖年谱》考订，此信写于万历十五年丁亥(1587)，时汤显祖任南太常博士。与她所谓《牡丹亭》成书万历十六年"戊子说"不符。二是文中一再提到汤显祖任南祠部郎，但汤显祖从来没有做过祠部的郎官。万历十七年己丑(1589)，汤氏由南京詹事府主簿(从七品)，迁南礼部祠祭司主事(正六品)，这是汤显祖所做官的最高官阶，所谓"南祠部郎"，则出自邹迪光所撰的《汤显祖先生传》："寻以博士转南祠部郎。"霍博士不假思索，直接转引过来。这篇传记撰于万历三十六年(1608)，汤显祖已辞官整整十年，邹氏或记忆失误，或行文欠考虑，漏掉万历十六年汤氏任南京詹事府主事一年的履历。古人为了表示尊敬，即使对方辞官后，也常用官职来称呼，邹迪光称"祠部郎"，梅鼎祚省称"祠部"(笔者按："祠部"系古称，明代改为"祠祭司")，都是一种泛称而已。汤氏从万历十七年至十九年五月贬官前，都在南礼部祠祭司主事任上，如果《牡丹亭》成书于其间，岂不是与所谓成书万历十六年"戊子说"更凿枘不合？就在这短短一段的行文中，可以看出作者不是从实证的史料中求证出正确的结论，而是先有一个"万历戊子"说，再去寻找为我所用的资料，其结果只能自相矛盾，难以自圆其说，只能反证这种推测是极靠不住的。

《新考》作者明知梅鼎祚与汤显祖通过十二封书信，其中有一封《答汤义仍》直接涉及若士"罢归"后新出的《牡丹亭》：

  仁兄未燥西河之泪，罢归南山之庐，即先怡然不屑，而旁观有识，痛愤弥襟。……玉茗《紫钗》，欲序未皇。亦是荆璧，使刻楮叶，良工上不无束手耳。吕玉绳近致《还魂》，丽词奇文，相望蔚起。当为兄弁数语，以报《章台》之役。①

《牡丹亭》是汤显祖的精心之作，也是他一生最得意之作，万历二十六

---

① 梅鼎祚《鹿裘石室集》尺牍卷一一，《续修四库全书》集部第1379册，页606。

年(1598)秋,甫脱稿后,还未来得及刊印之前,就陆续赠予友人,在万历二十九至三十年间,先后将抄本寄给了张师绎、吕胤昌(字玉绳)、梅鼎祚、黄汝亨①、陈懿典②等友人,让他们分享他的劳动成果和喜悦之情。梅氏所得的抄本是由吕玉绳转交的。他非常赞赏《牡丹亭》,称之为"丽词奇文"。汤氏在万历十四年(1586)曾经给梅鼎祚的《玉合记》题词,因此,梅鼎祚决定为《牡丹亭》"弁数语",写一篇序言,以表示感谢。

这封信写于万历二十九年(1601),对考察《牡丹亭》成书具有重要的文献价值,不仅证明《牡丹亭》的完成时间,不是早于成书和出版在万历二十三年的《紫钗记》,而是比它晚了三年。但它很快就通过张师绎等友人,以抄本的形式流传开来。《新考》作者标榜"要从文献记载来考察",可是,这样具有实证价值的材料都避而不用,其用意不是非常清楚吗?

三、潘之恒等何时在南京观看《牡丹亭》

《新考》作者按自己的逻辑推理,认为《牡丹亭》既成书于南京,当然也应该首先在南京及其周边地区演出。因此,下文紧接着就大谈潘之恒等人在南京观看《牡丹亭》最初演出的情况。我不妨再用她所引资料,考察潘氏等何时在南京看《牡丹亭》演出。

潘之恒出身富商家庭,早年在南京国子监读书,就与汤显祖订交。考其行踪,除了去过湖北和北京外,他大部分时间都在留都南京度过,晚年则干脆移居金陵,其间也短暂往来于故乡歙县和苏杭一带。他为人豪爽,喜结交曲家和演员,看戏听曲是他最大的爱好,几乎成为潘氏生命的一部分。他在文化艺术气氛浓厚的南京,确实经常参加曲宴和观赏戏曲演出。问题是他何时看过《牡丹亭》,这也是检验所谓"戊子

---

① 参见拙文《〈玉茗堂四梦〉最早的合刻本探索》第三节"'四梦'的刻印和《玉茗堂乐府》的编刊",载《戏曲研究》第72辑,页6—8。
② 陈懿典《陈学士先生初集》卷三四《汤义仍祠部》,明万历刻本。

说"能否成立的关键。

《新考》作者认为《牡丹亭》初行时,即搬上金陵舞台,于是征引潘之恒《赠吴亦史》诗的附记为证:

> 汤临川所撰《牡丹亭还魂记》初行,丹阳人吴太乙携一生来留都,名曰亦史,年方十三,邀至曲中,同(吴)允兆、(臧)晋叔坐佳色亭观演此剧。

这段话最后还有两句:"因检出《情痴》旧文,附录于此。"《情痴》是断定潘之恒等观看《牡丹亭》的重要依据,不知为什么又被遗漏掉。这篇旧文的结尾说:"他日演《邯郸》、《红梨花》、《异梦》三传,更当令我霍然一粲尔。"[①]只要弄清楚这三部传奇的创作年代,潘氏等人看演出的具体时间,就可以迎刃而解。《邯郸记》大家都很熟悉,可以置之不论,《红梨花记》为万历时戏曲名家徐复祚所撰,此剧创作于万历三十八年庚戌(1916),序署于三十九年辛亥孟秋,也是刊刻之时。李日华《味水轩日记》,记载他万历四十年三月十五日,"赴吴赤含招,与沈白生铨部联席,演新戏《红梨花记》",说明此剧一出,就传唱于歌场。至于《异梦记》,明代曲家王元寿和王介夫都写过这个剧,可是今存明刊本虽然未题撰人,但卷首却有万历四十六年丙申(1618)孟春蓝畹居士的题署,可定为此剧的刊行时间。潘氏在《情痴》中回忆说:

> 余友临川汤若士,尝作《牡丹亭还魂记》,是能生死死生,而别通一窦于灵明之境,以游戏于翰墨之场。同社吴越石家有歌儿,令演是记。……余十年前曾见此记,辄口传之,有情人无不嘘唏欲绝,恍然自失。又见丹阳太乙生家童子演柳梦梅者,婉有痴态,赏而为解。而最难得者,解杜丽娘之情人也。[②]

---

① 汪效倚辑注《潘之恒曲话》上编,中国戏剧出版社,1988年,页73。
② 同上书,页72。

如果从万历四十六年往上推知,潘氏所说的十年前,即万历三十四、三十五年间,这时他刚读到《牡丹亭》,至于吴太乙率家童来演出,应当要稍晚一点。据他所撰《虹台》一文所记,从万历三十四年(1606)秋冬至三十七年(这年夏曾短暂回歙县),"余从秦淮联曲宴之会凡六七举";《傅灵修传》又云:"己酉夏,岭南韩君来,适当秦淮结社。""己酉"为万历三十七年(1609),"韩君",即番禺韩上桂,曾为潘之恒《鸾啸小品》作过序。友人曹学佺,万历三十四、三十五年也在南京官户部郎中,其编年诗《金陵集》中,有与潘之恒、吴梦旸、臧懋循等人的唱和,[①]可知潘、吴、臧都是这两年之间,才在南京观看到吴太乙、吴越石家班演出的《牡丹亭》;而潘氏甚至不顾抱病,一冬竟观看了五次,足见他是《牡丹亭》之迷。我不厌其烦地查考史实的年代,说明《牡丹亭》在南京的初行,是在万历三十年左右,其首演于万历三十四、三十五年间,与《新考》作者所说的万历十五、十六年间,竟然相差近二十年。

万历朝是明代戏曲创作和演出的鼎盛时期,南京书坊林立,仅江西金溪唐氏富春堂、世德堂、文林阁等就刻有大量的传奇作品,汤显祖的《紫箫记》和"四梦"也由他们刊刻。晚明苏杭和福建建阳等书坊也竞相刊印戏曲选本,至今有存本的清曲和折子戏选本,就有30种之多。然而至万历四十四年(1616),"四梦"的选出才为凌虚子的《月露音》收录,其中《牡丹亭还魂记》就选了八个单出,如卷一庄集一出:《硬拷》(【新水令】套曲);卷二骚集四出:《惊梦》《寻梦》《玩真》《幽媾》;卷三愤集三出:《写真》《闹殇》《魂游》等。自此以后,这些精彩的折子戏,就一直在舞台上盛演不衰,反映广大观众对《牡丹亭》的喜爱。

四、《牡丹亭》岂能早于《紫钗记》

汤显祖如果没有和当朝权贵的政治斗争生涯,没有遭到贬发岭南

[①] 见曹学佺《石仓诗稿》,清乾隆十九年(1754)据明刻本重刻,藏北京大学图书馆。

和任遂昌县令的经历，即使再有才华，并具备作剧的种种条件，也创作不出"几令《西厢》减价"的经典名著《牡丹亭》。汤显祖在遂昌任上，就进行了《牡丹亭》的构思，万历二十六年辞归后，在这年秋季完成于临川玉茗堂，有汤显祖《牡丹亭题词》的自署"万历戊戌秋"可证。该剧定稿后，首先由他自掐檀痕教授宜伶演唱，这从汤显祖自己的诗文中可以看得很清楚，如《七夕醉答君东》其二："玉茗堂开春翠屏，新词传唱《牡丹亭》。伤心拍遍无人会，自掐檀痕教小伶。"①此诗作于万历二十六年秋，既称《牡丹亭》为"新词"，就是新的创作，绝不是旧作的修订重刊；《牡丹亭》创作于临川玉茗堂，并非成书于南京，这已经为绝大多数学者所认可。

《紫钗记》则是《紫箫记》的改本，汤显祖《紫钗记题词》云："南都多暇，更为删润讫，名《紫钗》。"据徐朔方考订，"《紫钗记》当是万历十五年京察前作于南京"。据臧改本《紫钗记题词》自署"乙未春清远道人题"，"乙未"为万历二十三年(1595)，《紫钗记》的行世在二十三年七月以后。② 汤显祖《答张梦泽》(张师绎之字)信云："仅以玉茗编《紫钗记》操缦于前。余若《牡丹魂》、《南柯梦》，缮写而上。问黄粱其未熟，写卢生于正眠。"③此信写于万历二十八年(1600)，时"四梦"已完成3种，《邯郸记》还正在创作中。《紫钗记》早就刊行，而《牡丹亭》和《南柯记》却只有缮写本。惜《紫钗记》的初刻本未见，但今存万历三十年春秣陵陈大来继志斋的刻本，题作"重校紫钗记"，说明此前已经刊印。直到万历三十二年至三十三年五月之前，"四梦"不仅有了刻印本，而且还有了善本。

由于万历时戏曲创作和演出的繁荣，著录和研究评论的著作也随之出现，如与汤显祖同时代的吕天成和王骥德，几乎同时在《曲品》《曲律》中著录和评论汤氏的剧作。《曲品》的著录，很讲究剧目的排列顺序，他所著录的汤氏的剧作，首先《紫箫记》，其次是"四梦"的《紫钗

---

① 徐朔方笺注《汤显祖全集》卷一八，北京古籍出版社，1999年，页791。
② 徐朔方《晚明曲家年谱》卷三《玉茗堂传奇创作年代考》，浙江古籍出版社，1993年，页484。
③ 徐朔方笺注《汤显祖全集》卷四七，北京古籍出版社，1999年，页1450—1451。

记》,余下才是《牡丹亭》《南柯记》和《邯郸记》,与剧作创作年代的先后相吻合。王骥德的《曲律》虽然以评论为主,但是在谈及汤氏"四梦"时,也是非常注意其创作的先后顺序。他们不仅忠实于客观事实,而且也表达了对剧作家的尊重。

以上的史料充分说明《牡丹亭》成书比《紫钗记》要晚,它绝不可能是万历十六年"戊子",先有初稿之后,再在此基础之上修改后再版的。

五、不能凭空设想《牡丹亭》版本的两个系统

《新考》作者标榜说:"《牡丹亭》成书的年代,既要从文献记载来探究,更要从具体'戊子系统'本与'戊戌系统'本的内容变化来考查,这样才能够得出公允的结论。"明清以来,《牡丹亭》版本之多仅次于《西厢记》,它的版本问题比较复杂,即使同一版本在不断递修和翻刻过程中,也会出现差异,甚至还被俗工篡改。何况书商为了射利,经常在版刻中作伪,如妄托名人评点,或增添名家序跋,甚至进行伪造。臧懋循编刊过《元曲选》,影响很大,声名鹊起,所以清人刊刻《牡丹亭》,喜冠以臧改本的汤显祖《牡丹亭题词》,以招徕读者。

《新考》作者仅凭《牡丹亭题词》有"戊子"和"戊戌"两种署年,就将现存的《牡丹亭》版本分为两个系统,凡有"戊子"署年的清刻本为一个系统,其他都归属于"戊戌"本系统。实际情况并非如此,如《明清戏曲史论叙说——汤显祖〈牡丹亭还魂记〉研究》一书,是日本专门研究汤显祖的学者根山彻的专著,他在该书第六章《牡丹亭还魂记版本试探》中,将所寓目的明代13种《牡丹亭》刊本,分属于四个版本系统:(一)万历四十五年(1617)石林居士本、万历间刻本、明末朱元镇校本(笔者注:即石林居士本的覆刻本,又称怀德堂本);(二)万历间文林阁本、泰昌元年(1620)吴兴闵氏朱墨套印本;(三)天启五年(1625)梁台卿刻词坛双艳刻本、崇祯间蒲水斋校刻本;(四)天启间柳浪馆刻本、天启三年(1623)张弘毅著坛刻本(即清晖阁本)、明末张弘

毅著坛刻本、①崇祯间安雅堂本、崇祯九年(1636)独深居点定本、崇祯间汲古阁原刻本。② 后出的臧改本"四梦",题为"玉茗新词四种",臧氏将汤显祖《牡丹亭》原本五十五出删并为三十六出,词曲由原本434曲,改为241曲,宾白也多所改动,诚如郑振铎先生说:"自臧晋叔改本《还魂记》出,而《还魂记》失其真面目矣。"③因此,它已经是另一种刊本。

《新考》作者很重视"三妇本",一下子列举出4种,即"三妇合评梦园刻本、三妇合评芬阁刻本、三妇合评绿野山房刻本、三妇合评两截本"。④ 我们不妨再来看一看,三妇本究竟属不属于"戊子"系统? 此本的评点者陈同在卷首《序》里说,她不但不认同臧改本,而且还用汤显祖讥讽"割蕉加梅"的原话,予以批评。不知霍博士读了下面这段话,有何感想?

> 坊刻《牡丹亭还魂记》,标玉茗堂元本者,予初见四册,皆有讹字,宾白互异,评语俚陋可笑。又见三本三册,唯山阴王本(指王思任本)有序,颇隽永,而无评语。又吕、臧、沈、冯改本四册,则临川所讥"割蕉加梅,冬则冬矣,非王摩诘冬景也"。后从嫂氏赵家得一本,无评语,而字句增损与俗刻迥殊,斯殆玉茗定本矣。⑤

这段话非常明确地告我们,三妇所采用作为评点的底本,是陈同嫂子赵家所藏的玉茗定本。这是"三妇本"不属于臧改本系统的铁证。至于其他四种,即康熙五十九年抄本、文渊堂本、清怡府本、暖红室汇刻传奇本,它们既被列入三妇本系列,也应当不属于臧改本系统。至于文立堂本《牡丹亭》,笔者未曾目验,据霍博士介绍,其《题辞》末有"若

---

① 承郑志良博士告知,"张弘毅著坛刻本",误,当为"张弘著坛刻本"。张弘,字毅孺,浙江山阴人,为张岱族弟。
② 根山彻《明清戏曲论史叙说——汤显祖〈牡丹亭还魂记〉研究》,日本创文社,2002年,页254—292。
③ 郑振铎《牡丹亭还魂记》,见《西谛书话》,生活·读书·新知三联书店,1998年,页311。
④ "三妇合评芬阁刻本",脱"清"字,应为"三妇合评清芬阁刻本",清同治刊,不应置于康熙刊绿野山房刻本之前。"三妇合评两截本",是吴震生、程琼夫妇合评的《才子牡丹亭》,非三妇评本。
⑤ 汤显祖撰,陈同、钱宜、谈则评点《吴吴山三妇合评牡丹亭还魂记》,康熙梦园刻本。

士"、"显祖"二印,显然是较晚的刻本。因为,早期刻本的《题辞》不用"若士"、"显祖",只署"清远道人"。明代戏曲家郑之文写完《芍药记》,向黄汝亨求序,黄氏答信也可证之:"委序缘尘鞅未报命,此旬日间,定不相负。不肖鄙意则以吾丈云气直上,有千秋无穷之业,刻此传愿少隐香名,如汤若士清远道人之题,庶不刺俗人忌才者之眼。"①据傅惜华《元代杂剧全目》著录,有明崇祯三年(1630)文立堂刻本郑国轩校《新镌绣像批评音释王实甫北西厢真本》,②由此可证,文立堂本《牡丹亭》也可能刊刻于明崇祯初年。

纵观明清以来的《牡丹亭》版本,根本就不存在所谓的"戊子"和"戊戌"两个系统,这种纯属凭空设想的归类,只会导致学术研究的混乱。如将晚出的臧改本《牡丹亭》颠倒为汤氏《牡丹亭》系统的祖本,又轻易地拿文立堂本及清康熙刊刻刊的三妇梦园本,与早出的石林居士、怀德堂本作版本比较,本身就违背版本学的规范,比勘的结果是,明万历四十五年(1617)石林居士序本,是在清康熙刊刻的三妇梦园本的基础上"有针对性地修改",才显得"细致、成熟"。甚至得出让人惊愕的结论:"'万历戊子'年,《牡丹亭》已经刊刻出版。"这岂不是本末倒置,越比越乱,怎么可能理清楚《牡丹亭》的版本的头绪?

故仅凭一篇孤立的序,很难准确考订版本的来源及优劣。当然也不可忽略书前的序言,它起码是了解该书的内容和版刻的一个重要条件。谈版本者连"三妇本"的序言都不过目,就侃侃而谈,"能够得出公允的结论"才怪呢!

版本学是一种专门的学问,凡搞文史研究的人,起码要具备这方面知识,最好亲自摸一下某种古书的版本。只有尝过梨子的人,才能品出它的滋味,这样才谈得上比较鉴别,使自己在研究中少走弯路,少出错误。这里抄录已归道山的老版本学家魏隐如先生的一段话,与研究者共勉:

---

① 黄汝亨《寓林集》卷二七《与郑应尼》,《续修四库全书》集部第 1369 册,页 79。
② 傅惜华《元代杂剧全目》,中国戏剧出版社,1957 年,页 55。

鉴赏古籍版本,一般是研究其时代风格、地区特点,根据字体、纸张、书中序跋、版式、行款、字数、刊工姓名、封面、牌记、书名题衔、内容叙述,文中讳字,以及各家著录、藏印、各家题跋识语等。在运用这些依据时,要根据每一部书的具体情况,全面考虑,方能准确判定版刻时代。切忌孤立地凭序断年,或依照各家著录硬套。观风望气地向超时代推断,就会把版刻时代弄错,影响著录质量,遗患于后代。① (着重号系笔者所加)

(本文刊于《文学遗产》2011 年第 5 期)

---

① 魏隐如《古籍版本鉴赏》,北京燕山出版社,1997 年,页 4。

别具一格的晚明戏曲史
——读《晚明曲家年谱》

一

年谱是一种编年体的人物传记,因此朱士嘉先生说:"叙一人的道德、学问、事业,纤悉无遗而系以年月者,谓之年谱。"(《中国历代名人年谱目录序》)它可以补充史乘家传的不足,有助于了解历史人物的生平事迹和著作。年谱肇始于宋代,元明继有所作,至清代而繁盛。前人留下大量文人学士的年谱,但是为戏曲家所作的年谱非常罕见。近代以来,戏曲小说的地位提高,可以与正统的诗文抗衡,不少学者开始利用传统的年谱载体,搜集戏曲和小说家的资料进行研究工作。于是出现一批有关戏曲小说家的年谱,如:容肇祖《冯梦龙的生平系年》[1];凌景埏为吴江三沈(沈璟、沈自晋、沈自征)编撰了年谱,即《词隐先生年谱及其著述》《鞠通先生年谱及其著述》《渔阳先生年谱》[2],后合编为《三沈年谱》。尽管这几种年谱的资料搜集很不完备,开掘还不深广,如"沈氏(沈璟)与当代政治及文人曲家之关系以至作品系年则有所未逮。缘当时治曲鲜有注意及此者"[3]。但是开始注意以曲家为中心,考订其戏曲和散曲创作情况,显然与传统的文人年谱又大不一样。徐朔方先生从20世纪50年代开始,就致力于汤显祖的研究,于1956年就撰成《汤显祖年谱》,1958年由中华书局上海编辑所出版。后来

---

[1] 见1931年《岭南学报》第二卷第二期《明冯梦龙的生平及著述》。
[2] 刊于《文学年报》1939年第5、6期。
[3] 徐朔方《晚明曲家年谱》卷一《沈璟年谱·后记》,浙江古籍出版社,1993年,页319。

又经过30多年孜孜矻矻的努力,除对《汤显祖年谱》作了两次全面的增补和修订外,又陆续完成了三十八家年谱(包含行实系年、事实录存及附录)的撰写,然后将这三十九家年谱汇编成煌煌三巨册的《晚明曲家年谱》,1993年由浙江古籍出版社出版。此后,还在继续增补,如又编撰了陆弼、袁于令、范文若、祁彪佳等四家年谱(均未见刊行)。《晚明曲家年谱》几乎囊括了当时重要的杂剧、传奇和曲论家的生平和创作,反映了晚明时期丰富多彩的戏曲面貌。替这么多的曲家编撰年谱,这在年谱史上也是绝无仅有的,是一件非常了不起的事情。

徐朔方先生为什么这样热衷于年谱的撰写?因为晚明传奇可以和元杂剧媲美,晚明的戏曲成就仅次于元代,在中国戏曲史上占有重要的地位。自从王国维奠定了戏曲史研究的基础之后,前辈学者经过辛勤的开拓和耕耘,郑振铎、吴晓铃等编纂了大型戏曲总集《古本戏曲丛刊》,取得了卓越的成就,"使得南戏—传奇发展史的某些问题逐渐得到接近事实的叙述,前所未有的戏曲作品出现于研究者面前"。但是,"也出现了一些新的偏见,如以南戏等同于温州杂剧,以为明代传奇全都为昆腔创作,一面给予昆腔演唱艺术以正确的评价,一面又在无形中贬低其他诸腔的存在和作用";许多作家作品还有待深入考订和研究,要是这些问题得到澄清和解决,就"必须提供众多曲家的生平活动的详尽可信的事实。只有立足于事实,才能对一些人云亦云的想当然的说法加以检验,并从而导向应有的结论"①。《晚明曲家年谱》几乎囊括了当时重要的杂剧、传奇和曲论家的生平和创作,在积累大量资料的基础上,对这一历史时期戏曲史上的重大问题都进行了认真的梳理和研究,澄清了不少模糊看法,提出了不少富于启发的灼见,为晚明戏曲史的研究作出了重要的贡献。

集众家年谱,辨证唐宋词的发展和流变,考订重要词家的生平和作品,有助于知人论世者,夏承焘先生的《唐宋词人年谱》可谓这方面的力作。徐朔方先生在《晚明曲家年谱自序》中说:"业师夏承焘先生

---

① 《晚明曲家年谱自序》。

的《唐宋词人年谱》和谦勃士对英国戏剧的三部著作,使我的构想受到鼓舞而不再有所瞻顾。"显然,《晚明曲家年谱》是在《唐宋词人年谱》的影响下编撰的。年谱作为一种独特的体裁,它以谱主为中心,按年月排比其一生的事迹,一般采用记叙的方式,很少发议论。至于对谱主的思想分析,著作的评价,历史地位的肯定,那就不是年谱所能承担的任务。因此,夏先生说:"若夫标举作品以考索作家之思想感情,则治词史者之事,固非年谱体例所能赅也。"①徐先生既遵循年谱的成例,又根据需要有所发展。如:传统年谱是从谱牒、传记、年表发展来的,所以,年谱卷首几乎都有较详细的关于谱主家庭世系的记载。而《晚明曲家年谱》除《汤显祖年谱》列有世系表外,一般对谱主世系不作详考,却在每家年谱、系年、事实录存(《周朝俊事实录存》除外)之前都加上《引论》一项。《引论》可长可短,长的两万多字,短的不满千字,视情况而定,可以挥洒自如,不受年谱平实的文风限制。通过这个《引论》,一是可以对曲家的思想和创作进行评论。如徐渭多才多艺而命途坎坷,徐先生不仅对他的书画、诗歌、《四声猿》给予高度的赞扬和评价,而且对其不幸的遭遇也充满深切的惋惜和同情,笔端流露出强烈的感情色彩(见《徐渭年谱》)。又如对梁辰鱼和张凤翼两人的比较,他们都是最早用昆山腔创作的作家,由于出身、经历和才艺不同,谋生的手段也不一样,前者"以不平凡的昆曲演唱艺术和作曲才能,出入于贵族官僚的府邸以及勾栏乐户之间,显得和主要依仗诗文为生的别的山人或清客很不一样";而后者则"以功力深厚的书法为生。他公开在门外张贴代撰和书写诗文的价目"。不管梁辰鱼和张凤翼"有多大不同,他俩的谋生手段都和传统的文人不同",而"张凤翼惊世骇俗的非传统作风比梁辰鱼更为引人注目,他身上的士大夫习气也比梁辰鱼深重"。当然,他们作品的思想特点和艺术风格也就有所差别(见《张凤翼年谱》)。二是在正谱中无法包含或难以作深入论述的内容,诸如晚明戏曲史上重大争论的问题,如:传奇和南戏的区别、传奇是否都用昆腔

---

① 《唐宋词人年谱》自序,上海古籍出版社,1979年。

创作、文采和格律之争、汤沈之争以及曲派的形成、中外戏剧的比较、戏曲和小说的互证等,都可以在"引论"中得到进一步的论述和解决。这样就把《引论》的理论阐述和"正谱"所提供的翔实资料结合在一起,它们彼此互相配合、取长补短、前后照应,使每一家年谱都成为一种颇具个性特色的戏曲家评传。

《晚明曲家年谱》在编排上也显示出自己的特色,所收谱主凡三十九家,以苏州、浙江人数最多,安徽、江西次之。本书依照这个顺序分成3卷,当时有事迹可考的曲家几乎都已经包括在内,比较忠实反映了晚明曲坛的情况。而入谱诸人大多数都有着这样或那样的特殊关系,不是同乡亲属,就是师友故旧,彼此交往密切,他们以地区和爱好相近,结成苏州、浙东等曲派,形成各种艺术风格的群体。在排列具体材料时,又吸取司马氏纪传体的互见手法,使其此多彼少,互相参见。因此,这部《晚明曲家年谱》分则好像单个曲家的评传,合则犹如一部材料丰富、内容翔实、观点鲜明、立论新颖、别具一格的晚明戏曲史。此书所涉及的人物有三百多个,上至首辅重臣、封疆大吏、名儒硕学,下至山人僧侣、乐师演员、歌儿舞女,所论述的问题又不仅仅局限于戏曲,还牵扯到政治哲学、戏曲语言、音乐绘画、民情风俗等,从这个意义上说,《晚明曲家年谱》也可以作为一部以戏曲为主体的晚明文化史来读。

二

徐朔方先生治学非常严谨和执着,反对夸夸其谈,强调"凭材料说话",一切结论产生在调查研究之后。他认为,"如不能提供重要的新资料,一本年谱就丧失它存在的意义"。戏曲文献资料,尽管特别罕见,但不是一点没有,而是一鳞半爪,片言只语,常常散见于各种古籍当中,需要爬罗剔抉、沙里淘金,才能有所收获。因此,他要求"年谱作者最好能读遍谱主同时代所有的著作以及后代的有关评述"。[①] 为了

---

① 《汤显祖年谱·再版后记》。

给晚明戏曲研究提供翔实的史料依据,他不辞辛苦,四处访书、查书和读书,经过 30 多年的努力,终于从浩如烟海的诗文集、书画集、书目、笔记、日记、曲话、曲录以及正史、方志、碑传集、族谱家乘中,钩稽出极为丰富的史料。今人的重要研究成果,国外学者的有关著作,流散在海外的孤本戏曲作品,也都尽量寻找收集。查阅资料是特别艰苦的工作,况且明代古籍都已经成为善本,甚至是海内外仅存的孤本,这就更增加了许多困难。1991 年 6 月 5 日,他在给我的信中非常感慨地说:"郑虚舟的《北游稿》,合上海、北京、济南三图书馆,始得其全;《蜣蜋集》北图虽有,我则以三万日圆复制自日本;顾大典《清音阁集》则合张家口、天一阁始得其全。访书之难,我想足下会有同感。"访书固然艰难,看书又谈何容易! 明代诗文集卷帙浩繁,动辄数十卷、上百卷,如王世贞的《弇州山人四部稿》192 卷,《续稿》217 卷,汪道昆《太函集》126 卷,《太函副墨》22 卷附《年谱》1 卷。他为了通读一遍《太函集》,竟花了四个多月的业余时间,才在卷五四《明故谢母徐宜人墓志铭》中发现一则有关汤显祖的材料:"故居火,乃就临川。岁时数往来,百口待宜人而食。孝廉独与饶崙、汤显祖攻词赋。"(孝廉,指谢廷谅,字友可,参见本文第四节二第 4 条)有时耗费许多时间,却两手空空,连一条材料也没有,有时又"踏破铁鞋无觅处,得来全不费工夫"。为了核实手录材料中的笔误,即使一个字也不放过,如屠隆《栖真馆集》卷二四有一封致《黄畸人秘书》的信,其中有"无忘素书管我"一句话,他怀疑有误字,便驰书千里,托友人到北京图书馆查证,果然"管"字系"答"字之误。这种情况何止一次两次。只有数十年锲而不舍、一丝不苟的敬业精神,才能保证《晚明曲家年谱》的质量,使之具有重要的学术价值。

当然,仅占有丰富的资料还不行,不同的学者可以根据同样的资料,得出不同或者相反的结论。关键在于学者的学养和识见,其实这也是一个方法问题。所以年谱的质量不仅取决于资料,更重要的是花大力气对文献作出审慎的辨析和考证。徐先生为《汤显祖集》作笺注时,对作品中的人事关系和创作年代作出精湛考证,以其深厚的工力为学术界所称道。由于古代戏曲小说不被重视,作者写作时往往不愿署真名,作品也极少有序跋,给研究工作增添许多困难。但是文人参与传奇创作后,它与民间戏曲有一个很大的区别,就是传奇不只是为了舞台演出,它和传统的诗文一样,作家也可以通过它来抒情言志,或暗示自己的身世。因此,作者的生平遭遇和思想感情,总要在作品中表现出来,甚至有个别作者,如明嘉靖、隆庆年间的张瑀所写的《还金记》,就毫不隐晦地将自己的真名真事写进作品中去。徐先生认真地钻研作品,从中发现蛛丝马迹的线索,再联系作家的生平和有关资料进行考察,从而使戏曲史上不少疑难问题,诸如作家身世、作品归属和创作年代,大多都能拨开迷雾得到澄清和解决,或者提供新的思考角度给人以启发,去作更深入的研究。如:

(一) 吕天成《曲品》将《四节记》《千金记》《还带记》的作者标为沈练川,而《娇红记》《三元记》《龙泉记》则归之于沈寿卿名下,对此祁彪佳《远山堂曲品》也未提出疑义。后来诸家曲目都是这样著录,似乎已经成为定论。日人青木正儿《中国近世戏曲史》甚至将练川(川误为州)作为沈采的表字,寿卿则作为沈寿先的表字。1962年9月2日,谭正璧先生在《光明日报·文学遗产》专刊上,发表《〈三元记〉作者沈寿卿生平事迹的发现》一文,才从《嘉庆安亭志》卷十七,查出他的小传,将沈氏的生平钩稽出来公之于众。沈寿卿名龄,一字元寿,自号练塘鱼者。他与沈练川究竟是什么关系呢?谭文并未涉及。徐先生首先从沈练川和沈寿卿两人的籍贯和表字上加以辨证,认为"练水,练川,练塘都指作者的家乡嘉定。按照传统习俗地名常借用为本地人的别号,不会作为表字。寿卿和受先可能由于音近而出现的异文"。其次,据程庭鹭《练水画徵录》沈龄小传,武宗南巡,幸致政太傅杨一清第,张乐侑觞。因梨园无善本供奉,召沈龄立撰《四喜》传奇,随撰随习,一夕而成。徐先生认为《四喜记》是谢谠的长篇传奇,"不可能创作或演出于一个晚上,当是《四节》之误",因为《四节》是一个包含四出短剧的传奇。他还从《千金记》和《还带记》之间,《还带记》和《三元记》之间雷同和因袭关系加以考察。就是这样通过细心比勘,互相印证,终于考证出沈练川和沈寿卿是同一个人,使前人的失误和以讹传讹得以纠正。

(二)据《远山堂曲品》著录,王无功撰有《弄珠楼》和《灵犀珮》传奇,而清无名氏《传奇汇考标目》著录,许自昌也有这两种同名传奇。《弄珠楼》今存明崇祯杭州凝瑞堂刊本,该书已残,只剩下前二十二出及二十三出片段;《灵犀珮》有明天启四年(1624)查昧芹抄本。这两部传奇著作权及存本到底属于谁?《灵犀珮》第二十五出【尾声】云:"事比《弄珠楼》更巧。"徐先生认为,两者应当是同一作家的作品;前者的故事发生在苏州,后者则在杭州。因为许自昌和沈璟有远亲关系,两人又都是王世懋的亲家,所以许自昌的创作受到沈璟的影响。如:许氏的《桔浦记》《弄珠楼》《灵犀珮》都和沈璟《红蕖记》的部分情节相似;《灵犀珮》中的男女婚姻得到丙灵公的成全,而丙灵公又见于沈璟的《坠钗记》第九出;《弄珠楼》和《灵犀珮》中的男主角,都经历了科举失利和痛苦,这可能是作者本人的感情流露。"基于上面的论证,本文认为《弄珠楼》《灵犀珮》是许自昌的创作,现存版本和抄本可能是原本。"①我曾在清初方来馆主人所编的《万锦清音》中,查出该曲选选录《弄珠楼》一出《登楼露盟》,撰者不详,只标"失名氏";《灵犀珮》也选一出,即《湘灵密订》,题"梅花墅编"。"梅花墅"为许自昌的别署,似乎此剧可以作为许作的佐证。然而祁承爜万历三十八年令长洲时,结识许自昌并成为好朋友,祁彪佳对其父执的作品应当有所了解,为什么他在《远山堂曲品》中只著录许氏的《橘浦记》和《水浒记》,而不著录《弄珠楼》和《灵犀珮》,反而将这两部传奇归之于王无功的名下?这不能不使人怀疑,究竟这两部剧作的著作权属于谁?我认为还需要作进一步的考索,才能得到完满的答案。

(三)徐先生对许多剧作进行了认真的研究,发现不少进士出身的传奇作家,都是在他们罢职以后才开始戏曲创作,如谢谠、陆粲、顾大典、沈璟、屠隆、陈与郊等;有些作家甚至"在休官的第一年奉献他们

---

① 《许自昌年谱·引论》。

的佳作",他据此考定了一些剧作的创作年代。如:王济《连环记》第二十九出《诛卓》诏书说"大汉龙兴二年",这既不是当时的年号,又不是东汉开国的第二年,他认为"只有一个解释,作者暗示戏曲创作于新君即位的第二年即嘉靖元年"(《王济年谱》),也就是作者从横州辞官归来这一年,而"嘉靖元年"即公元 1522 年。又有些传奇作家喜欢在作品中透露自己的近况,从中可以寻踪觅迹,也能够考证出剧作的创作年代。如:高濂的《玉簪记》写在他两次秋试失利和丧妻之后不久,即隆庆四年(1570),他当时四十四岁。该剧第十二出《下第》【菊花新】曲说:"两度长安空泪洒,无栖燕子傍谁家。"他不止一次以燕子自喻,"无栖"双关"无妻"。紧接对白则说:"必正偶因下第,羞愧满面,难以回家。久居武林,不是长策。我有姑娘,幼年出家金陵女贞观。如今迢递到此投奔,寄迹半年,那时节再作区处。"《玉簪记》取材于《古今女史》及话本《张于湖误宿女贞观》,上述这些情况不载于其中,而是作家根据自己的遭遇加以增饰,就很自然流露出作品创作的年代。像这样的精彩考证,又见于《玉玦记》《明珠记》《四声猿》《修文记》《樱桃梦》《霄光剑》《郁轮袍》《真傀儡》等。对文本阅读之细致,眼光之犀利,判断之准确,不能不让人佩服。

(四) 有的作者故意作伪,如汪廷讷的《坐隐乩笔记》《千秋岁引》《与友人汪昌朝程伯书登鸠兹清风楼联句》,以及托名汤显祖的《秋夜绳床赋》等,徐先生都予以揭穿,指出其为赝品。有的作者为了躲避政治迫害,不得不掩盖事实真相,如孟称舜《贞文记》的创作年代。如果没有对资料的了如指掌和对作家作品的深刻了解,是很难分辨清楚。《贞文记自序》署"时癸未孟夏日稽山孟称舜书于金陵雨花僧舍",癸未为崇祯十六年(1643)。据陶湘辑《托跋廛丛刻·兰雪集》附录,孟称舜的《贞文祠记》,作于清顺治十三年(1656)。入清后,孟称舜任过松阳县训导,曾"拨田亩入祠以作香火之资,表彰贤淑",又"偕松邑诸子"致祭贞女张若琼的墓(鹦鹉冢),而《贞文记》第三十四出《立祠》写松阳县训导周羹虞和通县亲友,为张若琼建立贞文祠和鹦鹉冢,落成之后前来致祭;孟、周同为姬姓之后,周羹虞隐指孟称舜本人。由此可知,《贞文记》作于崇祯十六年显系伪托,实际作于顺治十三年,自松阳训导辞归后不久,"因剧中《忠愤》《成仁》等出影射亡国之痛,有触忌讳,遂将此记创作提前十余年"。他又进一步指出:"这也是他的爱情剧一反故态而强调殉情殉节的深刻原因。"前几年有人发现所谓祁彪佳《孟子塞五种曲序》,视若珍宝,加以评介。"此文实为《贞文记传奇》所作序言,冒名为五种曲序。……《远山堂曲品》不收孟氏传奇,何以有此序?"可能是书贩的伪托。《二胥记》也是如此,作者和友人马权奇等的《题词》,都说成书于崇祯癸未,癸未即崇祯十六年(1643)。其实此剧作于崇祯十七年(1644)朱由检自杀之后,当然作者也是担心政治上遇到麻烦而将它提前了一年。(以上见《孟称舜年谱》)亡友邓长风兄曾撰《〈孟子赛五种曲序〉的真伪与〈贞文记〉传奇写作刊刻的时间》,对此持有不同的看法。这种求真务实的学风,对学术问题的深入探讨大有裨益。

三

徐先生称赞英国学者谦勃士(E. K. Chambers)对莎士比亚所作横向延伸的研究,以及英国戏剧著作的纵深探索。他认为:"《晚明曲家年谱》又不妨作为《汤显祖年谱》的扩大,是汤显祖研究理应掌握的背景材料。反过来,别的曲家年谱和全书的关系也都可以这样看待。"(《晚明曲家年谱自序》)这种构想是和谦勃士对英国戏剧研究的三部著作不谋而合。所谓横向延伸和纵深探索,实际上就是一种历史比较的研究方法。作者在《晚明曲家年谱》始终坚持运用这种研究方法。前面已经说过,此书不仅是一部"年谱",而是通过年谱这种形式,对晚明戏曲发展所作的一种独特的探索。徐先生非常注意把具体材料提到历史的高度来审视,在戏曲发展的文化大背景下,不仅对个别作家作品,而且也对一些颇有争议的问题,进行个案或整体的考察,从而得出比较符合历史事实的评价和结论,使晚明戏曲史研究具有新的特色。这里不妨举例说明,如南戏的声腔问题。

长期以来,戏曲史研究中有一种误解或偏见,认为明代传奇都为昆腔创作。因此,南戏等不等同于温州杂剧,传奇与南戏究竟有何区别,汤沈之争的实质,南戏四大声腔如何演变,以及汤显祖戏曲的唱腔等问题,都难以得到澄清和公正的评价。为了解决这些戏曲史上悬而未决的问题,徐先生在《从早期传本论证南戏的创作和成书》《南戏的艺术特征和它的流行地区》两文中,对《永乐大典戏文三种》《琵琶记》《荆钗记》《白兔记》《拜月记》《杀狗记》以及崔时佩、李景云《南西厢记》的曲律,做了认真细致的研究,发现南戏格律至少在两个方面比昆腔宽松(虽然并不是没有例外):(一)相邻、相近韵部往往通押;(二)"每出即使在不更换场次的情况下也不必一韵到底"(《梅鼎祚年谱·引论》)。当然,这只是早期民间南戏的情况,那么明代文人传奇是否如此或者相反?他又考察了十六部明代各个不同时期的传奇作品,如:《绣襦记》《玉玦记》《明珠记》《浣纱记》《红拂记》《玉簪记》《青衫记》《题红记》《琴心记》《玉合记》《红梨记》《水浒记》及"玉茗堂四梦"等。这些传奇的押韵都比较自由,相邻、相近的韵部通押相当普遍,即使苏州地区的重要曲家梁辰鱼、张凤翼、顾大典等也遵奉南戏的传统用韵。甚至连昆腔格律的创始者沈璟也概莫能外,如吴梅原藏王玉章抄本《双鱼记》(今归北京图书馆),王氏抄毕后的跋语云:"南北词合套例用【清江引】或【北尾】作结,而此剧【新水令】合套之【尾】竟用南声度之,不几与曲律大相刺谬乎?居,撮唇也;摸,满口也;微,收衣音;回,收哀音也。度曲家对之数韵当条分缕析,不相含混,方称合作。而此剧《辕下》折竟将居鱼与苏模并用;《述怀》折又以齐微与归回通叶,致撮唇、满口、收衣、收哀诸音混为一谈,盖亦明人之惯例而已。"王玉章系吴梅先生的高足,著有《元词斠律》,精通曲律。这就更有力地证明徐先生的看法正确。他通过对众多曲家生平和作品所做的纵深和横向比较研究,得出了以下的结论:(一)"迄今公认的南戏起源于温州的说法证据不足。文献所记载的温州南戏并没有土生土长的腔调为依托,它指的应是温州艺人创作的剧本,而不是唱腔",它流行的地区几乎遍布了我国的南部各省;(二)"南戏和传奇的区分并不取决于它们的唱腔……它们的主要区别在于南戏是民间戏曲,而传奇是文人创作,其他不同的属性都由此而产生",南戏是民间世代累积型的创作,而传奇为文人个人创作。因此,要历史地看待早期文人传奇的流弊,才能对它作出公正的评价,不应夸大其辞,全盘加以否定,"更形象地说,没有《香囊记》,就不会有《牡丹亭》";(三)汤沈之争除了意识形态、政治立场不同外,最主要的分歧在于汤显祖坚持南戏曲律的民间传统,而沈璟用严谨的昆腔格律来规范其他南戏声腔的创作。汤显祖不是一般地反对曲律,而是反对把它绝对化。然而不能把这场争论升级为戏曲史上的两条路线斗争,这样就背离了当时历史事实;(四)昆腔脱胎于南戏,成为全国最大的剧种,"它的年代要比迄今人们设想的要迟得多",即使到了万历末年,南戏中的弋阳腔、海盐腔都未绝响,它们仍和昆腔争一日之长,"在竞争中同存共荣的局面可能延续到一二百年之久。这是晚明戏曲界最值得重视的现象,无论怎么强调都不过分";(五)由于所有的南戏和传奇剧本,都可以"改调歌之",成为南方各声腔的通用本,故而汤氏的戏曲剧本最初用宜黄腔演唱。所谓宜黄腔,就是海盐腔流传到江西后演化的一种地方的乡音土调,"其不协律处一曲或数见,盖原为便宜伶,不便吴伶也,协宜黄腔即南戏宽松之律而无意协昆腔日趋严格之律也"。"四梦"后来才"改调歌之",成为昆曲舞台上盛行的剧目。尽管徐先生谦虚地说,这些论断有的还有待于进一步去证实,但是,它是在广泛占有资料的基础上,经过不断检验不断修正而得出来的。除了令人称赞折服外,你不能不去思考,不能不去深入探索,戏曲史研究就是在一代又一代卓越学者的带动下,才逐渐丰富完善达到一个崭新的境界。

过去我们受左的影响,把"汤沈之争"简单地归结为两条路线斗争,因此,就不能对沈璟这样在戏曲史上具有重要影响的作家做出正确的评价。徐先生通过辑校《沈璟集》,编撰《沈璟年谱》,经过深入的调查研究之后,他指出沈璟和首辅申时行关系密切,政治上依附于内阁。由于政治上的保守导致他剧作思想的平庸陈腐,但是事情又不是那么简单,作家的思想和他在作品中反映的往往又不完全一样。如沈璟的《埋剑记》是根据唐代传奇小说《吴保安》改编的,原小说中有不尊重兄弟民族的大汉族主义的倾向,可是"沈璟大体上避免这种缺陷,显得难能可贵。歌颂友谊而不强调封建人伦,并着重人物和情节的刻划也是值得称道的。作者剔除了原作中郭仲翔采买少数民族十名美女以答谢姚州都督的情节,可见他有时眼力不低"。他认为《埋剑记》是沈氏剧作中的佼佼者,但是艺术上不成熟,"可惜动人的故事没有化成舞台上的精彩场景,以致长期湮没无闻"。他称赞《义侠记》"以戏曲作为小说名著的普及手段,这个戏有它的可取之处。为了人物及主题相适应,作者对戏曲语言的通俗化作了重大努力"。对《博笑记》作为喜剧"人物描写近于漫画化,形象不够生动,剧情过于简单缺乏感染力",给予了严厉批评,但又赞扬"他们不以才子佳人和历史或传说人物作主角,带有时代特点的新进士、乡宦、起复官、僧道、村妇、商人、流氓、戏子、小贩都成为剧种人物,令人耳目一新"。《十笑记》也是以十个短剧连缀成一本,他充分肯定这两个剧在艺术形式上的大胆革新(以上均见《沈璟年谱》)。这种实事求是的评论,不仅廓清了学术界的片面看法,而且还沈璟以历史的真实面貌。

四

像《晚明曲家年谱》这样的鸿篇巨制,集谱主三十九家,与谱主有关人物约600人,引用书籍数百种,难免在有些谱主生平系年的考订、作品归属的判断、资料的引用和辨析等方面有所疏漏。徐朔方先生非常重视自己研究成果的修订,1995年7月12日,致函给我说:"所求者仍以补正为上,重要的是实质性的改进与提高而不在于过情之誉。"这里我不揣冒昧,再作几点订正和补充。

(一) 订正

1.《梁辰鱼年谱》

页151—154"嘉靖四十五年丙寅(1566)四十八岁,春……客金陵"下,引《说郛》续集卷四四金坛曹大章《莲台仙会品叙》:"金坛曹公,家居多逸豫,恣情美艳。隆嘉间,尝结客秦淮,有莲台之会。同游者毗陵吴伯高、玉峰梁伯龙诸先辈。"

按:据潘之恒《亘史·外纪》卷十七《莲台仙会叙》,当时共有两会,时在"隆庆庚午夏末秋初"。"隆庆庚午",即隆庆四年(1570),所谓"隆嘉间",不确。所品著名歌伎十四人,而谱中所列仅十三人,在徐琼英后脱"王玉娟"一人。因此,梁伯龙参与莲台仙归事,应系于隆庆四年夏末秋初。

2.《张凤翼年谱》

页222—223"万历十四年丙戌(1586)六十岁作《祝发记》传奇"下,引《野获编》卷二五《词曲》云:"'……其继之者则有《窃符》《灌园》《灰廖》《虎符》共刻为《阳春六集》,盛行于世。'按,吕天成《曲品》漏列《虎符记》。"

按:按语不确。《中国古典戏曲论著集成》所收传抄本《曲品》,因错简而漏列《虎符记》。清华大学所藏乾隆五十六年(1791)杨志鸿抄本《曲品》被发现后,这个错简才得到改正(见拙作《曲品校注》)。因此,此条按语应删掉。

3.《王衡年谱》

页361"万历九年辛巳(1581)二十一岁,延陈继儒至,同学于里"。

按:《陈眉公先生全集》卷首附眉公之子陈梦莲所编《眉公府君年谱》:"万历十一年癸未,府君二十六岁,馆于娄江王文肃家。与辰玉太史读书支硎山,多唱和,得受知于琅琊、太原四先生。"一直至万历十三年,先后三年都在王家坐馆。据此,延请陈氏至王府应在万历十一年,并非万历九年,因此,这个编年应误。

4.《叶宪祖年谱》

(1)页494"《双卿记》当即清耕读山房重订本《曲品·补遗》所列的《双修记》,据《刘香女修行宝卷》改编而成"。又,页517"《双卿》或即《双修》之误"。

按:《双卿》和《双修》应为两剧。如果是一剧,既然《双卿》已经在万历三十八年(1610)更定的《曲品》中著录了,又何必在后来的《补遗》

中改名《双修》呢？况且两剧的内容也不相同。说见《曲品校注》。

（2）页517"《曲品》于沈璟《鸳衾》下云：'吾友桐柏生有凤钗二剧，亦取之。''二'字衍。《团花凤》有团花凤钗也"。

按："凤钗"为《团花凤》和《碧玉钗》两剧名的缩写。前者系四折南杂剧，演白受之和符似仙的爱情故事，有《盛明杂剧》本流传。后者已佚，据《远山堂明剧品》著录，也是四折南杂剧，"为翻一重境界，后之欢遇也，与彼剧绝不相肖，而繁简短长各有佳处"。所谓"二"字衍，误。

5.《屠隆年谱》

页384—385"万历三十年壬寅（1602）六十岁，客无锡或也今年事"下云："邹迪光《郁仪楼集》卷二三有诗《五月二日载酒要俞羡长、钱素达、宋明之、盛季常诸君入慧山寺，饮秦氏园亭。时长卿命侍儿演〈昙花〉戏，予亦令双童挟瑟唱歌，为欢竟日，赋诗四首》。据自序，所收诗至今年止"。

按：《郁仪楼集》卷五四有《与屠长卿》信云："昨于秦园玩尊使搬演《昙花》，寓鹿苑于梨园，以俳优为佛事，睹彼傀儡，念我肉团；听曲一声，胜持千偈。惟是尝鼎一脔，窥豹一斑。"据邹迪光万历三十二年所撰《郁仪楼集自序》，此集诗文计55卷，所收诗编为29卷自万历二十二年至万历三十年止，所收文为26卷自万历二十九年止，都是归田以后所作。此信列于诗文集最后一卷，应写于万历二十九年。信中既有"昨于秦园玩尊使搬演《昙花》"之说，上文所引诗记这次演出，诗应作于信的前一天，当写于万历二十九年五月二日，非万历三十年的五月二日，而年谱系于万历三十年，应误。慧山秦氏园，即无锡惠山寄畅园的前身。屠隆作客无锡，也应是万历二十九年事。

6.《汤显祖年谱》

（1）页401"万历二十九年（1601）七月，作诗再答新喻张新绎"下云："见诗十一（一四）《再答梦泽张新喻二十二韵》……诗与尺牍卷四《答张梦泽》当是同时之作。"

按：《答张梦泽》信载于新版《汤显祖全集》（二），页1451笺注，考订此信写于万历二十八年。诗与信既然是"同时之作",也应写于万历二十八年。这样就比年谱的考订提前了一年,两书岂不是互相矛盾吗?此信谈到《南柯记》已经写成,而《邯郸梦》尚在写作中,它是研究"四梦"创作的重要史料,应敲定其确凿的写作时间。

(2) 页 408—409"万历三十年壬寅(1602),五十三岁,黄汝亨首得《牡丹亭》"下,引"《寓林集》卷二十五《复汤若士》……同书又云:'政雀鼠喧阗时,得《牡丹亭记》。……此为最早提及《牡丹亭》流传而有年代可考者,但不悉为抄本抑为刻本。'"

按:汤谱页 403"万历二十九年辛丑(1601),五十二岁,八月十四日生朝……梅鼎祚得吕胤昌所赠《牡丹亭》,拟为作序,并来信约明秋会于南京"下,引"《鹿裘石室集》尺牍卷一一《答汤义仍》云:'……吕玉绳近致《还魂》,丽词奇文,相望蔚起。'"《梅鼎祚年谱》也将此信系于万历二十九年秋。如果此信确写于这一年,而且又是"近致《还魂》",说明吕玉绳得到《牡丹亭》比黄汝亨要早一年。所谓"此为最早提及《牡丹亭》流传而有年代可考者"之说不确切。

(二) 补充

1. 谢诮为谢肃《密庵先生诗稿五卷文稿五卷》作序。

按:序写于隆庆元年(1567),可系于《谢诮年谱》此年之下。谢肃,字原功,上虞人。洪武中举明经,授福建按察司佥事。后以事被逮,下狱死。

2. 谢榛《谢四溟全集》卷六《郑徵君中伯见过》诗云:"古来疏旷者,随意百年中。百首赋逾健,黄金囊易空。有家惟北雁,何树不西风。相见无朝暮,幽怀谢客同。"

按:郑若庸嘉靖三十一年春至漳德,客赵王邸。此时,谢榛已在王邸,诗当写于这一年或稍后,可系于《郑若庸年谱》"嘉靖三十一年壬子(1552),六十四岁,与谢榛游或自此始"之下。同卷还有《吴人郑速季入邺省兄中伯,每谈倭寇之乱,久而思归,赋此以赠三首》,其一有"白头兄弟在,急难复何嗟"句。据《明史·世宗本纪》,嘉靖三十三年春正月,"官军围倭于南沙五阅月不克,转掠苏、松"。郑速季入邺当在此时,诗也应作于这年夏季之前,因秋季郑若庸已离开漳德赴北京。此诗可系于郑谱嘉靖三十三年。

3. 邓云霄《百花洲集》卷上《除夕携演春乐部过张伯起幼于昆仲园亭,把玩腊梅残菊,席上同赋三首》。其一云:"江左机云远擅场,华筵法曲并传觞。群芳已变繁霜后,空谷犹存晚节香。艳骨未随长笛落,幽姿偏藉短篱藏。岁寒吾辈能相守,春事何心怪底忙。"

按:据邓氏《漱玉斋文集》卷首其子邓逢京《虚舟公传》和姚希孟《邓虚舟先生传》,邓云霄(1566—1632)字玄度,号虚舟,东莞人。万历二十六年(1598)进士,任长洲县令,官至四川参议。作有杂剧《竹林小记》(见拙文《〈竹林小记〉作者考》,载《文献》1992年第1期)。此诗写于他令长洲第二年即万历二十七年初夕,可系于《张凤翼年谱》这一年中。

4. 董其昌《容台集》卷九《少参太玄沈公墓表》:"侍御公为南昌司李,公年才舞象耳,即与洪都奇童汤显祖、谢友可辈订交,才名相角。"

按:少参太玄公,即沈朝焕(1558—1616),字伯含,号太玄,仁和人。万历二十年(1541)进士,官至福建参议。著有《沈伯含集》。其父沈楠(1534—1575),字汝材,号让亭子。隆庆二年(1570)进士,终官陕西巡按。任南昌都司李时,曾赏识汤显祖。舞象,"成童舞象",即十五岁。隆庆六年(1572),沈朝焕十五岁,这一年他与汤显祖订交,可系于《汤显祖年谱》这一年中。

5. 沈朝焕《泊如斋吟草》卷一有《寄唁汤义仍解绶》:"谁未(谓)宇宙宽,而促英雄武。谁未造物公,而无是非主。文苞竟林翳,翠虬曝江浒。长沙恸哭后,惟子心独苦。或令司俎豆,或令采珪组。岩邑一抔土,犹为当途侮。知之不能荐,荐者不能吐。魍魉青天坠,神奇化腐朽。归来乎山中,调笑足千古。卧则无垓游,立于不贷圃。迢递喷长虹,风流散天宇。缺陷自尘缘,盈缩适恒矩。编籍嗣真作,可以会众甫。昔人痛日月,不朽宁世睹。借咎亦复私,尊勺从挹取。如驰翻日车,建橐为君鼓。"(见《沈武部集》,即《沈伯含集》)

按：万历二十五(1597)年四月，沈朝焕授工部都水司主事，《泊如斋吟草》(也叫《亦适编》)为任水部时所作的诗。汤显祖向吏部告归在万历二十六年，此诗对汤显祖的辞官表示深切的同情和慰问，当作于这一年。同卷还有一首五言排律《酬汤若士》也应写于这一年，汤氏可能先有诗给他，或是对上一首诗的回答，他再作此诗酬答。惜汤显祖的诗已散佚，不见于他的集中。这两首诗可系于汤谱"万历二十六年戊戌(1598)四十九岁，向吏部告归"之下。

6.姚舜牧《乐陶吟草》卷四有《题汤海若玉茗堂诗》："君家本是神仙侣，偶落人间主世盟。玉碗煮茗消渴思，朗然吟彻太虚清。"

按：姚舜牧(1543—1627)，字虞佐，号承庵，乌程人。万历元年(1573)举人，历官江西新兴、广昌县令。著有《四书五经疑问》《乐陶吟草》等。他于万历三十一年至三十六年任广昌知县，可能在此时结识汤显祖。南京文棐堂所梓《临川汤海若玉茗堂文集》，刊行于万历三十四年，此首诗写于这一年或万历三十五年，大概是最早读汤集诗的诗。姑系于汤谱"万历三十四年丙午(1605)，五十七岁，《玉茗堂文集》刊于南京"之下。又，《汤显祖全集》卷一七有《清高起后诗为姚广昌作》，笺注云："〔姚广昌〕当是荣国公姚广孝之后人。"据《明史·广昌孝传》，姚广孝为长洲人。汤诗题以作官之地称人，姚广昌即广昌令姚舜牧，非姚广孝之后人。此注应误。诗当写于姚舜牧令广昌时。又，卷四七《与姚承庵》，承庵即姚舜牧的号，可补此信之笺注。

7.《刻莫廷韩遗稿》卷一二有《与朱使君》云："吴山越水，文物久虚，今俗吏刺人耳目，可叹。近得一鄞士来令清溪，大有寥廓之概。弟与之游，各以国士相许，雅道不落寞，赖有此耳。"同卷《与杨胪山》书亦云："当今俗吏刺人眉睫，仅得青溪令屠长卿，负才自命，可差欲伸其愤愤耳。"

按：莫廷韩是吴中名士，与当时许多曲家都有所交往。屠隆万历八年(1580)任青浦县令时，与莫廷韩订交。同书卷七《赠青浦屠明府》《屠长卿招同袁履善泛舟城西》《夏日集屠明府署中》《屠长卿官舍》诸诗写于屠氏任青浦令上。可系于"万历八年庚辰(1580)三十八岁，在青浦任"之下。

8. 何三畏《新刻漱六斋全集》卷三九《简屠礼部纬真旧父母》:"曩惟明公赋政由拳,不肖兄弟时以青衿子造庭阶而就业焉。乃明公雅不鄙夷,呼不肖为小友。"

按:由拳故青浦地,代指青浦。屠隆结识何三畏应在万历八年青浦知县任上。可系于屠谱这一年。又,卷四四《报屠纬真先生》:"《婆罗馆清言》业已镌就,无奈懒散,未付之摩勒者,请以异日代为邮政,何如?"屠隆为《婆罗馆清言》所撰的序,写于万历二十八年八月,此书或上版开雕于今年。可系于屠谱这一年"作《清言》上下二卷"之下。何三畏,字士抑,华亭人。万历十年(1582)举人,绍兴府推官。

9. 刘虞夔《刘宫詹先生文集》卷一六《拟同门和请王缑山发解启》。

按:此文可系于《王衡年谱》"万历十六年(1588),二十七岁,秋举顺天乡试第一名"之下。

10. 王衡为陈继儒辑《逸民史》作序。

按:《缑山先生集》卷六收有《逸民史序》,但未署年月。今存万历刊本《逸民史》,王序署"万历癸卯六月望日";癸卯,即万历三十一年。此序可系于《王衡年谱》"万历三十一年(1603)四十三岁"下。

以上数条是我读明人集部时的随手笔札,仅供《晚明曲家年谱》修订时参考。据云,此书即将由浙江古籍出版社修订再版,我们将翘首以待。

(本文刊于《文学遗产》2002年第5期)

吕天成和他的作品考

吕天成字勤之,号棘津,别号郁蓝生,浙江余姚人。他是明代戏曲作家。乾隆杨志鸿抄本《曲品》的发现,给我们考订他的生卒年,提供了有力的根据。因为这个抄本附有《词隐先生〈寄郁蓝生双调词〉一套》,自注"癸卯春作"。"癸卯"是万历三十一年(1603)。这是一套集曲,由【江头金桂】、【姐姐插海棠】、【玉山供】、【玉枝带六么】、【拨棹入江水】、【园林带侥侥】和【尾声】等组成。【园林带侥侥】后有作者注,云:"邓禹二十四岁封高密侯,周瑜二十四岁破曹,吕君之年如之。"据此可知,沈璟写这套集曲之年(1603),吕天成恰好24岁,由此上推,他当生于万历八年(1580)。

王骥德《曲律》卷四:"勤之风貌玉立,才名籍甚,青云在襟袖间,而如此人曾不得四十,一夕溘逝,风流顿尽,悲夫!"顾曲散人冯梦龙《太霞新奏》卷五,有王伯良(王骥德字)《哭吕勤之》集曲一套,其后冯梦龙有一段说明,亦云:"余谓勤之未四十而夭。"王骥德和冯梦龙两人都说吕天成死时还不到40岁。那么,他究竟卒于哪一年呢?

《哭吕勤之》叙云:"曩予入都时,时治胺寒暄,昨予以数行南讯,未至一日,而勤之卒矣。"在这套悼亡曲里,王骥德沉痛地回忆,他入都时,和吕天成在暮春时的惜别:"离歌掠绣鞍,别色凄金盏。陡西城分手,正值春残。"叙述他入京三年来对老友的怀念,在这期间,他们仍不断有书信往还:"到长安,三年云树隔稽山,相思几负看花限,乌丝片简。北雪南飚,不断黄河飞雁。"并时有诗歌唱和,这从吕天成的《青红绝句题词》也可以看出:"吾友方诸生自燕邸寄两折来,为《红闺丽事》

《青楼艳语》,凡二百题。"①尤其重要的是,这个题词自署"丙辰春日东海郁蓝生题于距仙佛处"。"丙辰"乃万历四十四年(1616),说明王骥德这年已经在北京了;王澹《西山诗》,前有小序也能作为佐证:"西山诗,纪游而作也。万历丙辰仲夏之望,同乌程关仲通、余乡王伯良肩舆徃焉。"②如果王骥德是万历四十三年(1615)入京的,既云"到长安,三年云树隔稽山",写《哭吕勤之》这一年,应是万历四十六年(1618),吕天成当卒于这一年。由生年万历八年(1580)往下推算,他享年39岁,正好与"不满四十岁"合。因此,吕天成生于万历八年(1580),卒于万历四十六年(1618)。

吕天成是一位出身官宦世家的翩翩公子。他之所以嗜好曲学,是和家庭及亲友的影响分不开的。

曾祖吕本(1504—1586),字汝立,号南渠。嘉靖二十八年(1549)入阁,官至少保兼太子太傅、礼部尚书、武英殿大学士,谥文安。③因为他的地位相当宰相,所以,沈璟《寄郁蓝生双调词》,称吕天成"守相国传家风教"。

祖父吕兗(1540—?),字通逷,号柏杨。以父荫授中书舍人,历礼部精膳司主事(吕本《余姚新河吕氏家乘》)。祖母孙镶,是南京礼部尚书孙升的女儿。孙铲《寿伯姊吕太恭人七十序》云:"姊自髫年习书,常忆昔先夫人教姊为诗,铲从傍听,虽不解音律,而稍知其意,姊启铲良多。又姊好观史籍,从诸嫂侍先夫人商讨古今豪杰事,甚有丈夫之概。"④她不仅能写诗,具有丰富的历史知识,而且"好储书,于古今剧戏靡不购存,故勤之汛澜极博"。⑤在祖母的陶冶下,吕天成从小就受到良好的教育,并对戏曲产生浓厚的兴趣,一生辛勤收藏戏曲作品不辍。

父允昌(1560—?),字玉绳,又字麟趾,号姜山。他与汤显祖、孙

---

① 明刊本《青红绝句》卷首。
② 明刊本《墙东集》卷五。
③ 见焦竑《国朝献征录》卷一六汪道昆《太傅吕文安本传》和《明史》卷一一〇《宰辅年表二》。
④ 孙铲《月峰先生全集》卷八。
⑤ 王骥德《曲律》卷四。

如法等，都是万历十一年（1583）的同科进士。官宣城司理、吏部主事和河南参议。他也是嗜书成癖，特别喜欢小说戏曲，曾向孙矿请教过这方面的问题。① 他对戏曲也颇有兴趣和研究，同张凤翼、汪道昆、屠隆、梅禹金以及龙膺等均有交往，这些人都是万历剧坛上的重要作家，他们的戏曲创作不能不对吕天成产生影响。吕天成的传奇"始工绮丽，才藻烨然"，可能同屠隆、梅禹金等雕金镂彩的骈俪作风有关。

对吕天成来说，家庭的熏陶只不过是一个方面，更重要的是，他得力于外舅祖孙矿和表伯父孙如法的传授。

孙矿（1543—1613），字文融，号月峰，万历二年甲戌（1574）进士，官至南京兵部尚书，故称司马。吕胤昌有《大司马月峰孙公行状》，见吕兆熙辑《姚江孙氏世乘》。他是当时著名的古文家，以评点经史而著称，黄宗羲称他"喜读书，六经子史，字栉句比，丹铅数遍，莫不出新意"②。他也喜爱词曲，幼年得睹曲家陈鸣野的风采，后在京师又与徐文长游。③ 尤工戏曲音韵之学，如果说沈璟的曲学侧重于厘订声之平仄，而孙矿则注重于"析字之阴阳"。他在《与沈伯英论韵学书》中阐述说：

> 向承教，谓欲于暇日作一韵书，兹弟有鄙见，敢陈之：窃谓天地间元有六声，不知君家休文何以遽定为四，其云"天子圣哲"是矣。但平有阴阳，入有抑扬。……故总论则止三声，平侧入是也，析论则平有阴阳，侧有去上，入有抑扬，今独于侧分去上，而于平入则混而为一，且至于反切，俱不分阴阳而混之，何其忽略也。此惟词曲中最易辩。北调以协弦管，弦管原无入音，故词亦因之。若南曲则元有入音，自不可从北，故凡揭起调，皆宜阴、宜去、宜扬，纳下调皆宜宜阳、宜上、宜抑。兄但取旧南曲，分别六声，令善

---

① 《月峰先生全集》卷九《与吕玉绳论小说家书》。
② 黄宗羲《姚江逸诗》卷一二孙矿小传。
③ 见《孙月峰先生全集》卷七《樵史序》。

歌者歌之，傥宜阳而用阴，宜去而用上，宜抑而用扬，歌来即非本字矣。宜阴上扬而反之亦然，此岂非天地间自然之音乎？惟兄再详审之。①

南曲的咬字发声，在很大程度上是以这种理论作指导的。他对传奇的创作，也发表过精辟的意见：

> 凡南戏，第一要事佳；第二要关目好；第三要搬出来好；第四要按官调，协音律；第五要使人易晓；第六要词采；第七要善敷衍；淡处做得浓，闲处做得热闹；第八要各脚角分得匀妥；第九要脱套；第十要合世情，关风化。持此十要传奇，靡不当矣。

吕天成曾在《曲品》卷下"传奇评定"时加以称引，并作为自己评论作品的依据。

孙如法(1559—1615)，字世行，号俟居，别号柳城。官刑部主事时，因建皇太子和册立皇贵妃忤旨，贬为潮阳典史。由于诸父孙𬭎的影响，他少年时就"颇解词曲，兴至则曼声长歌，绕梁振木"。贬官之后，更寄情于词。他与沈璟遭遇近似，两人相交甚厚，他曾帮助沈氏改正过传奇的韵句："吴江沈光禄，即公所疏救者，林居讲词曲之学，东南风雅士咸推为词隐先生。公观其所著《论词》《曲调》等书，悦之，遂取其新旧传奇数十帙，皆改正韵句。"②又时招吕在成、王骥德商榷词学，"先生谪归，人士罕见其面，独时招余及郁蓝生，把酒商榷词学，娓娓不倦"。他们二人"于阴阳二字之旨，实大司马暨先生指授为多"。③

当然，吕天成在戏曲创作和曲学研究上的成就，同沈璟王骥德叶宪祖卜世臣等戏曲家的帮助和切磋分不开的。他是沈璟的弟子，能得

---

① 见《月峰先生居业次编》卷三。
② 见《姚江孙氏世乘》卷六钱檟《光禄卿俟居孙公传》。
③ 王骥德《曲律》卷四。

沈璟的曲学真传,"率斤斤功令,称松陵衣钵高足";沈璟也将生平著述,悉授予他,两人缔为忘年之交,吕天成为之刊刻传播,不负相知耳。至于同王骥德,过从甚密,共同的兴趣和爱好,使他俩垂交近二十年,情同手足,"以此道桴应,抵掌无两"。① 他们彼此帮助,共同研习,曲学益加精进,终于完成《曲律》和《曲品》这样两部在戏曲史上交相辉映、放出异彩的理论著作著作。

吕天成虽然自幼就喜爱词曲,但真正从事戏曲创作则在20岁的时候,"予舞象时即嗜曲,弱冠好填词"。② 他的创作活动,明显地分为前后两个时期:前期从20岁(1599)写《神女记》开始,到31岁(1610)《曲品》完稿为止,这12年是他才华横溢、创作力最旺盛的黄金时代,他的绝大部分作品都是这个时期写成的;后期从32岁(1611)到39岁(1618),在这八年里,除对《曲品》做过增补之外,却很少有所作为,只写过一些像《青红绝句》之类无聊的闺情作品,所以王骥德说他"近年来谱闲情花满金镮,露竹杀千竿,题愁写怨淋漓湿未干"。③

为什么前后会判若两人,发生如此重大的变化呢?这可能有两方面的原因。一是功名未遂,悔此道之误。在封建社会里,士大夫囿于阶级偏见,他们鄙薄戏曲,视之为小道,而把科举入仕当作正途。即使像孙钅广这样重视戏曲的文人,也难摆脱成见的桎梏,他连篇累牍地作书,鼓励自己的外甥孙工古文词,学举子业,留心时艺,并期望他一举得中,"甥孙才素高,今若沈潜于经术,取青紫如拾芥耳"。④ 吕天成果然在万历三十一年(1903)应乡试,沈璟《寄郁蓝生双调词》中所写的"春归早,拟秋闱夺锦袍",大概指这件事情。可惜名落孙山,未被录取,然而孙钅广仍给他打气说:"秋闱奖赏是来科大捷之兆,愚闻尚稍喜慰。"(《与吕甥孙天成书牍》)从此,既不见祝捷的喜报,也没有考中的

---

① 顾曲散人《太霞新奏》卷五《哭吕勤之·叙》。
② 《曲品自叙》。
③ 《哭吕勤之·叙》。
④ 《月峰先生全集》卷九《与吕甥孙天成书牍》。

消息。由于功名屡遭挫折,便对词曲的爱好产生了动摇。他在《曲品自序》里,发出这样慨叹:"十余年来,予颇为此道所误,深悔之,谢绝词曲,技不复痒。"二是心情沮丧,淡然入道。自万历三十八年(1510)沈璟死后,孙𨨏于四十一年(1613)、孙如法于四十三年(1615)相继谢世,吕天成的心境更加颓伤。他崇信仙佛,"淡然入道"(《青红艳句题词》),但富家公子的劣根性,又使他不能忘情于依红偎翠的闺情生活,经常处在这样矛盾的心情当中。最后,竟不满40,赍志而殁。其子师著,字谪名,号客星,能承继吕氏家风,亦喜好戏曲创作,"以传奇七种行人间",惜不见存本。毛奇龄《西河文集》"墓表五"有《敕授江宁北捕通判吕师墓表》。

吕天成的著作最为人所熟知的是《曲品》。这是一部品评传奇作家和作品的专著。据作者《自序》,初稿写于壬寅岁,即万历三十年(1602),"然惟于各传奇下著评,语意不尽,亦多未当。寻弃之"。万历三十八年(1610)春,由于王骥德的怂恿,归检旧稿,又加以更定。"顷南戏郁蓝生已作《曲品》,行之金陵。"①可见当时已在南京刊刻行世。祁彪佳的《远山堂曲品》,就是仿照它并在其基础上撰写的,说明直到明朝末年,这个刊本还存在。清代著名经学家凌廷堪在乾隆己亥(1779)所写的《论曲绝句三十二首》中说:"即空三籁订南声,骚隐吴隐亦有情。更与殷勤便曲品,羡他东海郁蓝生。"②凌氏既然论到《曲品》,那么他一定目睹过该书,究竟是刊本还是抄本,不可得知,但是有一点是清楚的,吕氏《曲品》始终流传不衰,并为戏曲评论和研究者所重视。现在所通行的几种刻印本,均出自暖红室传抄曾习经所见的清抄本。刘世珩跋文说:"揭阳曾蛰庵参议习经昔见于厂肆,手录藏之,不知其为谁氏本也。"后又陆续发现两种清人抄本。今所能见到的《曲品》传本,计有以下几种:

(一) 暖红室刻本 有清末民初的初印本,后收入《暖红室汇刻传奇》;1935年,上海来清阁重印本。1959年,中华书局上海编辑所出版

---

① 《曲律》卷四。
② 《校礼堂诗集》卷二。

的《录鬼簿》(外四种)收录的《曲品》,就是据此本重印的。

(二) 吴梅校本　1918年,北京大学初版,1922年再版。

(三) 曲苑本　1921年,古书流通处据王国维抄校本刊印。

(四) 重订曲苑本　1925年,陈乃乾编刊。

(五) 增补曲苑本　1932年,六艺书局刊,题正音学会增校。

(六) 论著集成本　1959年,傅惜华、杜颖陶校订,收入中国戏曲研究院编的《中国古典戏曲论著集成》第六集。

(七) 清河郡抄本　北京大学图书馆善本室藏清抄本,因书口有"清河郡"三字,故称。

(八) 乾隆杨志鸿抄本　清华大学图书馆藏。另外,孙殿起《贩书偶记》卷二〇《曲话之属》,尚著录旧抄本《曲品》二卷。据孙殿起先生的助手、中国书店的雷梦水先生说,孙氏常为东莞藏书家伦哲如觅书,这部抄本《曲品》,或为伦氏所得。他南归后,其书泰半归北京图书馆收藏,可惜至今下落不详。

上述(一)至(五)种本子,不仅"讹字晦句,层出迭见",况且刘世珩、王国维、吴梅等人又据己见增订校补,尤其是暖红室本、吴梅校本增补处更多,据叶德均《曲品考》(见叶著《戏曲小说丛考》卷上)考证,改卷上作者姓名字里三十五处,增注卷下旧传奇作者八处(吴校本九处),致使面目失真。论著集成本《曲品》,"将刘、王、吴三家的订本与同一类型的'清河郡'抄本综合汇订,用力甚勤。可惜校例不一,一会以刘本作底本,一会儿又以'清河郡'本做底本,使读者无所适从,颇有违失,未免遗憾"。①

清河郡本《曲品》,用黑格纸抄写,卷首有"文吉馆"、"张氏珍藏"和"清河郡图书印"等藏书章。从其避玄烨的讳看,此抄本当在康熙以后。其中有不少地方用朱笔校补过,可能是后人所加。我曾与诸本比勘,同三种曲苑本颇相似。清华大学所藏清人抄本《曲品》,卷首有"丰华堂书库宝藏印"朱文铃记,卷尾署"乾隆辛亥迦蝉杨志鸿录"。它原

---

① 吴新雷《曲品真本的考见》,载《文汇报》1962年4月20日第三版。

为杭州杨文莹氏丰华堂的藏书，1929年归清华大学。当年该校图书馆主任洪有丰在《购买杭州杨氏藏书报告》中说："浙杭藏书家首推丁丙氏八千卷楼，次之即为杨文莹氏。杨氏之藏与丁氏同时，今已历两代，虽宋元之刊不能与丁氏媲美，然特藏亦可称雄，如浙江省各府厅州县志书，非但名目可称无遗，而版本咸备，金石之书亦复如是，至诗文集部，尤以浙江先哲著述为多，而清代专集亦复不少，非积数十年穷搜极访，何克臻至？"①从杨氏喜收藏浙江先哲的著述来看，这个抄本《曲品》很可能是根据余姚吕氏的原本迻录的。作者所撰的《曲品自序》，题万历癸丑(1613)清明，比通行本的《曲品自序》(作于1610)晚三年。此本不像他本杂入高奕的《新作奇品》和无名氏的《古人传奇总目》，眉目清楚。全书分装为二册，上册从"自昔伶人传习"至"篇章应不朽，姓氏必兼存"为卷上，与通行本相同。所不同者是从"传奇品定颇费筹量"至"《五伦》……或谓此记以盖《钟情丽集》之愆耳"，析为卷中。下册从"新传奇"开始至卷终，未标明"卷下"字样。据吕氏自序，《曲品》分为上下两卷，此本所谓"卷中"之"中"字，殆为"下"字之误抄。这部精抄本《曲品》，增加了不少条目，也删去个别条目；字句也有不少改订，与通行本颇异。书后所附录的《词隐先生致郁蓝生书》《词隐先生致郁蓝生双调词一套癸卯春作》以及《松萝道人书》，是研究吕天成和他的作品的珍贵材料，为他本《曲品》所未收。自从1959年吴晓铃先生等撰文提到乾隆杨志鸿抄本《曲品》后②，引起一些研究者的重视，吴新雷同志和赵景深先生相继作文介绍和评述，都认为它是一部近于吕氏原著的增补本。

《曲品自序》云："仿钟嵘《诗品》、庾肩吾《书品》、谢赫《画品》例，各著论评，析为上下二卷，上卷品作旧传奇及新传奇者，下卷品各传奇。其末考姓氏者，且以传奇附；其不入格者，摈不录。"所谓"作旧传奇者"，指元末至明初南戏和传奇的作者；"作新传奇者"则指嘉靖、万历间诸作者。凡是嘉靖以前的作者和作品，分为神、妙、能、具四品，以后

---

① 见1929年8月30日《国立清华大学校刊》。
② 见吴晓铃等《十年来的古典文学研究与整理工作》，载《文学评论》1959年第5期。

的作者和作品,分为上中下三品,每品再分上中下三等。又附论作南剧者2人及作散曲者25人。1610年的通行本,记载戏曲作者90人,散曲作者25人,南戏和传奇作品192种。1613年的增补本,戏曲作者增至95人,南戏和传奇作品增至212种(在品评剧目部分,尚有南戏、传奇和杂剧35种,未统计在内)。散曲除个别作者更动外,人数仍然依旧。

在这212种作品中,仅有21种为《永乐大典戏文目》、高儒《百川书志》、徐渭《南词叙录》和晁瑮《宝文堂书目》所著录,其余191种,均是首次见于著录。这些作品,今有传本者99种,存有散出或零支曲文者52种,全佚者64种。正因为《曲品》中保存了这样众多的传奇作家和传奇目的材料,而且成书的年代,除《南词叙录》成书于嘉靖三十八年(1559)外,数它最早。又加之吕氏的曲藏丰富,所著录的许多作者,或为其乡里,或为其父辈之同好,或是他本人的亲友,引证的材料也都翔实可靠。所以,祁彪佳的《远山堂明曲品剧品》以它为蓝本,清代黄文旸的《曲海目》、王国维的《曲录》,以及傅惜华先生的《明代传奇全目》,都取材于它。它的确是我们研究明代戏曲的最珍贵的文献。不过有的研究者只看到它的史料价值,而忽略它在戏曲理论上的贡献。这未免有些片面。其实,《曲品》不仅仅是一部传奇作家和作品的目录,吕天成的一些论述和对作品所下的许多评语,不乏真知灼见,尤其是关于戏曲创作方面的见解,直到今天仍不失其夺目的光彩,具有一定的借鉴作用。我已另有专文探讨,这里就不再赘述了。

吕天成所作传奇,各书著录不一。据《词隐先生致郁蓝生书》载,有《神女记》《金台记》《戒珠记》《神镜记》《三星记》《双栖记》《四相记》《四元记》《二媱记》和《神剑记》,这就是《南词新谱》"古今人谱词曲传剧总目"所说的《烟鬟阁传奇十种》。《曲律》卷四著录,除上述10种外,又多出《双阁记》(即《双阁画扇记》)1种。祁彪佳《远山堂明曲品》著录11种,《李丹记》《蓝桥记》系新增,其他均不出上述范围。《传奇汇考目》别本还录有《玉符记》《金谷记》和《碎琴记》3种。《曲品》卷下

"新传奇品"胡全庵《奇货》条评语云:"予拟作《玉符记》,未果。"而《金谷记》殆《金台记》之误。其实前一种只是"拟作",根本不存在,后一种已见前著录。至于《碎琴记》又不从见他书著录,是否属于吕氏的作品,尚难断定,故傅惜华先生《明代传奇全目》列入存疑。总之,吕天成所作传奇共 13 种。赵景深先生据沈璟《致郁蓝生书》和《赠郁蓝生双调词》考订:《神女记》《戒珠记》《金合记》是吕氏 20 岁(1599)时的少作;《三星记》《神镜记》《四相记》是二十一岁至二十四岁(1600 至 1603)的作品;《双栖记》《四元记》《二媱记》《神剑记》该是二十四岁以后这十年(1603 至 1613)以内的作品,他如《曲律》所著录的《李丹记》《蓝桥记》《双阁画扇记》,大约是 1613 年以后的作品。①

这里有两点疏忽,需要辩正。一是据《吴江沈氏家谱》,沈璟卒于万历三十八年(1610)正月十六日,《致郁蓝生书》至迟应写于 1610 年以前,因此这封信里所说的《双栖记》《四元记》《二媱记》和《神剑记》等四部传奇,如果吕天成作于 24 岁以后,也当在 1609 年沈璟在世的时候,所以,应是 1603 年至 1609 年这七年之间的作品。二是《李丹记》《蓝桥记》和《双阁画扇记》,仅后一种为《曲律》卷四所著录,前两种见于《远山堂明曲品》"雅品逸文",笼统称《曲律》著录不妥。尤其是《双阁画扇记》,在万历三十八年(1610)的通行本《曲品》中,就已经涉及,如卷下"新传奇品"汪廷讷《二阁》条评语云:"予曾为《双阁画扇记》,即此朱生事也,不意汪亦为之。"故它应断为 1610 年以前的作品内,不应列入 1613 年以后。

吕天成所作的 13 种传奇,当时可能都有刻本,冯梦龙曾见到《神剑记》,并说:"其余散绝未见也,当为购而传之。"(《太霞新奏》卷五)现除《神剑记》在《南词新谱》卷四存【正宫半阵乐】一曲外,其他均不传了。当时戏曲家为他撰写的序文尚存四篇:梅禹金《鹿裘石室集》卷一八有《神女记题词》《金合记题词》和《戒珠记》三篇;叶宪祖《青锦园文集》卷三有《神女记序》一篇。关于传奇的内容和艺术特色,我们只

---

① 见赵景深《增补本〈曲品〉的发现》,原载《复旦大学学报》1964 年第 1 期,收入赵著《曲论初探》一书。

能从明人的评论中窥豹一斑了。沈璟《致郁蓝生书》云:

> 《神女记》,东邻客舍,曲有情境,而音律尚堕时趋。《戒珠记》,王谢风流,足以挥洒,而词白工整,局势未圆。《金合记》,载张无颇事,兼及卢杞富贵神仙,醒世之颠倒,而犹觉未弨。此皆世文弱冠时笔也。他如《三星记》,自写壮怀,极工极丽。《神镜记》,剑侠聂隐娘事,奇妙可喜。《四相记》,杨厉世德,日月争光。《双栖记》,即《神女记》改本,然与前绝不同;高唐之梦,玉(王)梦也。何不改正之?《四元记》,伦氏科名之盛,而警戒贪淫,大神风教。《二媱记》,纵述秽亵,足压王、关,似一幅白描春意图,真堪不朽。《神剑记》,为新建发蕴,可令道学解嘲。……总之,音律精严,才情秀爽,真不佞所心服而不能及者。

王骥德《曲律》卷四,亦云:

> 所著传奇,始工绮丽,才藻烨然。后最服膺词隐,改辙从之,稍流质易,然宫调、字句、平仄,兢兢毖,不少假惜。

杂剧作品,据《曲律》卷四:"迨二三十种。"从《远山堂明剧品》的著录,可考知名目者仅八种:《海滨乐》(即《齐东绝倒》)、《秀才送妾》、《胜山大会》、《夫人大》、《儿女债》、《耍风情》、《缠夜帐》和《姻缘帐》,除《齐东绝倒》存于《盛明杂剧》中,其他均佚。沈璟称其"诸小剧各具景趣,数语含姿,片言生态,是称簇锦缀珠,令人彷徨追赏"(《致郁蓝生书》)。

从乾隆杨志鸿抄本《曲品》中,我们可以发现,他还校正过28种传奇作品,计有:《拜月记》《荆钗记》《牧羊记》《白兔记》《杀狗记》《千金记》《双忠记》《香囊记》《紫钗记》《还魂记》《南柯梦》《邯郸梦》《明珠记》《红拂记》《祝发记》《窃符记》《虎符记》《灌园记》《炭廖记》《浣纱记》《弹铗记》《五鼎记》《椒觞记》《分鞋记》《存孤记》《忠节记》《合镜记》。万历三十五年丁未(1607),沈璟的《义侠记》刊行时,也由他担任校讹工作,"今予任校讹之役,愧不能精阅。"①并撰写序。

此外,他还著有丽情小说,"世所传《绣榻野史》《闲情别传》,皆其少年游戏之笔"(《曲律》卷四)。孙楷第先生《日本东京所见小说书目》著录,《绣榻野史》四卷,有万历刻本。《青红绝句》一卷,今存明刊本,原为西谛先生所藏,现归北京图书馆,《题词》署于"丙辰春日","丙辰"为万历四十四年(1616),当作于是年。

综上所述,吕天成的生平系年是:

万历八年庚辰(1580)生。

万历二十二年甲午(1594),15岁,开始嗜曲。

万历二十三年乙未(1595),16岁,作小说《绣榻野史》《闲情别传》。

万历二十五年丁酉(1597),18岁,同王骥德订交,从孙如法学词学。

万历二十七年己亥(1599),20岁,开始从事戏曲创作,作《神女记》《戒珠记》和《金合记》传奇。

万历三十年壬寅(1602),23岁,《曲品》初稿成。

万历三十一年癸卯(1603),24岁,乡试落第。传奇《三星记》《神镜记》和《四相记》作于1600年至这年之间。

万历三十五年丁未(1607),28岁,为沈璟校订《义侠记》传奇,并作序。

万历三十七年己酉(1609),30岁,传奇《双栖记》《四元记》《二记》《神剑记》和《双阁画扇记》,作于1603年至这年之间。

万历三十八年庚戌(1610),31岁,改订《曲品》成。

万历四十一年癸丑(1613),34岁,增补《曲品》成。

万历四十四年丙辰(1616),37岁,与史颉庵、宋瞻庵等结社唱和,作《青红绝句》。

---

① 吕天成《义侠记序》,载明继志斋刊本《义侠记》卷首。

万历四十六年戊午(1618),39岁,卒。传奇《李丹记》《蓝桥记》作于1610年至这年之间。①

1981年10月于北京恭亲王府

(本文刊于中央戏剧学院学报《戏剧学习》1982年第4期)

---

① 本文所引《曲品》原文,均出自乾隆杨志鸿抄本。

从《曲品》看吕天成的戏曲理论

明代的戏曲发展到嘉靖、万历年间,北杂剧日薄西山,益加衰落,以南曲为主的传奇则出现作品纷呈、诸腔竞奏的繁荣景象。正如吕天成所说:"博观传奇,近时为盛。大江左右,骚雅沸腾;吴浙之间,风流掩映。"戏曲本身的发展,必然要求人们从理论上加以探讨研究,进行总结。于是曲论、曲谱之类的著作大量出现。吕天成的《曲品》就是这个历史时期的产物,它和戏曲理论家王骥德所作的《曲律》,被誉为明代论曲的双璧。[1]

吕天成(1580—1618),字勤之,号棘津,别号郁蓝生,浙江余姚人。诸生,工古文辞。万历三十一年(1603)乡试落第,就再也没有应过科举考试。他从小就喜爱戏曲。他的祖母"好储书,于古今剧戏,靡不购存,故勤之泛澜极博"(《曲律》卷四)。他的外舅祖孙铤和表伯父孙如法,对戏曲创作和戏曲音韵颇有研究,因此,他又受到他们耳提面命,工四声阴阳之学。后来再师事当时的著名戏曲家沈璟;并同王骥德订交近二十年,两人情同手足。他们互相帮助,共同研习砥砺,曲学愈加精进。吕天成从20岁时开始戏曲创作,对传奇剧本更是悉搜共贮,并加以校订和评骘。他著有《烟鬟阁传奇》13种,杂剧二三十种,除杂剧《齐东绝倒》(又名《海滨乐》)存于明沈泰编的《盛明杂剧》之中,其他的作品都已散佚。然而,长期流传的《曲品》一书,却使他在戏曲史上久享盛名。[2]

---

[1] 见青木正儿《中国近世戏曲史》、叶德均《曲品考》(《戏曲小说丛考》卷上)。
[2] 关于吕天成的生平和创作,参见拙作《吕天成和他的作品考》(见中央戏剧学院学报《戏剧学习》1982年第4期)。

《曲品》主要是评论明代传奇作家和作品的专著。据作者《自序》，初稿写在壬寅岁，即万历三十年(1602)，"然惟于各传奇下著评，语意不尽，亦多未当。寻弃之"。万历三十八年(1610)春，由于王骥德的怂恿，归检旧稿，加以更定，遂完成现在常见的通行本《曲品》。万历四十一年(1613)，又在此基础上进行增补和修订。凡三易其稿，而成乾隆杨志鸿所据以抄写的《曲品》[①]。

《曲品自序》云："仿钟嵘《诗品》、庾肩吾《书品》、谢赫《画品》例，各著论评，析为上下二卷：上卷品作旧传奇及新传奇者，下卷品各传奇。其未考姓氏者，且以传奇附；其不入格者，摈不录。"所谓"作旧传奇者"，指元末至明初的南戏和传奇的作者；"作新传奇者"则指嘉靖、万历间诸作者。凡是嘉靖以前的作者和作品，分为神、妙、能、具四品；以后的作者和作品，分为上中下三品，每品再分上中下三等。后又附论作南剧者 2 人及作散曲者 25 人。1610 年的通行本，记载戏曲作者 90 人，散曲作者 25 人，传奇作品 192 种。1613 年的增补本，戏曲作者增至 92 人。1613 年的增补本，戏曲作者增至 95 人，传奇作品增至 212 种（在释曲部分尚有南戏、传奇和杂剧 35 种，未统计在内），散曲除个别作者更动外，人数仍依旧。

在这 212 种作品中，仅有 20 种为《永乐大典戏文目》、高儒《百川书志》、徐渭《南词叙录》和晁瑮《宝文堂书目》著录，其余 192 种都是首次著录。这些传奇作品，今有传本者 96 种，存有散出或零支曲文者 52 种，全部散佚者 64 种。正因为《曲品》中保存了这样众多的传奇作家和传奇剧目的材料，而且年代较早，是我们研究明代戏曲的最珍贵的文献。当然，它不仅仅具有史料价值，吕天成的一些论述和对作家作品所下的许多评语，不乏真知灼见，尤其是关于戏曲创作方面的见解，直到今天仍不失其夺目的光彩，有一定的借鉴作用，应当引起我们

[①] 乾隆杨志鸿抄本《曲品》，原为杭州杨文莹氏丰华堂藏书，后归清华大学图书馆。吴晓铃先生等在《十年来的古典文学研究与整理工作》(见《文学评论》1959 年第 5 期)这篇文章中，首先提到它，于是引起学术界的重视，吴新雷同志和赵景深先生相继撰文加以介绍。吴文为《曲品真本的考见》，刊于《文汇报》1962 年 4 月 20 日第三版；赵文题作《增补本〈曲品〉的发现》，载于《复旦大学学报》1964 年第 1 期。本文所引《曲品》原文，均出自这个抄本。

的重视。

吕天成在《曲品》卷下说：

> 我舅祖孙司马公谓予曰："凡南戏，第一要事佳；第二要关目好；第三要搬出来好；第四要按宫调、协音律；第五要使人易晓；第六要词采；第七要善敷衍，淡处做得浓，闲处做得热闹；第八要各脚色分得匀妥；第九要脱套；第十要合世情，关风化。持此十要衡传奇，靡不当矣。"

孙司马公即孙矿(1543—1613)，字文融，号月峰，万历二年甲戌(1574)进士，曾官司南京兵部尚书，故称为司马公。他的曲论留传下来的虽然极少，但此"十要"却从剧本取材、情节安排、词采、音律、表演和教化等方面，对传奇的创作和演出发表了极为精辟的意见。吕天成就是遵循这个教导，把它作为评品传奇的标准，但在具体应用中又有所侧重，有所发挥，形成自己一套戏曲观。

一、事奇而真，合乎情理

关于传奇的故事情节，他不仅要求事佳，而且强调事奇。例如：

> 杜丽娘事，果奇。(《还魂记》评语)
> 董永事，奇。(《遇仙记》评语)
> 周孝侯除三害事，甚奇。(《蛟虎记》评语)
> 此杨伯雍种玉事，甚奇。(《蓝田记》评语)
> 此《耳谈》中杨大中一段事，甚奇。(《宝钗记》评语)
> 木生拾扇而得佳偶，其事固奇；海上遇仙，玉壶起死，尤出人意想之外。(《诗扇记》评语)

类似这种评论，在《曲品》中随处可见，比比皆是。

为什么戏曲作品必须要求故事情节的奇特呢？这是因为：一、戏曲的取材和结构深受史传文学、志怪小说、唐宋传奇以及宋元话本的影响，它们都有一个特点，就是故事性强，情节曲折生动；二、戏曲作品又不同于前者，它不是案头之曲，而要搬上舞台演出，只有情节曲折生动，才便于安排结构，揭示矛盾冲突，刻画人物性格；三、我国观众的欣赏习惯，也要求故事情节的曲折生动，才能吸引观众、娱乐观众，达到"寓教于戏"的目的。所以，明人茅瑛说："传奇者，事不奇幻不传。"（《题牡丹亭记》）"事奇"可以说是明代传奇创作的共同倾向。如王玉峰的《焚香记》："其始也，落魄莱城，遇风鉴操斧，一奇也；及所联之配，又属青楼，青楼而复出于闺帏，又一奇也；新婚设誓奇矣，而金垒套书，致两人生而死，死而生，复有虚讣之传，愈出愈奇，悲欢沓见，离合环生。"①（剑啸阁主人袁于令《焚香记序》）

吕天成具有较高的戏曲艺术的修养，又有丰富的创作经验，他是深懂曲学三昧的，因此，在评品传奇剧本时，首先要求"事奇"。

当然，"事奇"并非是脱离现实，违背生活逻辑，以至奇到荒谬绝伦的地步。他评论顾大典的《义乳记》说："事真，故奇。"《义乳记》虽然已经不存在了，但从《曲海总目提要》卷七的著录，可以知道是"演东汉李善亲乳李元儿李续事"，其人其事载于《后汉书·独行传》。这是一个宣扬义仆、充满封建说教的戏，从思想内容上看，是毫无足取的。可是，他指出传奇剧本既要"事奇"，更要"事真"，"奇"是建立在"真"的基础上，只有"事真"才能"事奇"，这种看法是很有见地的。用今天的话来说，就是戏曲作品要真实反映现实生活，情节的曲折生动，来源于生活的丰富多彩、摇曳多姿。如果歪曲生活，其事必然虚伪，根本谈不上"奇"了。

吕天成总是肯定和称赞那些真实反映现实的作品。评《琵琶记》说："布景写情，色色逼真。"赞赏张伯起的《祝发记》"境趣凄楚逼真"。相反，对那些违背生活真实的作品，则痛下针砭，深为不满。如，他批

---

① 剑啸阁主人袁于令《焚香记序》，见明末刻本《焚香记》卷首（《古本戏曲丛刊初集》）。

评顾怀琳的《佩印记》说:"朱买臣史传本是极好传奇,此作近俚。且插入霍山,时代亦舛谬。"朱买臣和霍光是同时代人,汉武帝时官会稽太守,《汉书》有传。而霍山则是霍光的侄孙,汉宣帝地节时封乐平侯,后因谋反事败而自杀,事见《汉书·霍光传》。他和朱买臣相差两代人,而作者硬把他们拉拢捏合到一起,显然是不符合史实的,所以说"时代舛谬"。又如吴世美的《惊鸿记》,演梅、杨二妃相妒事,而剧中写杨国忠拜相以后,才将杨玉环进于唐玄宗,这也是与事实不合的,因此,吕天成指出:"于事觉颠倒耳。"即使一些不重要的关目,他也不允许疏忽大意,如高濂的《玉簪记》,演书生潘必正和道姑陈妙常的爱情故事。第八出《谈经听月》,写众徒弟在女贞观中闲暇无事,装扮成尼姑听师父讲《法华经》要旨,以此洗心。女贞观是道姑修行的地方,不诵道家经藏而大讲佛经,岂非咄咄怪事?它虽然不是戏中的主要关目,但悖于事理,与人物身份也不相衬,同样会有损作品的真实性,故吕天成斥之曰:"女贞观扮尼讲佛,纰缪甚矣!"类似这样的批评,李渔也有同样看法:"如《玉簪记》之陈妙常,道姑也,非僧尼也。其白云:'姑娘在禅堂打坐。'其曲云:'从今孽债染缁衣。''禅堂'、'缁衣',皆尼僧字面而用入道家,有是理乎?"(《闲情偶寄》卷三《时防漏孔》)

明代不少传奇作品,一味追求"无传不奇,无奇不传",结果是"怪幻极矣……但要出奇,不顾文理"(张岱《琅嬛文集》卷二《答袁箨庵》)。因此,强调"事真故奇",在当时是很有针对性的。

吕天成又认为传奇可以"有意架虚,不必与事实合"。这岂不是同上面的说法自相矛盾吗?其实并不抵触,因为传奇不是"信史",不必拘泥于具人真事,而是艺术地再现现实生活,它允许艺术虚构。没有虚构,也就没有戏曲。所谓"有意架虚,不必与事实合",是就艺术虚构而言的,有时也称之为"传奇法"。如鹿阳外史的《双环记》,演木兰代父从军的故事。它取材于北朝民歌《木兰辞》。故事虽然很新奇,但情节比较简单,要把它改编成传奇,必须经过符合生活逻辑的大胆想象和艺术构思,"今增出妇翁及夫婿,串插可观,此是传奇法"(《曲品》卷下《双环记》评语)。又如无名氏的《霞笺记》,演书生李彦直和妓女张丽容生死不渝的爱情故事。它是根据明代传奇文《心坚金石传》改编的[①]。李、张为了追求自由幸福的爱情,不向恶势力屈服,心如金石一样坚定不移,最后,这一对情侣都被本路参政阿鲁台迫害致死。这是一个感人至深的悲剧故事,改编者对他们的不幸遭遇寄予深切的同情,将悲剧结局改为大团圆的场面。这种使"死者生之,分者合之",完全是凭借艺术虚构即"传奇法"进行的。这样改动并没有削弱人物形象,反而更真实,更符合观众的欣赏习惯,能达到"搬出甚激切,想见钟情之苦"的艺术效果。

当然,艺术虚构不是凭空杜撰,它既然是一种"传奇法",总要遵循一定的创作原则。吕天成认为这个原则就是"情"字。情者,合乎情理也。所以虚构的人物和情节,既不能违背生活的逻辑,也不能脱离剧情和人物性格本身的发展和需要。如无名氏的《合镜记》,演乐昌公主破镜重圆的故事。据唐孟棨《本事诗》记载,乐昌公主和徐德言驸马在动乱中失散后,被越国公杨素掳去,纳为姬妾,并受到"宠嬖殊厚"的待遇。改编成传奇后,人物关系被重新调整,乐昌成为越公之女。这种"虚构",不仅使原来悲欢离合中的悲伤气氛丧失殆尽,而且也不合乎情理,因为作为权豪的越公对才貌冠绝的乐昌,能不垂涎三尺?故吕天成批评说:"作越公女,反觉不情。"这种看法,后来张岱发挥得更为明畅:"兄作《西楼》,中只是一'情'字,讲技、错梦、抢姬、泣试。皆是情理所有,何尝不热闹,何尝不出奇,何取于节外生枝、屋上起屋耶?"(《答袁箨庵》)

二、删繁就简,重点突出

祁彪佳在《远山堂明曲品》中,评论朱期的《玉丸记》说:"作南传奇者,构局为难,曲、白次之。"李渔《闲情偶寄》一书,开宗明义第一章,就是谈戏曲结构。可见结构在戏曲创作中的重要地位。然而,明代万历

[①] 明何大抡《重刻增补燕居笔记》卷七。

以前的戏曲论著,只注意到剧曲的曲文结构,至于戏曲剧本的艺术结构问题,却很少有人涉及。直到《曲律》和《曲品》的问世,人们才开始重视。王骥德在《曲律》卷二《论章法》中,以"工师作室"为喻,对戏曲结构发表了极为精辟的见解;不过,他的论述重点仍然在于曲文的布局和剧本的章法。吕天成关于结构的论述,虽然不如王氏的全面和透彻,但他注意联系舞台演出实际,这在当时是难能可贵的。如,他认为汪廷讷的《三祝记》,"摭事甚侈,而词尽富足,若演行,亦须一删"。他批评汤显祖的《紫箫记》"太曼衍",不适合在场上搬演,"留此供清唱可耳"。他对传奇的结构,要求:

(一)删繁就简。因为戏曲要搬上舞台,诉诸观众的视听,所以特别忌讳繁缛。他认为无名氏的《鸣凤记》,"词调尽鬯达可咏,稍嫌繁耳"。屠隆的《昙花记》长至五十五出,关目繁冗不堪,登场人物,陆续成队,应接不暇,对这类"律以传奇局,则乏节奏"的作品,吕天成是深为不满的。他强调传奇的结构要严谨紧凑,简净恰当。他称赞无名氏的《赤松记》,"如许事而遣调不繁,亦得简法"。对梁辰鱼的《浣纱记》,他既肯定其"罗织富丽,局面甚大"。又指出"第恨不能谨严,事迹多,必当一删"。这个批评是非常中肯的。戴金蟾的《青莲记》和屠隆的《彩毫记》,前者"简而当,不入妻子,甚洒脱。《彩毫》虽辞藻较胜,而节奏合拍,此为擅场"。吕天成本人的传奇也是讲究简练的,梅禹金评他的《金合记》说:"一时隽士若纬真之《昙花》,若士之《紫钗》,脍炙人口,然微伤繁富,是记以简得之,所谓共探骊龙,子得其珠耳。"[①]

(二)主次分明,重点突出。吕天成在《曲品》上卷,谈到杂剧和传奇的区别时,说:"杂剧但摭一事颠末,其境促;传奇备述一人始终,其味长。"李渔认为"此一人一事,则作传奇之主脑也"。因此,安排人物和事件时,要主次分明,重点突出。如卢鹤江的《禁烟记》,演介之推的"忠而隐",应当以介之推为主,"但摭重耳事甚详,嫌宾太胜耳"。章金庭的《符节记》也是如此,汲黯是主要人物,而田蚡、窦婴则是起陪衬作

---

① 《鹿裘石室集》卷一八《金合记题词》。

用的次要人物，可是戏中"描写田、窦炎凉事，曲折毕尽"，反而掩盖了主要人物的形象，同样是"稍觉客胜耳"。不管是"客胜"也罢，还是"宾胜"也好，都是喧宾夺主，不利于刻画主要人物。为了突出主要人物和事件，他强调一些重点场面，关键性的情节，不能马虎草率，需要着重描写。如《红拂记》，"私奔处未见激昂，吾友榭园生补北词一套，遂无憾"。又如《窃符记》中"如姬窃符"的关目，"乃通本吃紧处，觉草草，榭园生补南北词一套，意趣顿鬯"。这同王骥德所说的"红拂私奔、如姬窃符，皆本传大头脑，如何草草放过"的道理是一致的。至于那些与表现主题思想和提示人物性格无关和关系不大的情节，以及游离于情节之外的人物，他主张删去。如张凤翼的《㾞㾞记》，演百里奚的故事，其中"百里奚之母，蛇足耳"。又如张午山的《双烈记》，演韩世忠和梁红玉抗金的故事，"前段梁国之母作梗，近套，亦无味，必当删去"。他称赞沈璟的《义侠记》"激烈悲壮，具英雄气色"。同时又批评它在人物安排上的不合理，"武松有妻，似赘；叶子盈添出，无关紧要；西门庆亦欠斗杀"。因为沈璟受到生旦离合悲欢的影响，在《义侠记》的第二、九、十五、二十及三十一这五出戏里，安排了武松妻子贾氏的戏，与表现主题和突出武松的义侠性格关系不大，确实是累赘。叶子盈出现在第十出《遇难》、第十二出《奇功》中，系一位苏州先生，《水浒传》里原无此人，是作者硬贴上去的，他游离于剧情之外，所以说是"添出"，而且"无关紧要"。西门庆在剧中是仅次于武松的重要人物，也应用力去刻画，不可等闲视之。但在"血溅鸳鸯楼"这出戏中，把处在矛盾斗争高潮的对手，写得"欠斗杀"，软弱无能，不堪一击，就不能起到烘云托月的作用，这在结构安排和人塑造上，不能不说是败笔。对传奇中生、旦两个角色的配置，要视剧情的需要，"武生有妻，似赘"，固然不好，但整个剧几乎都是生角戏，而且角少场上太冷落，他也不赞成。如《千金记》，演韩信的故事，写得"豪畅"，但"事业有余，闺阁处太寥落"，他认为不一定写韩信有妻室，"且且是增出"，只要着重写好虞姬和漂母，亦未尝不可。

（三）曲折巧妙，前后呼应。"文似观山不喜平"，戏曲是在矛盾冲突中,穿插情节,刻画人物,更需要曲折巧妙,引人入胜。吕天成推崇汪廷讷的《彩舟记》,演江生和吴女"舟中私合事,曲写有趣"。沈璟的《结发记》,他认为"情景曲折,便觉一新"。尤其称赞沈涅川《双珠记》的结构,说它"串合最巧"。青木正儿也给它以很高的评价:"此记前半,明清戏曲悲剧中,为稀见之佳构,事件展开亦自然,且巧妙也……下卷结束事件,手腕亦巧,吸引读者之心,终篇不倦不离,洵洵可谓结构之妙手也。"(《中国近世戏曲史》)又如《琵琶记》,将蔡宅和牛府交互演出,前者凋敝贫困,后者豪华富贵,两相对照,更能把贫与富、悲与喜描写得鲜明突出,淋漓尽致。对这种巧妙而自然的结构方法,吕天成极为赞赏:"其词之高绝处,在布景写情,色色逼真。串插甚合局段,苦乐相错,具见体裁。"他还强调情节和情节之间,要前后照应,合情合理,如叶宪祖的《鸾鎞记》,剧中两次出现杜羔妻寄诗给丈夫的情节,第一次是杜羔落第,赵氏效乐羊子妻引刀断机的故事,先寄一首绝句激励其志(见十四出《激志》);第二次是当他考中进士后,又寄一绝贺捷,后两句云:"良人得意正年少,今夜醉眠何处楼?"吕天成认为:"必作羔醉眠青楼之状,而后其妻'醉眠何处'之句,猜来有情耳。"唐代进士题名后,可以遍阅诸妓,故前面安排杜羔"醉眠青楼"的情节,是符合当时情况的,只有这样,后面赵氏"醉眠何处"之诗,才"猜来有情",有的放矢,前后呼应,合情合理。相反,吴长孺的《练囊记》,演章台柳的故事,又插入红线一事,就显得格格不入,不合情理,所以他批评说:"似突然。"

后来,李渔关于戏曲结构方面的卓越见解,如"立主脑"、"减头绪"、"密针线"等,虽然和王骥德有渊源关系,但也受到吕天成的直接影响。

三、本色当行,雅俗共赏

元末明初流行的南戏,如《荆》《刘》《拜》《杀》等来自民间,长期传唱于曲场,它们的语言质而不俚,天然本色,为后人所推崇。可是,成化、弘治以后,文人士大夫纷纷参与戏曲创作,他们不懂得戏曲艺术的规律,一味卖弄才情,炫耀博洽,结果是饾饤堆砌溢于案头,雕琢绮丽之风充斥剧坛。这种不良的风气,自邵璨的《香囊记》开始,至郑若庸的《玉玦记》愈演愈烈,不只屠隆、梁辰鱼、梅禹金等戏曲名家具有这种倾向,就连汤显祖的早期创作,也不免受到影响,如《紫箫记》"琢调鲜华,炼白骈丽",甚至《紫钗记》也"犹带靡缛"(《曲品》卷下)。针对这种情况,嘉靖、万历间,许多曲论家都提出"本色"和"当行"的主张,并就这个问题展开了热烈的辩论,其旨在反对骈俪堆砌之风,变"案头之曲"为"场上之曲",这在当时很有积极意义。

那么,什么是"本色"和"当行"呢?

对于"本色"的概念,当时的曲论家尽管有认识上深浅的差别,但主要是指曲文的通俗易懂。至于对"当行"的理解,就意见分歧,很不一致。何良俊在《四友斋丛说》卷三七,对《拜月亭》推崇备至,认为施君美的"才藻虽不及高(则诚),然终是当行"。看来,"当行"不在于"才藻",只要"叙说情事,婉转详尽,全不费词,可谓妙绝"就行了。臧晋叔把曲分为名家与行家,名家以"文彩烂然"为长,而行家则"随所妆演,无不摹拟曲尽",能达到"使人快者掀髯,愤者扼腕,悲者掩泣,羡者色飞"的艺术效果,便是曲之上乘,这就是"当行"。[①] 凌濛初认为:"曲始于明元,大略贵当行,不贵藻丽。其当行者曰'本色'。"(《谭曲杂剧》)显然,他把"当行"与"本色"当成一码事。

吕天成觉得当时各家的辩论,并未将"本色"与"当行"解释清楚透彻,"第当行之手不多遇,本色之义未讲明"。因此,他又作了进一步的阐述:

> 当行兼论作法,本色只指填词。当行不在组织饾饤学问,此中自有关节局段,一毫增损不得;若组织,正以蠹当行。本色不在摹剿家常语言,此中别有机神情趣,一毫妆点不来;若摹剿,正以蚀本色。今人不能融会此旨,传奇之派,遂判而为二:一则工藻缋以拟当行,一则袭朴淡以充本色。甲鄙乙为寡文,此嗤彼为丧

[①]《负苞堂集》卷三《元曲选后集序》。

质。而不知果属当行,则句调必多本色;果具本色,则境态必是当行矣。今人窃其似而相敌也,而吾则两收之。即不当行,其华可撷;即不本色,其质可风。(《曲品》卷上)

"本色"和"当行"虽然都是关于戏曲语言的概念,但两者既有联系,又有所区别,绝不可混为一谈。因而,吕天成首先指出两者的不同之处:"当行兼论作法,本色只指填词。"亦就是说"当行"同剧本的作法有关系,而"本色"只指戏曲的曲辞。讲作法必然涉及"关节局段"问题,"关节",即剧本中的重要关目或关键性的情节;"局段"则指剧本的情节结构,吕天成在评品传奇剧本的时候,经常用到这个词。如,评《琵琶记》:"串插甚合局段,苦乐相错,具见体裁。"评《蕉帕记》说:"情节局段,能于旧处翻新。"《鹦鹉洲》"局段甚杂,演之觉懈"。"当行"既然与情节结构有关,进行戏曲创作时,就要考虑到戏曲艺术本身的规律,也就是要从舞台演出的实际出发,在穿插情节、组织事件的同时,注意遣词造句,妥善安排宾白和科诨,以期达到绝妙的艺术境界。从这个意义上说,"当行"就不仅仅是个语言问题。吕天成的主张,同臧晋叔把曲之上乘"首曰当行"的看法是一致的。这是一个很高的艺术标准,所以"当行之手不多遇"。他反对不顾"场上之曲"的特点,热衷"组织饾饤学问"、讲究"藻绘"的做法,认为会蠹蚀"当行"。

当时不少曲学家,把"本色"解释为曲文的通俗易懂,是无可非议的,当然应当看到它在力矫绮丽之风中的贡献,但只停留在这样的认识上是不够的。特别是有些人歪曲了"本色"的涵蕴,以为曲文通俗易懂,就是"摹剿家常语言"和"质木无文"。吕天成很不满意。这大概就是"本色之义未讲明"所导致的错误。他强调指出:"本色不在摹剿常语言,此中别有机神情趣。"何谓"机神情趣"? 李渔作了精湛的解释:"'机趣'二字,填词家必不可少。'机'者,传奇之精神;'趣'者,传奇之风致。少此二物,则如泥人土马,有生形而无生气。"[①]黄周星又对

---

① 《闲情偶寄》卷一。

"趣"字作了进一步说明:"制曲之诀,虽尽于'雅俗共赏'四字,仍可以一字括之,曰'趣'。古云:'诗有别趣。'曲为诗之流派,且被之弦歌,自当专以趣胜。今人遇情境之可喜,辄曰:'有趣,有趣。'则一切语言文字,未有无趣而可以感人者。"[①]由此可见,"机神情趣"就是要将曲文写得生机勃勃,体现出传奇的精神和风致,这样才可以感动观众。吕氏所说的"本色",已经包含有戏曲语言个性化的意思。这是一种颇有独创的看法,比简单地谈"本色"要深刻得多。为了达到上述目的,他对"本色"又有一些具体的要求:

一要天然真切。《曲品》卷下评《拜月记》说:"元人词手,制为南词,天然本色之句,往往见宝。"天然者,不假雕琢,还其本来面目也,这与王骥德所说的"本来"极其相似:"夫曲以模写物情,体贴人理,所取委曲婉转,以代说词,一涉藻绘,便蔽本来。"[②]"本色"总是与真切质朴相联系的,如《纯孝记》:"词颇真切。"尤其是南戏的曲文更能表现出这种特色,吕天成一再肯定、称赞不已:"以真切之调,写真切之情,情交相生。"(《荆钗记》评语)"此词亦古质可喜,令人想见子卿之节。"(《牧羊记》评语)"本色"与矫揉造作大异其趣,故它容不得"一毫妆点"。

二要有境有情。"意境"是我国古典文学中常见的一个概念,诗词、绘画和音乐莫不要表现意境。意境的高下深浅,也是衡量作品成败的一种尺度。戏曲曲文作为一种剧诗,同样需要写出意境,特别是抒情写景的曲文更应当这样。这也是"本色"所包含的一个方面。《曲品》中"境"、"境界"、"情境"等词用得很多,不一而足,就其涵义来说都是指"意境"。"本色"不仅要求写出意境,"抒写处有境有情"(《明珠记》评语),"写出有境"(《珠串记》评语),而且要写透,"境界描写甚透"(张太和《红拂记》评语),写"激昂","情境犹为激昂"(《分柑记》评语),才能达到较高的艺术境界:状景写物,即景生情,情景交融,"描画世情,或哭或笑","境惨情悲",具有强烈的感染力。

三要易晓易闻。通俗易懂,是对"本色"的一个最起码的要求,王

---

① 《制曲技语》。
② 《曲律》卷二。

骥德认为如同白居易作诗一样,"作剧戏,亦须令老妪解得,方入众耳,此即本色之说也"①。吕天成在总论明初的传奇(实际上是南戏)时,说道:"存其古风,则凑泊常语,易晓易闻。"(《曲品》卷上)看得懂,听得明白,也是区别"场上之曲"和"案头之曲"的一个最根本的标准。戏曲主要是"市井文学","尚""俗"是它的特色。因此,杂用一些常用的俏皮话,甚至方言土语,可以使曲文更加生动活泼,寓庄于谐,雅俗共赏。沈璟《属玉堂传奇》中,有不少剧就具有这个特点。如《分柑记》,"此本谑态叠出";《四异记》,"净丑用苏人乡语,亦足笑也";《博笑记》,"杂取《耳谈》中事谱之,多令人绝倒。先生游戏,至此神化极矣"。从这些赞不绝口的评语里,可以看出吕天成并不反对用"家常语言",而是对一味"摹剿家常语言"不满。如果不对生活中的口语提炼熔铸,照抄照搬,必然粗俗俚腐,缺乏"机神情趣"。故"摹剿家常语言"是与"本色"大相径庭、背道而驰的。

四要词采秀爽。孙钅广衡量传奇"十要",指出戏曲语言既要"易晓"又要"词采",对此,吕天成是奉行不苟的。他的"本色论"只排斥填塞典故和堆砌词藻,并不拒绝才情和词采。屠隆的传奇受骈丽派的影响,镂金错彩,伤于繁富,晚年写的《修文记》则趋向简洁,他肯定其"词采秀爽"。认为无名氏的《赤松记》"倘以词藻润之,足压《千金》矣"。戴金蟾的《鞿鞴记》,事虽鄙俚,但"以秀调发之,迥然绝尘"。王骥德对汤显祖竭力称颂:"于本色一家,亦惟是奉常一人。"②吕天成更是服膺汤氏的才情和文采:"情痴一种,固属天生;才思万端,似夹灵气。搜奇《八索》,字抽鬼泣之交;摘艳六朝,句叠翻花之韵。……丽藻凭巧肠而睿发,幽情逐彩笔以纷飞。"(《曲品》卷上)吕天成自己的作品,开始也多绮丽,宗沈之后,才归为本色。当然,他的"本色"又与其宗师迥异,他只不过是"稍流质易",但并不失其词采,像沈璟那样过于质朴、淡而寡味。他能将文采和朴淡熔于一炉,这一点连沈璟也自愧不如:"音律

---

① 《曲律》卷三。
② 《曲律》卷四。

精严、才情秀爽,真不佞所心服而不及者。"①所谓"音律精严、才情秀爽",恰是吕天成"本色"的重要方面。

此外,他还主张本色与当行、文采和通俗统一,使戏曲语言遵循戏曲艺术的特殊规律,做到文而不迂、俗而不俚、雅俗共赏。

四、贵于创新,忌在落套

明代的剧坛上,因袭落套的现象非常严重。吕天成对这种不良的倾向,极为厌恶,强调传奇创作贵在创新。这个主张贯穿在他对剧本评论的各个方面。

明代传奇的取材,雷同者居多;同一个题材,大家都去写作,容易陈陈相因,堕入窠臼。如唐代许尧佐的传奇小说《章台柳传》,写诗人韩翃和柳氏悲欢离合的爱情故事,广为流传。明代传奇以它作题材的就有梅禹金的《玉合记》、张四维的《章台柳》和吴图南的《金鱼记》等,而以《玉合记》较好,"自《玉合记》出,而诸本无色"(《金鱼记》评语)。吴大震的《练囊记》虽然稍后出,"亦赋章台柳"的故事,但批评此剧"事未脱套",指出"入红线一事,似突然"。吕天成所以一再要求"事佳"、"事奇",就包含有"事新"的意思。如同样取材于唐代《昆仑奴传》的同名传奇《红拂记》,"已经三演,在近斋外翰者,鄙俚而不典;在泠然居士者,短简而不舒;今屏山不袭二家之格,能兼杂剧之长"。这是汤显祖的话,他引来称赞张屏山的《红拂记》,说明他不是刻意求新,即使取材相同,如能突破形式的藩篱,具有创新的精神,他也是予以肯定。特别对那些能于旧处翻新的作品,他格外褒美,如评单本的《蕉帕记》云:"此系撰出,而情节局段,能于旧处翻新,板处作活,真擅巧思,而新人耳目者,演行甚广,予尝作序褒美之。"

新颖别致的作品,能吸引观众,具有感人的艺术魅力,而摹仿抄袭的东西,庸浅粗俗,令人生厌,他对前者总是称颂:"局境颇新","情景

---

① 见杨志鸿抄本《曲品》附录沈璟《致有蓝生书》。

曲折，便觉一新。"对后者则报之以鄙薄和嘲笑："此记着意铺叙，甚长。但前半摹仿《琵琶记》，近套，可厌。"(《玉鱼记》评语)《合钗记》也是这一类作品："内《游月宫》一折，全抄《彩毫记》，可笑。"

传奇的体制是从南戏嬗变来的，一本戏可以多到四五十出，显得冗长蔓衍，既不利于撰作，更难以在场上演出。嘉靖、万历间，一些有识之士，开始对传奇的旧规不满，一是从舞台演出的需要出发，在艺人的促使下，由长变短，日趋简练。如藏晋叔《紫钗记》改本末出评语："自吴中张伯起《红拂记》等作，止用三十折，优人皆喜为之，遂日趋向短，有至二十余折者矣。"另有独辟蹊径，别开新路，对传奇的体制进行大胆地革新。据《曲品》的著录考察，早在嘉靖以前，就有人进行过这方面的尝试，如沈采的《四节记》，以春夏秋冬四景，分谱四个古人的故事，"一记分四截，是此始"。稍后，有许潮的《泰和记》。许潮其人，过去不为人所知，傅惜华《明代杂剧全目》也说"生平事迹，惜无可考"。事实，《湖南靖州直隶州志》卷一○《文艺》和邓显鹤《沅湘耆旧传》卷一八，均载有他的略传。他是嘉靖甲午举人，做过河南新安县令，"作《太和元气记》，至今犹艳称之"。嘉靖甲午是嘉靖十三年(1574)，他既然在这一年考上举人，应当是嘉靖、万历之间的人。其所著《泰和记》，也称为《太和元气记》，以二十四节气为联结枢纽，每一节气写一出戏，共二十四出。每出谱一事，似杂剧；合则为一本，又类传奇。周贻白称之为"杂剧似的传奇"(《中国戏剧史长编》)。拿《太和记》的体制和传奇相比较，它的确是一个重大的改革。所以，吕天成极为赞赏："每出一事，似剧体，按岁月，选佳事，裁制新异，词调充雅，可谓满志。"

自《四节记》和《泰和记》以崭新的面貌出现以后，受其影响的戏曲作家颇多，他们纷纷起来，对传奇的体制作了进一步的探索和革新。如沈璟的《十孝记》，"每事以三折，似剧体，此是自先生创之"(按：沈璟生于嘉靖十一年(1533)，年代晚于许潮，首创之说不确)。他的《博笑记》演十个小故事，每个故事由下场人物串联起来，"体与《十孝》类"。至于《奇节记》，"一帙分两卷，此变体也"，与高濂的《节孝记》一样，同样"别是一体"。还有叶宪祖的《四艳记》，也都对传奇的体制有所突破。当然,这些创新和革改尽管没有完全扭转当时传奇创作的倾向,但是,他们重视戏曲的演出效果,敢于打破传统的束缚,应当是值得肯定的,吕天成看到这一点并加以提倡,也是独具慧眼的。

他不仅注意作品的创新,反对落套,而且对那些勇于进取的作家,也是充满崇敬和钦佩之情的。这里特别提起的是,他对汤显祖的态度。

汤显祖的沈璟是代表两种不同的创作思想和艺术风格的作家,前者崇尚"才情",后者注重"声韵"。尚"才情",利于直抒胸臆,最能表现自由狂放的精神;重"声韵",便于合律依腔,更能适合登场演出之需要。在创作上,汤显祖作品的思想性和艺术性,远高于沈璟之上,但"嗟曲流之泛滥,表音韵之立防;痛词法之蓁芜,订全谱以辟路",沈璟之功也不可埋没。

吕天成虽然是沈璟的嫡传弟子,但并不持门户之见、党同伐异。《曲品》中之所以"首沈而次汤",只是为了"挽时之念方殷,悦耳之教宁缓",对汤显祖不存在丝毫贬低的意思。相反,把他们两人都评为"上之上",将他们的作品统统列为"上上品",对他们作了极高的评价:"予谓二公譬如狂、狷,天壤间庆有此两项人物。不有光禄,词型弗新;不有奉常,词髓孰抉?"他认为应当取长补短,互相结合:"倘能守词隐先生之矩矱,而运以清远道人之才情,岂非合之双美者乎?"他所倡导的"双美"说,为后来的曲论家们所接受。

他将沈汤比作"狂狷"。其典出自《论语·子路》:"子曰:'不得中行而与之,必也狂狷乎!狂者进取,狷者有所不为也。'"汤显祖本人也说:"子言之:'吾思中行而不可得,则必狂狷者矣。'语之于文,狷言精约俨厉,好正务法。持斤捉引,不失绳墨,士则雅焉。然予喜,乃多进取者。"[①]吕天成称其为"狂",也就是肯定汤的积极进取的创新精神。《牡丹亭》正是体现这种创新精神的作品,他极其赞赏说:"杜丽娘事,甚奇。而着意发挥,怀春慕色之情,惊心动魄。且巧妙迭出。无境不

---

① 见《汤显祖诗文集》卷三二《揽秀楼文选序》。

新,真堪千古矣。"

吕天成的戏曲理论,除上述几方面外,还主张"合世情,关风化"。当然,他是要求合乎封建伦理之情,关乎封建纲常之化的。但对不顾戏曲艺术的特点,一味教忠教孝的作品,他也是很不满的,他认为沈龄的《龙泉记》"是道学先生的口气",丘濬的《五伦记》"稍近腐"。他强调要"警俗"(评金怀玉的《香球记》云"状败家子处,堪警俗")、"训俗"(评汪廷讷的《三祝记》云"范文正父子事,可以训俗")和"范俗"(评黄伯羽的《蛟虎记》云"周孝侯除三事,甚奇,可以范俗"),说明他重视戏曲对观众的教育作用。他还恪守沈璟的教导,遵循孙氏家法,重视戏曲格律,把它作为衡量作品高下的一个标准。凡是"能守韵"、"音律精工"的作品,他都加以称许。要求戏曲"合律依腔",正是从演唱的角度出发,无可非议,如果都像他自己的创作"音律精严","宫调、字句、平仄、兢兢悫荨,不少假借"(《曲律》卷四),也会束缚作家的手脚,限制才情的发挥,甚至还会堕入形式主义的泥潭。

吕天成毕竟是300多年前的戏曲理论家,虽然提出一些值得我们肯定的戏剧见解,但也应看到《曲品》的不足之处。王骥德就曾经指出:"勤之《曲品》所载,搜罗颇博,而门户太多。"又说:"复于诸人概饰四六美辞,如乡会举主批评举子卷牍,人人珠玉,略无甄别。盖勤之雅好奖饰此道,夸耀一时,故多和光之论。"(《曲律》卷四)这个批评无疑是正确的。但它的主要缺点却在于:一是没有从作品的思想内容来考察它的高下得失,而是着眼于考证本事、讲究音律、品评词采等,必然导致评论失当。如邵璨的《香囊记》是"以时文为南曲"的作品,早于吕氏之前的徐渭,就在《南词叙录》中,对它进行过尖锐地斥责:"《香囊》乃宜兴老生员邵文明之作,习《诗经》,专学杜诗,遂以二书语句勾入曲中,宾白亦是文语,又好用故事作对子,最为害事。"并指出它在文人传奇中造成的恶劣影响:"效颦《香囊》而作者,一味孜孜汲汲,无一句非前场语,无一处无故事,无复毛发宋元之旧。三吴俗子以为文雅,翕然以教其奴婢,遂至盛行。南戏之厄,莫甚于今。"就是这样一部早已被人唾弃的作品,而他则视为珍品,将邵璨及其作品列为"妙品",并加以吹捧,说邵璨能"词防近俚,局忌入酸。选声尽工,宜骚人之倾耳;采事尤正,亦嘉客所赏心。存之可师,学焉则套"。认为《香囊记》"是前辈中最佳传奇也"。这实质上是和徐渭唱反调。相反,把李开先的《宝剑记》列入"具品",比《香囊记》低两等,也是很错误的。二是理论和实践的自相矛盾。吕天成对"本色"与"当行",以及两者的关系,作了正确的解释,他反对滥用典故和雕琢词采,但在评价屠隆、梅禹金等文采派作家时,又大加肯定,如"词调组诗而成,从《玉玦》派来,大有色泽"(《玉合记》评语)、"其词华美充畅"(《昙花记》评语)。为什么会这样自相矛盾呢?因为吕天成本人就是从文采派转化到本色派的作家,并没有从思想上断绝与文采派的联系,容易故态复萌。限于当时学术发展的水平,他不能从社会的土壤里找出"传奇之派,遂判而为二"的根本原因,仅仅归为戏曲语言的差别,这样也就必然造成他在理论上脱离实际的缺陷。三是轻视民间戏曲艺人的作品。《曲品序》说:"初欲建一曲藏,上自先辈才人之结撰,下逮腐儒老优之攒簇,悉搜共贮,作江海大观。既而谓:'多不胜收。彼此赞族者,收之污吾箧。'于是多删掷,稍稍散失矣。"这段自白,说明他出于封建文人的阶级偏见,对戏曲艺人的创作极为鄙视,不仅把它们摈弃于《曲品》之外,而且从自己藏书箧中删掷,致使许多有价值的民间戏曲剧本散失殆尽。四是由于《曲品》体例的局限,论述上不能畅所欲言,显得琐碎而不完整。

(本文刊于《中国文艺思想论丛》第 1 辑,北京大学出版社,1984年 5 月)

新印耕读山房抄本《曲品》校读记

上海古籍出版社1985年8月出版的《访书见闻录》中,附载了清初抄本《曲品》全文。该书作者路工先生声称,此排印本《曲品》是他据新发现的耕读山房所过录的吕天成手稿本点校的。最近,笔者获见了这个原抄本,经有关专家从纸质、字体和墨色等方面鉴定,认为它并非吕氏的稿本,而是清初人的过录本。然而,它是目前所能见到的一部最早的抄本《曲品》,书中提供的一些新材料,为清华大学庋藏的乾隆辛亥(1791)迦蝉杨志鸿抄录的增补本《曲品》以及通行诸本《曲品》所没有,理应引起我们的重视,但用这个清初抄本和新印本相对校,发现后者在整理上存在不少问题。

一、臆 改

整理者未能忠实于原抄本,过录时据己意改动增字的地方达22处之多,今举其大者,择例如下:

(1) 第257页 "常州邵给谏"条,"选声尽工,宜骚人之倾耳;彩笔尤正,亦嘉客所赏心"。

按:"彩"、"笔"字误,抄本原作"采事"。"采事"与上句"选声"对举成文,与义亦合。

(2) 第264页 "周狄江直隶人"。

按:"周狄江",抄本原作"周秋汀"。整理者臆改后,又出校曰:"周狄江,字秋汀。"吴晓铃先生《南北宫词纪校补》:"周秋汀名瑞,直隶昆山人。"《道光昆新两县合志》卷二三有传。

(3) 第 264 页 "吴钦武进人"。

按:"吴钦",抄本原作"吴嶔"。《康熙常州府志》卷二二有传,云:吴嶔,字宗高,武进人。嘉靖时,官长垣教谕。因通行诸本《曲品》,均作"吴钦",不加以判断,就据以误改。

(4) 第 264 页 "沈野翁丹□□□"。

按:抄本此句无残损漫漶,作"沈野翁丹青入道",赫然在目,不知为何脱去丹"青入道"三字。

(5) 第 264 页 "殷部郎触目琳琅"。

按:"琳琅",抄本原作"琳球"。琳球为两种美玉,李白《送杨少府赴选》诗:"夫子有盛才,主司得球琳。"

(6) 第 265 页 《荆钗》"以真切之调,写真切之情。情文相生,不是极词"。

按:"不是极词",抄本原作"最不易及"。此四句是对《荆钗记》的赞语。将"最不易及"臆改为"不是极词",显然与义相忤。

(7) 第 266 页 《孤儿》"即以赵武为岸贾子,韩厥自刎,正是剧局。近有徐叔回所改《八义》,与传奇稍合,然未佳。予意依古传,韩厥立孤,席间出赵武遍拜诸将,岂不真奇!"

按:"剧局",抄本原作"戏局"。"传奇",抄本原作"传"字。此"传"即下文所说的"古传",亦即《史记·赵世家》。"奇"字显系误增之字。

(8) 第 269 页 《罗囊》"此记出在正德末年。高汉卿忠孝事,亦可观。内《梁州序·春光如》一套,歌者盛传之"。

按:这是对《罗囊记》的评语。《梁州序·春光好》",抄本原作"梁州序,春光如海"。《罗囊记》已佚,但《群音类选》卷一五收有此记散出《春游锡山》,【梁州序】"春光如海"一套即出自此出。

(9) 第 280 页 《双珠》"王楫事真,第后半妻生,及子得第,补出耳。情节极苦,串合最巧,观之惨然"。

按:"妻生",抄本原作"回生"。因《曲苑》本《曲品》作"妻子回生";而暖红室校刻本、吴梅校本,皆作"妻子再生",故据以臆改为"妻生"。

(10) 第 281 页 "事亦佳,然尚未脱俗。观其宾白工整,非草草者"。

按:"脱俗",抄本原作"脱套"。

(11) 第293页 "烟霰子隐求甫,东吴人,所著传奇一本"。

按:"烟霰子",抄本原作"烟霞子"。

(12) 第294页 "黄惟楫说仲,台州人,续作传奇一本"。

按:"黄惟楫"三字,抄本残损,既据他本补出,应当出校记。"台州",抄本原作"赤城"。

二、脱　　漏

(1) 第261页 "祝长生金栗"。

按:抄本原有"□□人",置于"金栗"之后。

(2) 第265页　仰配《琵琶》,而鼎峙《拜月》者乎!

按:这是指《荆钗记》可与《琵琶》《拜月》二记媲美。"仰配"前,抄本原有"直当"二字,脱。

(3) 第266页　《连环》评语后,有:

"妙品七

玉环

此隰括元《两世姻缘》剧,而于事多误,想作者有憾乎外家耳。陈禺阳作《鹦鹉洲记》,方是实录。"

按:此条整理者过录时全部脱漏。

(4) 第269页　《三元》下抄本原有"沈寿卿作"四字,今皆漏抄。

(5) 第277页 "狮吼　惧内从无南戏。汪初制一剧,以讽粉榆,旋演为全本。备极丑态,堪捧腹。末段悔悟,可以筭帏中矣"。

按:抄本"可以"后有"风"字,"风"即"讽",脱此字而语义不明矣。

(6) 第277页 "彩舟　舟中私合事。曲写有趣,写《香球》稍相类,盖昔原有事耳"。

按:"香球稍相类"之前的"写"字,抄本原作"与"字;"盖昔原有事耳"之"有"字后,抄本有"此"字。

(7) 第292页 "镶环　蔺相如使秦事甚壮,与廉颇交更有味。

但云为平原君婿,可笑! 作者不超脱"。

按:"作者"后抄本原有"笔"字。

(8) 第294页 "右右下上品"后,脱"龙门山人所著传奇一本"。

按:"龙门山人所著传奇一本"(以后皆残损),抄本原有此十字,今径删去,又不出校记,使人误把残卷当成全帙。

三、失 校

整理者仅就书中人名出了校勘记,抄本中的一些明显错误未能正其讹误,说明。如:

(1) 第259页 "天池湖海才豪,烟霞仙品。……著书而问字奇亭,度曲而声震林木"。

按:"问字奇亭","奇亭"应为"旗亭"字之误。

(2) 第259页 "恒宇俊度独超,逸才早贵。菁华挹叔度之艳,潇洒挟苏王之风。……"

按:"苏王"当为"苏黄"之误,指苏轼和黄庭坚。可据通行诸本《曲品》校改。

(3) 第260页 "桐柏南宫妙选,东海英流。曼倩偯侻而陆沈,季子揣摩而脱颖。掀髯共推咳唾,摘齿不废啸歌"。

按:"摘齿"当为"折齿"之误。折齿,指受挫折而折断牙齿。《史记·邹阳传》:"范雎折胁折齿于魏,率为应侯。"

(4) 第263页 "谢天启思山,杭州人"。

按:"谢天启"当为"谢天瑞"之误。《曲品》卷下车任远《弹铗》条,称"杭人谢天瑞"。谢天瑞着有《剑舟记》,亦自称"天瑞生因兴趣,撰成留寄与知音"(见《曲海总目提要》卷三六)。祁彪佳《远山堂明曲品》标作"谢天瑞"。

(5) 第266页 "香囊校正 词白工整,尽填学问。此派从《琵琶》来,是前辈中最佳传奇。毗陵邵给谏所作,佚其曲名"。

按:"毗陵邵给谏所作,佚其曲名"十一字为注文,不应排成大字与正文相混,"曲名"之"曲"为衍文,当删去,也应出校。

(6) 第267页 "四节 清倩之笔,但传景多属牵强。置晋于唐后,亦嫌倒。……"

按:通行诸本《曲品》"倒"上有"颠",应据以补上,出校说明。

(7) 第268页 "宝剑 李公作此记。……传林冲事亦有佳处。内自撰曲调名,亦可"。

按:通行诸本《曲品》"亦可"作"亦奇",当据以校正。

(8) 第271页 "凿井 通本曲腔名,俱用古戏,及串合者,此先生逞技处也"。

按:"及"字,《中国古典戏曲论著集成》本《曲品》作"名"字是。应据以校改,同时去掉"古戏"后之逗号,作"俱用古戏名串合者",方能读通。

四、误　标

排印本《曲品》的标点,值得商榷之处亦不少,今不一一摘出,仅举数例如下:

(1) 第256页 "自昔伶人专习乐府,爨段,初翻院本,继出金元,创名杂剧,沿作传奇"。

按:此段标点,割裂词义,不知所云。应断为:"自昔伶人传("专"误)习,乐府递兴,爨段初翻,院本继出,金元创名杂剧,国初沿作传奇"。

(2) 第257页 "武康姚静山,仅存一佚。惟观《双忠》,笔能写义烈之肺肠,词亦达事情之悲愤"。

按:"佚"、"观"二字误,抄本原作"帙"、"睹"。"仅存一帙"后应为逗号,"惟睹《双忠》"当属上读,后用句号。

(3) 第258页 "进而有宫调之学,类以相从。声中缓急之节、纷以错出。词多橄戾之音,难欺师旷之聪,莫招公瑾之顾"。

按:"类以相从"四句为四六句,应点作"类以相从,声中缓急之节;纷以错出,词多激戾之音"。

(4) 第 269 页 "五伦　大老巨笔,稍近腐,内《送行步》、《蹑云霄》曲,歌者习之"。

按:《伍伦记》第七出《遣子赴科》有【八声甘州】(前腔)"云霄稳步这程途"曲,故应标作"内《送行》'步蹑云霄'曲"。

(5) 第 274 页 "冬青……王固自讳,人遂讹传,今已渐白。杂见王家乘、及元张丁,孔希鲁,赵子常跋。谢皋羽《冬青树》,引及季长沙《辨义录》,……"。

按:标点混乱,"元张丁,孔希鲁,赵子常跋"中人名,不能用逗号隔开,应改为顿号。"跋"字后句号应删去,改为逗号。《冬青树引》为文章篇名,"引"字不应置于书名号外,删《冬青树引》后逗号。《辨义录》后逗号,当改为句号。可标为:"杂见王家乘,及元张丁、孔希鲁、赵子常跋,谢皋羽《冬青树引》及季长沙《辨义录》。"《康熙会稽县志》卷一五《祠祀志》中收有《冬青树引跋》二则,一为张丁所跋,一署孙希普识。故"孔希鲁"当为"孙希普"之误。

(6) 第 275 页 "乞麾……每读两行红粉及绿叶成阴之句,辄为柔肠欲绝"。

按:两行红粉、绿叶成阴应加引号,标为"每读'两行红粉'及'绿叶成阴'之句"。

(7) 第 281 页 "清风亭……俗有申湘《藏珠记》,亦如此,而调不称"。

按:"申湘"乃剧中人名,非作者,应括入书名号内为《申湘藏珠记》。

(8) 第 287 页 "钗钏　皇甫嵩事,非假托者。词简而朗观,此可为密事告友之戒"。

按:"观"不应属上,当与下句连读。"朗"下加句号。

(9) 第 288 页 "画鸳　此《钟情丽集》辜辂事,乃丘文庄公所撰,少年遇合事也,此事可传,而发之未透快"。

按:"撰"字下逗号应删,"也"下逗号换成句号。

(10) 第 291 页 "霞笺　此即心坚金石传。……"

按:"心坚金石传"当加书名号,此传见明陶辅《花影集》卷三(何大抡《重刻增补燕居笔记》)。

(11) 第294页 "四贤记 《辍耕录》中,载此乌古保事"。

按:"保"字误,应为"乌古孙"。

此外,由于过录时的粗心大意,或排印时的误植,排印本《曲品》的错字共39处之多。如"肖物"之"肖"误作"有"(265页);"差先慧黠陈言"之"黠"误作"点";"朱濑滨"之"濑"字误作"湘";"宦族清流"的"宦"字误作"官";"染指于斯道"之"于"字误作"示";"不若谱董贤更善"之"善"字误作"喜";"盖王系国戚"之"系"字误作"孙";"青衣樱桃"之"青"字误作"债";"载此乌古孙事"之"孙"字误作"保"字。总之,不一而足,如不改正,容易产生歧义。

吕天成的《曲品》是戏曲史上一部重要的论著,它的明刊本已佚。多年以来通行的诸本《曲品》,如暖红室校刻本、吴梅校本、三种《曲苑》本,以及《中国古典戏曲论著集成》本,都是根据同一种清抄本排印的,脱漏衍讹,比比皆是,况且又经过校订者的改易,已非本来面目了。有些戏曲论文和论著,引用此书而致误者不少。我们希望此本新印的清初抄本《曲品》,如能重印时,请认真作一番订正工作,免得又以讹传讹,给戏曲研究者造成混乱。

(本文刊于《古籍整理出版情况简报》第178期,1989年;上海戏剧学院《戏剧艺术》1989年第2期)

关于《古人传奇总目》和《金滕记》

《光明日报》1964年7月17日《文学遗产》专刊第618期所载《乔吉与南戏》一文，从元代南北曲、杂剧和南戏之间的关系，来研究元代著名散曲、杂剧作家乔吉及其作品，并提出一些值得注意的问题，读后颇受启发。但文中说："乔吉还创作过南戏作品，据明代吕天成《曲品》卷中'古人传奇总目'记载：'《金滕》（乔梦符作）。'"这里却涉及两个问题，一是《古人传奇总目》是否从属于吕天成的《曲品》？二是《金滕》究竟是一部什么样的作品，它的作者是否为乔吉？其实，不少研究者都作过探讨，已经廓清了其中的迷雾，使真相大白于世。现在又重新谈起这个问题，我认为有必要提供一点有关情况，并略陈个人看法，以求教于此文的作者。

吕天成的《曲品》成书于明万历三十八年庚戌(1610)，万历四十一年癸丑(1613)又修订过一次，分为上下两卷，当时就有刊本"行之金陵"（见王骥德《曲律》卷四）。可惜原刻本已经散佚，只有抄本流传。现在所通行的几种刻印本，都出自刘世珩传抄曾习经从厂肆上手录的清抄本。由于这个传抄本中窜入了佚名的《古人传奇总目》，因此，《曲苑》系统的各本《曲品》，都把它列入进去作为卷中。然而，早在1910年，暖红室汇刻传剧时，刘世珩就在《曲品》的跋语中指出，《古人传奇总目》非吕氏所作，并且恢复了《曲品》两卷本的面貌。但他又误把这个曲目当作高奕《新传奇品》的上卷，将两者合而为一，改题为《传奇品》，置于《曲品》之后。后来孙楷第的《跋新传奇品》（《沧州集》下册），尤其是叶德均的《曲品考》（《戏曲小说丛考》上册)，进行了深入细致的考证，认为《古人传奇总目》和吕天成无关，当非《曲品》卷中"，它也不是出于高奕之手。这个问题可以说已经得到澄清，所以，傅惜华和杜颖陶辑校《中国古典戏曲论著集成》时，把《古人传奇总目》题为清无名氏之作，作为高奕《新传奇品》的附录。清华大学所藏乾隆五十六年辛亥(1791)迦蝉杨志鸿精抄本《曲品》，原为杨文莹丰华堂的藏书。杨氏乃杭州著名藏书家，仅次于丁丙的八千卷楼，其藏书的最大特点是注重地方文献，竭力访求浙江先哲的著述。① 因此，这个抄本很可能是根据余姚吕氏的原本抄录的。它不仅增补不少内容，而且误写与简脱甚少，没有杂入什么别的曲目和曲录，眉目清楚，这就更加有力地证实了《古人传奇总目》确与吕天成无涉，把它当作《曲品》卷中是错误的。

关于《金滕记》的归属问题，尽管该文作者也说："仍然可以持审慎存颖的态度。"但是从他的文章标题到具体的论证，并没有照此去做，而是持非常肯定的态度。既然《古人传奇总目》言之凿凿，顾名思义《金滕》是写周公的故事，又有话本《拗相公饮恨半山堂》的入话可依据，所以"不论从乔吉写过招贤故事的《黄金台》杂剧，还是从他的散曲所表现的内容来看，都和他的思想是一致的"。这样，《金滕记》的作者不是乔吉还能是谁？殊不知事实并非如此。这个问题也是上为叶德均所解决，他在《曲品考》六《古人传奇总目》中指出：

> 综观《古人传奇总目》二百二十八种，其所注之作者与本事显然有误的，至少有下列几点……(四)《金滕记》注：'乔梦符作'，误。按此记仅见明人戏曲选本，所录乃元罗贯中《风云会》之第二折(《最娱情》四集)，《总目》殆本此类书著录。

《最娱情》，白雪道人编，它的明刊本已不易见到，但还存有清顺治十八年(1661)方来馆刻本，更名为《万锦清音》，郑振铎先生曾庋藏，现归北京图书馆，其中收录的《金滕记》，的确同叶德均所说相符。这里有一个问题，《风云会》是谱赵匡胤的故事，与"金滕"风马牛而不相及，为什

---

① 详见洪有丰《购买杭州杨氏藏书报告》，载1929年8月30日《国立清华大学校刊》。

么会扯到一起呢？这是明代编印戏曲选本的书贾捣的鬼，他们为了兜售自己的刻本，往往用一些张冠李戴或偷梁换柱的手法，不是更动作者，就是乱改剧名，以此欺骗读者。当然，也给我们的研究工作带来不少困难，甚至有时也会上当受骗。

事实真相已经非常清楚，《金滕记》不过是《风云会》杂剧的冒牌，根本不是什么南戏作品。如果娴熟于杂剧技巧的乔吉，能驾驭南戏这种艺术形式进行创作，作为他的相知好友钟嗣成不可能一点都不知道。《录鬼簿》中所著录的戏曲作家，凡是同种嗣成有过交往的，只要他们在杂剧创作之外，还有其他一技之长，诸如文章辞翰、乐府歌词、丹青书法以及隐语小曲等，都会在每人的小传中加以称道，惟恐遗漏。钟嗣成对乔吉平生湖海、落拓不遇的凄凉命运，不仅寄予深切同情，而且倍加关怀他的著述，对其"江湖间四十年，欲刊所作，竟无成事者"，表现出十分痛惜和无可奈何。他既然在萧德祥的名下，特别注明"又有南戏文"，为什么对乔吉创作的南戏作品只字不提呢？这个问题难道不值得思索吗？不去考虑同时代知情人的记载，而是根据300年后的一则不可靠材料以及一些推测，就遽尔断言，我认为这种做法是欠妥的。

《古人传奇总目》所著录的曲目，都可以找到它们的来源，《金滕记》殆非杜撰，一定会有所根据。说它本于《最娱情》，恐不尽然，如果该曲目的编者真的目睹过此书，就会一目了然，不至于将它搞错。在《古人传奇总目》之前，还有一部张大复（彝宣）的《寒山堂曲谱》，在卷首《谱选古今传奇散曲集总目》的"元传奇"类里，也著录了《金滕记》，可是没有标出作者的姓名。这个曲谱只有抄本，现在所存的几种又都不是全帙，而《金滕记》入谱的曲文，恰恰在所缺的部分里，因此，其内容不可得知，但它列于"元传奇"之中，我想很可能就是罗贯中《风云会》杂剧的第二折。《古人传奇总目》的编者大概见过这类《寒山堂曲谱》的残本，因为《总目》所录228种剧目，虽然主要是以《曲品》为根据，但也参考了该谱。这从以下两点可以看出来：一、《总目》有个特点，只收二字剧名，凡三字剧名皆弃而不录，所以只收了13种南戏剧目。这些剧目都见于《寒山堂曲谱》。如《拜月》《荆钗》《牧羊》和《杀狗》等,《曲品》著录时,未题署作者姓名(见杨志鸿抄本),而《曲谱》皆有之,《总目》则据它一一补上。二、《张叶》剧名,《曲谱》作《张叶状元》,《总目》取其首二字,没有写作《张协》。既然《古人传奇总目》同《寒山堂曲谱》有关,《金滕记》自然也本它著录。

问题是,一本《金滕记》下无作者名,一本题"乔梦符作"。岂不同上面所述相抵牾吗?只要看看《谱选古今传奇散曲总目》中《金滕记》前后的曲目,这个问题也就不难理解了。如:

  郭华胭脂记 仅见一出 郑德辉著
  金滕记   或云乔梦符也
  松竹梅四友争春记

"或云乔梦符也",是紧接"仅见一出 郑德辉著"之后,由于《金滕记》是紧接着《郭华胭脂记》排列的,我怀疑可能是抄写时的粗枝大叶,误把《胭脂记》注文中的"乔梦符"当成了它的作者。这一错简非同小可,因为黄文旸的《曲海目》和焦循的《曲考》直接或间接因之,它们以讹传讹,在戏曲史研究者中间造成一团迷雾。

为了论证《金滕记》是南戏作品,《乔吉与南戏》的作者对《古人传奇总目》后面所列的 11 种曲目,作了想当然的解释,认为:"从整个曲目看来,似先列本朝作品,由远及近;最后又列明朝以前的旧篇。"这种看法未免有些片面,不完全符合作品的实际情况。在这 11 种中,只有《王焕戏文》《张协状元》《董秀英花月东墙记》《陈光蕊江流和尚》和《刘文龙菱花记》等宋元戏曲目,无疑是属于"明朝以前的旧篇",剩下的六种,《金滕记》可以抛开,其余的都是明人传奇。我们不妨逐记考察一下:《金台记》《离魂记》《五福记》列入《曲品》卷下"作者姓名有无可考"之中;《鸳簪记》见祁彪佳的《明曲品》"能品",题王国柱作;《南楼记》(一作《南楼传》)为祁理孙《奕庆藏书楼目录》和沈复粲《鸣野山房书目》所著录。除《离魂记》全佚外,《五福记》和《南楼记》尚有抄本流传,前者已收入《古本戏曲丛刊》三集(见傅惜华《明代传奇全目》)。《金台记》和《鸳簪记》有散出或零支曲文存留,殷启圣《尧天乐》上卷上层,收《金台记》中的《乐毅分别》和《乐毅赏月》二出;《鸳簪记》的曲文则散见于北京大学图书馆所藏抄本《寒山堂曲谱》中。这五个曲目是地地道道的明人传奇,把它当作明朝以前的南戏是毫无根据的。

(本文刊于《光明日报》1984 年 7 月 17 日,《文学遗产》第 646 期)

《宝剑记》《浣纱记》《鸣凤记》与明代政治斗争[①]

明代前期,戏曲创作较为沉寂,成化以后,不少封建文人写作戏曲,当时,出现了"以时文为南曲"——即用作八股文一套写戏的风气。理学名臣丘濬的《五伦全备记》和老生员邵璨的《香囊记》代表了这种倾向。这些作品的内容无非是说忠教孝,艺术上则讲求辞藻,滥用典故,远离本色。对此,明代杰出的戏曲家徐渭曾给予严厉的批评,痛感"南戏之厄,莫甚于今!"直到嘉靖、隆庆年间,李开先的《宝剑记》、梁辰鱼的《浣纱记》以及《鸣凤记》等作品相继出现,使剧坛出现了蓬勃的生机。这三大传奇的作者,以饱满的政治激情,犀利而辛辣的笔锋,揭露了明王朝的黑暗和腐朽,剖析了统治阶段内部的尖锐矛盾,绘声绘色地描写了惊心动鬼的忠奸斗争,使广大观众为之振奋。这三种别开生面的政治戏,不仅继承我国戏曲反映现实、干预政治的优良传统,而且犹如一束艳丽的报春花,迎来戏曲艺苑"姹紫嫣红开遍"的新局面。

序　　论

《宝剑记》《浣纱记》和《鸣凤记》能出现在当时的戏曲舞台上,绝不是偶然的现象,而有其深刻的社会原因。

明代社会经过长时间的休养生息,生产得到迅速发展,到了弘治、正德时期,经济呈现繁荣景象。但是,嘉靖以来,明代进入了它的后期,封建社会所固有的种种弊病更加暴露无遗,使明王朝处于矛盾丛

[①] 此文与中国艺术研究院研究员薛若琳合作。

生、危机四伏的火山口上。

明世宗朱厚熜昏聩无能,深居大内,一心崇奉道教。自嘉靖三年以后,便疏远大臣,不问政事。在位40余年,仅在嘉靖二十九年(1550)召见一次群臣,简直荒唐到了极点。因此大权落入宦官和权臣的手里。大官僚大地主的代表严嵩和太监勾结,把持朝政21年之久。其子严世蕃自恃父亲的权势,也"横行公卿间"。① 他们飞扬跋扈、炙手可热,谚称"大丞相"、"小丞相"。他们贪赃枉法,卖官鬻爵,为所欲为,当时"政以贿成,入赀严氏者,即擢美官"。② 他们还勾结死党,残害忠良,无恶不作。对钱财更是大肆搜刮,贪得无厌,严嵩倒台后,籍没其家产,竟有黄金三十万两,白银二百万两,其他珍宝无数。所以天下人皆恨之入骨,"视嵩父子如鬼如蜮"③。于是,要求改革,整顿吏治;反对暴政,抨击专制,成为中小地主及其知识分子的强烈呼声。它反映了广大人民的愿望,也必然激化内阁大臣之间的纷争,统治阶级内部的革新和保守、忠与奸的斗争,已经到了极其尖锐而复杂的程度。

就在这时,我国北方境内的一个部落俺答(蒙古族的一支)的贵族统治者引兵屡犯内地,倭寇在东南沿海的骚扰也十分猖獗,他们攻城略地,杀人越货,而严嵩党羽不是按兵不动,就是借"剿倭"之名,大行搜刮之实,给人民带来深重的苦难。

《宝剑记》《浣纱记》《鸣凤记》三种政治戏的作者,生活在一个政治黑暗、阶级斗争和民族矛盾尖锐复杂的时代。他们不是被排斥官场、归隐田园的士大夫,就是满怀壮志、鄙视功名的知识分子,对当时的社会生活感受颇深。朝纲废弛,奸佞当道,引起他们的忧虑和不安,因而,在他们的诗文作品中经常流露出关心国是、体察时艰的思想情感。李开先写道:"往岁迎阳市管弦,近来万井少飞烟。中人室内无儋石,斗粟街头过百钱。坚壁黄昏穿窟穴,绿林白昼挺戈铤。东方寇盗纷如

---

① 《明史》卷二〇八《严嵩传》。
② 沈德符《万历野获编》卷二六。
③ 王世贞《嘉靖以来首辅传》卷四。

蚁,畿甸流亡况两年。"①经济破产,物价暴涨;民不聊生,铤而走险,这不正是当时动荡不安的社会的真实写照吗?他在《塞上曲》《闻倭寇杀伤山东民兵二首》等诗中,描写了边防戒备松弛,贼兵长驱直入,对人民惨遭杀戮表示了极大的愤慨!"谁将功罪达宸聪",似乎是说没有人将情况报告给皇帝,实际上是影射朱厚熜深居宫闱、不理朝政。他还在不少诗文中暴露了朝中的互相倾轧、宦官的"惟肆贪饕"。梁辰鱼亦慷慨悲歌,他在散曲《拟出塞》序中说:"假以樊侯十万之师,佐以李卿五千之众,则横行鸡塞,当双饮左右贤王之头,而直上狼居,必两系南北单于之颈。"②表达了反击俺答入寇的雄心壮志。他时刻关心抗倭斗争,嘉靖三十二年(1553),滞留杭州,忽然传来"叠鼓倾夷穴,连旌入岛云"的捷报,便一气挥就《癸丑岁兵阻武林闻任贰府海上之捷三首》(见《鹿城诗集》卷一三),欢呼剿倭的胜利。次年,倭寇疯狂骚扰,两次焚掠苏州、昆山一带,故园遭到蹂躏,满目凄凉,怎能不更加忧国伤时,他愤然写下《甲寅感怀二首》,其一云:"离离禾黍半秋原,落日烟中见晓痕。晋世铜驼荆棘满,石家金谷水云屯。白头空作江南赋,青草谁招塞北魂。时事惊心卷帘坐,戎葵花落又黄昏。"

文艺从来都不甘于寂寞。李开先、梁辰鱼等进步作家,正是在时代精神的感召下,拿起笔投入反对权奸的战斗行列,创作出《宝剑记》《浣纱记》和《鸣凤记》这三部光彩夺目的传奇。

当时,手工业、商业的发展,促进了城市的繁荣,尤其是东南沿海一带,商品经济不断扩大,在纺织等手工业部门开始出现资本主义的萌芽。于是,产生了反对封建专制和封建道德的新思想,而对民主平等、个性自由的要求,已经成为市民意识的觉醒,直接影响了当时的戏曲创作。如《浣纱记》中的爱情描写,范蠡能摆脱封建贞操观念的束缚,最后同西施结合,无疑是这种新思想的反映。在新思潮的冲击下,明初"禁戏"的法令也废弛了,失去了它的实际效力,在这三部戏中,吴王夫

---

① 《闲居集》卷三《新春触事偶述》。
② 《江东白苧》卷下。

差以及伯嚭、高俅、严嵩等宰辅,一个个丑态毕露,成了被鞭挞的对象。

这三部传奇所以独树一帜,不同凡响,固然是顺应了时代的要求,但是还在于作者敢于表现重大的题材,反映尖锐的政治斗争,并回答了当时人们普遍关心的社会问题;同时,它们又是用群众欢迎的新的戏曲形式昆腔来创作或演出的。这些就构成了这三部传奇的共同特点。

《宝剑记》是明代传奇中出现较早的一部水浒戏,敷衍林冲被高俅父子逼上梁山的故事。《鸣凤记》则以当代重大政治斗争题材入戏,在严世蕃伏诛不久,作者就把反对严嵩的胜利搬上了舞台,称得上是一出及时反映政治事件的"现代戏"。三部戏的取材尽管不一样,但都再现了严酷的斗争生活,表达了剧作者关心政治、反映人民愿望的积极态度。《浣纱记》虽然以爱情作为全剧的贯穿线索,可是它主要描写的不是范蠡和西施的悲欢离合,而是突出越国君臣发愤图强和艰苦卓绝的复国斗争,这就突破传奇着重描写婚姻和家庭的局限,扩大了表现生活的范围。这是三出戏所共有特点之一。

第二个特点是,揭露统治集团的内部矛盾,表现忠与奸的斗争。以夏言、杨继盛为首的"双忠八义",对严嵩奸党所进行的前仆后继的斗争,构成《鸣凤记》尖锐的戏剧冲突。作者暴露了明王朝的政治黑暗,批判严氏父子之流残害忠良、祸国殃民的罪行,谱写一曲正义压倒邪恶、忠良战胜奸佞的赞歌。《宝剑记》所描写的虽然是宋代的故事,但作者着力刻画的人物,都能在明代的现实生活中找到他们的影子,忠君爱国的林冲同高俅一伙奸贼的激烈矛盾,已被赋予了新的内容,它实际上是嘉靖时期忠奸斗争的概括。《浣纱记》通过吴越兴亡的惨痛历史教训,告诫人们,昏庸的吴王误信宠奸而灭国,越王任用贤良而兴邦。忠奸斗争不仅局限于吴国范围内,在伍员和伯嚭之间展开,而且还置于吴、越两个敌国间,极其错综复杂,作者用鲜明而强烈的对比描写,更能起到逐奸去邪、针砭现实的作用。所以梁辰鱼无限感慨地说:"试寻往古,伤心全寄词锋。"①其借古寓今的用意是非常明显的。

---

① 《浣纱记》第一出《家门》。

总之,这三部传奇通过生动的艺术概括,展示了一幅忠奸斗争的历史画卷,给我国古典戏曲创作的画廊增添了光彩。

第三个特点是,这三部传奇用昆腔的演出形式搬上舞台,所以很快风靡各地,受到广大观众的欢迎。昆山腔产生于元末,到嘉靖中期,杰出的戏曲音乐家魏良辅在许多著名艺人的帮助下,吸收了弋阳、海盐两种声腔及北杂剧的精华,改进并丰富了唱腔和音乐伴奏,成为优美动听的"水磨调"。随后,梁辰鱼得到魏良辅的真传,继续加以改革,并创作了第一个昆腔剧本《浣纱记》,轰动戏曲舞台,扩大了昆山腔的影响。《鸣凤记》也是用昆腔演唱的,如《辞阁》《吃茶》《河套》《写本》等出一直流传在昆曲舞台上。《宝剑记》最初的演出形式,已不易考察了。万历中期,胡文焕编戏曲选集《群音类选》时,曾选了该剧《外逃遇义》一出,列入卷一"官腔类"(即"昆腔类")。可见,《宝剑记》也应该是较早的昆曲剧目。

下面对这三部传奇再分别加以介绍。

专心投水浒　回首望天朝

李开先,字伯华,自号中麓子、中麓山人和中麓放客。山东章丘人。生于明弘治十五年(1502)。李开先"少时综文翰之余,颇究心金元词曲"①,尤其爱好元代乔梦符、张小山的小令,为他后来从事戏曲活动奠定了基础。嘉靖八年(1529),他二十八岁时登进士第,授户部主事之职。曾先后奉命去上党和宁夏饷边,目睹俺答的威胁、边防的日废,深有感触,慨然有"鞭挞四夷、扫除天下,安事一室之志"。从宁夏回来,路过陕西武功和鄠县,访问了罢官家居的杂剧作家康海和王九思,他们一见如故,彼此倾倒,结下深厚的友谊。嘉靖十四年(1535)擢升为吏部郎中,职掌铨选。他廉洁正直,不会阿谀奉承,憎恶那些蝇营狗苟的利禄之徒,"是以得罪权贵",遭到诽谤和打击。嘉靖十九年

---

① 《闲居集》卷六《南北插科词序》。

(1540),经过 12 年的宦海生涯,官至太常寺少卿。次年,上疏自请罢官。当时,他才四十岁,就毅然与龌龊的官场决裂。著名的戏曲家冯惟敏称赞他说:"喜完名节,不降志随邪。"①他解组归田,并未忘情政治,"寸心犹恋阙,驷马久停骖"②,特别是在内忧外患十分严重的情况下,迫切希望得到朝廷的起用,可是,这个愿望一直未能实现,他满腔悲愤:"万户何时侯李广,百年今已老冯唐。事不得平多感怆,似因病热发颠狂。"隆庆二年(1568),李开先度过 28 年的乡居生活,赍志而没,享年六十七岁。

李开先罢官归家,同友人一起组织词社,致力于戏曲研究和创作。他喜欢藏书,尤以金元词曲最富,有"词山曲海"之称。他还留心"市井艳词、诗禅、对类之属"的搜集,而这些正是封建文人所鄙视的民间作品,足见他独具慧眼,重视通俗文艺。撰有传奇《宝剑记》、《登坛记》(已佚)和院本《园林午梦》等,诗文集有《闲居集》。另有《词谑》一书,保存了不少明代戏曲史料。他还将自己所藏元杂剧千余本交付门人张自慎,让他从中选取 50 种刊刻行世,因力不能支,只精选 16 种,编为《改定元贤传奇》,对元杂剧的保存和流传作出了贡献。吕天成《曲品》称他为"词坛之飞将,曲部之美才"。

《宝剑记》写于嘉靖二十六年(1547),是"改其乡无贤之作"③,雪蓑渔者所作的序也说:"坦窝始之,兰谷继之,山泉翁正之,中麓子成之。"④很显然它是在前人的基础上改编之作。

《宝剑记》五十二出,描写北宋末年,宋徽宗赵佶沉湎酒色,不问朝政。市井无赖高俅,靠着踢球和逢迎的伎俩,博得皇帝王将相欢心和信任,爬上太尉的要职。太监童贯利用监军的职权,独霸征西的功劳,晋爵封王。他们"势下中朝,权倾海内",并且"内外勾结",狼狈为奸,"引诱朝廷,采办花石,建造宫室,逼迫的天下荒荒,胡马南渡",内忧外

---

① 《海浮山堂词稿》卷二《李中麓醉归堂夜话》。
② 《闲居集》卷二《林居》。
③ 王世贞《艺苑卮言》。
④ 《宝剑记》卷首。

患,十分严重。禁军教师林冲,面对皇帝昏聩、权奸误国的局面,忧心忡忡,常持祖传宝剑,起舞解忧。恰值高俅派遣朱勔进运花石纲,媚取主上,于是林冲历数"十罪",上奏弹劾。这引起高俅和童贯的切齿痛恨,暗中设计,以看剑为名,引林冲到白虎节堂,然后诬陷他带剑谋刺,逮捕入狱。高俅又指使爪牙,将他屈打成招,定成重罪。妻子张贞娘击鼓鸣冤,以死明志,欲救夫出狱。锦衣卫巡逻官员奏明朝廷,批到开封府审理。府尹杨清察明冤情,奏闻天子。但高俅、童贯从中作梗,"仅饶死罪,削夺官职,刺发沧州充军"。又指使解差董超、薛霸在半路暗害林冲。林冲结拜兄长鲁智深于野猪林救出林冲,并且一路护送他到沧州。府尹同情林冲,分派他看守草料厂。

林冲发配沧州以后,张贞娘为丈夫烧香乞佑,被高俅的儿子高朋及其帮凶陆谦、傅安撞见。高朋见贞娘美丽,想霸占为妻。派遣陆谦、傅安到沧州杀害林冲。林冲手刃二贼,在雪夜中投奔水泊梁山。高朋逼张贞娘成婚,使女锦儿过府代嫁,张氏在邻居王婆的援助下,也逃出汴京(今河南开封)。高朋差遣王进带着林冲的宝剑去追杀贞娘。王进追上后,把宝剑奉还贞娘,并仗义将她们放走,自己远遁延安府。张贞娘和王婆在奔往梁山途中,被乱军冲散,贞娘避入尼姑庵院。林冲到了梁山,宋江命他做了马军总领,发兵汴京,捉拿高俅。兵到黄河两岸,朝廷畏惧,下诏赦免林冲,同时把高俅父子押送军前处斩。梁山兄弟受招安以后,林冲重逢贞娘,夫妻遂得团圆。

剧本通过林冲和高俅奸党之间的斗争,反映了统治集团内部的尖锐矛盾,揭示了当时社会的黑暗,同时表现了作者对现实政治的不满。它虽然汲取了《水浒传》中的很多情节,如"豹子头误入白虎堂"、"林教头刺配沧州道"、"林教头风雪山神庙"、"林冲雪夜上梁山"等,但是为了突出反对权奸的主题思想,对原来情节作了适当增删和调整。剧中林冲一出场就卷入政治斗争的漩涡,他和童贯、高俅誓不两立,是由于自己的"忠君爱国"和奸臣的"欺君误国"所造成,而高衙内企图霸占张贞娘而引起的矛盾,却降到次要地位,作为副线来描写。这样一变动,就跳出个人恩怨的圈子,突出了冲突的政治意义。

《水浒传》中的林冲，身为八十万禁军教头，又有一个美满幸福的家庭，因此，比较安于现实。当遭到高俅父子侮辱和陷害时，尽管有一身本事，也不敢起来抗争，直到邪恶势力步步紧逼，在家破人亡、自身难保的情况下，才抛弃对朝廷的幻想，迸发出满腔怨愤，坚决走上反抗的道路，成为梁山义军的领袖。《宝剑记》中的林冲，是官宦之子，幼习经史，长学兵书。投军效力后，屡建军功，升为征西统制。因为谏言一本，"被奸臣拨置天子，坐小官毁谤大臣之罪，谪降巡边总旗"。经别人推荐，才当上禁军教师。他"只知忠君爱国，不解附势趋时"，痛恨"近龙颜满目奸邪"，所以，一再上疏，希望皇帝"亲贤远佞，花石且暂停，休招外攘"。一片拳拳忠心，不但不为皇帝所采纳，反而招致大祸临头。面对高俅一伙的残酷迫害，他从不低头屈服，"天如留我残躯在，不斩奸臣誓不休！"这种斗争精神，正是林冲作为爱国志士的本色所在。他对皇帝有时也流露出不满的情绪，埋怨"只恐今非大舜时"，"天高日远情难述"，但是决无丝毫叛逆之意，而是念念不忘君恩，"圣上宠恩难忘"。即使逼上梁山，在对天盟誓入伙时，他还要"望阙遥拜"，并且"专望招抚，再报君恩"，对朝廷始终寄托着希望。后来，果然接受招安，实现了剪除奸党、忠君爱国的愿望。经过这番描写，作者笔下的林冲，显然不是梁山好汉的英雄形象，而成为忠臣义士的典型。宣扬"大丈夫忠孝俱美"的封建名节。

据《明史·食货志》所载：嘉靖皇帝朱厚熜，为了满足其穷奢极欲的生活，"中年以后，营建斋醮，采木，采香，采珠玉宝石，吏民奔命不暇"。这与《宝剑记》中的宋徽宗赵佶"大兴土木，采办花石，骚动江南黎庶"，何其相似啊！作者对宋代的描写，何尝不是对当代的讥讽。但是，在"寸心犹恋阙"的李开先看来，皇帝的秽德败行，都是奸臣蒙蔽和蛊惑的结果。因此，他在《宝剑记》中着重揭露和批判窃权罔利、祸国殃民的权奸，表彰和歌颂直言忠谏、不畏权势的忠臣。并通过正面人物的刻画，来表达自己爱憎分明的感情和强烈的愿望，这样就给林冲的身上涂上一层浓厚的忠君思想。这个戏写于李开先罢官家居后6年，当时在朝当政的阁臣正是夏言和严嵩，他们两人一直对立，当他听说夏言被严嵩谋害而死,非常震惊,并以沉痛的心情写诗志哀:"驱犊躬耕今几秋,久忘帝里旧豪游。少年知已如星散,往事伤心付东流。袖内不藏新谏草,灯前时补敝貂裘。上方有剑何须请,相国惊闻沥血头。"①《宝剑记》的斗争锋芒,无疑是指向严嵩父子的,故明代万历时的沈德符说:"《宝剑记》则指分宜父子"。②《曲海总目提要》卷五,也从其说:"开先特借(《宝剑记》)以诋严嵩父子耳!"

第三十七出《林冲夜奔》,是这个戏最精彩之处,至今还传唱在昆曲舞台上。如:

【新水令】按龙泉血泪染征袍,恨天涯一身流落。专心投水浒,回首望天朝,急走忙逃,顾不的忠和孝。

【驻马听】良夜迢迢,投宿休将门户敲。遥瞻残月,暗度重关,急步荒郊。身轻不惮路迢,心忙只恐人惊觉。魄散魂消,魄散魂消,叹红尘误了五陵年少。

通过情景交融的描写,非常自然真切地反映了林冲投奔梁山的复杂心理,抒发了他的忧郁愤懑的心情。

《宝剑记》的关目排场,前半部安排较好,能够做到生、旦、外、净的出场疏密相间;后半部头绪繁杂,情节游离,张贞娘三次自尽,显得有些重复累赘。

江东百姓全是赖卿卿

梁辰鱼,字伯龙,号少白,别署仇池外史。江苏昆山人。生于正德十四年(1519)。先世为昆山望族,到他父辈,家道就已中落,其父梁介(字石仲)只做了平阳训导的小官。他幼时家庭遭遇变故,"连岁值闵

---

① 《闲居集》卷一《闻夏桂洲报凶》。
② 《万历野获编》卷二五。

凶,羽翼常摧残。衰毁逾十年,寝食不遑安"①。对少年梁辰鱼影响颇大,幼小的心灵上便留下失意的阴影,"伊余当稚龄,孱弱多摧聩"(《咏怀八首》之一)。困顿的生活磨炼,使他不愿仰人鼻息,视功名如草芥,不肯参中诸生考试,认为:"一第何足为轻重哉!"②后来虽然以例贡为太学生,但作《归隐赋》以申其志。

伯龙身材魁梧,疏眉、虎颧、虬髯。青年时代,喜欢谈兵习武,怀有驰骋疆场、立功报国的抱负。他平生任侠好游,过着放荡不羁的生活。非常羡慕司马迁,立志要沿着他的足迹漫游四方。南游会稽,探禹穴,历永嘉括苍诸名山而还,西去荆楚,上九嶷山,泛洞庭、彭蠡,登黄鹤楼,观庐山瀑布,寻赤壁周郎遗迹。他还在湘江畔,凭吊过大诗人屈原。后来再北上燕、赵、东游海岱。北行时,曾说"余此行非专为毕吾明经事也",而是"览观天下之大形胜,与天下豪杰士上下其议论,驰骋其文辞,以一吐胸中奇耳!"③

他还好声乐,善度曲,精通音律。同音乐家陆九畴、郑思笠、唐小虞、戴梅川等,在魏良辅改革昆腔的基础上,继续加以革新,并用自己的创作去实践,扩大昆腔的影响。他常设大案教人度曲。当时的歌儿舞女,如果没有见过梁伯龙,则"自以为不祥"。他为我国昆曲的发展作出了杰出的贡献。

因为梁辰鱼倜傥风流,超群拔俗,加之词曲方面的造诣,所以名噪一时,骚人墨客、剑侠僧侣等,都愿同他来往,连著名的后七子也折节和他相交。他同曲家金銮、张凤翼、顾懋宏、屠隆、潘之恒等互相唱和。游山东时,有《留别章丘李太常(开先)》诗,对《宝剑记》非常推崇。

在"周道横豺虎"的黑暗社会里,他虽"多慷慨忧生之感","而戚戚文罔,鲜复遗致,末路榛集,闇吻未融"④。所以,空怀壮志,一筹莫展。中年以后,家计日蹙。"艺益高、名益起,而穷日益甚,时时避人偻行"⑤,

---

① 《留别余仲蔚文》,所引梁辰鱼的诗,均见《鹿城诗集》。
② 文徵明《梁伯龙诗序》。
③ 同上。
④ 王世贞《弇州山人四部稿》卷一三《贻梁伯龙》。
⑤ 《弇州山人四部稿》卷一二九《赠梁伯龙长歌后》。

正是他后半生遭遇的概括。晚年,落拓不羁的豪放性格,仍然不减当年,于万历十九年(1591)离开人世,终年七十三岁。①

梁辰鱼的作品有,传奇《浣纱记》,杂剧《红线女》、《红绡》(已佚),散曲集《江东白苎》以及《鹿城诗集》。

《浣纱记》具体的创作时间已经不可考,但梁辰鱼在《咏怀八首》其四中说:"中年不称意,屑屑弄笔札。"他的"中年",恰好在嘉靖后期,也正是魏良辅改革昆山腔的时候,故"梁伯龙闻,起而效之。考订元剧,自翻新调,作《江东白苎》《浣纱》诸曲。"②《浣纱记》大约作于嘉靖末年。它被搬上戏剧舞台后,立即受到观众的欢迎,万历元年(1573)刊行的戏曲选集《八能奏锦》,即收有《浣纱记》的散出。

《浣纱记》描写越国大夫范蠡微服出游,至苎萝村溪水边,巧遇浣纱姑娘西施,两人一见钟情,用一缕溪纱作为表记订下终身。不久,吴王夫差领兵伐越,围住了越国都城会稽。越王勾践同大夫范蠡、文种商议,范蠡主张先向吴王称臣纳贡,这样可以保存国力,以后再报仇雪耻。他们用金钱美女买通吴国的太宰伯嚭,让他向夫差表明愿意真心降服。夫差有所怀疑,决定把勾践夫妇及范蠡作为人质,拘禁于吴国。勾践君臣忍辱负重,卑躬屈膝侍奉吴王,从而取得他的好感。三年以后,夫差信以为真,将他们放还回国。相国伍子胥竭力谏阻,但贪财好色的伯嚭从中破坏,未被夫差采纳。

勾践返国后,时刻不忘失败的耻辱,并以此激励自己的复仇意志。准备采用文种的计谋,进献美女去继续迷惑吴王。范蠡"为天下者不顾家",推荐自己的恋人西施担当此重任。夫差为西施的美貌和歌舞所倾倒,沉湎酒色,过着骄奢淫逸的生活。西施强颜欢笑,巧妙周旋,进一步消磨夫差的斗志,离间吴国君臣。伍子胥见此情景,知道吴国存亡难保,将儿子寄居齐国,自己拼命死谏,被夫差赐死。夫差益加骄横狂妄,在伯嚭的怂恿下,想称霸诸侯,出兵讨伐齐、晋二国。这时,越国经过"十年生聚",国力已经强盛,乘吴国后方空虚,勾践亲率大军而

---

① 见张大复《昆山人物传》卷八。
② 张大复《梅花草堂笔谈》卷一二"昆曲"条。

入,一举占领姑苏,夫差自刎,伯嚭受惊而死。范蠡和西施在庆祝胜利的欢腾声中,悄悄离开了勾践,泛舟五湖而去。

《浣纱记》是一部具有深刻思想内容的作品。作者本是吴国的后裔,又经常往来于吴越之间,对这一带的山川、历史以及传说,自然了如指掌。他把吴越争斗的历史和有关西施的传说巧妙地组织在一起,通过生动的艺术形象,揭示了吴越所以兴衰成败的原因。吴国是威行海外、霸占江南的强大国家,由于吴王夫差的恃强凌弱,"迷酒恋花,去贤亲佞",因此,朝纲不振,民穷财尽,终于招致亡国杀身之祸。作品侧重揭露夫差任用"执柄当权,赋性奸邪,害良残善"的伯嚭,打击和迫害忠心正直的伍子胥,有力地表现了忠奸斗争。恰恰相反,越国是一个战败的弱国,但是君臣上下,举国一致,经过发愤图强,养精蓄锐,取得了复国灭吴的胜利。范蠡和文种等忠臣谋士,在这场复国斗争中起了重大的作用。作者通过对比的手法,描写了伍子胥和范蠡的不同遭遇。他们原来都是楚国人,伍子胥"谋略盖世,贤智先人",为报父兄大仇,背楚投吴,深得吴王阖闾的信任,后来夫差用佞害忠,他"一味孤忠期报国",反而落个悲剧下场。范蠡有雄才大略,但"数奇不偶,年长无成",于是忘情故国,游宦来越。因为得到勾践的重用,"志同道合,言听计从",故能施展抱负,建功立业。作者并未停留于此,笔锋一转,写范蠡急流勇退,飘然湖上,由于他已洞悉勾践为人,"可与共患难,不可与共安乐",如果不"即图远去","焉知今日之范蠡,不为昔日之伍胥也?"这样的安排和描写煞费苦心,显然是用伍子胥来衬托范蠡,以达到深化忠奸斗争主题的目的。在总结吴越兴亡的历史教训时,作者的立场和倾向是极为鲜明的,对荒淫残暴、狂妄自大的夫差和贪团好色、卑鄙卖国的伯嚭,给予了有力的鞭挞,同时,热情称赞越国君臣的团结和艰苦复国的毅力。对勾践的态度,在基本肯定的同时,又留有余地,掌握分寸。作品不去强调他复国雪耻的雄心壮志,甚至没有正面表现他卧薪尝胆的壮举,而是把复兴国家的希望寄托在范蠡、文种等臣属身上,歌颂他们"身虽辱,志要坚"的斗争精神,和"他年击楫过越水隈,克期仗剑入吴宫里"的必胜信心。

《浣纱记》比较成功地塑造了范蠡和西施的形象,他们为了国家的利益,可以牺牲暂时的幸福,把个人的命运和国家的存亡紧密连在一起。范蠡和西施在苎萝村若耶溪边定情,希望"百岁图欢庆",一旦国土沦亡,范蠡报仇复国心切,"为天下者不顾家",暂时不考虑自己的婚姻问题。作者笔下的西施更为动人,她不仅聪明美丽、勤劳俭朴,而且深明大义,以国事为重。她钟情范蠡,一别三载,坚定不移。在《迎施》这一出,当范蠡说明因被执于吴而未能实践婚约时,西施说:"国家事极大,姻亲事极小。岂为一女之微,有负万姓之望。"但听说让她入吴,悬望已久的西施,一时想不通,断然拒绝。范蠡向她晓以大义说:"若能飘然一往,则国既可存,我身亦可保。后会有期,未可知也!若执而不行,则国将遂灭,我身亦旋亡。那时节虽结姻亲,小娘子,我和你必同做沟渠之鬼,又何暇求百年之欢乎!"西施的心里开始活动,可是还未立即表态,范蠡又进一步动员:"江东百姓全是赖卿卿。"这时,她才"勉强承应"。《思忆》这一出,细腻地描写西施入吴以后的内心活动,岁月淹留,归期未卜,因而经常抚摩半缕溪纱,思念父母,眷恋范蠡,缅怀故国,一往情深。作者通过国难和爱情的冲突,来刻画她的复杂心情和思想境界,从而使这个形象比较鲜明饱满,真实可信。

同西施相比,范蠡的形象稍有逊色。然而,他是作者理想的政治家,在他的身上倾注了梁氏满腔的热情。范蠡不避艰险、深谋远虑和为国忘家的性格,也还刻画得比较清晰。尤其是《泛湖》一出,描写他功成身退、遁迹江湖,表现范蠡对统治者保持着清醒的头脑。当然也体现了作者对当时统治者的批判。

《浣纱记》的结构虽然比较冗长,但也不无特色。作者以一缕溪纱作为全剧的贯穿线索,通过范蠡和西施的爱情描写,演出了吴越兴亡替废的历史,也颇费周折。不少场面的描写非常动人。如《迎施》《思忆》诸出,善于描摹人物内心感情的变化,细腻而真切。《通嚭》透过层层剖析,把伯嚭贪婪好色的丑恶面貌刻画得淋漓尽致。《泛湖》一出,打破了夫荣妻贵的"大团圆"的窠臼,诗情画意,别开生面。缺点是头绪纷繁、关目松散。

朝阳丹凤一齐鸣

《鸣凤记》相传为王世贞所作。王世贞卒于万历十八年(1590)。成书于万历三十八年的吕天成《曲品》,将《鸣凤记》列为无名氏的作品。吕天成的老师、著名的戏曲家沈璟是王世贞的朋友;《鸣凤记》第六、第九出中所写的李本(即吕本)系吕天成的曾祖父,如果这个戏出于王氏之手,吕天成不会不知道。可见认为王世贞所作,缺乏充分的证据。但是,《鸣凤记》的情节,不少同王世贞《嘉靖以来首辅传》和《杨忠愍公行状》有关,它或许是王氏门人的作品。

据褚人获《坚瓠集》"广集"卷三载,严世蕃家的海盐优人张金凤,在严家势败以后,曾粉墨登场,扮演《鸣凤记》中的严世蕃。严世蕃被腰斩于嘉靖四十四年(1565),这个戏大约写在这个时候或稍后。它及时反映现实政治斗争,是我国戏曲史上最早表现当代重大政治事件的作品。

《鸣凤记》四十一出,歌颂夏言、杨继盛等十个忠臣义士同严嵩奸党的斗争,把这场英勇斗争的胜利喻为"朝阳丹凤一齐鸣",所以,叫作《同声鸣凤记》。

华盖殿大学士夏言力图恢复明英宗正统十四年(1449)"土木之变"中丧失的河套,便推荐都御史曾铣总制三边。严嵩想夺夏言的大权,又忌妒曾铣成功,竭力反对,并勾结总兵仇鸾,阻挠出兵河套,排斥曾铣。剧本一开始,便揭开了忠奸斗争的序幕。兵部车驾司主事杨继盛,"凤秉精忠",上本弹劾仇鸾交通马市,按兵不动,反被贬为边荒小吏。夏言与严嵩当场辩论出兵河套之得失,指斥严嵩是秦桧般的"再生奸佞"。于是严嵩买通内监,打探嘉靖皇帝动静,诬蔑曾铣"尅减军饷,妄动失机",下狱处死。进而陷害夏言逼取边银,"丧师辱国,谤毁圣上",将他杀掉,妻妾徙边。杨继盛在广西驿站遇夏妻,听她痛述,义愤填膺,表示"不斩元凶志不休"。仇鸾阴谋败露,杨继盛被赦还,升兵部武选司员外郎。虽非谏官,但为除逆贼,连夜修本,冒死弹劾严嵩父子,夫人张氏劝阻,不听,结果惨遭毒手。他视死如归,寄希望于后继者,"平生未了事,留与后人补"。张氏亦死节。后来经邹应龙、林润等相继劾奏,前仆后断,终于斗倒了严嵩奸党,赢得胜利。

《鸣凤记》着重描写忠奸两种势力的激烈斗争,一方是以夏言、杨继盛等为代表的忧国爱民的正义力量,另一方是以奸相严嵩父子及其爪牙心腹为代表的反动势力。这场斗争从嘉靖二十六年(1547)夏言力图收复河套开始,至四十四年(1565)严世蕃伏诛、籍没其家结束,历时17年之久。忠臣义士经过不屈不挠的英勇搏斗,付出了重大的代价,才得翦除奸党。剧本生动地再现了斗争的长期性和艰巨性,揭示了这次重大政治事件的发展过程,从而讴歌了"双忠八义"为国除奸的光辉业绩,起到鼓舞和教育人们的作用。

作品不仅表现忠奸双方在朝廷内的正面交锋,而且通过忠臣遭贬黜和严党势败后的描写,以及议复河套和倭寇入侵等情节的穿插,使这场斗争朝野结合、内外交错,更能反映广阔而复杂的历史生活。作者揭露了严嵩父子及其党羽祸国殃民的罪行。他们对内除了独揽朝政、残害忠良外,还卖官鬻爵,霸占民田,侵吞财物,奸淫妇女,无恶不作。在抄没严嵩全家时,查出有田八万六千五百亩,庄宅四十二处,厅舍三千八百间,金银首饰、宝玩家私共二百军船。① 真是触目惊心!他们对外卑躬屈膝,置国家安危于不顾,阴谋破坏出兵河套,纵敌深入,按兵不动。倭寇入侵时,福建巡按差人报告军情,并请求救兵,严嵩却认为"我国家一统无外,便杀了几个百姓、烧了几间房屋",算不了什么大事,而惊动了他的游赏,不可轻饶,"拿那厮去镇抚司监候!"② 为了怕别人抢讨倭的功劳,影响自己的地位,他们派爪牙赵文华总制浙直等处的剿倭,严世蕃甚至恬不知耻地说:"江南富贵繁华,赵公一去,可保金银宝玩满载而归,少不得一半是我家的。"原来平倭是假,掠夺是真。所以,赵文华一到苏松地方,就大搞祭海活动,并下令,杀不

---

① 见《鸣凤记》第四十出《献首祭告》。
② 见第二十出《端阳游赏》。

着倭寇,"就杀几个疲癃残疾面生可疑的百姓,亦可假充要赏"。① 活生生地暴露了这伙奸贼狰狞凶狠的面目。作者就这样真实地揭露了明王朝的政治黑暗和腐败,展现了当时激烈的阶级斗争和民族矛盾,而统治集团内部忠奸的尖锐冲突,正是阶级斗争和民族矛盾激化的反映。《鸣凤记》具有强烈的现实意义和鲜明的倾向性。它一搬上戏曲舞台,就在广大观众中引起了共鸣,起到极大的战斗作用,吕天成曾经指出:"《鸣凤记》记诸事甚悉,令人有手刃贼嵩之意。"②

《鸣凤记》塑造了不少忧国忧民、刚直耿介、不畏强暴的忠臣义士的形象,其中以杨继盛的性格最为鲜明突出。他"夙秉精忠,素明大义",因为对严嵩和仇鸾"内外同谋,阴排曾铣"破坏恢复失地深为不满,才愤然先奏仇鸾一本,"并将此揭帖明告严嵩",公然向老贼挑战。他为国除奸,在所不惜,"寒蝉鸣古木,便死也清高"。虽被贬广西,但忧国忧民的初衷未变。复官以后,继续弹劾严嵩。当他的妻子劝阻时,杨继盛慷慨激昂地唱道:

【前腔】(生)夫人,你何须泣,不用伤。论臣道须扶植纲常。骂贼舌不愧常山,杀贼鬼何曾怯睢阳? 事君致身当死难,你休将儿女情萦绊。我丈夫在世呵,也须是烈烈轰轰做一场。……

【尾声】(生)我明朝碎首君前抗,我那妻儿,我死之后,你将我尸骸暴露休埋葬,(旦)却为何?(生)古人自以不能进贤退不肖,既死犹以尸谏,下官亦是此意。须再把义骨忠魂渎上苍!

终因力量单薄而壮烈牺牲。临刑前,妻子问他还有什么家事要留作遗言,杨继盛不仅为国忘家,至死靡他,并对胜利充满了信心,"我平日哪有家事? 我浩气还太虚,丹心照千古;平生未了事,留于后人补"。这个嫉恶如仇、大义凛然的正直士大夫的高风亮节,感人至深。

---

① 见第二十一出《文华祭海》。
② 吕天成《曲品》卷下。

剧中的一些反面人物,如严嵩的奸狠毒辣,严世蕃的阴险狡诈,赵文华的趋炎附势,也都刻画得淋漓尽致。

《鸣凤记》的艺术构思也颇独到。它打破了传奇作品以生、旦悲欢离合故事为主的格局。全剧四十一出,生(杨继盛)、旦(张氏)的戏,在第十五出就结束了。这个戏人物众多,头绪纷繁,可是作者不平均着墨,如写十个忠臣义士,分别用专传或合传来处理,像杨继盛、郭希颜为个人志传;而夏言和曾铣、董传策、吴时来和张翀,邹应龙、林润和孙丕扬均是合传。这样既能减少头绪,节省篇幅,又可组成一个互相联系的整体。场次安排也紧紧为主题服务,例如,杨继盛在《忠佞异议》中,初露头角,便展现了他的性格特色,接着又在《灯前修本》《杨公劾奸》和《夫妇死节》连续的三场戏里,步步深化地把他"为国捐生,何虑粉虀骸骨"的忠贞品德烘托出来。杨继盛壮烈就义后,紧接安排了《岛夷入寇》一出,暗示观众,忠良遇害,倭寇便更猖獗,寓意深刻。又如,对严嵩父子的刻画,也是精心布局的。剧本一开始,通过《严嵩庆寿》,写他们不是"权侔人主,位冠群僚",就是"总揽朝纲,裁决机务",真是踌躇满志。戏演到一半,在诛戮了夏言和杨继盛一班忠臣之后,作者安排了《端阳游赏》一出,表现他们的嚣张气焰和骄奢淫逸。最后,在严嵩父子势败回乡的《雪里归舟》这场戏里,作者巧妙的设计了一场大雪,河冻船阻,通过严家家僮之口说出:"今日的雪,比杨员外杀的一日犹大。"讽刺意味十分强烈。上述三场戏的对比和呼应,暴露了严嵩父子从不可一世到土崩瓦解的可耻下场。

《鸣凤记》也存在明显的局限性,如对昏庸腐朽的嘉靖皇帝缺乏应有的批判,反而称颂为"龙飞嘉靖圣明君"。由于剧情复杂,人物繁多,结构显得松散冗长。语言骈俪,欠通俗流畅。

《宝剑记》《浣纱记》和《鸣凤记》在我国戏曲史上占有重要的地位,它们的出现,改变了剧坛专尚绮靡典雅的风气,使戏曲回到现实主义的道路上来,大大促进了它的发展,并开启了万历年间传奇创作的高潮。从此,我国戏曲继元杂剧之后又出现一个花团锦簇的繁荣时期。

元杂剧中的水浒戏屡见不鲜,而传奇中的水浒剧目,要数李开先的《宝剑记》较早。万历年间,出现了沈璟的《义侠记》和陈与郊根据《宝剑记》改编的《灵宝刀》。至明末清初,又有一大批描写梁山英雄的传奇问世,形成了水浒戏的创作热潮。《宝剑记》中的《夜奔》一出,一直上演不衰,成为昆曲的重要保留剧目。

梁辰鱼不仅是诗人和剧作家,而且是精通曲律的音乐家,因此,他所创作的《浣纱记》便于流传,受到观众的热烈欢迎。他的友人潘之恒在《白下逢梁伯龙感旧》诗中,称赞他"填词赢得万人传"①。当时甚至还远传到海外。尤其是《浣纱记》成功地运用"水磨调"塑造人物形象,使昆曲从清唱变成舞台艺术。许多戏曲家把它作为创作的楷模,这就扩大了昆山腔的传播和影响。《浣纱记》还开拓了传奇借生旦爱情抒发历史兴亡之感的领域,对清代洪昇的《长生殿》和孔尚任的《桃花扇》影响很大。它的《回营》《转马》《打围》《进施》《寄子》《采莲》和《游湖》等出,一直活跃在昆曲舞台上。京剧和其他地方戏中有关西施的剧目,也多源于《浣纱记》。

传奇以当代重大政治事件作为题材,是《鸣凤记》开风气之先。据焦循《剧说》卷三所载:《鸣凤记》初写成就上演,王世贞邀请县令一起观看演出,县令惊慌失色,想赶快离去。王世贞慢慢拿出邸报给他过目,并对他说:"严嵩父子们已经垮台了。"县令才安心把戏看完。这虽然是一则轶话,但可见《鸣凤记》在当时就已经产生积极的影响。以后,类似《鸣凤记》的现代戏大量出现,祁彪佳《远山堂明曲品》就收录有40来本,其中揭露明代另一个大权奸魏忠贤的传奇,有剧名可考者至少是11种,范世彦的《磨忠记》、清啸生的《喜逢春》和李玉的《清忠谱》,至今还有存本流传。

(本文刊于沈达仁、颜长珂主编《古典戏曲十讲》,中华书局,1986年)

---

① 《渔矶漫钞》卷三。

《梁辰鱼集》前言

梁辰鱼(1519—1591),字伯龙,号少白,别署仇池外史,江苏昆山人,是明代著名的戏曲作家。他祖籍河南,其先人梁元德,元朝知昆山州事,遂移家昆山。曾祖纨,曾任泉州同知。祖父鸣鹤,为高唐州判。父介,字石仲,官平阳训导,因其叔鸣鹏无嗣,遂过继为后。梁介为人豪爽,延广纳新,家鲜留储(俞允文《祭内兄梁贞仲文》)。至梁辰鱼时,家境已每况愈下,故他多慷慨忧生之感(王世贞《贻梁伯龙》)。

据载,梁辰鱼身长八尺,虎头虬髯,性格豪放,落拓不羁,好任侠,喜读史谈兵。工诗及行草,尤善度曲,精于音律。晚明文人喜爱远游,既可登山临水,探奇览胜,又能广结师友,干谒名公巨卿,以此邀名逐利。这已成为当时的一种士风,伯龙也不能例外。嘉靖三十二年(1553),他开始了壮游生活,南游会稽,探禹穴,历永嘉、括苍诸名山。三十四年(1555),又溯江西去荆楚,上九嶷,泛洞庭、彭蠡,登黄鹤楼,观庐山瀑布,寻周郎赤壁遗迹。这两次出行也是投奔别人,"世路有荆棘,山乡多翠微。莫将和氏泪,却向楚人挥"(李奎《送梁伯龙归吴》),道出了他依附于人的酸辛。三十七年(1558),他年届四十,去应顺天府乡试,实则亦想借此北上远游,"览观天下之大形胜,与天下豪杰士上下其议论,驰骋其文辞,以一吐胸中奇耳,一第何足轻重哉!"(文徵明《梁伯龙诗序》)当然功名与他也就无缘了,终其一生也不过是一个靠捐资获得的太学生而已。四十五年(1566),他再度北游齐鲁大地,谒孔庙,登泰山,探海市,本欲继续西游华山,因囊中羞涩而罢(事见李攀龙《与王敬美》一)。自此以后,他的足迹再也未出苏浙,仅往来于南京、杭州一带。

由于文坛领袖王世贞、李攀龙等人的吹嘘,梁辰鱼的名声籍甚。嘉靖四十一年(1562),负责东南沿海剿灭倭寇的南直隶浙闽总督胡宗宪闻其名,招他入幕府。他异常高兴,认为多年来所怀有的立功报国的夙愿就可以实现了;友人也以为他一定会受到礼遇和重用,"辟书相属驿路来,倒屣定须延上客"(顾允默《长歌行送梁伯龙赴越镇之辟》)。可是,事与愿违,壮志未酬。在他回到故乡不久,胡宗宪也遭到弹劾,被逮问下狱。

隆庆元年(1567),梁辰鱼与莫云卿、孙七政、殷都、王稚登、张献翼等,在金陵鹫峰禅寺结社,同社聚集江南名士 40 余人,他们不是致仕官僚,就是山人隐士,彼此情趣相投,或征歌度曲,或饮酒赋诗,借以消磨岁月。四年(1570)夏末秋初,他又与曹大章、吴崶等词曲名家,在南京举行盛大的莲台仙会,品评诸妓,恣情欢娱,益加放浪形骸,沉湎声色。晚年,虽贫穷益甚,但仍翩翩逞豪,壮心不已。万历十九年(1591),离开人世,终年七十三岁。

梁辰鱼著有传奇《浣纱记》,杂剧《红线女》、《红绡伎》(已佚),改编过《周羽教子寻亲记》。还撰有《鹿城诗集》和散曲集《江东白苎》等。

《浣纱记》创作于嘉靖四十二年左右①,是他精心创作的一部历史剧,原名《吴越春秋》,取材于《史记·越王勾践世家》《吴越春秋》和《越绝书》等,还汲取了民间有关西施的传说。作品以范蠡和西施的爱情作为全剧的贯穿线索,可是作者未把他们的悲欢离合放在显著位置,而是着重总结吴越兴亡的惨痛历史教训,鞭挞吴王夫差的骄奢淫逸、伯嚭的贪婪卖国,赞扬越国君臣团结一心和艰苦复国的斗争精神。从而惜古喻今,对明王朝政治腐败、国势倾颓予以抨击,表达自己关心时艰的积极态度。作者一反美人祸国的陈腐观念,通过国难和爱情的尖锐冲突,细致地刻画了西施丰富的内心活动和高尚的思想境界,使一个不惜牺牲自我、以国家命运为重的爱国女性形象跃然于纸上。而在范蠡的身上,则更多地寄寓了作者的政治理想和人生态度。明代后

---

① 说见拙文《〈浣纱记〉的创作年代及版本考》,华玮、王瑷玲主编《明清戏曲国际研讨会论文集》,台湾"中研院"中国文哲所筹备处,1998 年,页 442—461。

期,东南沿海一带,城市经济繁荣,开始出现了资本主义的萌芽。于是,产生了反对封建专制和对建道德的新思想,而对民主平等、个性自由的要求,已经成为市民意识的觉醒。剧中写范蠡能摆脱封建贞节观的束缚,最后与已经失身的西施结合,无疑是这种新思想的反映,对"饿死事极小,失节事极大"的封建礼教也是一种有力的冲击。《浣纱记》之所以在当时受到观众的热烈欢迎,除在古老的历史题材里熔铸了新内容新思想外,还有一个重要的原因,即为最早用改革后的昆山腔演的传奇剧本。昆山腔源于元末吴中地区,最初不过是民间的俗曲,后经魏良辅等音乐家的革新,称之为"水磨调",用于散曲的清唱,清柔婉转,悦耳动听。梁辰鱼得到过魏良辅的传授,便将"水磨调"应用到剧本创作中去。《浣纱记》搬上戏曲舞台,使竞尚新声的三吴观众耳目为之一新,于是很快就流行开来,"谱传藩邸戚畹、金紫熠爚之家,取声必宗伯龙氏,谓之昆腔"(张大复《梅花草堂笔谈》)。由于梁辰鱼对昆曲的形成和推广所作的突出贡献,奠定了他及《浣纱记》在戏曲史上的重要地位,后人就很自然地将他和魏良辅联系在一起:"里人度曲魏良辅,高士填词梁伯龙。"(吴伟业《琵琶行》)

《红线女》杂剧是据唐人袁郊的传奇小说《红线传》改编的。写唐魏博节度使田承嗣欲兼并潞州,潞州节度使薛嵩束手无策,侍女红线善剑术,夤夜飞入田府,将田承嗣床头的金盒盗走,使之不敢轻举妄动,从而消弭了一场灾难。事成后,红线女入山修道。剧本热情歌颂红线文武兼备、智勇双全、超凡脱俗的侠义精神,同《浣纱记》一样,也是表现巾帼胜过须眉和功成身退的思想。全剧恪守元杂剧四折、一人主唱的体制,结构精炼,曲白刚劲雅饬,人物性格生动鲜明。《江东白苎》正集二卷,刊行于嘉靖三十五年(1556)后,万历时又补刻续集二卷,今存明刊本凡四卷。梁辰鱼的散曲以套曲最多,擅长于描摹闺怨。其构思和遣词都参以词法,注重字句的斟酌稳妥,讲究词藻的典丽蕴藉,追求韵律的和谐悦耳。因此,特别博得富家游冶子弟和青楼歌儿舞女的喜爱,也受到同气相求的文人雅士的青睐。一时群起摹仿,梁辰鱼被推为曲中之圣(张旭初《吴骚合编》)。

这种重形式轻内容的白苎体词风,对晚明的散曲创作产生过不良影响。然而《江东白苎》中也不乏吊古伤今或直抒胸臆之作,如【玉抱肚】《过湘江》、《岁暮登江陵瘐信楼作》、【山坡羊】《代刘季招申椒居士》、【瓦盆儿】《己巳立秋夜雨悼亡姬胥云房作》套等,都为人所称道。但集中拟作、改作、代作之曲过多,语言过于凝练整饬,缺乏谐笑调谑、生动活泼之致。

梁辰鱼也是诗人,写有大量诗歌作品,收在《鹿城诗集》中。明人朱谋㙔称他"以诗及行书名嘉、隆间"(《续书史会要》),说明他的诗在当时颇有影响。他关心国事的爱国感情,在一些言志抒怀的诗篇中也有所表现。如五律《杂舆六首》中说:"男子志四方,岂不重横行!匈奴入边关,直欲请长缨。夜卧龙城雪,朝渡黄河冰。矢心为王室,飘飘一命轻。宁为松柏死,不作桃李生。"这舆他在散曲《拟出塞》序中所表达的思想完全一致:"逸气每凌乎六郡,而侠声常播于五陵。鲁连子之羽,可以一飞;陈相国之奇,或能六出。假以樊侯十万之师,佐以李卿五千之众,则横行鸡塞,当双饮左右贤王之头,而直上狼居,必两系南北单于之头。"当时正值北方俺答直逼京师,倭寇在江浙疯狂骚扰。诗人请缨报国,反击外寇入侵的态度,是何等坚决!嘉靖三十二年(1553),他南游浙江滞留杭州时,忽闻"迭鼓倾夷穴,连旌入岛云"的捷报,便一气挥就《癸丑岁兵阻武林任贰府海上之捷三首》,欢呼剿倭的胜利。次年,倭寇两次焚掠苏州、昆山一带,故园遭到蹂躏,满目凄凉,这时他正避难中州,愤然写下《甲寅感怀二首》,其一云:"离离禾黍半秋原,落日烟中见晓痕。晋世铜驼荆棘满,石家金谷水云屯。白头空作《江南赋》,青草谁招塞北魂。时事惊心卷帘坐,戎葵花落又黄昏。"更流露出忧国伤时的感慨。这类抒怀言志、关心时艰的爱国诗歌,虽然数量有限,但比起当时的山人隐逸之士,在他的身上则更多一些忧患意识。诗集中登临游览、寻幽怀古、酬唱赠答之作占了主要部分,这对深入了解诗人的生平、思想和交游也是极有价值的材料。梁辰鱼同"后七子"均有交往,自然会受到他们提倡的复古主义之风的影响,王世贞就鼓励他多写古诗。他用乐府古题写的古诗,不少都有着浓厚的拟古风味。但由于才思不足，有些作品失于草率，不过略能"骈赡而已"(张大复《梅花草堂笔谈》)。

今将梁辰鱼现存的诗歌、散曲、传奇、杂剧等作品，辑为《梁辰鱼集》，加以点校整理。其中《鹿城诗集》，以北京图书馆所藏二十八卷清抄本为底本，校以苏州博物馆藏旧抄(十卷本)残本(简称苏本)和《盛明百家诗》前编《梁国子生集》(简称梁集本)。《江东白苎》，以乙卯(1915)四月武进董氏诵芬室刊正集二卷、续集二卷本为底本，校以北京图书馆藏明刊本、明汪廷讷环翠堂刊本、南京博物馆藏吴梅校本，再参校《南宫词纪》《群音类选》《彩笔情辞》《吴骚合编》《吴歈萃雅》《词林逸响》《南音三籁》等曲选。《浣纱记》，以明末汲古阁刊《六十种曲》本为底本，校以北京图书馆藏明万历间金陵富春堂刊本(简称富本)、金陵继志齐刊本(简称继本)、武林阳春堂刊本(简称阳本，原书现藏台北"中央图书馆"，北图存有缩微胶卷)、明末李卓吾评本(简称李本)、明崇祯间怡云阁本(简称怡本)。《红线女》，以《盛明杂剧》本为底本，校以孟称舜《酹江集》本(简称酹本)。凡底本文字的讹误脱漏，均为之校正；他本有参考价值的异文，也胪列于校记之中。

梁辰鱼的作品，除杂剧《红绡伎》佚失外，几乎现存所有作品都囊括在本书中，但还有少量佚文散见于他书，今辑为《补遗》。至于有关作者的传记、序跋、评论等资料，也都作为附录，供读者参考。

在本书辑校过程中，曾得到北京图书馆、南京博物馆、苏州博物馆、中国艺术研究院戏曲研究所资料室的大力支持，及同行师友的热情鼓励和帮助，在此一并致以衷心感谢。整理中的疏谬之处，殷切希望读者予以指正。

(本文原刊于《梁辰鱼集》卷首，上海古籍出版社，2010年)

《浣纱记》的创作年代及版本

《浣纱记》是年代戏曲作家梁辰鱼的代表作,也是中国戏曲史上重要的作品。它将昆曲由"水磨调"的清唱搬上戏曲舞台,从而形成了晚明昆山腔演出空前繁荣的盛况。这部剧作的出现标志着旧传奇即南戏的终结,开创了一个以传奇剧本创作的新的历史时期。

这样一部对昆曲发展和传播起过重要作用的作品,究竟创作于何时?必然成为研究者所关注的问题。由于这部剧作既没有作者或友人的序跋或题词,也缺乏确凿的史料,即使有一些零星的记载,也是扑朔迷离,给考察《浣纱记》的写作年代带来了一定的困难。于是见仁见智,不可避免会出现各种不同的说法。归纳起来,不外乎以下两种意见:一种认为是作者早年所创作,其写作约在嘉靖二十二年(1543),即作者二十五岁前后,比张凤翼的《红拂记》略早[1];另一种则认为是梁辰鱼后期所作,约在隆庆至万历初年,甚至晚到万历七年[2]。

从嘉靖二十二年到万历初年,时间相去近半个世纪,对《浣纱记》的创作年代竟会有如此悬殊的看法,不能不令人产生疑问。本文就这个问题予以重新审视和考察,提出一己之见,以求教于同行的专家和学者。

---

[1] 徐朔方《梁辰鱼年谱》,《晚明曲家年谱》卷一,浙江古籍出版社,1993年,页124、135。
[2] 徐扶明《梁辰鱼的生平和他创作浣纱记的意图》:"万历元年(1573)左右,他终于写成《浣纱记》。"见《元明清戏曲探索》,浙江古籍出版社,1986年,页65—66。胡忌、刘致中认为:"浣纱记的完成约在1566—1571年,作者约五十岁。见《昆曲发展史》,中国戏剧出版社,1989年,页70。陆萼庭指出:"此记约作于万历初年,其时昆腔虽已受到普遍的欢迎,但到了这个时候方始有自己的剧本。"见《昆剧演出史稿》,上海文艺出版社,1980年,页36。张忱石等在《浣纱记校注·前言》中道:"约在万历七年(1578)写就了《浣纱记》。"(中华书局,1994年,页4)

一

主张《浣纱记》作于嘉靖二十二年说者,其主要依据有二:一是屠隆为梁氏《鹿城诗集》所撰写的序文云:"伯龙少时好为新声,是天下之绝丽。"故"新声"当指更早时为昆腔创作的《浣纱记》;二是凌濛初在《谭曲杂札》中有这样一段话:"(张凤翼)不用意修词处,不甚为词掩,颇有一二真语、工语,气亦疏通;毋奈为习俗流弊所沿,一嵌故实,便堆砌拼辏,亦是仿伯龙使然耳。"《红拂记》作于嘉靖二十四年(1545),《浣纱记》当然比仿效它的《红拂记》要早[①]。

我们不妨先看一看"新声"是不是指《浣纱记》。该剧第一出《家门》【红林檎近】说:"骥足悲伏枥,鸿翼困樊笼。试寻往古,伤心全寄词锋。问何人作此,平生慷慨,负薪吴市梁伯龙。"这多么像一个饱经风霜、蹭蹬失意者的自白,与二十五岁左右的年轻人口吻极不相称。所谓"新声"是指魏良辅正在改革中的昆山腔,当时尚处在"水磨调"的清唱阶段。梁氏从小具有音乐天赋,后又精研音律,青年时代就混迹于歌儿舞女中间,所以他在《咏怀八首》其四中说道:"少年负声誉,行行且游猎。走马章台下,意气何英发。"[②]屠隆所说的"伯龙少时好为新声",我理解这句话的含义,既是称赏梁氏早年对正在盛行的昆山腔清唱的喜爱,又是指他用昆曲曲调创作的散曲。今存《江东白苎》中应当包括有伯龙早期的作品。他的散曲在构思和遣词上参以词法,比较注重字句的斟酌稳妥,讲究词藻的典丽蕴藉,追求韵律的和谐悦耳,而且擅长于描写缠绵凄婉的闺情,因此特别受到富家游冶子弟和青楼歌妓的欢迎。故王世贞《嘲梁伯龙》说:"吴阊白面游冶儿,争唱梁郎雪艳词。"[③]屠隆称之"是天下之绝丽",也就不为过分了。

我们再看《浣纱记》是否略早于《红拂记》。

[①] 徐朔方《梁辰鱼年谱》,《晚明曲家年谱》卷一,页122、124。
[②] 梁辰鱼《鹿城诗集》卷五,北京图书馆善本部藏清抄本。
[③] 王世贞《弇州山人四部稿》卷四九,明万历间吴郡王氏家刊本。

凌濛初的"亦是仿伯龙使然耳"这段话是节引,而《南音三籁》卷首所载《谭曲杂札》的全文是这样的:

> 张伯起小有俊才,而无长料。其不用意修词处,不甚为词掩,颇有一二真语、工语,气亦疏通;毋奈为习俗流弊所沿,一嵌故实,便堆砌拼辏,亦是仿伯龙使然耳。今试取伯龙之长调靡词行时者读之,曾有一意直下而数语连贯成文者否?多是逐句补缀。若使歌者于长段之中,偶忘一句,竟不知从何处作想以续。总之,与上下文不相蒙也。伯起不能全学其步,故得少逗己灵,乃心知拙于长料,自恐寂寥,未免涂饰,岂知正是病处。

《南音三籁》分为散曲和戏曲两个部分,其"凡例"云:"曲分三籁,其古质自然,行家本色为天;其俊逸有思,时露质地者为地;若但粉饰藻缋,沿袭靡词者,虽名重词流,声传里耳,概谓之人籁而已。"①凌濛初根据这个评曲标准,将集中所选梁辰鱼、张凤翼的散曲和戏曲单出,绝大多数都列入"人籁"。所以上所引《谭曲杂札》中这段话,主要是对梁、张散曲和戏曲里的"长调靡词"的贬斥,不是就某一首散曲或某部传奇作品所作的评论。"亦仿伯龙使然耳"这句话,很难证明《浣纱记》的创作略早于《红拂记》。

至于《红拂记》的创作年代,是依据清人焦循的说法,他在《剧说》卷四中说:"吾吴张伯起新婚,伴房一月,而成《红拂记》,风流自许。"嘉靖二十四年(1545),伯起年十九,新婚,故《红拂记》作于这一年②。此说也值得商榷,焦循为江苏甘泉人,开口便称"吾吴",显然这则材料不是他的发明,当另有所本。其实它出自于清初尤侗的《题北红拂记》:"唐人小说传卫公、红拂、虬髯客故事,吾吴伯起新婚,伴房一月,而成《红拂记》,风流自许。"(《艮斋倦稿》卷九)尤侗虽然与伯起同为长洲人,但他生于万历四十六年(1618)。此时张氏已去世五年,所说情况

---

① 凌濛初《南音三籁》卷首,上海古籍书店,1963年据明刊影印本。
② 徐朔方《张凤翼年谱》,《晚明曲家年谱》卷一,页181。

当系传闻。我们再考察一下明人有关的记载：

沈德符《顾曲杂言》云：

> 张伯起少年作《红拂记》，演习之者遍国中。

吕天成《曲品》云：

> 此伯起少年时笔也。侠气辟易，作法撒脱，不粘带。

徐复祚《花当阁丛谈》卷四《三张》：

> 张伯起先生，余内子世父也。所作传奇有《红拂》《窃符》《虎符》《灌园》《祝发》诸种，而《红拂》最先。

钱谦益《列朝诗集小传》丁集《张举人》：

> 伯起善书，晚年不事干请，鬻书以自给。好度曲，为新声，所著《红拂记》，梨园子弟皆歌之。

以上所称引的材料中，没有一家确切说出《红拂记》的具体写作年代。徐复祚为伯起的侄婿，钱谦益的"从祖春池府君"（名顺德），曾与伯起"同举嘉靖甲子"，他弱冠时受到过伯起的热情接待，给他留下深刻的印象。我认为徐复祚和钱谦益两人的记载，其可靠性应该更大一些。可以肯定地说，《红拂记》的创作年代较早，但难以断定是嘉靖二十四年新婚时的作品，更不能据此推断《浣纱记》写于嘉靖二十二年，略早于它。

王世贞与梁辰鱼、张凤翼为同时同地之人，而且关系极为密切，他在《艺苑卮言》"附录"卷一中说：

> 吾吴中以南曲名者……郑(若庸)所作《玉玦记》最佳,它未称是。《明珠记》即《无双传》,陆天池所成者,乃兄浚明给事助之,亦未尽善。张伯起《红拂记》洁而俊,失在轻弱。梁伯龙《吴越春秋》,满而妥,间流冗长。

梁伯龙长张伯起九岁,如果按照长幼顺序排列,伯龙当置于伯起之前,而这里恰恰相反,可见《浣纱记》不是早于《红拂记》,它的创作年代应在《红拂记》之后,不可能撰写在嘉靖二十二年(1543)。

明代文人致力于传奇剧本的写作,除个别作家作品外,一般都在不再追求功名或罢官家居以后,如吴中的张凤翼、沈璟、顾大典等。又如梁氏的挚友顾允默(字茂仁)、懋宏(字茂俭)兄弟,他们对昆山腔的改革都作出过重要贡献。顾允默写过《五鼎记》传奇,顾懋宏《长至进酒词为伯兄介寿时兄新撰五鼎传奇诸少年习而歌之》有"何必频歌骥伏枥"句①,可知是他晚年所作。顾懋宏的《椒觞记》撰于何时,不易考订,但他罢免莒州知州家居以后,才有闲暇征歌度曲。梁辰鱼创作《浣纱记》也不例外,当在他遭遇坎坷,绝意于功名之后。

《浣纱记》原名《吴越春秋》,王世贞在隆庆六年(1572)增订本《艺苑卮言》中已经涉及此剧,而汪道昆《太函集》卷一○七有《席上观〈吴越春秋〉有作凡四首》,则是明人著述中最早提到《浣纱记》的诗作,诗云:

> 吴王摧劲越,谈笑泣穷囚。殊色恣所欢,巧言竟相投。长驱薄海岱,执耳盟诸侯。敌国尽西来,姑苏麋鹿游。岂无良股肱,宿昔撄镯镂。已矣国无人,谁其殉主忧。
>
> 东海将时撼,盱睢待其时。三江足组练,一旅安所之。何物彼姝子,贤于神武师。轻身入吴宫,褒妲复在兹。一笑褫王魄,再笑陈王尸。翩翩士女侠,匕首双蛾眉。咄唶徐夫人,千金徒尔为。

---

① 顾懋宏《炳烛轩诗集》卷二,清刊《玉峰雍里顾氏六世诗文集》本。

行人羁旅臣,借资覆故楚。宿怨业已修,微躯何足数。援桴破会稽,勾践甘衅鼓。逸巧乃见亲,君心日已盅。国恩良不贳,安得归环堵。抉目悬吴门,甘心赴江浒。须臾国事去,佞幸皆为虏。利口覆邦家,愿言饲豺虎。

　　反间入吴阊,俘囚幸不死。伊谁修戈矛,相国鸱夷子。一举袭江东,离宫夷故址。归来泛扁舟,去去从此始。富贵有危机,完名不受訾。良哉大夫种,精白照青史。或恐遇九原,因之额有泚。

嘉靖四十三年(1564),汪道昆以都察院右佥都御史提督军务巡抚福建,四十五年(1566),因悍卒违反军纪,道昆绳之以法,被诬为"贪污纵士",六月罢归。① 徐朔方先生在《汪道昆年谱》中考订,认为此诗作于这一年②。据此,《浣纱记》之作不会晚到隆庆乃至万历初年。

二

　　《浣纱记》究竟创作于何时呢?近些年来,不少研究者都作了有益的探讨,如果我们再从梁氏自己的诗歌和剧作本身稽考,并联系当时人的记载,也就不难得出比较接近历史事实的结论。

　　胡应麟《杂束汪公谈艺五通》之四云:"梁辰鱼《红线》足称本朝杂剧鼻祖,丰而洁,丽而清,繁而不乱,第本色颇为彩绘所胜。若《浣纱》则终篇无一佳语,往往乡社老人动止供笑矣。思执事'水云深处'南北词,写夷光、少白心事,委笃如诉,而文极雅致,即元人烟波钓叟三舍不遑,彼不知遵用,而自出诨语结案,去为蛇足者几希。"③所谓执事"水云深处"南北词,是指汪道昆《五湖游》杂剧【新水令】曲首句"水云深处木兰舟"。《大雅堂杂剧》是汪氏任襄阳知府时所撰,今存万历间刊本,卷首自序末署"嘉靖庚申冬十二月既望东圃主人书","庚申"为嘉靖三

---

① 金宁芬《关于汪道昆的几个问题》,《文学遗产》1985 年第 4 期。
② 徐朔方《晚明曲家年谱》卷三,页 35。
③ 胡应麟《少室山房类稿》卷一一三,《续金华丛书》本。

十九年(1560),其刊行和流传当在四十年后。因《五湖游》为一折南杂剧,采用南北合套,写范蠡归湖事,《浣纱记》第四十五出《归湖》与之相似,故胡应麟竭力推崇《五湖游》,而批评梁伯龙"不知遵用"此剧,并指责其下场诗"尽道梁郎识见无,反编勾践破姑苏。大明今日归一统,安问当年越与吴"四句,为"自出诨语结案"。这说明《浣纱记》之作应在《大雅堂杂剧》以后,否则胡应麟的批评也就无的放矢了。

梁伯龙为吴地昆山人,又经常往来吴越之间,对这一带的山川、历史以及传说,自然非常熟悉,他景仰春秋时吴越战争中的著名历史人物,如范蠡、文种和伍员等,尤其向往范蠡的为人,把他当作自己理想的化身,在《鹿城诗集》中,不止一次歌咏他,如卷六《秋旦自邓蔚山北麓登穿窿绝顶望太湖诸山》就是其中的名篇,其后半首云:"洞庭浮南纪,苍茫见越国。双桨天外归,群峰浪中直。缅怀鸱夷子,冥冥志虑特。深感鸟喙言、扁舟竟飘忽。嗟彼勾践雄,徒然想高弋。"对范蠡(鸱夷子)功成身退,飘然远去,给予热情的赞扬。论者也都注意到他的《吴宫曲》:

> 吴宫夜静飞清商,秦筝弦促春思长。银蟾三五流素光,玉楼二十生微凉。美人起舞云锦裳,翠袖盘拂双鸳鸯。君王酒酣乐未央,兰膏欲灭归洞房。日初出,越兵来,入吴国。朝作吴宫姓,暮托五湖客。人称五湖之游世所无,恐其破越犹破吴。不知妖艳倾人都,当年犹恨身未诛。君不见,临春阁,擒虎入,丽华死。

这首诗歌虽然同《浣纱记》的情节有许多相似之处,但正像徐扶明先生在《梁辰鱼的生平和他创作〈浣纱记〉的意图》一文中所说的:"作者对西施的看法,显然还是从'女人是祸水'的观点出发,但在《浣纱记》中,作者对西施的看法,却起了显著的变化。……作者比较突出地具体描写了西施的爱国感情,也就冲淡了剧中所表现的女色亡国的思想。"[1]

---

[1] 《元明清剧曲探索》,浙江古籍出版社,1986年,页69—70。

《鹿城诗集》按诗体分卷,每卷诗歌基本上是按写作时间先后排列的。此诗收录在卷九,编排在《鄱阳湖》和《辛酉七夕大水作》之间。《鄱阳湖》是梁氏嘉靖三十四年(1555)溯江而游江西时所作,"辛酉"为嘉靖四十年(1561),江南大水,故有后一首诗。《吴宫曲》约写于三十七年左右,显然,这时作者还未开始创作《浣纱记》,但他对剧中的主要人物和故事情节已经着手构思和酝酿了。

梁辰鱼在《咏怀八首》其四说:"中年不得意,屑屑弄笔札。"①他的"中年"恰好在嘉靖后期,正是作者穷愁潦倒、不得意之时。这主要表现在以下三个方面。

一是晚明文人喜爱远游,这样既可以登山临水,探奇览胜,又能广结师友,干谒名公巨卿,以此邀名逐利。这已经成为当时的一种士风,梁氏也不能例外。除此,他还另有打算,即通过远游以谋生。梁氏祖籍河南,元初有元德者官昆山同知,逐移家昆山,后来成为这一带的著姓②,但代无显宦,至伯龙父辈时,逐渐衰落,其父梁介以贡士竭选平阳训导,因为人豪爽,"延广纳新,家鲜留储",以"日缠疢疾,窘若囚羁",病逝于任所③。在伯龙年轻时,又迭遭家难,"连岁值闵凶,羽翼当摧残。衰毁逾十年,寝食不遑安"④。由于家境每况愈下,故他"多慷慨尤生之感"(王世贞《弇州山人四部稿》卷一三《贻梁伯龙》),不得不外出。嘉靖三十二年(1553),南游浙江时,主要投奔处州同知皇甫汸和温州知府龚秉德;嘉靖三十四年(1555),溯江西去荆楚,则投奔荆州知府袁祖庚和工部都水司主事周后叔⑤。友人李奎在《送梁伯龙归吴》诗中劝他说:"世路有荆棘,山乡多翠微。莫将和氏璧,却向楚人挥。"⑥后来诗人自己在《行路难赠王仲房》诗中也慨叹道:"年年奔走关河道,尘沙无情面忽老。秋风弹铗几飘零,水泽行吟日枯槁。"⑦这

---

① 梁辰鱼《鹿城诗集》卷五,北京图书馆善本部藏清抄本。
② 叶盛《水东日记》卷一八"各姓宗图·河南梁氏",中华书局,1980年,页183—184。
③ 俞允文《祭内兄梁贞仲文》,《俞仲蔚先生集》卷二一,明万历刊本。
④ 梁辰鱼《留别俞仲蔚文》,《鹿城诗集》卷七。
⑤ 《晚明曲家年谱》卷一,页125—126。
⑥ 李奎《龙珠山房诗集》卷上,清刻本。
⑦ 《鹿城诗集》卷九。

些都道出了他依附于人的艰辛。

二是有的史料把梁辰鱼说得很旷达,"不肯俯就诸生试"①,其实他并未忘情于科举,也想通过这个途径重振衰败的家风,实现自己的抱负和理想。嘉靖三十七年(1558),他已年届四十,还要到北京去应顺天府乡试,不少亲友都赋诗为他送行,并寄予殷切希望:"万丈文献会成钧,劝君莫道儒冠误。"②然而,功名与他无缘,终其一生也不过是一个靠捐资获得的太学生而已。此行之前,伯龙声称"余此行非专为毕吾明经事也",而是北上"览观天下之大形胜,与天下豪杰士上下其议论,驰骋其文辞,以一吐胸中奇耳,一第何足轻重哉!"③尽管慷慨激昂,但也掩饰不了他落第的失意,在他现存的诗作中,竟没有一首关于这次应试的记载,可见他不愿提起这最后一次赴考的失败。

三是由于文坛领袖王世贞等的吹嘘,梁辰鱼声名籍甚。嘉靖四十一年(1562),负责东南沿海剿灭倭寇的南直隶浙闽总督胡宗宪闻其名,招他入幕府。王百谷《送梁伯龙之越》诗云:"钱塘八月看潮时,君去他乡谒所知。"④伯龙异常兴奋,多年以来所怀有的立功报国的夙愿,就可以实现了。顾允默称赞其才能,认为他一定会受到礼遇和重用,一气写就《长歌行送梁伯龙赴越镇之辟》为他壮行:"吴门梁生人所推,阮瑀之书王粲诗。龙韬每适三余兴,燕颔常生万里思。频年鸿鹄锻双翮,自信凌霄会有时。赋成鹦鹉惊龙额,顿令纸贵声辉赫。辟书相属驿路来,倒屣定须延上客,元戎文武自罕伍,更君书记多筹划。"⑤可是,事与愿远,壮志未酬。在他沮丧地回到故乡不久,胡宗宪便遭到弹劾,被逮问下狱。数年以后,友人张玄通由武林到昆山访问伯龙时,伯龙写下这样的诗句:"回首豪雄复谁在? 新安松树更荒凉。胡尚书也。"(胡尚书即胡宗宪,徽州绩溪人,死于狱中。)⑥表达了对胡氏知遇

---

① 张大复《梁辰鱼传》,《昆山人物传》(晒蓝本)卷八。
② 沈嘉则《丰对楼诗选》卷六《远游篇赠梁伯龙》。
③ 文徵明《梁伯龙诗序》,《鹿城诗集》卷首。
④ 王稚登《金昌集》卷三,明刊《王百谷集二一种》本。
⑤ 顾允默《顾伯子集》,明刊《盛明百家诗》本。
⑥ 梁辰鱼《武林张玄通过访作》,《鹿城诗集》卷二一。

之恩的感激和深切怀念。

远游仰人鼻息,科举蹭蹬失意,召辟因人受阻,接连不断的遭遇挫折,使梁辰鱼苦闷颓唐,"予憔悴江潭,栖迟吴市"①,便开始"屑屑弄笔札",将自己满腹牢愁通过诗歌和戏曲创作倾诉出来:

谁遣耆英归洛下,可堪词客老江东。(《寄大梁王礼部》)②

惭予落魄休相讯,日更沉沦倒接䍦。(《寄冯开之内翰兼忆范牧之袁维之》)③

黄山山人王仲房,相逢意气何激昂。怪予攒眉不得意,议论杂沓森开张。(《行路难赠王仲房》)④

惭予偃蹇陋巷居,高轩常式使君车。不嫌尘网挂四壁,每投逸翰缄双鱼。(《送王别驾转客部员外》)⑤

众客翩跹尽起舞,独有虬髯梁伯龙,长歌一声泪如雨。(《送表弟顾公节游燕》)⑥

双驰骥足三秋后,共睹鹏搏万里余。独愧行吟乞吴市,音书莫惜道如何。(《虎丘上方同徐子与彭孔嘉周公瑕黄淳父王元美敬美送袁鲁望张伯起游北京得如字》)⑦

以上这些诗歌均发自诗人的肺腑,所流露出来怀才不遇、困顿失意的思想感情,与《浣纱记》第一出《家门》中"骥足悲伏枥,鸿翼困樊笼"、"平生慷慨,负薪吴市梁伯龙"的曲文极其相似。徐复祚也指出该剧第三十一出《定计》中【宜春令】"千年恨,数载心"二曲、【绣带儿】"清秋转又西风凛凛"二曲,"是书生不得志语,殊乏先主抚髀气慨"。⑧ 梁辰鱼

---

① 梁辰鱼《秦淮条歌序》,《鹿城诗集》卷九。
② 《鹿城诗集》卷二二。
③ 《鹿城诗集》卷二二。
④ 《鹿城诗集》卷九。
⑤ 《鹿城诗集》卷十一。
⑥ 《鹿城诗集》卷九。
⑦ 《鹿城诗集》卷二十。
⑧ 徐复祚《南北词广音选》卷一七,北京图书馆善本部藏清抄本。

中年以后的遭遇和思想,同他创作《浣纱记》有着极为密切的关系。

嘉靖后期,明王朝日渐腐朽和崩溃,权臣严嵩父子和宦官勾结,把持朝政,迫害忠良,排斥异己。东南沿海,倭寇不断骚扰,西北的俺答,直逼京师。内忧外困,激起广大人民的强烈不满,统治阶级内部革新和保守、忠与奸的斗争,也极其尖锐和复杂。梁辰鱼青年时曾潜心于经史,对历史上的治乱进行过探讨,"结发慕远游,精心在经史。上下几千年,欲究治乱旨"(《鹿城诗集》卷六《远游》)。他在这个时候创作历史题材的《浣纱记》,总结吴越斗争的历史教训,并通过范蠡和西施的爱情,以寄托自己的人生理想,其借古喻今的用意是非常明显的,所以他无限感慨地说:"试寻往古,伤心全寄词锋!"

嘉靖后期,也是昆山腔发展的关键时期,魏良辅等对它的改革已经取得了极大的成功,"尽洗乖声,别开堂奥。调用水磨,拍捱冷板,声则平上去入之婉协,字则头腹尾音之毕匀。功深熔琢,气无烟火,启口轻圆,收音纯细"(沈宠绥《度曲须知·曲运隆衰》),魏氏被"声场禀为曲圣"。梁辰鱼便将"水磨调"应用到剧本创作中去,当《浣纱记》开始搬上戏曲舞台,就使竞尚新声的三吴观众耳目为之一新,于是很快流行开来,"谱传藩邸戚畹、金紫熠爚之家,取声必宗伯龙氏,谓之昆腔"①。《浣纱记》的出现对魏良辅"立昆之宗"起了很大的作用,从而使昆山腔成为晚明剧坛上主要的声腔剧种之一。

前文已经谈到,汪道昆曾在嘉靖四十五年观赏过《浣纱记》的演出,剧本的创作应在此之前,在嘉靖四十二年(1563)左右。

三

《浣纱记》作为最早的昆山腔剧本问世,在隆庆、万历年间,迅速传播开来。刘凤《梁伯龙古诗序》云:"梁氏喜为新声,人咸效之遍海内。"②王叔承《寄俞仲蔚梁伯龙昆山因问潘明府》:"蓬门独著潜夫论,

---

① 张大复《梅花草堂笔谈》卷一二《昆腔》。
② 刘凤《刘子威集》卷三九,明万历丙申陈大科粤中刊本。

乐府争传美女篇。"①后一句指《浣纱记》。潘之恒《白下逢梁伯龙感旧》云："一别长干已十年,填词赢得万人传。"②《浣纱记》不仅用昆山腔演唱,而且可以改调歌之,因此,万历年间刊行的戏曲选集,如《八能奏锦》《大明春》《玉谷调簧》《摘锦奇音》《月露音》《吴歈萃雅》等,无不选有《浣纱记》的单出。此剧的刻本也较多,原刊本虽然未见,但明代刻本就有以下八种。

(一)《重刻吴越春秋浣纱记》

二卷二册。每半页十行二十二字,有插图。卷内题"武林阳春堂校梓"。卷首有修翎主人朱其轮序,末钤"二庸氏"、"朱其轮印"两印章。序作于万历三十六年(1608),当刊于这一年或稍后。据刘修业《中国善本书提要后记》："抗日战争期间,北京图书馆为了保证古籍善本的安全,曾选出馆中所藏珍贵的书籍二千七百二十余种,先运存上海,后又运往美国,寄存于国会图书馆远东部。"③这批图书后来转给台湾,现藏台北"中央图书馆"。阳春堂校梓《浣纱记》便属于其中一种,它分为上下两卷,四十五出。其出目与现在通行的怡云阁本、《六十种曲》本不同,现录于后:

卷上:提纲,寻春,祝寿,起兵,鏖战,议降,贿奸,许成,忆约,行成,智归,访友,羁囚,游台,议解,尝遗,病心,释越,归越,使齐,卧薪,选女。

卷下:聘施,结吴,杀技,寄子,施别,详兆,应卜,采莲,神木,拒谏,死节,怀故,图吴,闻警,会盟,计图,逐嚭,请成,显圣,吴刎,捉嚭,复国,归湖。

与他本相校,此本文字讹误较少,可订他本之误,如怡云阁、《六十种

---

① 王叔承《从吴越游》卷二,明万历间刊本。
② 汪效倚《潘之恒曲话》引《渔矶漫钞》卷三,中国戏剧出版社,1988年。
③ 王重民《中国善本书提要》附录,上海古籍出版社,1983年,页11。

曲》本第一出【汉宫春】"因望东南霸起",此本作"因望东南霸气","霸气"优于"霸起";又如第三句【满庭芳】"东海位波臣",此本作"东海泣波臣",作"位"字显误;又如第九出【高阳台】"看笑谈削平东穴",此本作"看笑谈削平巢穴",显然"东穴"不妥。

(二)《新刻吴越春秋乐府》

今仅存下卷三十一至四十五出,疑原书为上中下三卷。每半页十行二十一字,有插图。原为西谛(郑振铎)藏书,后归北京图书馆。此本文字与武林阳春堂刻本基本一致,当属同一版本系统。所不相同者,一是此本出目为四字,如:九术倾吴,详梦被诛,镯镂赐死,身吴心越,太子阵亡,飞报军情,黄池会盟,令鼓三军,谴奸使越,不允行成,直捣吴宫,逼死阳山,三圣诛奸,旧约重谐,遍舟五湖。二是此本无"尽道梁郎识见无,反编勾践破姑苏。大明今日归一统,安问当年越与吴"下场诗。《西谛书目》云:"插图十五幅,出徽州名匠黄一楷,黄鸣岐手雕,工致精丽,风格绝似顾曲斋古杂剧。"按张秀民《明代徽派版书黄姓刻工考略》:黄一楷(1580—1622)、黄一凤(1583—?)(字鸣凤),他们虽系徽派版书黄氏刻工,但居住在杭州,除《吴越春秋乐府》,还刻有戏曲作品《西厢记》《顾曲斋元人杂剧》和《牡丹亭还魂记》等,其刻书主要在万历后期①。《吴越春秋乐府》之刻可能略晚于武林阳春堂本。

(三)《重刻出像浣纱记》

原为《绣刻演剧》之一种,王重民《中国善本书提要》著录《绣刻演剧》云:"总为六套,每套十本,都六十本。每套前有书衣一页,题绣刻演剧第几套。"此仅存五十二本,又有七本未装箱运来,现仍存北京图书馆,故此仅有四十五本。因非同时所刻,版本不同,版框大小亦不同。《浣纱记》是未被带走的七册中的一种。四卷订为一册,每半页十一行二十字,眉栏为音注,每出后为典故或词语注释。卷内题作"直隶

---

① 张秀民《明代徽派版画黄姓刻工考略》,《图书馆》第 1 期,1964 年 2 月。

昆山梁伯龙编次,金陵对溪唐富春梓行"。显然此本为万历间金陵富春堂刊本。而近年由中华书局出版的《浣纱记校注》之《前言》,将此本误为明万历金陵文林阁刻本,云:"传惜华《明代传奇全目》说,日本京都帝国大学图书馆(即今京都大学图书馆)藏有《浣纱记》明万历金陵唐氏富春堂刊本。但此刊本的行序、卷数、版心等等,均与文林阁本相同,我们认为日本所藏的富春堂刊本,可能就是文林阁刊本。卢前也说日本京都帝国大学(即今京都大学)所藏的《浣纱记》是文林阁刊本(见其《明清戏曲史》)。"①王国维《录曲余谈》说:"己酉夏,得明季文林阁所刊传奇十种。中梁伯龙《浣纱记》末折,与汲古阁刻本颇异,细审之,乃借用汪伯玉(道昆)《五湖游》杂剧也。"(见《王国维剧曲论文集》)王氏所得"传奇十种",《曲录》曾予以著录,后来归于日本京都大学文学部(见《明代传奇全目》"引用书籍解题")。卢前所指可能就是此本。但北京大学中文系张少康教授,曾托人为我从京都大学图书馆复印部分《浣纱记》,其扉页题作"刻全像音释点板浣纱记,德寿堂校",卷内也题为"直隶昆山梁伯龙编次,金陵对溪唐富春梓行",第一出上钤有"京都帝国大学图书馆"篆文印。其行款格式以及第三十四出的漶漫残损部分,与北京图书馆藏《绣刻演剧》本完全一样。由此可证,京都大学藏本《浣纱记》也是富春堂本,傅惜华先生《明代传奇全目》著录不误。所谓文林阁刻本"传奇十种",实为文林汇辑当时各家书坊(包括富春堂)所刻传奇为一编,恐非其所自刻也。

此本与别本主要不同处有:一、全书既无总目,也无每出的出名;二、诸本三十五出为《被擒》,三十八出为《誓师》,而此本前后秩序恰与之相反;三、诸本四十四出为《治定》,此本一分为二,增加一出作为四十六出;四、诸本《泛湖》出由【北新水令】十七支南北曲组成,而此本仅十支南北曲,且曲牌和曲文与他本迥别,系全部袭用汪道昆《五湖游》杂剧中的唱词;因此本宾白鄙俗,甚至有欠通之处,如第七出结尾,增出一段道白和下场诗,为他本所无,如:

---

① 《浣纱记校注·前言》,页11。

（净、旦、贴俱下科）（丑）我正在说，我一生娶老婆不着，谁想有文大人送这一对美貌娇娘，又送我许多礼物，岂不是天赐其然。正是有恩不报非为人也。后日有用我之处，吾当出力报他。越国君臣好重贤，兼金厚币岂其然。常疑好事是虚事，只恐忠言是恶言。

显然，这是一个民间演出本，在演出过程中，经人修改并窜入《五湖游》曲词。

（四）《重校浣纱记》

　　明万历间金陵继志齐刊本。今藏北京图书馆。四卷二册，半页十行二十字，眉栏有音读及词语、典故注释，有插图。四字出目，如第四出《吴王谋越》，第五出《吴越交征》，第六出《会稽被围》。但缺损厉害，如缺少总目及第一出，第二出残存【玉胞肚】、【前腔】二曲，从第四十出【驻云飞】曲从至第四十一出全缺，系据别本配抄，第四十二出至剧终全脱。此本与富春堂本相似：一是两本眉栏均有音读；二是两本第三十五出与第三十八出前后秩序相同（因此本残损过多，无法判断《治定》出是否一分为二、《泛湖》出是否掺入《五湖游》曲词）；三是两本文字基本相同。可知，它们应当属于同一版本系统。由于流传或刊刻时，宾白文字也略有一些差别，如第四出【满江红】曲后的宾白：

　　　　腰大十周，身长一丈，幼谙韬略，长习典坟。素志烈于青霜，精诚贯乎白日，叱咤而风云变色，喑鸣而山岳动摇。皇天后土，鉴生平忠孝之心；名山大川，谅宿昔英豪之气。但以雄心未遂，侠气未除，一饭之德必酬，纤芥之仇必报，父兄深怨，鞭及墓下之人；贞烈大恩，金投濑中之女。昔为楚中之亡虏，今作江左之冢臣。千年故国，凄凉郢树荆云；万里孤臣，流落吴山越水。

富春堂本同别本相校，仅有个别文字略有出入，而此本却改为：

先年我父伍奢并兄伍尚，俱以直谏立朝，因得芳名盖世，奈遭费无忌之奸谗，并被楚平王之杀害。下官因出奔邻国，遂作吴臣，一则存我微躯，以延先世；一则借人强力，可雪前仇。十载兴师，俱仗吴王之力；五载入郢，遂鞭平王之尸。以怨报怨，虽已申父兄之冤；以德报德，其可忘君臣之义。如今吴与越仇，须当为吴谋越。

(五)《李卓吾先生批评浣纱记》

两卷二册，半页十行二十二字，有图。全书四十五出，出目为两字。原为齐氏百舍斋所藏，后归北京图书馆。此本前有秃翁《浣纱记》总评四则；除第一、二、五、二十九、三十五诸出外，其他各出后又有该出的"总评"。全书每出之上还有眉批。

台北"中央图书馆"也藏有一种，原为北京图书馆所藏。二卷四册，半页十行二十二字。明万历间刊本。王重民《中国善本书提要》云："此本无校刻人姓氏及题记，以版式及刀亦观之，颇似虎林容与堂校刻李评《幽闺记》，因疑此也容与堂校也。"二卷二册本或在此本之后。

明人钱希言在《戏瑕》卷三"赝籍"中指出："比来盛行温陵李贽书，则有梁溪人叶开阳名昼者刻，昼摹仿，次第勒成，托于温陵之名以行。"今人郑振铎《西谛所藏善本戏曲题识》亦云："此李卓吾评本实是吴人叶昼所赝为。武林容与堂所刊卓吾评曲，仅有《琵琶》、《拜月》、《玉合》数本也。"① 所谓《李卓吾先生批评浣纱记》，恐也出于叶昼之伪托。

(六)《怡云阁浣纱记》

二卷二册，每半页十行二十二字。明崇祯间刊刻。原为长乐郑氏所藏，今庋藏于北京图书馆。《古本戏曲丛刊初集》所收《浣纱记》据以影印。此本除无眉批外，其行款格式，与《李卓吾先生批评浣纱记》一样，文字也相同，可能系怡云阁主人据李评本翻刻的。唯卷上最末一

---

① 郑振铎《郑振铎古典文学论文集》下册，上海古籍出版社，1984年，页1009。

页题"汤海若先生批评浣纱记卷上",海若为汤显祖之号,将"李卓吾"改为"汤海若",显然是为射利而伪托。

(七)《浣纱记定本》

明末汲古阁原刻初印本,二卷。今通行者为中华书局重印《六十种曲》本,不分卷,但出目和文字与李评本、怡云阁本相同,略有不同者,是对这两本的明显误字做了订正。它们当属于同一版本系统。

(八) 康熙抄本《浣纱记》

《浣纱记》降至清代,未见有刻本行世,只有抄本流传,除康熙抄本外,尚有乾隆年间内府抄本(残存上卷,藏于北京图书馆)、乾隆二十五年(1760)龚天佑抄本(残存下卷,藏于中国艺术研究院戏曲研究所)、同治元年(1862)京师瑞鹤山房抄本(今存北京大学图书馆善本室)。另外,"苏州市戏曲研究室藏有《珍本浣纱记》(油印本)三卷,共三十六折,系据李翥凤所藏手抄本翻印",[①]此本笔者还未获见。

康熙抄本二卷二册,半页十一页,行二十九至三十二字不等。藏于北京图书馆。此本字迹潦草,凡曲词均有点板,内有朱笔批改处,如第十四出《越叹》,朱批"不用",由此可见,这可能是艺人的舞台演出本。目前所能见到的手抄演出本,以康熙抄本最为完整,并具有一定的影响。

传奇体制是从南戏嬗变来的,一本戏动辄四五十出,显得冗长曼衍,这样既不利于剧作家的创作,也难以在场上演出。明末清初,以李玉为首的一批苏州曲家,熟悉演出情况和观众的要求,便将传奇体制由长变短,使之日趋简练,每部戏才二三十出左右。《浣纱记》是一出盛行的昆曲剧目,艺人为了满足观众的口味,让剧本更能符合舞台演出的需要,以富春堂本、继志齐本作为底本,对它进行了较大的改动。一、在不影响原作的情节结构,并保留其重点场次的情况下,作了大

[①]《中国戏曲志·江苏卷》,中国 ISBN 中心,1992 年,页 233。

刀阔斧的删改,将原来四十六出减至三十三出,几乎砍去了三分之一。其出目为:《家门》《上寿》《前访》《伐越》《交兵》《被围》《回营》《允降》《送饯》《行程》《养马》《捧心》《打围》《越叹》《问疾》《放归》《后访》《寄子》《歌舞》《进施》《采莲》《籴谷》《赐剑》《思纱》《伐吴》《闻报》《不允》《显圣》《吴刎》《擒嚭》《泛湖》《治定》。这样就克服了原本"满而妥,间流冗长"的毛病(王世贞《曲藻》),显得简洁紧凑。二、即使是一些舞台上流行的重要场次,如《前访》《后访》《寄子》《进美》《歌舞》《采莲》《思越》等,也对其曲词作了增减或调整。如《寄子》,原为【意难忘】、【胜如花】、【前腔】、【燕归梁】、【泣颜回】、【前腔】、【前腔】、【摧拍】、【前腔】、【前腔】、【一撮棹】等十一支曲子,今删去【胜如花】之【合前】,【泣颜回】后的第二支【前腔】,【摧拍】后的两支【前腔】,【燕归梁】只保留"叵耐强臣只立威,看社稷垂危"二出,另将原下场诗"本是同林鸟"四句改为【哭相思】曲词。又如《歌舞》出,原为【风入松慢】、【前腔】、【好姐姐】、【二犯江儿水】、【好姐姐】、【二犯江儿水】等六支曲子,今删去两支【好姐姐】,将后一支【二犯江儿水】改为【前腔】。三、经过删削和改写,比富春堂本、继志斋本,其宾白更加通俗口语化。为了迎合观众,如《回营》(即《通嚭》)出增加许多插科打诨。说明在长期的演出过程中,这个抄本已经大大地删繁就简了。可是北京大学所藏瑞鹤山房《戏曲四十六种》,为清代升平署演员杜步云的抄本戏曲集,第一函第三种所收《浣纱记》,从《开宗》到《泛湖》仅有二十三出,即《开宗》《越寿》《前访》《伐越》《交兵》《议成》《回营》《养马》《捧心》《打围》《后访》《寄子》《歌舞》《拜施》《分纱》《进美》《采莲》《定计》《诟谏》《回话》《赐剑》《被擒》《誓师》《泛湖》。此本为原作的二分之一,不仅更加精练,而且标有工尺谱,《前访》《寄子》《赐剑》三出还加注了身段谱。它与康熙抄本的曲词和宾白的文字基本相同,瑞鹤山房抄本《浣纱记》和康熙抄本一脉相承,反映了清代戏曲舞台上演出此剧风貌。

综上所述,明刊《浣纱记》可以分为三个版本系统,一是武林阳春堂本——吴越春秋乐府本;二是富春堂本——继志斋本;三是李卓吾评本——怡云阁本——汲古阁《六十种曲》本。在这三种版本系统中,李卓吾评本尽管有些误字,但出目工整规范,宾白多采自史书,喜用骈偶句式,板滞而少变化,可能更接近于《浣纱记》的原刻本。至于康熙抄本和瑞鹤山房抄本《浣纱记》是在明代演出本基础上演变的艺人用的脚本。

(本文原载华玮、王瑷玲主编《明清戏曲国际研讨会论文集》,台北,1998年)

关于梁辰鱼的《鹿城诗集》

梁辰鱼,字伯龙,号少白,别署仇池外史。江苏昆山人。他是明代著名的戏曲作家,撰有传奇《浣纱记》、杂剧《红线女》、《红绡伎》(已佚),改编过传奇《周羽教子寻亲记》。还著有散曲集《江东白苎》。因为他以曲名世,尽管明俞宪《盛明百家诗》前编收有《梁国子生集》一卷,清钱谦益《列朝诗集》、陈田《明诗纪事》都选录了梁氏的诗作,但很少有人把他当作诗人看待,至于他的《鹿城诗集》,极为罕见,更鲜为人知。

明末清初黄虞稷《千顷堂书目》,著录有明一代著述堪称丰富,梁辰鱼之诗作,亦仅收《远游稿》一种,未涉及《鹿城诗集》。《续修四库全书提要》(稿本)卷一二"集部"始载:

《鹿城诗集》,十卷。明万历刻本。

此刻本尚存,今藏于台北"中央图书馆",无缘获见。目前所能看到的仅有两个抄本,一为苏州市博物馆所藏的十卷本,另为庋藏于北京图书馆的二十八卷本。

十卷本《鹿城诗集》为旧抄本,无抄写者的题记或跋语,不详何时抄本,但既为十卷本,当据万历刻本所过录。惜此本已非完帙,只存有三篇序文、全书总目以及前三卷的篇什。虽然不可能目睹全书的原貌,但也可借以窥见原刻本之一斑。集前的三篇序文,系嘉靖三十七年(1558)中夏既望衡山文徵明《梁伯龙诗序》,隆庆六年(1572)季秋南京大理寺卿琅琊王世贞《梁伯龙乐府序》,以及万历十年(1582)东海友人屠隆《梁伯龙鹿城集序》。后两篇序文又分别载于王世贞《弇州山人四部续稿》卷四〇和屠隆《白榆集》卷二。从三篇序文的题署的时间前后相隔 24 年之久,以及各篇序的内容和集前的总目来考察,《鹿城诗集》,应是梁氏几部诗作的合编。《盛明百家诗》前编所收的《梁国子生集》,仅选诗 40 首,其篇目均见于《鹿城诗集》的总目中。至于纪游之作在该诗集中所占的比重很大,《远游稿》里所录的诗篇,也应包括在其中。因此,我们可以断言,《鹿城诗集》应当是梁辰鱼生前的一部诗歌总集。三篇序文均为武林顾愿用隶书书写,序文后有"万历癸未中秋"顾氏的落款可证。"万历癸未"即万历十一年(1583),是屠隆为该集作序之次年,原书应该刊行于这一年的秋季。过了九年,即万历二十年(1592),梁辰鱼才离开人世,这部诗集或许由他本人亲自编订的。从诗集前的总目及三卷存诗看,全书按诗体分卷,每卷似乎又根据写作年代排列先后。共收录诗 1 085 首。

北京图书馆所藏二十八卷本《鹿城诗集》,系竹纸抄写,字迹工整。半叶十行,行十八字。无界栏。线装,分订为四册。首册扉叶上钤有"古吴梁氏"、"晓峰鉴藏"和"金星轺藏书记"等印章。集中凡"玄"字,如《上方寺同玄俊上人坐流云亭》《过玄习上人草堂次周若年韵》等,皆不避讳,可见此抄本的年代早于康熙。再从"古吴梁氏"之印章推断,它或许是梁辰鱼后裔的过录本。散出以后,经清代著名藏书家金檀(字星轺)等人的收藏。金氏《文瑞楼书目》著录有此本,云:"四册。传抄未刻本。"

余前些年辑校《梁辰鱼集》时,曾将上述两个抄本做了比勘,前三卷(以十卷本计)的内容,除个别地方的文字稍有差异外,基本上相同。但两本的编排体例、篇目以及诗的标题等又有所区别。

一、编排体例。二十八卷本《鹿城诗集》,集前不载总目,亦无每卷的分目。虽然以古今体诗类次,但分卷略有不同,一至四卷(相当于十卷本的首卷),以鼓吹曲、横吹曲、相和歌辞、清商歌辞、子夜曲、舞曲歌辞、四时白苎舞歌、琴曲歌辞标目,宛然郭茂倩《乐府诗集》之遗响。五至八卷为五言古诗(即十卷本的三卷)。九至十二卷为七言古诗(即十卷本的三卷)。十三至十七卷为五言律诗。十八卷仅录六言律诗一首(十卷本无此诗)。十九至二十二卷为七言律诗。二十三卷为五言排律。二十四卷为七言排律。二十五卷为五言绝句。二十六卷为六言绝句。二十七至二十八卷为七言绝句。每种体裁的诗作视篇什多寡,或分为一卷,或析为数卷,不像十卷本每一体诗归为一卷。

二、篇目。二十八卷本《鹿城诗集》各体诗皆备,共收诗1094首,比十卷本多出9首诗,如五言律诗《次前韵》(前诗为《顾公节东山草堂》)、六言律诗《听美人弹琴》、七言律诗《龙矶》、七言绝句《柳枝词二首武陵园送顾公节入京》《静庵诗赠圆慧上人》《得住字》以及《得稀字》等。这些诗都不见于十卷本总目,因为无由目验万历原刻本,而苏州市博物馆所藏抄本又恰好残缺后几卷,不知是抄手过录时脱漏,还是原本就没有这几首诗?按照常理,由于一时疏忽,出现个别差错,在所难免,如果漏抄这么多首诗,恐怕就不大有可能了。

三、标题。二十八卷本《鹿城诗集》的标题,与十卷本相比较,颇多出入,前者一般字多而题长,后者则字少而题短。今举五言律诗数首为例,如《仲夏同周进士胤昌过义兴吴使君石亭山泉旧居二首》,十卷本作《过义兴吴使君石亭山山泉旧居二首》,少"仲夏同周进士胤昌"八字;如《周若年石湖草堂》,十卷本无"周若年"三字;又如《雨中宿天池寺明瑶上人禅堂晓登凌虚阁瞻眺一首》,十卷本删去其中"雨中"、"上人"、"一首"等六个字;再如《送唐六游信州访魏检校孝伯》,十卷本则缺少后六字,这类情况不一而足。至于删去标题中一二字或缺诗题小注者则更多,如七言律诗《咏树里灯癸丑四月作》《酬范兖州宗吴》《留别章丘李太常开先》《谵青州副使秦使君钫公署》诸诗,十卷本均未标示出小字注。两本诗题截然不一样者亦有之,如五言律诗《题马骥才甫里别业》,十卷本则作《送马骥才还甫里》。亦有十卷本题目的字数比二十八卷本多,如《秋日送客归苍梧》,二十八卷本少"归苍梧"三字,这种情况极少,仅一例而已。

二十八卷本《鹿城诗集》卷首亦冠有文徵明、王世贞和屠隆三家序文,但无"万历癸未中秋武林顾愿书"之落款,再就上述几个不相同的方面观之,非常明显,此本不是从万历刻本所过录,我倒觉得它更接近梁辰鱼原作的面貌。《文瑞楼书目》认为它是"传抄未刻本",不是没有一点道理。大概十卷本上版开雕时,为了减少书写和刻工的麻烦,才对诗题做了一些删削。字数的减少并不影响诗题的完整,有的甚至更加简练,但二十八卷本的诗题及题中小注,对了解写诗的具体时间、地点及酬赠对象等,都有知人论世的文献价值,况且还多出了9首诗,比较十卷本,更显得弥足珍贵。应该说《鹿城诗集》已大致包括了梁辰鱼的全部诗作,当然不会没有散佚。明末张丑《清河书画舫》卷一二,就录有明嘉靖四十三年(1564)梁氏《集杜长句奉题张宪副约之玉山楼居》一首:

楼阁卷帘画图里,玉山高并两峰寒。旁人错比扬雄宅,百遍相过意未阑。

此诗就不载于诗集中。目前复旦大学等院校古籍研究所正联合编纂《全明诗》,一定还会有所发现。

《续修四库全书提要》(稿本)称赞梁辰鱼诗,云:"或正言以明志,或婉语而引情,玄霜绛雪,非世所常。其高者极声音之奥,穷造化之奇,其浅者不过略能骈赡而已。"又云:"集中篇什,如七古《松云歌》《五台山歌》《破瓢诗》《落魄公子夜阑曲》《双头莲叶歌》最为出色,律绝次之,古乐府则兴会飚举,独具体格。夫伯龙顾曲名堂,不能自已,诗特其余艺耳。然在曲家中固凤毛麟角,不可多见矣!"

在明代曲家中能诗者大有人在,能有大量作品流传下来,则实属不多。比起梁氏的戏曲和散曲作品,其诗作要逊色得多。他虽然在嘉、隆间名噪一时,享有盛誉,但他本人非达官显宦,以布衣终其身,因此,有关他生平的记载就比较少。在这种情况下,《鹿城诗集》提供了许多第一手的材料,对我们深入研究这位著名的戏曲作家的生平、思想和交游,无疑会有重要的参考价值。

(本文原刊于《文献》1991年第2期)

一编在手忆师友

——《梁辰鱼集》再版后记

《梁辰鱼集》1988年出书,迄今已愈十载。最近,上海古籍出版社通知我再版此书,并将它纳入该社《中国古典文学丛书》中去,我感到非常欣慰。从1981年《鹿城诗集》的发现,到着手编校此集,到艰难出书,到即将再版,其间经历了将近三十个春秋。回忆往事,追怀师友,我的思绪久久不能平静。

1981年秋,我在中国艺术研究院当脱产研究生,师从张庚和俞琳先生,研修中国戏曲史。除了必修的专业课外,我几乎都泡在北京各大图书馆里,如饥似渴地查阅戏曲典籍,尤其关注曲家的诗文集。当我从北京图书馆查到尘封已久的《鹿城诗集》清抄本,如发现一颗太空里的新星一样,感到特别兴奋。梁辰鱼的诗作,我仅在俞宪《盛明百家诗》中见过《梁国子生集》一卷,而此集28卷,各体诗皆备;卷首冠有文徵明、屠隆、王世贞三序。从该书扉页所钤"古吴梁氏"等印记来考察,我怀疑它是伯龙后人散出之物。这个集子鲜为人知,从不见学者称引,说明我们对梁辰鱼的研究还很不够。对明清戏曲史作深入研究,只出版戏曲作品集还不够,为了知人论世,希望更多刊印经过整理的曲家诗文集。

可是经过整理点校出版的戏曲家的集子,不过寥寥几种,至于明代曲家只有《汤显祖集》一种,中华书局编就《徐渭集》,当时尚未付梓。而梁辰鱼作为嘉靖、万历时的昆曲大家,应该有自己的诗文曲的合集,才能同他在戏曲史的地位相称。研究生毕业后,我留在戏曲研究所新成立的戏曲文献研究室工作,于是萌发为伯龙编校集子的愿望。想通过具体的操作实践,拓宽自己的思路,掌握从事戏曲文献整理和研究的基本方法,尽快使自己进入专业研究的角色。

《大百科全书·戏曲卷》的责编刘辉师兄,他与徐朔方先生过从较多。有一天来找我,说徐先生正在编校《沈璟集》,想托我从乾隆杨志鸿抄本《曲品》为他复印有关沈璟的材料。我很快就将复印件寄去,他立即回复致意。从此,我和朔方先生经常通信,讨论问题,交换资料和心得。

1982年春,张庚师向国家古籍小组长李一氓提出校点百种明清传奇的计划,让我们文献研究室负责这项工作。我致函朔方先生,征求他的意见,同时也想倾听对辑校梁集的看法,很快就得到他热情洋溢的回复:

> 《鹿城集》只见抄本,且不全。有文徵明、屠隆、王世贞三序。书在苏州博物馆。我曾摘录若干,到京后如得与您所见本相校,片刻间就可见出何者较好。承告标点明清传奇计划甚佳。鄙意以为有诗文集存留者,以诗文曲合收一集较好,不必强求一律。如梁辰鱼可出一《梁辰鱼集》,甚愿足下率先完成。它如《白兔记》近有新本发现,可以数种不同本子同刊一集。此指异文较多非校勘记所能尽者。我已入暮年,精力有限,只能整理旧作使之不成废纸而已,不能再有所作为,好在足下辈后来居上,大有作为。放翁诗云:"功名在子何殊我,但恨无人快著鞭。"今有人矣,复何憾之有? (1982年4月22日来信)

他不仅支持我们搞这个集体项目,而且还向我提供苏州所藏残抄本《鹿城集》的信息。所引用陆游诗句,不只是对我个人,也是对广大后学寄予的厚望。我很快就草拟出《〈梁辰鱼集〉辑校设想》的初稿。

这年6月上旬,朔方先生来京参加《大百科全书·戏曲卷》的编委会,11日约我去东方饭店相见,因为初次晤面,寒暄过后,就问我《梁辰鱼集》动手没有。我汇报正在核查各种版本的情况。下午去拜见王季思先生(1960年,教育部调先生来北大参与编文学史时,曾为我们讲过一学期元杂剧),先生虽然年近八旬,但精神矍铄,记忆清楚,待人和蔼可亲。他谈完对校点百种明清传奇的意见后,便问我最近忙些什么。我将《关于〈梁辰鱼集〉辑校的设想》呈请他过目。先生阅后,觉得构想很好,鼓励我快点将它搞出来。如果北京不好出版,他可以推荐给上海古籍出版社。并叮嘱将评本《浣纱记》的评语吸收进来(见1982年6月11日日记)。

两位老师的信任、关怀和支持,对我既是莫大的鼓励,也是一种有力的鞭策。如果他们的态度比较冷淡或迟疑,我就会改弦更张,放弃这个选题。后来王先生来京参加全国政协会,有一次我和同事去宾馆看望他。先生还记忆犹新,问起辑校工作的进展情况,对我这个接触不多的学生,还那么关心之至。

20世纪80年代末,古籍出版正处于举步维艰的时期,《梁辰鱼集》暂缓印行,先生未能看到它的出版,就早归道山了。但是先生对我的教导,时刻回响在我的耳际。明刊《浣纱记》只有李卓吾和汤显祖(即怡云阁本)两个评本,二者评语如出一辙,显然都是伪托,不过某些看法也有可取之处。由于受到版面的限制,故未能按照先生的要求,吸收到《梁辰鱼集》中去。但我认为先生的建议,能为读者阅读着想,故我在为中华书局《明清传奇选刊》点校《焚香记》时,遂将每折的评语摘出,置于书后,供广大读者参考。

至于朔方先生和我的情谊,谊兼师友,经久弥笃。1996年2月,系里组织教职工游览黄山,取道杭州返京,在杭州大学招待所下榻。晚饭后,我直奔西溪路杭大新村看望徐先生,他说:"我还以为你昨日到,和战垒去招待所,结果扑了一场空。"我感到很抱歉。那天我刚落座,一杯清茗过后,他提议到校园里走走。我俩边走边聊,兴致很浓。上月初,"梁集"的责编来信说,书稿已处理完,让我尽快写一篇前言。我趁机向他求序,他满口应承。次日我想再去徐寓,未料当晚他和吴战垒兄一起来送别,还未等我招呼,劈头就说:"序不能写了,我们对《浣纱记》的创作年代有分歧,叫我怎么动笔?还是彼此保持自己的看法比较好。"先生并非出尔反尔之人,他就是这样坦率执着,凡是与他有过接触过的人,都了解其脾气秉性。当然我也就不再勉为其难。他鼓励我将不同的意见写成文章,公开发表。这年底接到台湾"中研院"中国文哲所筹备处的邀请函,希望我1967年6月赴台北参加明清戏曲国际学术研讨会,于是我撰写了《〈浣纱记〉创作年代及版本考》作为提交会议的论文①。

当1998年《梁辰鱼集》出版,徐先生接到我的赠书后,立即复信:"忽奉梁集,得此厚赐,即先作快读。"当时他正在校阅新出的《汤显祖集》,未能将拙编读完,只看了一部分。过了大半年,他又在信中表示歉意:"尊著《梁辰鱼集》,犹未逐字读毕,殊觉惭报。"他随手所摘出的数条异议,我准备趁这次再版,参照订正。后来陈平原教授主编《20世纪中国学术文库》,聘请朔方先生主编《南戏与传奇研究》卷,选了拙作《〈梁辰鱼集〉前言》。这是一篇书序,出版社要求写三四千字即可。因为篇幅不长,要做到面面俱到,只能蜻蜓点水,难以畅所欲言。我觉得此文不配入选,请先生将它拿掉,他同意改为《〈浣纱记〉创作年代及版本考》。但出书时还是保留了前一篇。其用意我一直迷惑不解,后来他的助手孙秋克代笔告知:"鉴于梁辰鱼及《浣纱记》在传奇史上的地位和影响,……故徐先生决定收您的《〈梁辰鱼集〉前言》。"

在《梁辰鱼集》辑校选题的最后确定和书稿的出版,陈振鹏先生起了重要的作用。我有幸和他相识,是在20世纪80年代初。1983年5月9日至11日,为了继承郑振铎先生的遗愿,完成他未尽之业,社科院文研所邀请有关单位研究《古本戏曲丛刊》和《古本小说丛刊》的编印问题,我和副所长陈义敏作为戏研所的代表应邀与会。会上见到上海古籍出版社的副总编陈振鹏先生,我觉得此公不苟言笑,显得很严肃。他作为《古本戏曲丛刊五集》出版方的领导,在会上向国务院古籍小组组长李一氓及与会者,详细汇报承印丛刊五集的准备情况,胸有成竹,说得头头是道,甚至每本线装书的装订费用,都核算得一清二

---

① 见华玮、王瑷玲主编《明清戏曲国际研讨会论文集》上册,"中研院"中国文哲研究所筹备处,1998年。

楚。李老听了频频点头,大家也都很佩服。我对他思维缜密、虑事周详,留下了深刻的印象。

当时我忽然想起王季思先生的话,尽管《梁辰鱼集》的辑校工作,还未完全提到日程上来,但遇到这样难得的机会,何不未雨绸缪,先与古籍出版社通通气,挂上钩。王先生年事已高,怎能再给他添麻烦呢?于是,我鼓起勇气,晚饭后去拜见陈先生。他已经不像初见时那么严肃,不过还是不动声色,听我的毛遂自荐后,脸上才泛起一丝微笑,表示对这个选题感兴趣,让我将"辑校设想"寄给他。最后说,我回去研究后再给予答复,并希望以后多联系。此刻我觉得他很平易近人,甚至连他那一口广东腔的普通话,听起来也很亲切。

7月上旬,我突然接到上海古籍出版社的正式公函,同意接受辑校《梁辰鱼集》的选题。接着振鹏先生也示下:

> 回沪后即向第一编辑室转达,今已决定接受此选题。……工作可从容为之,以期精善,不必太赶时间。"设想"各条都可同意。戏曲部分的校勘记,对异文出校可略放宽,以供研究者参考;至于是否都有价值,或去或留,再由编辑部判断,因我社校勘戏曲在进行中者尚有几种,对校勘记宽严程度当求大体一致。先多留一些校记,可有余地作比较平衡,免致定稿时淘汰过多,不易索补。文字繁体直排,格式可参考我社《汤显祖集》。曲文不必分正衬字,因标准不易确定。贤如南方某先生,所为亦未必称善,不可强求也。

他很重视校勘记,这是古籍整理的重要部分,也是提高书籍质量的保证。因此,他在这方面的要求既具体又细致,连注意事项也为我考虑到。并推荐了《汤显祖集》作为样本。这封信不仅是我的辑校工作的指针,而且也体现老一辈学者严谨踏实的风格,成了我学习的榜样。

我每次去上海出差或者探亲,都要去武林新村住所看望他。1985年5月,他虽然离休,但离而不休,仍在家里继续为本社或上海辞书出版社审稿。这年秋天,我到沪宁一带访书,在上海图书馆查阅了几种书后,第二天要奔苏州。当天下午,去向陈先生告别,他正伏案看校样。得知我下榻苏州大学招待所,便说:"《剑南诗稿笺注》已经三校了,仍有个别问题,还需要与钱仲联先生沟通。你来得正好。替我带一封信去,也顺便去看望他。"接着又说:"听老先生一席话,也是胜读十年书。"振鹏先生是位特别敬业的编辑,审稿素以严谨细致著称,像唐圭璋、邓广铭、钱仲联等著名专家,都因为书稿得到他的修正和补充,而在前言中向他致以诚挚的谢意。①

他不仅对老专家如此尊重,对我们后学也是非常关爱。记得1987年11月,我住在上海文艺出版社招待所,修订校注本《中国十大古典悲喜剧集》时,遇到一些难以判断或解决的问题,因客中无书可查,而交稿的时间又很紧迫,我就去求教振鹏先生。他立即放下手里的工作,能解决的问题,当面予以回答,至于需要查书的地方,过不了一两天就将结果邮寄来,在每条解释的后面,都要引用书证,详细注明出处及卷数。他不仅解决了我的燃眉之急,而且那种古道热肠、一丝不苟的精神,使我由衷感谢,深深敬佩。

振鹏先生非常勤奋,挤出编余时间,笔耕不辍。他每出一本新书,都给我寄来,我的插架上有《坦园日记》(校点本)、《谜话》(由他主编的多人合作集)、《中国古代散文鉴赏》(与章培恒共同主编)以及连环画《胆剑篇》等。他才思敏捷,钟情于谜语,所藏清末《百二十家谜语》未刊稿,是一部重要的谜语集成。此书为古吴莲勺庐所辑。莲勺庐主人不仅是灯谜家,也是一位戏曲家。他所抄写的明清传奇有百种之多,为郑振铎、马廉、傅惜华、周越然等珍藏。而"莲勺庐"何许人,向来不为人所知。从此书卷首序文的题署,可知他是清末苏州的张玉森,这就可以搞清楚其人其书。先生曾做过编剧,擅长于度曲。《胆剑篇》由程十发绘图,他配以北曲小令百首,恐怕找不出第二本这样的连环画。此书曾获1981年全国第一届连环画创作评奖脚本一等奖,1999年作为《人民美术出版社·五十年连环画收藏精品》重新出版。因为是竖

---

① 见高克勤《满腹才识尽为书——陈振鹏怎样做编辑》,《编辑学刊》2008年第3期。

排本，但又采用横排的装帧，看起来非常别扭，且手民误植处也不少，很难让人恭维它是"收藏精品"。但程十发的绘画配以先生的北曲，却是珠联璧合；再加上有先生的题赠，并对夺误和标点都作了订正，我仍爱不释手，什袭珍藏。

2002年陈先生乔迁至徐汇区双峰路，即来信告知我新址及电话。这年10月底，我应吴战垒兄之约赴杭州浙江古籍出版社，回程先返沪，专门去新居看望。几年未见，对我突然来临，他显得很兴奋。但当我感谢寄赠《胆剑篇》时，他苍老而消瘦的脸上却露出苦笑，连忙摆摆手，示意不要再说了。我深深感受到一位耄耋之年的老编辑、老出版家，对当下出书质量的无奈和痛苦，后悔自己出言不慎。临行时，他执意要送我下楼，指点乘车站。这是我最后一次与他相聚。2005年4月16日，先生病逝，享年85岁。他尽为人作嫁，而自己却留下一部尚未整理完稿的《陈迦陵文集》，据云已列入《中国古典文学丛书》，我相信上海古籍出版社会作为精品书奉献给广大读者。陈振鹏先生泉下有知，一定会莞尔！

在此书辑校过程中，给予我帮助的人还有不少，这里就不再缕述了，我会永志不忘。1988年1月，《梁辰鱼集》编就。当时正是古籍出版处于低谷，如果没有李国章、李梦生等社领导的鼎力支持，像这种赔钱书很难出版；责任编辑史良昭先生也为此书付出辛勤的劳动，这里一并致以衷心的感谢。2001年5月18日，古老的昆曲被联合国教科文组织列为首批"人类口头非物质遗产代表作"后，从海外到国内掀起了昆曲热，《梁辰鱼集》也受到青睐。据良昭先生告知，有华裔读者来信，赞扬他们做了一件功德无量的事。我感到非常兴奋。此书初版有一些不尽如人意的地方，希望通过这次再版予以弥补，力争以新的面貌出现，这样才能不愧对已故的师友及关心此书的读者。

2010年立春

（本文原刊于《书品》第2辑，中华书局，2010年）

《香囊记》及其作者邵璨

明代统治者以八股文取士,士子们纷纷攻读《四书》《五经》,学作"替圣贤立言"的八股文,作为攫取功名富贵的手段。这种风气也反映到戏曲创作上来,明代剧坛曾经出现过不少"以时文为南曲"的作品,《香囊记》就是这方面的代表作之一。在第一出《家门》【沁园春】曲文里,作者就声称"为臣死忠,为子死孝"。他紧步丘濬《五伦全备记》后尘,"因续取《五伦》新传,标记紫香囊。"作品的内容无非是说忠教孝,非常迂腐。但他的卖弄学问,讲求文辞的典雅工丽,却成为明代戏曲史上骈俪派之开端。

《香囊记》的出现为一些封建卫道者所喝彩,把它同《五伦记》(即《五伦全备记》)、《四德》、《还带记》一起,列入《大雅》一类的戏曲中去,称颂它们能"厚风俗、正人心"(见明陶奭龄《喃之录》卷上)。而效尤者则纷沓而至,其影响之恶劣更甚于《五伦全备记》。明代杰出的戏曲家徐渭在《南词叙录》中,曾对这种不良的创作倾向进行过严肃的批评,他说:"效颦《香囊》而作者,一味孜孜汲汲,无一句非前场语,无一处无故事,无复毛发宋元之旧。三吴俗子以为文雅,翕然以教其奴婢,遂至盛行。南戏之厄,莫甚于今。"只有到明代万历年间,汤显祖的"玉茗堂四梦"盛行后,才一扫剧坛这种歪风邪气。

《香囊记》传奇不仅有明代万历金陵世德堂刻本、继志斋刻本、汲古阁刊印的《六十种曲》本等,广泛流传,而且也是达官贵人家红氍毹上经常上演的剧目之一。冯梦祯的《快雪堂日记》记载:万历三十年(1602)十一月初八日,他在浙江乌程晟舍铺凌濛初家中,观看过吕三班演出的《香囊记》;崇祯五年(1632)八月、六年(1633)正月、十一年

(1638)正月,祁彪佳分别在北京和绍兴两地,三次欣赏过《香囊记》的演出(见《祁忠敏公日记》);甚至直到"清末,苏州的大雅昆班还常演出《香囊》中《看策》一出"(陆萼庭《昆剧演出史稿》)。这些情况都说明它是戏曲史上不容忽视的作品。

关于《香囊记》的作者,《曲海总目提要》卷五著录,误题为"明丘濬撰"。为什么会致误呢?因为明继志斋刊本《香囊记》标作《五伦传香囊记》,而丘濬之作也称作《五伦记》,故《提要》误二记为一,统属之于丘氏名下。明清以来,其他各家之曲录或曲目,不是题作邵文明,就称作邵宏治,或以官名呼为邵给谏,众说纷纭,歧异颇大。如徐渭《南词叙录》云:

> 《香囊》乃宜兴老生员邵文明作,习《诗经》,专学杜诗,遂以二书语句勾入曲中,宾白亦是文语。

焦周《说楛》有这样的记载:

> 邵宏治,荆溪人,作《香囊》传奇,至"落日下平川",不能续。其弟应声曰:"何不云'归人争渡喧'乎?"时邵方与弟争田,因大喜,割畀之。今名"渡喧田"。(引自清焦循《剧说》卷四)

吕天成《曲品》卷上"妙品"总评说:

> 常州邵给谏,既属青琐名臣,乃习红牙曲伎。词防近俚,局忌入酸。选声尽工,宜骚人之倾耳;采事尤正,亦嘉客所赏心。存之可师,学焉则套。卷下"旧传奇"评《香囊》又说:毗陵(荫案:常州之古名)邵给谏作,佚其名。(见乾隆五十六年杨志鸿抄本《曲品》)

清抄别本《传奇汇考标目》第二九:

> 邵文明,常州人,名璨,官给事。

王国维撰《曲录》时,对《香囊记》的作者也未加探讨,于是,无所适从地把几种不同的说法杂糅在一起:《香囊记》,明邵宏治撰。宏治字文明,常州人,官给事中。

现在通行的说法是采自郑振铎的插图本《中国文学史》:"邵璨,字文明,宜兴县人。"虽然作者的名字和籍贯得到了解决,但对其生平事迹仍然不置一辞。傅惜华《明代传奇全目》也说:"事迹无考。"

其实并非如此。明代万历十八年(1590),陈遴玮修、王升纂的《宜兴县志》卷八《隐逸》中,就有如下的记载:

> 邵璨字文明,读书广学,志意恳笃。少习举子业,长耽词赋,晓音律,尤精于奕。论古人行谊,每有所契,则意气跃然。有《乐善集》存于家。

查清嘉庆二年(1797)宁楷等增纂的《宜兴旧县志》卷八《隐逸》,在《邵鉴传》后附有:"族有邵璨,广学博闻,弃举子业,耽于词赋。所著有《乐善集》。"卷末《艺术》又云:"邵璨字文明,喜词赋,晓音律,尤精于奕。"民国初年《重修宜兴志》卷末《艺术》中,也有同样的记载。显然都是出自万历《宜兴县志》中的《邵璨传》。

这个小传尽管还嫌其简略,但在史料缺乏的情况下,也可以帮助我们知人论世,对进一步了解作家作品,还是有所裨益的。

这个小传确凿地说明《香囊记》的作者邵璨,字文明,宜兴人。证实了徐渭和郑振铎的说法是正确的。作常州人,或荆溪人,皆误。同时还证实了邵璨从未应过科举考试,更没有做过给谏之类的官,而是以布衣终其一生的。焦周《说楛》中所载的一段逸话,"兄弟争田"可能出自传闻,未必实有其事,但《香囊记》第六出【朝元歌】曲文中,确有"落日下平川,归人争渡喧"两句诗,它和作家喜欢"以诗语作曲"的情况是相符合的。邵宏治和邵璨应是同一人。至于有的书中说宏治是邵璨另一字,因文献无证,不敢苟同,姑且存疑。

这个小传还告诉我们,邵璨"少习举子业,长耽词赋,晓音律"。正因为作者有这样的经历和文学艺术方面的修养,所以作品才充满"时文"气;不仅曲文丽语藻句,如烟花风柳,就是宾白也竭力追求对仗工整和声韵之铿锵,使戏曲作品离开本色愈远,成为文人雅士自诩才情、炫耀学问的东西。

在《香囊记》第一出《家门》【沁园春】曲文中,作者写道:"闲披汗简芸窗,谩把前修发否臧。有伯奇孝行,左儒死友,爱兄王览,骂贼睢阳。孟母贤慈,共姜节义,万古名垂有耿光!"像这样称述古人"行谊"的地方,剧中比比皆是。把戏曲作品写成一部古代忠臣孝子、烈夫贞妇、理学硕儒的"纲鉴",这和邵璨"读书广学",好"论古人行谊"是大有关系的吧!

邵璨的交游者,现在能知道的仅有二人,即《南词叙录》中所提到的钱西清和杭道卿。他们曾经"帮贴"过邵璨,致使《香囊记》尚有"一二套可取者","未致澜倒"。钱西清,生平事迹不详。卢文弨《常郡八邑艺文志》卷一二,辑有杭淮《奉赠西清钱先生》七言律一首:"凌驾洪涛劳远访,携将秋色过江城。青鞋布袜无尘土,碧水丹山自性情。几共躡云寻壑去,醉看骑马觉身轻。簪缨忝窃今头白,常使横经忆后生。"

从诗中的描写来看,这位西清先生可能也是一位隐逸之士,而作者已经是"白头簪缨"年高位隆的人了,还对他十分恭敬,或许是师长一辈的人吧! 杭淮字东卿,杭道卿的仲兄,弘治十二年(1499)进士,官至都御史。有《双溪集》八卷,存《四库全书》中,未见。《宜兴旧县志》卷八《治绩》有传。钱西清既是杭道卿仲兄的师长,当然也长于邵璨,有资格对他的创作进行帮助。

杭道卿,《宜兴旧县志·文苑》有传:杭濂字道卿,淮之弟。天资秀颖,然志尚高古,不屑为时俗对偶之文。尝受业于玉夫授《易》。游吴中,与都元敬、祝希哲、唐子畏、文徵明友,诗文日益工。然竟以诸生老。卒后,文徵明为序其遗稿。

此传有助于我们考察邵璨其人及其作品,一是杭道卿和都元敬

(应为玄敬,都穆之字,清代刻书时,因避清圣祖玄烨讳改)等吴中四文士,都是明成化、正德(1465—1521)时的人,邵璨的年辈应和他们相若,这样杭道卿和邵璨才能互相切磋,如果道卿是晚辈,也就谈不上"帮贴"了。可见邵璨应是这一时期的戏曲作家。过去有些戏曲史家仅根据"因续取《五伦》新传,标记紫香囊"两句话,就把丘濬和邵璨并列起来,认为《五伦全备记》和《香囊记》"大致为同时代之作"(见青木正儿《中国近世戏曲史》)。丘濬《明史》卷一八一有传,他生于永乐二年(1420),卒于弘治八年(1495),年七十六。显然,他们不应是同时代的人。二是杭道卿"志尚高古",也"以诸生老",其志趣和遭遇同邵璨很相似。但他"不屑为时俗对偶之文",因而对他的同乡好友"以时文为南曲",会有所不满,对《香囊记》提出修改意见,甚至动笔润色一两套,不是没有这个可能的。

傅惜华先生说邵璨是"邵珪兄"(见《明代传奇全目》卷一),不知何据。邵珪字文敬,自号半江,宜兴人。成化五年(1469)进士,官至严州太守。《宜兴县志》卷八《文苑》和钱谦益《列朝诗集小传》丙集,均有传。他和邵璨虽然籍里和时代都相同,又都以"文"行其"字",看来似乎是一家人,其实,他们并不是兄弟关系。因为《宜兴县志》有一个特点,凡入传人物,属父子兄弟者,皆一一为之注明,如邵鉴字原明,系邵之族兄弟,传中都标注出来。如果邵珪是他的同胞手足,不会不提到的。至于《传奇汇考标目》认为邵弘治,号半江,那就更加谬误了。

(本文原刊于中央戏剧学院学报《戏剧学习》1981年第3期)

关于《金丸记》的作者问题

1986年6月出版的《书品》第2期上，刊载了孙楷第先生《写在〈沧州后集〉出版之后》一文。他在这篇文章的"附记"中说：

> 《金丸记》是明朝姚茂良作的。今有传本。一九三〇年，我作《谈包公案》，其第三章《包公故事研究资料》章、第四章《抱妆盒故事》，皆沿《曲海总目提要》之误，以《金丸记》为明无名氏作。一九八二年我校《沧州后集》稿，将所收一九三〇年作的《谈包公案》看详一遍，对于《曲海总目提要》"《金丸记》是明无名氏作"一说，仍未纠正。一九八三年十月《沧州后集》完稿，始想起《金丸记》是明姚茂良作；说《金丸记》是无名氏作，错了。

《金丸记》又名《妆盒记》，别称《金弹记》，演宋朝陈琳抱妆盒事。关于此剧的作者问题，历来有不同的说法。最早认为是姚茂良作的，则见于《古人传奇总目》："金丸，姚静山所作。"（按：静山系姚茂良的字。）其后《重订曲海目》《传奇汇考标目》《曲目表》《今乐考证》《曲录》等诸家曲目，以及刘世珩暖红室校订本、吴梅校本、《中国古典戏曲论著集成》本《曲品》，都沿用这个说法。《古本戏曲丛刊初集》收有《金丸记》，在该丛刊的卷首总目上，亦题为"明姚茂良撰"。看来，孙楷第先生在他绝笔之前，对自己早年的看法加以否定，又重新提起《金丸记》的作者来，不是没有原因的。

不过，多年以来也有不少学者持相反的意见，主张为"明无名氏所作"。如郑振铎曾在《插图本中国文学史》中指出："姚静山所作，《曲录》著录的有《双忠记》、《金丸记》及《精忠记》三本。但这个记载实不可靠。《曲品》:'武康姚静山仅存一帙,惟睹《双忠》。……'静山所作盖只有《双忠》一帙,《金丸》《精忠》都非他的作品。《曲录》盖误将《曲品》所著录的《金丸》《精忠》第二剧,并《双忠》而连读了。"叶德均又作了进一步的考证,认为暖红室校订本、吴梅校本之《曲品》,在《双忠记》评语后增注"以上三本武康姚静山作",于是《金丸》二记均为姚作说,又增一层烟幕矣。殊不知"以上三本"数字不足信(见《曲品考》和《祁氏曲品剧品校补》)。北京大学图书馆所藏清抄本(即清河郡本)、《曲苑》和《增补曲苑》本《曲品》,以及乾隆杨志鸿所抄录的增补本《曲品》,均无"以上三本"四字,证明郑、叶两家的论断是正确的。应该说关于《金丸记》和《精忠记》作者的"烟幕"已经廓清了。但近年来不仅是孙楷第先生,即使颇有影响的工具书,如新出版不久的《古典戏曲存目汇考》,仍然沿用旧说;又如《中国戏曲曲艺词典》两说并存,不置可否,说明这个问题至今远未引起普遍的重视。因此,我们不妨再作一些考察,对深入解决《金丸记》的归属问题,会有所裨益的。

现在所通行的《曲品》,均出自曾习经收藏的清人抄本。此本"讹字晦句,层出迭见"(见陈玉祥《曲品跋》),又经前人增补,已非吕氏原作的面目了,近人的论著因此而致误者不少。路工曾在《明代戏曲评论家吕天成》一文中透露,他收藏有手稿本《曲品》。笔者最近读到这部抄本《曲品》。书中"高则诚"下小字注云"明永嘉人",此"明"字按习惯不应出于本朝作者的笔下,显然不是手稿本。凡"玄"字皆不避讳,至迟也是清康熙以前的抄本。经中国书店雷梦水先生从纸张墨色方面鉴定,应为清初抄本。我拿它和通行诸本《曲品》相对照,差别较大;与杨志鸿所抄录的增补本《曲品》相比较,发现它除多出《曲品补遗》和极少数剧目的评语互有出入外,两本的文字基本相同。如《金丸》《精忠》二记,都没有标明作者,并属无名氏;《双忠》下皆作"姚静山作,茂良武康人"。这个抄本尽管不是吕氏的手稿,但它是目前所能见到的最早的抄本《曲品》,给我们提供的有关材料,又一次有力地证明姚茂良只写过《双忠记》,同《金丸记》一点关系都没有。

《金丸记》的明刻本已佚，今所流传者为抄本：一是清康熙抄本，傅惜华原藏，《古本戏曲丛刊初集》所收《金丸记》，即据此本影印；二是红格抄本，梅兰芳原藏。这两本今皆归中国艺术研究院戏曲研究所收藏。笔者曾目验过，均未见题有撰者；三是周明泰所藏的许之衡饮流斋抄本，今庋藏于上海图书馆。蒋星煜先生在《周明泰之著述与收藏》一文中作了较详细的介绍，此本有许之衡的题识："词笔随意挥洒，然颇得元人人遗意，姚氏三种，当以此本为冠矣！"所谓"姚氏三种"，当然包括《金丸》《精忠》二记在内，很明显许氏也为旧说所惑而作出错误的判断，所以，上海图书馆所藏周氏《几礼居藏戏曲文献录存目》，将《金丸记》定为姚茂良撰，同样是不足为据的。

《金丸记》是明代戏曲舞台上比较流行的剧目，诸家戏曲选集，如黄文华《词林一枝》及《八能奏锦》、刘君锡《乐府菁华》、景居士《玉谷新簧》、程万里《大明春》、熊稔寰《徽池雅调》、殷启圣《尧天乐》、上云居士《万壑清音》、秦淮墨客《乐府红珊》以及无名氏《赛徵歌集》都选有这个剧的散出曲文。这些选集一般都不标作者姓名，只有方来馆主人的《万锦清音》例外，不论有无姓名可考者，皆一一写明，如该书"月集"所选《金丸记》中"合隐潜龙"一出，下注"失名氏"。这可以印证《曲品》的著录是可靠的，《金丸记》应为无名氏所作。

总之，《金丸记》是明代成化年间的作品，因为年代久远，在原作者难以稽考的情况下，我们当以后发现而未经臆改的杨志鸿抄本和清初抄本《曲品》的著录为准，不要再以讹传讹给研究工作带来不必要的麻烦。

1986 年 12 月

（本文原刊于《书品》第 2 期，中华书局，1987 年）

《杀狗记》改编者徐畛用名考

《杀狗记》为元代四大南戏之一，《永乐大典戏文目》题为《杨德贤妇杀狗劝夫》，徐渭《南词叙录·宋元旧篇》作《杀狗劝夫》，均不标作者。《曲品》《重订曲海总目》《今乐考证》等著录，都将其列在无名氏的作品内。清初张大复《寒山堂曲谱》卷首《谱选古今传奇散曲集总目》，在《杨德贤女杀狗劝夫》下，注云："古本，淳安徐畛仲由著。今本已由吴中情奴、沈兴白、龙犹子三改矣。"朱彝尊《静志居诗话》卷四，则归之于徐畛名下，"识曲者目《荆》《刘》《拜》《杀》为元四大南戏，《杀狗记》则仲由所撰也"。但在《永乐大典戏文三种》的《宦门子弟错立身》中，就已经提到《杀狗劝夫婿》戏文，可知此剧早在徐氏之前就广为流传了。四大南戏在流传过程中迭经改编，如果说《杀狗记》确与徐氏有关，他不过是最早的改编者而已。

关于徐氏的用名，从《寒山堂曲谱》和《静志居诗话》以来，就有两种字形非常相似的写法，前者为"畛"，读为 zhěn；后者为"畋"，读 jī。由于《寒山堂曲谱》仅存抄本，过去鲜为人知，王国维可能未目睹过此书，所以《曲录》著录《杀狗记》，题徐畋所撰（见《王国维遗书》第 16 册），后来他撰写《宋元戏曲史》南戏作家小传时，有关徐氏的传记材料，就直接转引自《静志居诗话》（见《王国维遗书》第 15 册）。《宋元戏曲史》是近代研究戏曲史的奠基著作，影响很大，今通行排印本《六十种曲》《曲海总目提要》《古典戏曲存目汇考》，甚至《中国大百科全书·戏曲卷》，以及最近新出的《中国曲学大辞典》等，凡是《杀狗记》改编者（或径题作者）的署名都用"徐畋"。当然，已为大多数研究者的著述或文章所采用。但用"徐畛"者也不乏其例。如《古本戏曲丛刊初集》卷首"目录"、邵曾祺《元明北杂剧总目考略》等。

《杀狗记》是一部世代累积型的剧作,它的原作者难以稽考。既然目前学术界已经认可徐氏为这部名作的最早改编者,那么就应当对其用名加以规范化,不应该因为"畛"、"畽"二字形近而混用。其中必有一是一非,究竟用哪一个字才算正确呢?本文略为之一辩也。

查遍古代各种字书,都未发现有"畽"字,1984年8月出版的《中华字典》(冷玉龙、韦一心主编,中华书局和中国友谊出版公司联合出版),共收楷书汉字85 568个,号称"当今世界收汉字最多的字典",也没有收录这个字。而"畛"字则见于《集韵》同"畛"字。读为 zhěn,指田间的小路,《诗·周颂·载芟》:"千耦其耘,徂隰徂畛。"孔颖达疏:"畛,谓地畔之径路也。"古人很重视自己的名字,尤其是读书人更加讲究,他们的名和字一般都有意义上的联系,字前加伯仲叔季则表示排行。如孔夫子的大弟子仲由,字子路;唐宋八大家之一的苏辙,字子由;金代大将庞迪,字仲由,都用道路与行走的关系来取字。徐畛,字仲由,表明他排行第二,"由",是经过、达到之意。因此,他的名和字在意义上的联系就非常吻合了。

因此,我认为徐氏用名的正字应当是"畛",这还可以从文献记载得到进一步的证实。据曾燠《静志居诗话序》,《诗话》原来散见于朱彝尊《明诗综》各卷,附于入选诗人小传之后,向未汇编成书。曾燠的同年姚柳依,为朱竹垞(朱彝尊之号)的乡后进,因考虑"明诗话无专本,兹从《明诗综》摘出,编而梓之"(见《静志居诗话》卷首)。这说明《静志居诗话》渊源于《明诗综》。而《明诗综》的传记材料又绝大多数采录自明末清初著名藏书家黄虞稷的《千顷堂书目》。吴骞《重校千顷堂书目跋》说"凡爵里姓氏以及序次先后",《明诗综》"壹皆依之"(见《愚谷文存》卷四)。今检康熙四十四年(1705)首刊本和六峰阁藏本《明诗综》,以及《适园丛书》第二集所收本《千顷堂书目》,两书有关徐畛的"畛"字都相同,没有刻成"畽"字。其小传也如出一辙:"字仲由,淳安人,洪武初征秀才,至藩省,辞归。"显而易见,问题不在《明诗综》,而出自《静志居诗话》,可能《诗话》上版开雕时,刻工将"畛"字误刻成"畽"。今存扶荔山房刊本和 1913 年上海文瑞楼石印本《诗话》，虽系覆刻本，也都是如此。由于《静志居诗话》的以讹传讹，给后人运用这条史料造成了混乱。

现存《淳安县志》以明嘉靖三年(1524)刻本最早，清顺治十五年(1658)刻本次之，这两种县志里均无徐畇的传记，仅在"艺文志"中录有徐仲由《题俞节妇传》七律一首。康熙二十二年(1683)刊行的县志，虽然也没有为徐畇立传，但在卷八"召辟"里却有"徐畇，洪武初掌邑庠教"的重要记载，对我们考察徐畇其人其名极有价值，确凿地证实了"畇"字正确无误。

通过上文的考辨，可以廓清《杀狗记》改编者徐畇用名的混乱，应已还其本来面目了。

这里再附带谈一谈他的生平事迹。徐畇是一个名不见经传的县学教授，因此关于其人其事的史料非常罕见，同大多数不为世人所重视的戏曲家一样，几乎湮没无闻。除了《千顷堂书目》中极短的小传外，光绪二十五年(1899)浙江书局重印《雍正浙江通志》卷一八五"文艺"之中，还有一则采录自《青溪诗集传》中的传记：

> 徐畇，字仲由，淳安人，幼颖敏，日记五千字。及长，博习经史百家之书。善属文，乡里推为祭酒。洪武初，辟教邑庠，三年，自免去。已诏征秀才，强起之，至省，力辞而归。号巢松病叟，葛巾野服，优游山水间，以诗酒自放。有《巢松集》。

这篇小传虽然不满百字，但特别珍贵，可以知道他是一个由元入明的人，晚号巢松病叟。《明诗综》卷一一收录《除夕》和《四月十七日喜王德刚过访》两首五古，从诗的内容来看，都是晚年所作。《除夕》可视为诗人生平的自叙传：

> 我家四兄弟，凋零半不完。存者惟二人，况复发尽斑。乱离因析居，破屋各数间。薄田不周饥，何以能当官。我比兄更穷，运

蹇家多艰。中年再鼓盆,岂特贫且鳏。落落羁芹宫,空戴儒者冠。池鱼与樊鸟,鳞鬣欲纵难。迩来遂吾志,腰脚俱两闲。归田理松竹,手植青琅玕。俯视庭下孙,皎皎双玉环。坐膝摸我须,眉目如春兰。焉知匪丘冢,天道终好还。晚年得细君,所执供厨餐。固无桃李姿,端厚胜小蛮。客来供酒脯,聊足尽主欢。雪消杨柳陂,春动梅花山。绿窗闲香阁,兽炭烧春盘。何如饮长夜,烛短夜未阑。酒尽埙箎鸣,慷慨出脾肝。愿言叙天伦,相期永团栾。

从诗中可了解徐畹家境清贫,兄弟四人,凋零过半。他经历过元末的大动乱,"其如年运艰,我辈逢乱离"(《四月十七日喜王德刚过访》)。命运坎壈,中年丧偶。虽然做过邑庠教授,也被皇帝诏征过,但淡泊名利,半途辞归。晚年续娶,过着一种徜徉诗酒、戏弄孙儿的悠闲生活。这恐怕也是饱经患难、阅尽沧桑之后的文人所追求的一种心灵上的宁静吧!据《乾隆淳安县志》卷一〇小传,"诏征秀才"事在"洪武辛酉",即洪武十四年(1381),他很可能活到了洪武末年。

元至正十三年(1353),官军借平贼,大肆剽掠民居,无恶不作。徐畹同邑俞溥的妻子童氏,为了以身体保护其婆婆不受污辱,被悍卒用刀断其左右臂,壮烈而死。诗人大概耳闻目睹了这惨绝人寰的一幕,写下《题俞节妇传》律诗:"三军不夺终身志,一死能全百岁姑。"他认为必须有这种大义凛然的气节,"人世纲常"才能赖以扶持。

徐畹曾自诩其"传奇词曲不多让人",除《杀狗记》外,别本《传奇汇考标目》还著录有《王翛然玉环记》《鲤直张志诚》《王文举月夜追倩魂》《杵蓝田裴航遇仙》和《柳文直元旦贺昇平》等五种剧目,今均不存,仅在《静志居诗话》里留下【满庭芳】小令一首:

乌纱裹头,清霜篱落,红叶林丘。渊明彭泽辞官后,不事王侯。爱的是青山旧友,喜的是绿酒新刍。相迤逗,金樽在手,烂醉菊花秋。

以陶渊明自况,睥睨王侯,乐于隐居。是他"葛山野服,优游山水间,以诗酒自放"生活的写照。词句清新俊雅,有元人之风致。惜《全明散曲》失收。

《巢松集》不知尚存于天壤间否?如果能从尘封中发现,一定会提供不少有助于深入了解徐畈的新资料。

(原刊于《文学遗产》1999年第4期。按:《中国曲学大辞典》定稿时,关于《杀狗记》改编者的用名问题争论不休,曾来电询问孰是孰非,我遂将提问草成此文刊出)

张凤翼和《琵琶记》

宋元民间南戏《赵贞女蔡二郎》，经过高则诚改编和再创作成《琵琶记》，以其"清丽之词，一洗作者之陋，于是村坊小伎，进与古法部相参，卓乎不可及已"(徐渭《南词叙录》)①，所谓"古法部"是指唐代宫廷的梨园法部。由于文士参与南戏的创作，就极大提高了它的地位，使南戏的发展进入一个新的历史时期。《琵琶记》深受广大观众的喜爱。从元末到万历年间，其刻本就有70种之多(见万历二十五年汪光华玩虎轩刻本《琵琶记》)。这在戏曲史上是非常罕见的，除《西厢记》以外，恐怕再也寻找不出任何一部剧作能有如此众多的刊本。因此，它被明人尊崇为"南戏之祖"或传奇"词宗"，也就不足为奇了。明代传奇作家几乎没有人不受到过《琵琶记》的熏陶，都把它作为自己创作的楷模，如张凤翼就是其中典型的一个。他对《琵琶记》的兴趣特别浓厚，与之结下了不解的情缘。

张凤翼，字伯起，号灵墟，别署冷然居士，江苏长洲人。以《红拂记》享誉晚明剧坛。而这个戏无论是曲调协韵，还是结构安排、语言运用，都可以看出《琵琶记》深刻影响。由于《红拂记》是伯起早年的作品，没有被后来严谨的昆腔格律所束缚，因此，在选调押韵方面以早期南戏为圭臬，比较宽松自由。而吴人无闭口字，容易将真文、寒山、廉纤三类闭口字念混，这样常有出韵或相邻韵部通押的现象。后来沈璟等曲家，强调制曲填词要"合律依腔"，主张以周德清《中原音韵》为押韵的标准。伯起不免要遭到种种非议，有人指斥他"用韵杂"，甚至连

---

① 《中国古典戏曲论著集成》第三集，中国戏剧出版社，1982年，页239。

他的侄婿、著名的戏曲家徐复祚对他也不满意:"但用吴音,先天、帘纤随口乱押;开闭罔辨,不复知有周韵矣。"①沈德符同样迷惑不解,便去向张凤翼求教,伯起直言不讳地回答:"子见高则诚《琵琶记》否?余用此例,奈何讶之?"②

由此可见,《红拂记》的创作是刻意学习《琵琶记》的结果。它虽然以隋唐时红拂私奔李靖,助其成就功业的故事为主,但又穿插了乐昌公主破镜重圆的故事。两件事情相隔 20 多年,本来并不相涉,然而都同越国公杨素有瓜葛。张凤翼不拘泥于史实,而是通过艺术虚构,将他们绾结到一本戏里,悲欢离合,相映成趣。其针线布置之绵密,使人们难以察觉出有什么牵强附会之处,更谈不上什么"遂成两家门,头脑太多"(徐复祚《曲论》)。其实《红拂记》的双重剧本结构,也是对《琵琶记》的艺术结构的模仿。《琵琶记》的文学语言成就,有口皆碑,它既保存了民间戏曲语言生动质朴的"本色",又具有文人加工后的绮丽典雅,两者相得益彰。伯起为之倾倒,他在《谈辂》中论及南戏时,认为"传奇词调俊逸推《琵琶记》"③,并对其"敷扬绮丽,语语传神,描写酸楚,言言次骨"的艺术感染力赞叹不已(引文见下文所引《删正琵琶记序》)。《红拂记》中大量引用并熔铸唐宋名家的诗词,使其语言清新秀朗,文采斐然,但又不深奥难懂,显然是着重继承和发扬了《琵琶记》文雅简洁这方面的特色。高则诚在《琵琶记》"开场"【水调歌头】标举:"不关风化体,纵好也徒然","休论插科打诨,也不寻宫数调,只看子孝与妻贤"。他所宣扬的创作主张,旨在褒扬忠孝节义,劝善惩恶,维护封建伦理纲常。这种功利主义的审美价值观,在张凤翼后期的戏曲作品里也表现得特别明显。伯起公开声称:"仆之戏编传奇,皆有关风化,可助解颐者。"④像《祝发记》《灌园记》《虎符记》等,不是歌颂忠臣孝子,就是表彰妻贤妇节,都是"有关风化"的作品。

---

① 《曲论》,《中国古典论著集成》第四集,中国戏剧出版社,1980 年,页 237。
② 《顾曲杂言》,《中国古典论著集成》第四集,页 208。
③ 《处实堂集》卷八,万历刻本。
④ 《处实堂续集》卷八《答管签宪书》,万历刻本。

张凤翼绝意科举考试后,尤好乐府新声,不但善于度曲,"自辰至夕,口呜呜不已"。撰有传奇《红拂记》《祝发记》《窃符记》《虎符记》《灌园记》《扊扅记》和《平播记》,前6种汇刻为《阳春六集》行世。而且还能粉墨登场,所串演的剧目就有《琵琶记》。据徐复祚《花当阁丛谈》卷四《三张》记载:伯起饰蔡伯喈,他的次子演赵五娘,观众感到好奇,将门堵满,但父子俩却聚精会神非常投入,丝毫都不介意。他们对《琵琶记》的爱好,已经达到了痴迷的程度。晚明吴中地区是昆曲盛行的地方,达官显宦、文人雅士崇尚家乐,成为一种社会风气,从中也可以窥豹之一斑。

张凤翼对《琵琶记》的各种传本也时刻关注,目睹过高则诚亲自修订过的稿本。他在《处实堂续集》卷八《续谈辂》中,为后世保存了一则珍贵的史料:

> 予尝见高则诚《琵琶记》草本,【醉扶归】"彩笔墨润"二句,改作"词源倒流"二句,今刻本已从之矣。又见一本,"三不从做灾成祸,一似天来大",改"三不从把好事翻成祸",甚佳。惜未有从之者,亦不及刊定也。二改皆草书旁注,意必东嘉手笔。可见古人能虚心如此。

东嘉所改【醉扶归】唱词中的两句,明虎林容与堂刻本《李卓吾先生批评〈琵琶记〉》、明书林萧鸿腾刻《六合同春》本《陈继儒评鼎镌琵琶记》,以及汲古阁六十种曲本《琵琶记》第三十六出《孝妇写真》都已经改正过来。这出戏描写赵五娘被接进牛府后,担心蔡伯喈嫌弃自己不肯相认,便题诗在公婆遗像的背面,以此打动丈夫。她先唱一支【醉扶归】曲:"丈夫,我有缘千里能相会,难道是无缘对面不相逢。凤枕鸾衾也曾共,今日呵,到凭着兔毫茧纸将他动。休休,毕竟一齐盼咐与东风,把往事如春梦。(题介)……"抒发自己满腹忧愁,心事重重,诗成,紧接着唱【前腔】"纵使我词源倒流三峡水,丈夫,只怕你胸中别是一帆风。……"但今存陆贻典抄本《新刊元本蔡伯喈琵琶记》第三十五段

《五娘书馆题诗》【醉扶归】第二曲首二句,仍然作"彩笔墨润鸾封重,只为玉箫声断凤楼空"。这二句过于典丽而文意不显达,经高则诚这么一改动,"纵使我词源倒流三峡水,丈夫,只怕你胸中别是一帆风",不仅没有失去唱词的文雅,反而晓畅明白,更能表达五娘既埋怨丈夫又怕遭到遗弃的复杂心情。因此,伯起以"虚心如此"来赞扬高氏对待作品反复推敲、以求达到精益求精的严肃认真态度。十年前,学术界曾就《琵琶记》的署名权问题,展开过一场激烈的争论,而这里所引用的这一条史料,则可以确凿地证实,该剧的最后改编写定者,只能是为绝大多数研究者所公认的高则诚。

《处实堂续集》卷二,有一篇《删正琵琶记序》,对深入研究张凤翼和《琵琶记》都有一定的参考价值。因为从不见有人提及和引用,今特照录于后,以飨读者:

  《琵琶》一记,脍炙万口。传自胜国,蔚为词宗。敷扬绮丽,语语传神;描写酸楚,言言次骨。故能令德色于耰锄者,发爱日之诚;俾贻于麈尾者,慕小星之义。白云在望,羁旅兴怀于异乡;黔首协和,里闬还淳于闾井。诚感发人心之一机,而裨益风教之要也。顾相沿既久,翻本转多,貌肖者病于亥豕,响钩者错于庚青。添蛇之足,混石于瑜;续貂之尾,乱雅以郑。效颦笑于西子,学步武于东嘉,人罕问奇,市惟灾木。古调榛荆,赏音寂寞,日复一日,讹以传讹。不有正文,曷其有极?大梁儒侠,醉心引商;武林仙尉,留神和郢。蓟门倾盖,等三笑于同声;茂苑班荆,审八音以合志。遇公瑾尚推其顾曲,在尼父必反其善歌。乃授帙嗟吁,遂汇编参伍,片言期于复古,只字必于宜今。参辞正言,匪倾俗耳;删科袭诨,犹捧众腹。探移易之本旨,务得兔而忘蹄;略宫商之故步,恶刻舟而求剑。缓急协度,繁简适中,还面目于本来,通声音于政理。厥意微矣,厥功茂矣!若乃命名本于"王四"(按:"王四"指"琵琶"),牛姓驾夫"不花"(按:胡语以牛姓为"不花",指牛太师),梦蔡之征,交花之瑞,则事或传于稗家,语或得于途说,所当存而不论,论而不议者也。

张凤翼曾四上礼部试,万历五年丁丑(1577),又失利,"不及放榜,舟行南归"①。这篇序文大约写在万历十二年(1584)前后,这正是伯起退出科场、侍奉老母的时候,他才可以有闲暇征歌度曲,并集中精力从事戏曲创作。文中所说的"大梁儒侠",和"武林仙尉",当指参加《删正琵琶记》的两位作者。因梁辰鱼祖籍河南,其先人元代知昆山州事,遂移家昆山,而浙江鄞县屠隆,求仙好道,任过青浦县令,曾以仙令自诩。前者大概指指梁伯龙,后者或许为屠隆。然而"蓟门倾盖"对句中,连用了"虎溪三笑"和"班荆道旧"两个典故,都含有指众人的意思,尤其是"虎溪三笑",相传庐山东林寺前有条虎溪,晋高僧慧远送客,从不过溪。一日,陶渊明和道士陆修静往访,相谈甚契,慧远送别时,不觉过了溪,三人大笑而别。说明对《琵琶记》的删订者,不止两位,应当还有一人,他们曾在蓟门(指北京)相聚,后又邂逅于茂苑(长洲的古名),共同研讨过戏曲音律。此人究竟是谁呢?从行文中的语气及张氏本人的经历来看,他应该就是伯起自己。因为张氏是长洲人,多次去过北京;况且他精通曲律,每成一曲,都交付歌者彭生(光祖)演唱,亲"为酌调谐声,考谱正讹"②,尤其是对《琵琶记》又那么情有独钟,参加删正工作最合适不过。

《琵琶记》的翻本甚多,造成鱼鲁亥豕,音律乖舛,伯起等人深为不满,想通过删订以正本清源,恢复《琵琶记》的原貌。因为"戏无定本",特别是名剧,在不断演出流传过程中,会出现各种抄本或刊本,良莠不齐,当然不可避免,但它们都自有其存在的理由,本无可厚非,分其轩轾。如果为了研究作家的创作意图,作品的构思以及艺术技巧,就必须选择善本,尊重原作,不能轻易改动。伯起既然熟悉《琵琶记》的版本,又目验过高则诚修订过的稿本,他主导比勘整理过的《删正琵琶记》,其价值就自不待言了。遗憾的是,今存40多种《琵琶记》传本中,

---

① 见徐朔方《张凤翼年谱》,《晚明曲家年谱》第1册,浙江古籍出版社,1993年,页202。
② 《处实堂续集》卷六有《彭生哀辞》。

唯独不见此本,可能早就散佚不复存在了。

张凤翼不仅是戏曲名家,而且以书法著称于时。晚年,他以鬻书为生,自榜其门曰:"本宅缺乏纸笔,凡有以扇求楷书者,银一钱;行书八句者,三分。"①当时的文坛领袖王世贞(元美),与张凤翼交游密切,也精通书艺。曾写信向伯起求教过楷书,但不知何故,张氏并未从命,以《王元美中丞书至有老蚌之讯后一书复嘱子作楷书率有此答》五律一首②,表示了谢绝。以上两件事说明,张凤翼尤擅长于写楷书,其书法真迹至今尚有存者,见《中国美术全集·明代书法》。他还喜欢观赏名家书画册页,经常为之题词作跋。正因为如此,他留意于收藏,对高则诚题于画端的楷书也极为称赏。《续谈辂》载有高氏《题黄铨画鸡图赞》:

> 予尝购黄铨《鸡》,上有东嘉赞云:"匪金尔距,匪芥尔羽,弗断尾以自防,弗纪渻之与侣。彼抟扶摇击水三千而上者,其适亦奚以异于汝?孰能阴仓筤、颓丛卉、友尸乡之老翁,以与尔居处者哉!"且楷书亦精劲。人知其为词家,而不知其藻翰之妙也。

黄铨,字衡可,号金鼎,江苏句容人。据《弘治句容县志》卷六记载,洪武间,他以字学选内翰,后改官溧水主簿。这是一位由元入明的书画家,既然高则诚为其画题词,他又活到洪武年间,他的年辈应当小于东嘉。则诚生活在大动乱的元末,虽然以进士出身,但最终也只做到福建行省都事,这是一个从七品的属官。"乱离遭世变,出处叹才难"③,由于他遭遇离乱,才华又得不到施展,彷徨苦闷的思想,在他自己题画的诗文里也时有流露。

在这一则题词里,前四句都是有关鸡的故事。"匪金尔距,匪芥尔

---

① 沈瓒《近事丛残》。
② 见《处实堂集》卷二。
③ 田艺蘅《留青日札》中册卷一九《琵琶记》条引陆德旸挽诗,上海古籍出版社,1985年,页644。

羽"、"金距"、"芥羽"事,见《史记·鲁周公世家》,鲁国贵族郈氏和季氏好斗鸡,为了战胜对方,郈氏在斗鸡的脚爪上,装上用金属制成的假距,而季氏则将辛辣的芥末子捣碎撒在鸡羽上,用来迷斗鸡的眼睛。"弗断尾以自防",典出《左传·昭公二十二年》,宋国宾孟到郊外,见雄鸡自断其尾,问侍者,才知道鸡害怕成为祭祀的牺牲,后世用"断尾自防"来比喻明智的士人自我伤残,以逃避祸害。"弗纪渻之与侣",据《庄子·达生》载:纪渻为周宣公驯养斗鸡,开始时鸡骄悍,后来犹如木鸡,不动不惊,镇定自如,其他鸡一见,不战而逃。高则诚所题画上的鸡,既不是一决胜负的斗鸡,也不是伤尾自残的雄鸡,更不是处变不惊、修养高深的木鸡。他竭力赞扬它们虽不能击水三千腾空而上,但在竹林草丛中的悠闲自得又何异于大鹏鸟?最后,再联想起古代仙人祝鸡翁隐居尸乡养鸡的情景(见《列仙传》卷上),从而表达自己避世远祸、隐逸自适的思想。这篇《题黄铨画鸡图赞》,不见今人所辑《高则诚集》。尽管是一篇不满百字的佚文,然而有助于我们对高则诚晚年思想的进一步了解。

(本文原刊于《学林漫录》第十五集,中华书局,2000年11月)

《还金记》传奇和《鸳鸯坠》杂剧

张增元《方志著录明清罕见戏曲存目七十七种》一文(《文史》第24辑),提供不少有价值的史料,对研究明清戏曲作家及剧目,无疑是有参考作用的。但作者失之于认真检索,将已见于著录并有传本的明人张瑀的《还金记》误作散佚剧目。《还金记》传奇不见刻本,只有蓝格抄本传世,与方疑子抄本《鸳鸯坠》杂剧合为一册。此书原为鄞县马氏(隅卿)不登大雅堂文库所收藏,后庋藏于北京大学图书馆。最早由《北京大学图书馆善本书录》著录,题"方疑子二种曲,二卷,清张瑀撰,稿本"。庄一拂编著《古典戏曲存目汇考》也据以著录。1938年仲冬,吴晓铃受魏建功先生之托,编辑《鄞县马氏不登大雅堂文库剧曲目录》①,在"传奇之部"著录《方疑子二种曲》(清方疑子撰,抄本),二册一函。20世纪80年代初,他草拟《古本戏曲丛刊》第六集初稿,第79种即为《方疑子二种曲》,将张瑀置于"乾隆间作家生卒年待考者"之列。可见都对张瑀其人及剧作疏于考证,将作者误为清人,遂将《还金记》当成了清代剧目。

张增元从《乾隆正定府志》卷三四、《光绪正定县志》卷三九中,查到张瑀的小传:"诸生。多读书,能文,以数奇寓意于声歌。每即席度曲未脱,燕赵间已遍睹于旗亭。梁侍郎清远,摘其《还金记》'红雨青纱'之句,比之马东篱、王实甫云。"可补《古典戏曲存目汇考》之阙失。但由于小传过于简略,对张瑀其人及剧作,仍未做出正确的论断。其实志书上的小传,节录自明末清初梁清远的《真定三子传》②:

---

① 《吴晓铃集》第一卷,河北教育出版社,2006年。
② 梁清远《袚园集》"文集"卷三,清康熙二十七年梁允桓刻本。

呜呼！燕赵固多才，乃吾郡风雅之士兹溪先生后，何其少也。自余所记则有三子，而三子者又皆未抵于成，少有撰著亦散佚可惜也。夫余惧其久将湮没，遂为之传。张瑀先生者，在嘉、隆间名。能文章，多读书，六应试不第，其才情一寓之于填词。尝游侠邪，即席度曲，顷刻立就，虽极藻丽，而无斧凿痕，且合音节。每一词成，诸少年歌之未脱口，已传于燕赵间，人无不歌之者。诗亦琅琅可诵，但不多见。即其词今所传者，惟吾家《还金记》。其中如"万顷春光入柳堤"、"一门红雨衬青莎"、"一声鹦鹉庭院静"、"鹤发惊秋露渐凉"，及"乾坤容我闲，帘卷微山"诸句，即令马东篱、王实甫操管不能过也。

梁子曰：三子皆才士也，使其脱颖而振耀于当世，其不足黼黻也哉！乃俱汶汶以殁，疑三子皆有自致者与甚矣，才固不可恃也。

未免有溢美之词，但可知人论世，对研究张瑀及其作品者仍有一定参考价值。

《光绪正定县志》卷四"古迹"云："《通典》：镇州城东有恒阳城，开元中常山郡置恒阳于此，今村仍名权村。"故《还金记》署"恒阳张瑀撰"。卷首有作者自序："记也事皆实录，穷巷悉知。惟石麟诞瑞，玉诏颁恩，颇涉虚伪，然非此无以劝世。况天道福善，君道彰善，亦理之常，虽虚而同归实矣。呜呼！文胜质则史，在秉彤管者且然。词人盖无嫌藻绘，余复托此以自道，大雅君子幸垂谅焉。"据此序，这个剧主要是写作者自己亲身经历的事情。不分卷，十四出：《开宗》《赏春》《祝春》《焚券》《逼试》《有传》《游船》《妄想》《失意》《安贫》《还璧》《告天》《送生》《开筵》《旌表》。第一出《开宗》以《沁园春》开场，略叙剧情大概："昔日张生，暮年衰父，病染十分。将岁积月积，白金百两，趁天昏地昏，黑夜一人。不为身谋，只因子幼，托寄敕封梁使君。光阴迅，张生渐长，雪案总辛勤。(内)辛勤何如？(末)辛勤，七向龙门，点额空还溃渐贫。喜封君受寄，珍藏十袭，见书生遭困，璧还三秦。德合天心，祥储仙箓,玉女锡来又石麟。天庭近,声闻圣主,褒诏沫殊恩。"

剧演张翁病重,因瑀尚年幼,便将平日积攒的白银百两,托付表侄梁相保存,待后日交给张瑀。梁相恐瑀"多财损志",会不求进取,故秘而不宣。张瑀虽发愤攻读,但七赴考场,皆名落孙山。最后一次下第归来,家徒四壁,一贫如洗。时值初冬大雪,瑀无以奉母,生计极为艰难。梁相约好友游击将军崔桂,同往张家。将寄存了 28 年的银子,如数奉还。因无先父的契文作凭证,张瑀母子却金不受。梁相说明原委,并让瑀辨识银封上张父的笔迹,才敢认领。张母感激涕零,嘱瑀焚香告天。适值九天采访使奉玉帝之命,察视人间善恶,得知此事。回禀玉帝,遂将一个石麒麟送生,使梁相又得第四子。还金事上闻朝廷,皇帝差御史旌表。

所记皆实有其人其事。梁相,字怡庵,号我津,梁梦龙之父。梁梦龙乃明嘉靖三十八年(1559)进士,万历时总督蓟、辽、保定军务,加官兵部、礼部尚书。张一桂《漱秋文集》卷六有《贺我津梁翁七帙荣寿序》。写《真定三子传》的梁清远为梁梦龙之曾孙,梁相的玄孙。梁相实有其人,他还金之事,在真定广为流传,直至清代,梁彬《云染稗记》、王正训《桐雨山房杂俎》中还有记载。① 可见张瑀自序所说的"事皆实录,穷巷悉知"的话并非夸饰之词。此剧除个别人物和情节虚构外,如敖下愚妄想索取银子未能得逞一事即为虚构,剧中其他主要出场人物和情节,都是真人真事。作者也毫不隐讳,直书真名实姓。尤其将自己作为剧中的主角,把亲身经历编撰为传奇,在现存的古代戏曲中应当是非常罕见的,可能也是最早的一部。明清虽然出现一批自寓身世的剧作,但都隐去剧中人的真姓名,采用化名掩饰自己的真实身份。这是《还金记》值得我们肯定的第一点。第二,明代传奇的体制宏大,头绪纷繁,动辄四五十出,剧情多离不开发迹变态、生旦团圆的熟套。此剧情节单纯,排场也不复杂,未涉及才子佳人,亦别具一格。剧中第八出《失意》,用北曲【步步娇】大套,颇能抒写出落第士子惆怅失意的

---

① 《光绪正定县志》卷末"杂记"。

心情。第三,张瑀在《还金记自序》中,谈到虚构和想象在写实戏创作的作用。他深知写戏和传记不同,写戏可以凭借想象,尽管它"颇涉虚伪",但需要表达某种愿望和思想时,没有大胆的虚构不行,"非此无以劝世"也。400年前,就有这样明确的戏剧观念,是非常难能可贵的。此剧第六出《游船》【梁州序】后仅有曲文而无宾白。又如第十出《返璧》第一页"(外)而今冬初,即有此大雪,为丰年之兆。只是表弟张秀才(下)"后,为八行蓝格空白页。或为原稿就缺失。论者认为此剧系张瑀的稿本并非空穴来风。

据马隅卿《不登大雅堂文库书目》著录,其第十箱"戏曲":

真定梁氏家乘残稿本
　　附《方疑子二种曲》清张瑀
　　《还金》传奇十四出
　　《鸳鸯坠》杂剧四折

原抄本只是《还金记》传奇与《鸳鸯坠》杂剧,合抄在一册里,每剧各自题署,并无封页。影印收入北京大学图书馆编辑的《不登大雅文库珍本戏曲丛刊》第四册①,才根据马廉的著录始加封页,题"方疑子二种曲二卷补遗一卷"。

《鸳鸯坠》杂剧,其下并列署"方疑子次,飞石生商"。全剧五折:《开场》《魂靓》《竭诚》《冥谒》《回生》。《开场》实为四句标题:"霍先生轻透鬼神机,老夫人错配鸾凤对。梁大郎苦结死生缘,黄小姐硬认鸳鸯坠。"剧写黄玉鸾幼遵父母之命,许配真定书生梁高秀,不料祖母从中阻挠,欲悔婚约,遂抑郁成病而不起。梁生入京应试毕,归省途中,玉鸾游魂与之相遇,遂嘱梁求人间司命霍塾师相救。霍百般辱梁,试其果然真诚,乃作法引导梁生至冥府,向阎王求情。阎王谓女慕义而亡,允其回生。玉鸾复苏后,述说阴司所见,祖母感其事,允许二人结

---

① 《不登大雅堂文库珍本戏曲丛刊》第四册,学苑出版社,2003年。

成连理。因以鸳鸯坠为聘，故以之为剧名。

这个剧也是写真定梁家的故事。根据剧后的"补遗"所载,明崇祯时首辅蒋德璟为梁维基所写的《奉贺南雄守梁老先生暨王恭人偕寿序》,云:"梁子为中翰馆甥,恭人父中翰之族也。梁、王世为姻娅,故中翰谈公事甚悉。""梁子"即梁清标,生父梁维本,过继给叔父维基为子。"中翰"即洛阳孟津大书法家王铎,明崇祯时,曾在翰林院供职,入清后官至礼部尚书。① 他不仅为梁维本撰写过《礼科都给事中素洲墓志铭》,而且还有两首《哭梁给谏老亲家》诗。故剧中的男主角"真定书生梁高秀",可能以梁清标为原型；女主角黄玉鸾,"黄"谐音"王",或指王铎之女。但此剧的主要情节构思,却深受元郑光祖的《倩女离魂》杂剧影响,模仿的成分多一些。

因为马廉径题"方疑子二种曲",给人造成一种错觉,方疑子即张瑀,《鸳鸯坠》也为张瑀所撰。20世纪20至40年代,东方文化事业总委员会下属北平人文科学研究所,欲利用日本退还的庚子赔款,续修《四库全书》。由于日本侵华战争,时局动荡而停止。仅留下当时北平地区一批学者所撰写的提要,即后来称为《续修四库全书总目提要》(稿本)。孙楷第先生即是提要的撰稿者之一,他最早写了《阴鸷还金记》和《鸳鸯坠》提要,根据两剧抄写的笔迹,他认为《鸳鸯坠》"今附著此本于《还金记》之后,目为瑀作或无大误"②。据笔者考察并非如此,让人难以理解的是,张瑀毫不掩饰自己,在《还金记》中直书真名实事,为什么在《鸳鸯坠》杂剧不直接题"恒阳张瑀撰",而另署"方疑子次,石飞生商"? 况明末张瑀已经不在人世,即使还在人世,一个贫寒的耄耋老人,不可能再编写剧本。此剧明确署名由方疑子编次,又经石飞生商酌。显然张瑀和方疑子不可能是同一个人。方疑子其人难以稽考,只能先如此推定。因为两个剧所写之事,皆与真定梁氏有关,可能由梁氏后人或请人代为抄写,打算收入家乘中去。因都用书口"见君子阅"的八行蓝格纸正楷抄录,字迹皆出自同一人之手,故被马廉误题为

---

① 《清史列传》卷七九"贰臣传乙王铎"。
② 孙楷第所撰戏曲提要,均收入《戏曲小说书录解题》卷五,人民文学出版社,1990年。

"方疑子二种曲"。

《鸳鸯坠》杂剧后,附录"补遗"一卷,也用同样的八行蓝格纸正楷抄录,计有王铎、陈之遴、蒋德璟、赵南星、宋徵舆、马世奇等为礼科都给事中梁维本所撰的墓志铭、传记、寿序以及祝颂诗等。这应当就是马氏所说的《真定梁氏家乘》残稿。

尤其值得注意的是,《鸳鸯坠》杂剧下场诗("夫 想象精灵欲见难,生 碧桃何处便骖鸾。旦 玉郎会此通仙籍,小旦 笑剔灯花仔细看")后一行(见影印本页351),即第八行,顶格书"真定梁氏直誉集卷十四"。其后半面原为空白页(影印本页352),首行顶格标"真定梁氏直誉集卷十五",二、三、四行下,分别并列署:"工部郎维枢次录,弟维让、维品校。"此页第五行至第七行,又顶格书"鸳鸯坠传奇上,真定梁氏直誉集卷十五,真定梁氏直誉集卷十六"。其后也分别并列署:"工部郎维枢次录,弟维让、维品校。"第八行则顶格书"鸳鸯坠传奇下"。皆用娴熟的行书题署。

梁维枢是梁梦龙第四子梁志的长子,梁相的重孙,吴伟业盛赞他的书法:"公于书法酷嗜欧阳率更,得其楷法,世祖皇帝知其能,命书数纸以进,天语褒嘉,传为盛事。"①唐代著名楷书书法家欧阳询,曾官率更令,故称。因《还金记》和《鸳鸯坠》及家乘"补遗"均用楷书过录,以及剧后的行书题署,我怀疑都出自梁维枢的手笔。

梁维枢幼年就颖慧过人,深受祖父梁梦龙的宠爱。万历十年(1582),张居正逝世,梁梦龙受到弹劾致仕,"暇日治家庙,修家谱,不问外事"。② 梁维枢为人低调,即使在崇祯朝官工部主事,"公屏交游,避名势,虽为当涂引用,公务外弗肯与通"③,入清后,更加谨小慎微。可能受到祖父的影响,他"不问外事",一心编辑家乘《真定梁氏直誉集》。此书未见刻本传世,今仅有国家图书馆所藏明末残稿本(按:"明

---

① 李学颖集评标校《吴梅村全集》中册卷四二"文集"二十,上海古籍出版社,1990年。
② 梁允植等编《梁氏续家谱·家传第三》"梁梦龙传",《国家图书馆藏早期稀见家谱丛刊》,线装书局,2002年。
③ 同上。

末",恐不确),见《中国古籍善本书录》"史部"(上)"传记类二"著录:"真定梁氏直誉集□□卷,清梁维枢辑,明末抄本,存十卷一至五,八至十二。"①我特意去查阅,该抄本既无目录,也不见序跋,是一部尚未编辑完的残稿。梁氏曾撰有《见君子阁日笺》五卷(佚),而《直誉集》所存各卷也都用书口有"见君子阁"的八行蓝格笺纸抄录。如:

真定梁氏直誉集卷一
　　　　工部郎　　维枢次录
　　　　　　男清远
　　　　　　清传校

题署皆用娴熟的行书,而卷一至卷五的正文有关于梁相的"敕命"、"考绩蒙恩"、"青琐貤封",以及王世贞、冯时可、李维桢等撰写的列传、寿序和祭文都是由梁维枢楷书抄录,由长男梁清远和三男清传担任校阅。卷八"诗"、卷九"举辞",也是由父子三人担任抄录或校阅。虽然第十四卷至十六卷不见于《直誉集》,但用马廉原藏的抄本与残本比勘和求证,可以得出这样的结论:

《还金记》传奇和《鸳鸯坠》杂剧的过录者及"补遗"的抄录者均为梁维枢,参与校订者维让、维品,都是梁梦龙的孙子辈,后者为老九、老十,是最小的两位,维让为恩贡生,维品则是邑庠生。梁维枢(1587—1662),字慎可,号西韩生,崇祯年间,担任内阁撰文中书舍人,工部主事。入清后,顺治十年(1653),录用为工部营缮司郎中,十三年,升山东按察司佥事、整饬武德兵备。《直誉集》每卷皆署"工部郎梁维枢",当抄录于顺治十年至十二年间,他任营缮司郎中时。因此,明张瑀《还金记》传奇和明方疑子次、飞石生商《鸳钗坠》杂剧,可以明确定为清顺治间梁维枢过录本。

《真定梁氏直誉集》第十五、十六卷,原打算还要收录《鸳鸯坠》传

---

① 《中国古籍善本书目》史部中,上海古籍出版社,1998年。

奇上下两卷。它既列于《鸳鸯坠》杂剧后，与杂剧可能是同一个题材，未见明清以来戏曲书录著录，其作者是否也是方疑子，不好妄加猜测。但可为明代戏曲添加一个佚曲目。

吴晓铃拟《古本戏曲丛刊》第六集初稿第79种为《方疑子二种曲》，其后注明作者、版本及藏地："张瑀　蓝格抄本　北图、北大（马）。"说明除了北京大学马廉原藏本外，北京图书馆（今国家图书馆）还藏有一部同类型的抄本。我曾经借阅过，后来想抄录马氏藏本中有关材料再做比较，因有事未能去成。2012年7月中国古籍总目编撰委员会编《中国古籍总目》"集部·曲类·传奇之属"，分别著录："《鸳鸯坠》五出和《还金记》不分卷十四出，清张瑀撰，稿本，北大藏。"这个著录显然是错误的，但透露一个信息，它为什么不提国家图馆的藏本，可能是因为已经散佚。然而北大马廉原藏清顺治间梁维枢的过录本《还金记》传奇和《鸳钗坠》杂剧及家乘"补遗"，恰好可以补《真定梁氏直誉集》十四至十六卷的佚失。

1988年1月9日。2017年6月修订

（本文原刊于《中国文化研究》2017年8月秋之卷）

卜世臣家世、生平和作品

卜世臣是明代吴江派的重要戏曲家,著有传奇《冬青记》《乞麾记》《双串记》及《回劫记》四种。关于他的生平资料极为罕见,仅有《康熙嘉兴府志》卷一四,保存一篇非常简略的小传:

> 卜世臣,字蓝水,磊落不谐俗,日扃户著书。有《挂颊言》《玉树清商》《多识编》《乐府指南》《厄言》及《山水合谱》。孙休有传。

此传亦见《光绪嘉兴府志》卷五三"秀水文苑",采自卜世臣之孙卜休所撰写的传记,今人引用时,或将"孙休"当成姓名①,或误作"孙体"②。卜休为其祖父撰写的传记未见流传下来。康熙时,平湖人沈季友,搜集嘉兴一郡之诗,编为《槜李诗系》40卷。《四库全书总目提要》称其"残章賸句,搜访靡遗。捃摭之勤,殊为不苟",然而,卷一八中的卜氏小传,则更加简陋,寥寥数语而已:

> 卜世臣,字长公,号蓝史,秀水人。万、天间文学。有诗未刻而殁。

傅惜华《明代传奇全目》、庄一拂《古典戏曲存目汇考》均引用了上述资料,不过字号稍作改动,如"蓝水"、"长公",改成"字大匦,一字大荒";"蓝史"则改为"蓝水"。

---

① 见赵景深《方志著录明清曲家考略》,收入《明清曲谈》,古典文学出版社,1957年。
② 见赵景深、张增元编《方志著录元明清曲家传略》,中华书局,1987年。

我为吕天成《曲品》做校笺时,曾在北京大学图书馆发现清嘉庆年间卜氏家刻本《卜氏家乘》一函。可惜残缺,仅剩八册,不详何人修纂。想一睹全帙,但终无所得。即此残本亦弥足珍贵,为我们研究曲家卜世臣提供了新的史料,今再参考其他有关记载,对其家世、生平和作品略作考订。

一

卜氏其先为获嘉人(今属河南)。据卜大有《处士越湖卜公墓志铭》,卜世臣始祖官三公,明初为杨氏赘婿,遂占籍浙江秀水(今嘉兴)思贤里①,后经卜椿、卜珍,传至卜璿,家业益大,声誉远播。自璿开始,卜氏世系,可列表如下:

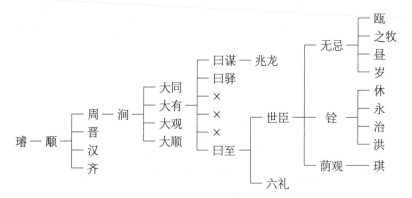

五世祖璿,字文奎,号存耕,生于永乐十四年(1416)五月初七日,卒于成化十二年(1476)正月初四日,年61。见熊兆《宣义郎存耕公墓志铭》。

六世祖颙,字仪望,号桂庭。生于正统五年(1440)二月初九日,卒于正德三年(1508)十月初十日,年六十九。子四人,曰周,曰晋,曰汉,曰齐。见王朴《宣义郎桂庭卜公墓志铭》。

---

① 一说"元至正间,有官三者赘嘉兴杨寿六家,居萧孙湖,明宣德间分县,遂为秀水人",见《光绪嘉兴府志》卷五二卜大同小传。

高祖周,字尚文,号南隐。正德五年(1510),岁大祲,应诏输粟助赈,以义授七品散官之阶。生于成化元年(1465)十二月二十一日,嘉靖元年(1522)三月十三日卒,年五十八。见戴经《宜义郎南隐卜君墓志铭》。

曾祖涧,字宗洛,因以字行,更字天邑。性质直,以直榜其斋,自称直斋子。不愿与世俯仰。善饮酒,饮辄醉,人称长醉翁,闻之,喜曰"吾长醉足矣!"性孝友,轻财好施。以子大同贵,赠刑部江西司主事,再赠山西司员外郎。生于成化二十一年(1485)闰四月,卒于嘉靖十七年(1538),年五十四。有子四人,长大同,次大有,次大观,次大顺。见屠应峻《因子生长醉卜君墓志铭》(亦见《屠渐山文集》卷四)。《光绪嘉兴府志》卷五三"秀水孝义"有小传。

伯祖大同,字吉夫,号监泉。嘉靖十七年(1539)进士,授刑部主事。历湖广按察使佥事,终福建巡海副使。生于正德四年(1509),卒于嘉靖三十四年(1555),年四十七。有子四人,曰雨,曰蒙,曰克,曰义。著有《监泉集》《征苗图记》《备倭图记》《游览图说》。见徐阶《中顺大夫福建提刑按察司副使监泉卜居墓志铭》(亦见《世经堂集》卷一七)。《光绪嘉兴府志》卷五二有小传。

祖大有,字谦夫,号益泉。嘉靖二十六年(1547)进士,授无锡知县。剔蠹搜奸,执法不挠。中时忌,调简潜山,严明益著,宿奸畏服。人为南工部主事,历南刑部江西清吏司员外郎、礼部精膳司郎中,终云南寻甸知府。喜声偶,与李伯承、王元美相颉颃,中丞徐凤竹尝叙其集。归里后,殚精纂述,有《经史要义》《六朝选诗》《初唐诗》《曾王文粹》行于世。其《史汉语策类抄》《古文翼》《六子选注》未及付镌。生于正德七年(1512)十月初六日,卒于万历十一年(1583)七月十二日,得年七十有二。有子六人。见屠元沐《中宪大夫云南寻甸军民府知府益泉卜公暨配封安人怀氏行状》。《光绪嘉兴府志》卷五二有小传。

叔祖大观,字中夫,号盥泉。人资为蜀藩典宝正。生于正德十一年(1516),万历八年(1580)卒,年六十五。见王世贞《蜀府典正盥泉卜君墓志铭》(亦见《弇州山人四部续稿》卷九七)。

叔祖大顺,字信夫,号簠泉。嘉靖三十二年(1553)进士,授当涂知县;迁刑部主事,累官吏部郎中。生于正德十五年(1520),嘉靖四十年(1561)卒于京邸,年四十二。著有《簠泉集》。见郑晓《奉议大夫吏部稽勋清吏司郎中簠泉卜君墓志铭》(亦见焦竑《国朝献征录》卷二〇)。

大伯父曰谋,字子嘉。以贡生选授清流县令。居官廉介,缓催科邑,忤上官归。见《光绪嘉兴府志》卷五二卜大有传附。

二伯父曰驿。诸生。生平事迹不详。见卜大有《贤媛传》。

父曰至,大有第六子。字子诚,别号敬堂。嘉兴县学生,援例入南雍。为人端方果毅,一以礼法自持,暮年齿德俱尊。凡是非不决者,必质于公,然不轻臧否人物,故人无贤愚皆知敬爱。生于嘉靖二十九年(1550)四月二十四日,卒于崇祯二十一年(1638)九月二十五日,年八十九。葬本县黄一字圩。配屠氏,嘉兴县人。嘉靖二十八年(1549)四月二十日生,崇祯九年(1636)三月二十五日卒,年八十八。与公合葬。父元沐,进士,布政使,诰授大夫,赐存间。母殷氏,诰封淑人。子二,世臣、六礼。女三。见《卜氏家乘》册四"诵字裔图"。

从兄兆龙,诸生,有才名。见《光绪嘉兴府志》卷五二卜大有传附。

弟六礼,字季卯。万历七年(1579)四月初三日生,四十年(1612)十一月十七日卒,年三十四。

长子无忌,字魏符,别号痴仙。万历二十年(1592)六月二十日生,顺治十三年(1656)正月初三日卒,年六十五。本县学生。遂于经术,所著《春秋讲义》,积二十年始成。顺治二年(1595),即弃青衿,闭户不与世事,葛巾布袍,晏如也。所著有《卜子》7卷,藏于家。子五,女五。

次子铨,字韩符,别号淡庵。嘉兴府学生。万历二十三年(1595)八月十七日生,顺治二年(1564)闰六月十二日卒。子三,女三。

三子荫观,过继七德。字我生。本县学生。为人言动不苟,生平以品节自命,至若遨游山水,博综古籍,尤为一时独步。惜以晚年目疾,未惬所愿。生于万历二十七年(1599)九月二十四日,卒于康熙十九年(1680)闰八月初一日。子一,女四。以上四人小传,均见《家乘》"诵字裔图"。

孙名休,字人木。少孤。十岁能赋诗,经史过目不忘。既长博极群书,虽稗官野纪及方外藏典,靡不研究。善谈论,与人辩古今治乱得失,皆独抒己见,不少阿附。家极贫,每隆冬风雪洒窗,拥败絮从容展卷,恬如也。诗宗唐音,弟子李元绣收其稿,编为文集。见《光绪嘉兴府志》卷五三"秀水文苑"。

从上述世系可知,卜世臣祖籍河南,元末明初才迁移江左。至祖父一辈达到鼎盛,四兄弟中三人联袂考取进士,皆为官宦,成为嘉兴著姓。降至父辈,没有一人获得功名,入仕者也极少,社会地位开始低落,但家庭富足,子孙仍能过着优裕闲适的生活。不过好景不长,已经走向衰败,到卜休时,至少世臣这一支极为贫困了。

二

《卜氏家乘》的"诵字裔图",关于卜世臣的记载如下:

世臣,曰至子。宇孝裔,别号蓝水,亦称大荒逋客。隆庆六年壬申二月二十二日生,顺治二年乙酉七月二十六日卒,年七十四岁。葬父敬堂公墓昭。

嘉兴县学生

按:公博学多闻,蓄书籍甲于一郡。诗文典雅,四明屠隆、松陵沈璟诸公,皆推重也。虽词曲小技,率皆斟经酌史,不事浮艳。所著有《山水合志》《乐府指南》等书,藏于家。详郡志隐逸传。

配李氏,台州卫人。隆庆六年壬申六月二十三日生,顺治二年乙酉八月初四日卒,年七十四岁。与公合葬。父邦闻,世袭指挥使。母严氏。

子三:无忌,铨,荫观,过继七德。

女三:长万历十九年辛卯正月初四日生,适庠生许上元,本县人。生一女,适徐来宾。次万历二十四年丙申八月二十日生,适庠生杨三才,本县人。

这篇小传虽然简单,但概括地勾勒出卜世臣的生平及家庭情况,有几点值得注意:第一,卜世臣的字号,从《康熙嘉兴府志》《槜李诗系》到近人的著述,不是把字误成"蓝水"、"长公"、"大匡"或"大荒",就是将其号当作"蓝史",一片混乱,现在可以得到澄清和纠正;第二,关于卜世臣的生活年代,《槜李诗系》称他是"万,天间文学",《古典戏曲存目汇考》则估计他"明万历三十八年前后在世",都语焉不详。小传为我们提供了极确切的生卒年月日,他生于隆庆六年(1572)二月二十二日,卒于顺治二年(1646)七月二十日。经历了万历、天启、崇祯、南明弘光四个朝代,在明末的大动乱中离开人世;第三,卜世臣坐拥书城,耽于经史,勤于著述,显然是受其祖父卜大有的熏陶和影响。至于不事生产,不求仕进,磊落不谐俗,以布衣终老,又与他的父亲卜曰至相似。

明代另一位著名戏曲家吕天成,与卜世臣同为沈璟的曲学传人,"自词隐作词谱,而海内斐然向风。衣钵相承,尺尺寸寸守其槼矱者二人,曰吾越郁蓝生,曰槜李大荒逋客"(王骥德《曲律》卷四)。他们两人当为莫逆之交,吕氏在《曲品》中这样描述了卜氏的为人:

> 大荒博雅名儒,端醇古士。张衡之精巧绝世,荀爽之俊美无双。耽奇蕴为国珍,按律蔚为词匠。

东汉张衡通天文、阴阳和历算,发明了浑天仪和候风地动仪,举世瞩目,皆服其精巧。荀爽,字慈明,也是东汉人。他自幼好学,年十二通《春秋》和《论语》。凡有庆吊不行,征命不应,所以郑玄说:"荀氏八龙,慈明无双。"[①]用张衡、荀爽的博学多闻和才华出众来称赞卜世臣,足见吕天成对他的敬重与佩服。通行本《曲品》完成时,卜氏才三十九岁,但在经史及曲学方面已经取得了比较突出的成就,吕天成对他的评价不无溢美之词,可是同《家乘》的看法基本上一致。

---

① 见《后汉书·荀爽传》。

卜世臣的诗作流传于世的极少,《檇李诗系》小传后称引了两首《自题》的绝句。兹录之如下:

> 正师简傲乏人知,此日并无大小儿。鸿宝著成谁鉴赏,好镌禹穴葬吾诗。
> 岁月苍茫事转非,欲逃海上筑渔矶。独留艳句三千首,尚有精光烛少微。

前一首诗显然是回忆他青年时代之事,后一首诗当写于饱经沧桑、超然世外以后,但都反映了作者的恃才自负和豪放不羁,同时也流露出不遇于时的感慨。这使我们可以从另一个侧面了解卜世臣的思想和性格。

卜世臣对沈璟之所以"遵奉功令唯谨"[1],除师承关系以外,还有一个很重要的因素,就是卜沈两家世代联姻的特殊关系。殷都《明上林苑监嘉蔬署署丞吴江沈公暨配金孺合葬墓志铭》[2]说:

> (沈嘉谋)子二,长即侨,后更名侃,太学生,以子璟贵,封吏部考功员外郎,子妇,卜观察大同女。又云孙女四,周琪、卜二南、戚藩、陈麟生其婿也。

卜二南《沈孺人传》[3]亦云:

> 予妇沈氏,名玑卿,直隶吴江县人也。年十九归予。……兄沈璟,次兄沈瓒,……吴江之族,沈为巨。嘉靖间,给谏公讳汉,以直谏显,嗣后甲第蝉联,至封公侃不仕,氏其次女也。母卜氏,即予之从姑,而予母沈,又氏之从姑。

---

[1] 见《后汉书·荀爽传》。
[2] 见殷都《尔雅斋文集》。
[3] 见《卜氏家乘》。

从所引两则材料来看,卜世臣从伯祖卜大同之女是沈璟的母亲,而沈璟二妹又是卜世臣从兄卜二南的妻子,世臣与沈璟的辈分相同。钱南扬先生在《谈吴江派》中,认为世臣"辈分小于沈璟"[①]恐失于疏忽。沈璟生于嘉靖三十二年(1553),长世臣十九岁。他万历十七年(1589),辞官归里,家居二十来年,肆力于词曲,[②]世臣从他研讨曲学,并进行戏曲创作实践,写作传奇《冬青记》《乞麾记》,应当说都在这一时期。

卜世臣还与沈自晋等曲家相交往,曾为他的传奇写过序[③]。晚年,同冯梦龙、袁于令等人,参阅过《重订南词新谱》。据《光绪嘉兴府志》卷五三"秀水文苑"所载,传奇《杖头钱》《鸳鸯扇》的作者卜不矜,系"大有曾孙",当是世臣之从侄。

卜世臣的《乐府指南》,顾名思义,很可能是谈曲之作,惜已散佚。关于他对曲学方面的一些见解,只能以仅从存的《冬青记凡例》中略窥一二:

一、宫调,按《九宫词谱》,并无混杂。间或一出用两调,乃各是一套,不相联属。

二、《中原韵》凡十九,是编上下卷,各用一调,故通本只有二出用两韵,余皆独用。

三、每出韵不重押,偶重一二字,亦系别调。

四、凡【引子】内不用韵处,每句圈断。

五、填词大概取法《琵琶》,参以《浣纱》《埋剑》。其余佳剧颇多,然词工调而不协,吾无取矣。

六、点板悉依前辈古式,不敢轻徇时尚。

七、侵寻、盐咸、廉纤三韵,皆尚闭口,演者宜知。

八、落场诗俱是集句,止有数出杜撰耳。

---

① 见钱南杨《汉上宧文存》,上海文艺出版社,1980年。
② 见凌敬言《词隐先生年谱及其著述》,载《文学年报》1939年第5期。
③ 见(南词新谱)所附沈自友《鞠通生小传》:"一时名手,如范、如卜、如袁、如冯,互相推服,卜与袁为作传奇序。"

九、近世登场大率九人，此记增一小旦、一小丑。小旦不与贴同上，小丑不与丑同上，以人众则分派，人少则相兼，便于搬演。

他强调戏曲创作，不仅用韵要以《中原音韵》为准，严格遵从曲律，点板悉依古式，而且还要便于搬演，这与沈璟的主张出于一辙，真不愧为沈氏的高足。然而在具体的创作实践中，他感到点板用调不能一味依古，必须有所变通。故沈璟阅过《冬青记》后，指出："间有点板用调处尚涉趋时，宜改遵旧式。"对于这种批评意见，卜世臣虽"敬录出以证当家"，但也不尽然同意沈氏的看法："右数条皆乐府三昧，识者自知。但俗师舌上传讹，已非朝夕，骤绳以古恪，彼且骇然为怪物，哄然走耳。呜呼！钟期杳莽，逸响空弹。况弦板小技，聊寄骚人孤愤，不必太认真，姑以徇里耳可乎。"（《冬青记》附《谈词》）

三

卜世臣的戏曲作品以传奇《冬青记》最为知名，它与《乞麃记》都见于《曲品》著录。《曲品》成书于万历三十八年（1610），这两部传奇应创作在这一年之前，当是卜氏早年的作品。

《冬青记》，二卷三十六出：

卷上

1，揭领　2，传经　3，乱华　4，忧国　5，壮志
6，别情　7，锢贤　8，嫉枝　9，女课　10，士伤
11，降胡　12，构恶　13，发冢　14，倾赀　15，举谋
16，激众　17，取骨　18，赂僧

卷下

19，却姻　20，掩骼　21，砥弟　22，枝植　23，吐哀
24，归晤　25，灯感　26，梦征　27，访师　28，受聘
29，式侠　30，谐缘　31，登途　32，启宴　33，聚义

34，裔凶　35，祭陵　36，闻诏

今虽存明刊本，但残损严重，第九出《女课》至第三十出《谐缘》皆缺，在无他本可补的情况下，《古本戏曲丛刊二集》仍据以影印行世，足见它在戏曲史上的重要性。

剧本取材于陶宗仪《辍耕录》卷四《发宋陵寝》，以及郑元佑《书林义士事》。写元初僧人杨琏真伽，发掘宋代诸帝陵寝，将遗骸抛弃路上。秀才唐钰闻之，不胜悲愤，变卖家产，约太学生林德阳发动里中少年，冒险偷骨殖埋葬。又移宫中冬青树植其上作为标志，故名《冬青记》。

沈璟读过此剧后，除对其点板用调未遵归式略有微词外，认为"意象音节，靡可置喙"。吕天成《曲品》竭力赞赏它"悲愤激烈，音律精工，情景真切"。沈自晋在《望湖亭》第一出【临江仙】中称"大荒巧构更超群"，虽然未确指卜氏哪一本剧，但也应包含此剧在内。正因为《冬青记》"借古人之酒杯浇时人之块垒"，"是有感而发、有为而作"[1]，颂扬了知识分子和下层人民群众的民族感情，大为忠臣义士吐气，况且便于场上搬演，所以"檇李屠宪副于中秋夕帅家优于虎丘千人石上演此，观者万人，多泣下者"（《曲品》）。清代蒋士铨所撰《冬青树》传奇，主要写南宋灭亡，文天祥与谢枋得等人事。其中亦插演《冬青记》事，如第十出《发陵》、第十一出《收骨》、第十七出《私葬》、第十八出《梦报》，显然受到卜氏剧作的影响。

这里附带说一件事，万历四十七年（1619）初夏七日，卜世臣客游绍兴，特意去凭吊了六陵和双义祠，成《题义士手植冬青树》绝句一首："半壁寒灰尔仅存，无家冤鬼托朝昏。樵童亦识孤忠意，手掬黄沙护浅根。"诗前小引中转引《曲品》所载王骥德有关《冬青记》的一席谈话后，说"漫占一绝，并勘明此段公案，以附记于此"[2]。这究竟是一段什么

---

[1] 见郑振铎《古本戏曲丛刊二集序》，收入《西谛书话》下册，生活·读书·新知三联书店，1983年。
[2] 见《檇李诗系》卷一八。

公案呢？原来王氏认为"冬青一事，系吾家王修竹监簿，以故宋戚畹，不胜痛愤，捐重赀，命家客唐、林二君为之，而己讳其事，世遂泯泯不白，然见他书可考"。他觉得《冬青记》只"拟旧闻"，而未写出埋骨之事的真相，所以耿耿于怀，"余拟另为一传，署曰《义陵》，以洗发先烈"①。卜世臣博学多闻，且精通历史，对此事不会不知，但他在作品中所要褒扬表彰的是孤忠和侠义，并不拘泥于此义举受谁人指使。这种写法更有利于主题的深化，演来慷慨悲歌，光彩动人。所谓"樵童亦识孤忠意，手掬黄沙护浅根"，表明即使多年以后，他也并未改变作剧时的初衷。

《乞麾记》，演杜牧事。今无存本，仅《南词新谱》卷一八"商调"，收录【清商十三音】集曲一支，《曲品》称此剧："发挥小杜之狂，恣情酒色，令人顿作游冶想。吾友方诸生曰：其词辞骈藻炼琢，摹方应圆。终卷无上去叠声，真是竿头撒手，苦心哉！小杜风流楚楚，其钟情鬈女，注目紫云，故豪士本色。每读'两行红粉'及'绿叶成荫'之句，辄为柔肠欲绝。今记中乃两全之，良是快事。"

所谓"钟情鬈女"，见高彦休《唐阙史》卷上《杜舍人牧湖州》，亦见计有功《唐诗纪事》卷五六《杜牧》：

> 牧佐宣城幕，游湖州。刺史崔君张水戏，使州人毕观，令牧间行，阅奇丽，得垂髫者十余岁。后十四年，牧刺湖州，其人已嫁生子矣。及怅而为诗，曰："自是寻春去较迟，不须惆怅怨芳时。狂风落尽深红色，绿叶成荫子满枝。"

而"注目紫云"，则见于孟棨《本事诗·高逸》，《唐诗纪事》卷五六《杜牧》亦载其事。

> 牧为御史，分司洛阳。时李司徒愿罢镇闲居，声伎豪侈，洛中

---

① 见王骥德《曲律》卷四，《曲品》所载则更为详尽。

名士咸谒之，李高会朝客，以杜持宪，不敢邀致。杜遣座客达意，愿预斯会，李不得已邀之。杜独坐南行，瞠目注视，引满三卮，问李云："闻有紫云者，孰是？"李指示之。杜凝睇良久，曰："名不虚得，宜以见惠。"李俯而笑，诸妓亦回首破颜，杜又自饮三爵，朗吟而起曰："华堂今日绮筵开，谁唤分司御史来？忽发狂言惊满座，两行红粉一时回。"气意闲逸，傍若无人。

此剧殆根据这两件风流韵事敷演。既然"终卷无上去叠声"，以想其对于曲律的孜孜矻矻，煞费苦心。

《双串记》，从未见著录，所演何事亦不详。《远山堂曲品》于史槃《双串记》条有评语云："大荒此记，操纵合法，韵度俱胜。叔考少加损益，使有史叔语气矣。"据此可知，此剧原为卜氏所作，史槃稍加改订。卜、史两本俱已失传。

《四劫记》，仅见《传奇汇考标目》乙种本著录，不详演何事，亦不见传本。

卜世臣亦作散曲，今存套数十三，小令八首，主要保存在《太霞新奏》中，十三套中有七套是翻北词为南曲，承袭了沈璟的词风，故香月居主人（冯梦龙）说："大荒奉词隐先生衣钵甚谨，往往绌词就律，故琢句每多生涩之病。"（《太霞新奏》卷五）

卜世臣的其他著作，均已散佚。诗歌除前引《自题二首》《题义士手植冬青树》外，《檇李诗系》卷一八，尚有《挪枝词》《浣纱石》绝句二首。

（本文原刊于《戏曲研究》第 33 辑，文化艺术出版社，1990 年 12 月）

明代戏曲家陈汝元考略

陈汝元是明代万历时期的戏曲作家,最早见于吕天成的《曲品》:"陈汝元,太乙,会稽人。"被列入中中品。关于他的生平事迹,除"太乙知州,贫而嗜古"两句笼统的介绍外,其他情况,我们就不甚了然了。傅惜华《明代杂剧全目》、上海戏剧研究所等编《中国戏曲曲艺辞典》和庄一拂《古典戏曲存目汇考》,虽然都有陈汝元的小传,但非常简略,不但没有超出《曲品》的记载,而且仍沿袭《曲品》的错误,也将他的字号和籍贯弄错。今就明人文集和方志中的有关材料,对其生平略考如下。

陈汝元的事迹不见于《会稽县志》,而载于《山阴县志》;他在《稗海大观》(即《稗海》的初印本)的"凡例"后,自署"山阴陈汝元谨识"[1],因此,他的籍贯应为山阴,而不是会稽。据《明史》卷四四《地理五》,会稽和山阴分为两县,同属于绍兴府所管辖。因为它们毗邻,山水相连,两县的公署又同在古山阴城中,所以从吕天成的《曲品》以来,诸家曲目、辞书以及戏曲史都未加分辨,混为一谈。

陈汝元不但是徐渭的乡邻,而且是晚辈。文长很器重他,为他的书斋撰写过一篇《函三馆记》,其中有一段文字,实同一篇小传:

> 陈子起侯,名汝元,别号太一,以《小戴礼》明经,今为文学于郡。抱美质,外醇而中茂,志渊以勤,意不欲沾沾税驾于小儒。乃作馆藏书,动以博文,静以观妙。昼夜孜孜,若有端倪。命馆曰函

---

[1] 郑振铎《劫中得书续记》之《稗海大观》,见《西谛书话》,生活·读书·新知三联书店,1983年,页405。

三,记则属予。①

关于陈氏的字号,说得特别清楚,过去由于不了解他的字为"起侯",都把别号"太乙"误作为字。他除用这个号以外,还别署"燃藜仙客"②。从上面的记述里,我们还可以对他青年时代的情况,略知一二。他已经取得了秀才的资格,但不愿停留在"小儒"上,喜欢储贮书籍,孜孜不倦,勤奋好学。吕天成所说的"嗜古"殆指此。

徐渭还为陈汝元的"太乙堂",题过一副榜联:

思手泽,报春晖,剩下苦心同寸草;
厉毛锥,抚秋桂,固应掉臂取高枝。③

据此,陈汝元的父亲已经亡故,当时他正淬砺自己的笔锋,准备参加乡试。所以徐渭在上联里,称赞他对孀居的寡母克尽孝道,下联则鼓励他在秋闱中大显身手,去夺取高枝。

《嘉庆山阴县志》卷一七《烈女》中,载有陈母高氏的事迹:

高氏,监生陈枢妻。枢亡,高年二十,誓以死殉,时双亲老,而遗孩(疑当作"孤")方周,乃止。舅姑既没,丧葬尽哀。汝元仕至延绥行军司马,卒年八十有二。万历年旌。

这篇小传为我们提供了陈汝元家庭的一些情况:父亲名枢,监生,早亡。母亲高氏,年轻守寡,她上要赡养年迈的公婆,下要抚育还在襁褓中的遗孤,含辛茹苦,最后以完节被旌表。至于他的祖父,可能既无功名,也没有官职,否则方志中不会只字不提。看来家境比较清贫。

---

① 《徐文长三集》卷三三,《徐渭集》第二册,中华书局,1983年,页579。
② 万历间陈氏函三馆刊本《金莲记》卷首陈汝元自序题署"万历丙午七月既望,燃藜仙客书于函三馆之瑞芝楼"。
③ 《徐文长佚草》卷七"榜联",《徐渭集》第四册,中华书局,1983年,页1153。

陈汝元没有辜负徐渭的期望,在徐文长死后第四年,果然中了乡试。见《嘉靖山阴县志》卷一〇《明朝选举表》:

> 万历二十五年丁酉科举人。
> 陈汝元　顺天中式。同知。

按一般惯例,士子都应在本省参加乡试,他为什么要远赴北京应顺天府试?由于各省秋试的名额有限制,而南北两京较宽,所以江浙一带士子常常先捐资入监,取得进身的资格以后,再去应考。陈汝元很可能是通过这条途径考中举人的。

同书卷一四,有他的略传,云:

> 陈汝元,举万历丁酉乡荐。陕西清涧知县,有三奇十异之政。升延绥同知。以母老乞养归,加衔运同。

传中并没有说明他何时莅任陕西清涧知县,对其任职间的政绩,仅有"三奇十异"之类溢美之辞。因此,必须再查清涧志,这些问题才能搞清楚。今检《道光清涧县志》,卷五《知县》有:

> 万历四十一年　陈汝元,浙江山阴举人。见宦绩。

据同卷,下任知县为山东析城举人张之铭,万历四十五年(1617)接任。由此可知,陈汝元任清涧知县,始于万历四十一年(1613),终于万历四十五年(1617)。

同卷《职官志·宦绩》有传,云:

> 陈汝元,浙之山阴人。明爽有威仪,博学能文,长于政事。百废俱兴,不劳民力。训课有方,士乐就之。今言修葺者,必以元为法。重修县志,号为实录。升城堡同知,士民砻石,以志去思焉。

陈氏的政绩,在这篇小传中,也只概括言之。但是,该志卷二《城郭》和卷三《祠祀志》里,却有着详细的记载。主要表现在以下三方面。

一是注重教育。清涧地处边远,文化教育落后,陈汝元万历四十一年癸丑(1613)到任不久,就着手重修学宫,翌年又改建了乡贤祠。他"训课有方,士乐就之",促进了当地文化的发展。

二是大兴土木。除了学宫和乡贤祠之外,尚有下列一些工程:(1) 万历四十二年甲寅(1614),重建县署,改建烈女祠。南宋李永奇挈家南行,至清涧马翅谷,被金人所围,家属二百来口都遇害。李有女国色,金人欲侮辱她,誓死不从。于是,将她两手反缚于树,命左右射之,丛矢贯脐,骂不绝口而死。清涧人民为了纪念这个坚贞不屈、大义凛然的李氏女,为她建立了烈女祠。陈汝元因为自己的母亲"亦以完节旌于朝",所以"每遇守贞不辱者,辄景慕而痛恻之"。原祠位于圣庙后,由于出入不便,遂改建在崇圣宫后。为了立碑褒扬她,陈汝元撰写了《重建烈女祠记》,文存《道光清涧县志》卷八《艺文志》。(2) 万历四十三乙卯(1615),因解埠楼久圮,在县城南门上,别建景庚楼。(3) 万历四十四年丙辰(1616),重建城内大公馆(即旧察院),新建八吒庙于县治北。(4) 改建社稷坛,称北坛,新建神祇坛为南坛。

三是重修县志。清顺治时,县令廖元发《重修清涧县志序》说:"清志创造于前宰阮孝,再成于陈公汝元。悉心舆图,演为治绩,是志与政相通也。"①阮孝是湖广麻城举人,嘉靖四十五年(1566)任知县,他始纂清涧县志在隆庆初年,至陈氏再修,时隔半个世纪。由于"兵燹之后,残编毁于蠹鱼,梨枣付之回禄,版籍弗存",我们现在无法看到他们所修纂的志书了,但是"悉心舆图"的特色,还为后业续修的清涧志所继承,尚能从中窥其一斑。

作为一个地方官吏,陈汝元在短短四年的任期内,为当地兴办了这三件大事,尽管是为宣扬封建教化、巩固封建专制统治服务的,然而,他并没有搜刮人民,填饱自己的私囊,可谓封建时代的循吏。所

---

① 《道光清涧县志》卷首。

以，当他离任升迁时，士民不仅砻石以志去思，还修建了陈公祠寄托对他的怀念。甚至到清代后期，清涧"言修葺者，必以元为法"，足见其影响之深远。

万历四十五年(1617)，陈汝元载誉离开清涧，赴绥城堡厅同知任。《康熙延绥镇志》卷三《官师志》：

> 城堡同知一员，驻榆林。
> 城堡厅　万历十三年复设，(同知)则有(略)陈汝元山阴人。

他任期多长时间，何时"乞养"归里？镇志均缺载；家居后的情况，也不见诸其他载籍，从此，他的踪迹就消失了。陈汝元的生卒年不详，他万历二十五年中举时，从目前所见到的材料来推测，不过二十多岁，他很可能生在隆庆、万历初年之间，大概卒于天启以后。

据《曲品》所说"太乙知州"，为什么山阴、清涧两志都未涉及呢？兴许他从来都没有出任过知州，而是吕天成的疏忽致误。但考察《曲品》所著录的曲家，吕氏都持审慎的态度，凡是他熟悉的，对其生平的记载，都有所本；凡是他不了解的，则再三声称："其余诸贤，不悉其人"，"别号莫稽，诸人未识"，"其余诸子，俱所未知"。他宁肯付之阙如，也不信口雌黄。因此，陈汝元担任知州一事，一定会有根据，尚不能贸然怀疑。后来，我果然在《乾隆直隶易州州志》中，发现有关陈氏的信息，这个疑窦才豁然洞开。该书卷一二《职官·知州》，有：

> 陈汝元　浙江山阴人，举人。三十五年任。

他万历三十八年(1610)离任，由山西孟县举人张蕴接替。他的前后任，在"宦绩"中均有略传，唯独他无。这里，又出现一个新问题，即他在易州任上的表现如何，为什么去三年后才改调职务品级较低的清涧县令？

据明制，地方官吏的考察方法是："自弘治时，定外官三年一朝觐，以戌、丑、未岁,察典随之,谓之外察。州县以月计上之府,府上下其考,以岁计上之布政司。至三岁,抚、按通核其属事状,造册具报,丽以八法。而处分察例有四,与京官同。明初行之,相沿不废,谓之大计。"① 万历三十八年庚戌,恰值大计之年。陈汝元在这次考绩中,大概遭到落职回籍的处分。山阴等县的志书"为贤者讳",故把这段经历文饰过去,干脆避而不谈。他可能从这次贬黜中吸取了教训,所以在任清涧知县后,才恪于职守,做出为人们所称道的成绩。当然,这只不过是推测,正确与否,还有待于新的材料证实。

陈汝元的交游,除了徐渭以外,尚能考知的有陶望龄、商濬和焦竑等。

陶望龄,字周望,号石篑,会稽人。万历十七年己丑(1589)进士,授翰林院编修,官至国子祭酒。著有《歇庵集》16卷。钱谦益《列朝诗集小传》和《明史》并有传。他对徐渭的为人极为景仰,文长逝世后,他积极筹划刻其遗著。他致书给焦竑说:"郡有诗人徐文长者,诗文皆深契古法,而诗尤妙,其隽朗或不及孙太初,苍老阔大已过之,近方借力外兄刻之。"② 后来商濬将徐渭生前已经编定的集子,合为《徐文长三集》,于万历二十八年(1600)刊印。陈汝元和陶望龄都参与其事,担任诠次和校订的工作。陶为该集所撰写的序文,由汝元书写。可见,他们之间的关系非同一般,应该是比较亲密的。

商濬,又称维濬,字景哲,号半野主人,会稽人。他是徐渭的门人,文长称其"聪明擅文誉",陶望龄有《商半野像赞》。他雅好刻书,半野堂梓行的戏曲作品,就有沈璟的《义侠记》和佚名《筝笈记》等。③ 陈汝元和他的志趣相同,两人过从甚密。商濬编辑笔记小说丛书《稗海大观》时,约请陈氏同他一起担任分校工作(总校为陶望龄和钮纬)。该书刻于万历三十年(1602),卷首"凡例"五则是陈汝元拟订的。

---

① 《明史》卷七一《选举三》,《明史》第六册,中华书局,1974年,页1723。
② 《歇庵集》卷一〇《与焦弱侯年兄二十七首》之一。
③ 吕天成《义侠记序》:"予尝从先生(沈璟)属玉堂乞得稿本……手授副墨,藏诸椟中。而半野堂主人索取,已梓行矣。"(见《义侠记》卷首)《筝笈记》有万历刻本,题"商氏半野堂刻梓"。

焦竑,字弱侯,南京人。万历十八年己丑(1589)进士,廷试第一,官翰林修撰。他是晚明东南的儒学大师,著述甚富,有《澹园集》《焦氏笔乘》等二十余种传世。传见《明史》。明制,翰林才能担任两京乡试的主考官,焦竑主持万历二十五年丁酉顺天乡试,为陈汝元的座师。陈氏函三馆曾为他刊刻过《国史经籍志》,题曰:"太史北海焦竑辑,门人东越陈汝元校。"美国国会图书馆所藏抄本《国史经籍志》,卷首多出陈汝元的序文,又附刻焦先生本来书二通。① 可惜不见于《澹园集》和《续集》中。

陈汝元的著作主要是戏曲作品,传奇有《金莲记》《紫环记》和《太霞记》3种;杂剧仅有《红莲债》。除《紫环记》和《太霞记》散佚外,其他两种均有刻本传世。

《金莲记》,吕天成《曲品》卷下率先著录,列入"中中品"。全剧三十六出,写苏轼宦海浮沉,以及闺中风流的韵事。苏轼中状元,宋皇特赐御前金莲烛,送其归院,故名。据《宋史》本传增饰。此剧曲律和谐,但文辞典丽,未脱"辞采派"的习气,很少奏之于场上。今流传版本有:(1)万历间陈氏函三馆原刊本。卷首作者自序云:"万历丙午七月既望燃藜仙客书于函三馆之瑞芝楼。"丙午为万历三十四年(1606),此记当作于本年七月之前。今存天一阁藏本。② 据傅惜华《明代传奇全目》,萧山朱鄦卿也有收藏,人事沧桑,不详尚在人世间否。(2)明末汲古阁原刻初印本,《古本戏曲丛刊二集》,据以影印。

《红莲债》,祁彪佳《远山堂剧品》著录,题作《红莲记》,列入"艳品"。与传奇名相混,显然有误。此剧取材于《古今小说》卷三十《明悟禅师赶五戒》。郑振铎认为:"《红莲债》大似徐渭的《翠乡梦》,惟更为复杂些,其主人翁乃为世俗所熟知的苏东坡与佛印。"③他还订正过《西天取经》北杂剧四折(《远山堂剧品·能品》)。从陈汝元与徐文长

---

① 王重民《中国善本书提要》"史部"十一"目录"著录《国史经集志》抄本,上海古籍出版社,1983年,页215。
② 周妙中《江南访曲录要》(二),见《文史》第十二集。
③ 《插图本中国文学史》"第五十九章南杂剧的出现"(第四册),人文学出版社,1957年,页905。

的关系观之,郑先生的看法颇有见地,《红莲债》无疑受到过徐氏剧作的影响。

陈汝元的诗文,现在所能见到的,有文四篇:《重建烈女祠记》《金莲记序》《国史经籍志序》和《景庚楼序》。五言律诗十首:《文昌春旸》《草场冬雪》《东峰晴空》《钟岗皓月》《佛岩凉夏》《济桥霜天》《石台壁立》《官山奇耸》《笔山远眺》《无定洪涛》,总称《清涧十景》[①]。还纂修有《万历清涧县志》,已佚。

(本文原刊于《学林漫录》第十三集,中华书局,1991年5月)

[①] 《景庚楼序》和《清涧十景》,见《道光清涧志》卷八《艺文志》。

许自昌和《水浒记》

一

许自昌是晚明的戏曲作家,以传奇《水浒记》知名于世。他亦雅好刻书,经他校雠和刊印的唐宋古籍,传至今日,已成为难得的善本。然而,许自昌本人的情况,却不太为大家所知道。清邵懿辰《四库简明目录标注》在《太平广记》下,注录曰:"宋太平兴国二年李昉等撰,明嘉靖中叶许自昌大字本。"误把许氏当作"明嘉靖中叶"人。后来,日本长泽规矩也和赵景深先生,曾分别从陈继儒的《陈眉公集》和钟惺的《隐秀轩文集》中,查出同名的游记《梅花墅记》,才断定他是明万历时期的人,所居为唐陆龟蒙的甫里。① 至于他的生平事迹,我们还是不得其详,但为进一步查考提供了线索。近年来,我从明人别集和方志中,获得不少有关许自昌的珍贵材料,今将其生平和《水浒记》考证如下,这对深入研究这位戏曲作家及其作品,或许会有所裨益。

为了论述方便起见,并提供一些原始资料,现将董其昌撰写的《中书舍人许玄祐墓志铭》(《容台集》文集卷八)录出,供参考:

> 过甫里,不入许玄祐园林,犹入辋川不见王、裴也。玄祐致身清华,如司马相如、吾丘寿王,而恬退好道,萧然有物外之致。乃其殁也,以哭母故,遂成死孝,士何可以一端测哉!玄祐,讳自昌。其先太岳之胤,宋淳熙中,有自江右尉吴江者,十余传而迁甫里,

---

① 见青木正儿《中国近世戏曲史》(王古鲁译,商务印书馆,1936年,页262)和赵景深《关于〈水浒记〉的作者》(《明清曲谈》,古典文学出版社,1957年,页72)。

又四传为郡幕怡泉公，以孝友好谊闻于乡邦，即公父也。公配沈孺人，举子不禄。卜筮，得陆太君，实生玄祐。玄祐少有奇表，广上而丰下。少读书，即好渔猎传记、两汉、四唐之业，筑仓而藏之，饮食其中，不屑屑为经生言。既游南雍，登览江山，志意抒发，四方名士皆折辈行与交。顾数奇，屡扼京兆试，玄祐慨然曰："河清讵可俟哉！"而以为吾二人忧，遂谒选，得文华中书。浮沉金马，日以扬扢风雅为事，辇下豪贤之会，坐无车公不乐也。玄祐居邑邑，顾不自得，亟请假归。侍郡幕公夫妇，细訾声气，宛然孺子慕也。而代郡幕公为德益力，岁凶则减半平籴，屑粥疗饥，所全活甚夥。凡里徭役最剧者，率身任之，不以烦桑梓。先后燔债券无数，末年产益落，然族属故人之以缓急告者，未尝不损岁入应之也。玄祐既负胜情，又以闲居奉亲。治圃葺庐，水竹宜适，杖屦相随，养志甚笃，而丘壑神情，惬隐殊甚。客有以驱车讽者，辄笑曰："池头凤何如海上鸥，五侯鲭何如千里莼哉？"与玄祐交者，吾邑陈徵君，景陵钟伯敬、山阴祁夷度及不佞辈，咸乐其旷逸。花时楫候命驾，相期雀舫布帆间。集梅花墅下，开帘张乐，丝肉迭陈，而微窥玄祐意，顾曲选舞，总借为莱彩娱者。迨郡幕公捐馆舍，沈孺人继殇，窥园之日，遂以少也。惟昕夕侍陆太君起居，称药量水，不能刻晷离左右。已太君病脾，度且不起，即有以身殉之之志。预为戒勒诸子，微及后事，家人方讶其不祥。及承讳，神气绵愱，已不可为，犹匍匐成丧，以劳毁卒。卒之前一日，里人闻有旌幢导以喧阗于市者，为往生之验云。玄祐性阔达，虽生长素封，不问奇赢子母事，生平以读异书，交异人为快。所居与陆天随故址近，为剔莽构祠祀之，刻共唱和诗。他如盛唐名家集行世者，多出其校雠。皈命西方，夙期出世，名僧静士，密与往还，而内行薰洁，动循矩度。事寡嫂褚氏，终身如一日，厚嫁侄女，过于所生。属纩之前，犹以嫂节被旌，为搏颡簧上，至却医流涕，以死奉母，玄祐死生皆无憾矣！当玄祐有嫡母丧，乞余文为志，墓中之藏，去此几何，而其孤元溥，复以陈徵君状乞铭。玄祐有如欧阳公所叹，方从其游，遽哭其死,以为身世一大悲者。然玄祐多子孙,皆有隽才,平泉树石,可保无恙,而青缃之学昌显于世者,孝子不匮,天意固可俟也。所著有《秋水亭草》《唾余集》《樗斋诗草》《樗斋漫录》。生卒详状中。铭曰:其仕也为亲,而不祈一命。三釜半纶,不易温清。其殁也为亲,而不难一殉。相见黄泉,唯诺必应。是其以近臣为隐人,而以才子为孝子者耶!间史状之,国史铭之,谁曰不信。

二

许自昌,字玄祐,号霖寰。见《乾隆吴郡甫里志》卷六许自昌略传和卷一二《国学生》,而不载于他书。《甫里志》为当地的乡土志,对其本乡本土人物的记载定有根据,殆不至于有误。许氏郡望高阳,他在《水浒记》第一出《标目》的下场诗中,自称"高阳生"。因构筑有梅花墅,他又以之为别号,所著《橘浦记》传奇,则自署"勾吴梅花墅编";清初方来馆主人编选的戏曲选集《万锦清音》,选有《水浒记·活捉张三》曲文,亦题作"梅花墅编"。

关于许自昌的籍贯,根据现有材料,大致有五种说法。一是长洲说。《康熙苏州府志》卷七六《人物》:"许自昌,字玄祐,长洲之甫里人。"庄一拂《古典戏曲存目汇考》卷九许自昌小传亦作"长洲人"。二是元和说。仅见于《乾隆吴郡甫里志》,卷六《人物》云:"许自昌,字玄祐,号霖寰,元和人。"卷一二《国学生》同此。三是吴县说。主此说者最多,计有清无名氏《传奇汇考标目》、王国维《曲录》、青木正儿《中国近世戏曲史》、卢前《明清戏曲史》、郑振铎《插图本中国文学史》、谭正璧《中国文学家大辞典》、傅惜华《明代传奇全目》、张庚和郭汉城主编的《中国戏曲通史》以及《中国大百科全书·戏曲曲艺卷》等。四是苏州说。修订本《辞海》和《中国戏曲曲艺辞典》,都认为许自昌是苏州人。五是新安说,仅见于《四库简明目录标注》著录《皮日休文薮》之注。

以上几种说法,应以长洲说为是。因为明万历间刊刻的《集千家注杜工部诗集》,题"明长洲许自昌玄祐甫校"。《捧腹编》则在"许自昌玄祐父辑"之前,冠以"茂苑"二字,茂苑为长洲的别称,由于左思《吴都赋》有"佩长洲之茂苑"句,故唐置县时取长洲苑为名。本人题署自己的籍里,应当是可靠的。当然,我们还可以找到其他有力的佐证,如《乾隆苏州府志》虽未替许自昌立传,但在该书卷四六《人物》六,有其长子许元溥和孙许虬的传,都作"长洲人"。

在许自昌的籍贯上,出现这些分歧的看法,主要是由于建置沿革所造成的。"雍正二年,两江总督查弼纳以苏、松、常三府赋重事繁,奏请升州增县以分其任",于是"复析长洲地置元和县"。[①] 故《乾隆吴郡甫里志》卷一《凡例》说:"甫里旧属长洲县,旧志成于未立元和县之前,志内所载孝义、贞节、科名、人物,俱称长洲某某,今悉改为元和。"所谓元和之说,就是这样来的。1912年,区划又有所变动,长洲、元和两县都并入吴县。王国维的《曲录》尽管成书于1908年,但刊刻较晚,在并县以后,可能又经过删订;况长洲未划入吴县之前,治所与吴县同城,故王氏采用《传奇汇考标目》的材料时,未加深考,把两者混为一谈。吴县说既肇始于《传奇汇考标目》,《曲录》继之,后来者辗转沿袭,所以主此说者甚夥。长洲在明清两代都隶属于苏州府管辖,而今天的苏州市又包括长州在内,因此,就统称许自昌为苏州人了。至于新安说,显系错误,郑振铎在其所藏许自昌刊本《皮日休文薮》之跋语,指出许氏非新安人。

据《明史·地理志》,长洲和吴县在明代分属两县,而甫里则为长洲之辖境,许自昌为长洲人,这是无可置疑的,我们不能因为后来地域区划的变化,就随意更改他的籍贯。

关于许自昌的生卒年,《中书舍人许玄祐墓志铭》中未载,只说"详状中"。而许氏的行状为陈继儒所撰,今存明崇祯间刊本《陈眉公先生全集》,以及通行本《陈眉公集》《白石樵真稿》《晚香堂小品》,仅是陈继儒遗稿的一部分,可惜都未收入这篇行状,因而就不能直接引用。但根据现存的材料,许自昌的生卒年尚不难稽考。

---

① 《乾隆苏州府志》卷一《建制沿革》。

《乾隆吴郡甫里志》卷六说,许自昌"弱冠游雍,有隽声。万历丁未,考中中书舍人,时年三十"。据此记载,万历丁未即万历三十五年(1607),许氏整三十岁,顺此上推,他应当生于万历六年戊寅(1578)。那么卒于何年呢?李流芳《许母陆孺人行状》云:"中书君许玄祐之葬其母陆孺人也,病不胜丧,且惧一旦溘然,不克身襄大事,力疾营窀穸。四方之会葬者麇至,中书君哭泣拜稽,一勉于礼,病遂不起。呜呼,中书君其无愧于古之死孝者矣!"①《中书舍人许玄祐墓志铭》亦说许自昌因生母丧,"劳毁而卒"。陆孺人死于天启三年(1623)四月十三日,享年六十有六。许自昌亦应卒于此年,按其生年万历六年(1578)下推,他活了四十六岁。《康熙苏州府志》卷七六《许自昌传》说:"既见母病渐剧,预为诫敕诸子,微及身后事,家人方讶其不祥。及承讳,神气绵惙,已不可为,犹匍匐成丧,以劳毁卒,年四十有六。"与推考正相吻合。因此,许自昌应生活于1578—1623年。

关于许自昌的生平,据董其昌撰写的墓志,可知甫里许氏既非世家望族,也没有出现过达官显宦。从董氏为玄祐嫡母所作的《龙安府照磨怡泉公元配沈孺人墓志铭》,我们还可以进一步了解,当许自昌祖父母尚健在时曾遭到一场家难。这究竟是什么性质的家难,由于何种原因引起,墓志未作交代,其他有关材料也未涉及。从此家境每况愈下,萧然贫困。许自昌的父亲许朝相(字国用,号恬泉)只得停止做国学生,而弃文经商。在其妻沈氏帮助下,很快就使家业振兴,成为甫里的富家巨室。②

许朝相原配沈氏有一子,名自学,"既壮不禄",为了继嗣又续娶陆氏,生自昌。这位富垺封君的巨商,曾捐资数千金修建学宫,他说:"吾积善以贻子孙,但得子孙世世游此地,吾愿足矣。"③显然,许朝相如此慷慨捐资的目的,是想让自己的后人能通过入学而跻身仕途,改换门庭。自昌生母陆氏嫁到许家,年才及笄,而丈夫已经是近五十岁的人

---

① 李流芳《檀园集》卷九。
② 见《容台集》文集卷八《龙安府照磨怡泉公原配沈孺人墓志铭》。
③ 见《乾隆吴郡甫里志》卷七《耆硕》许朝相传。

了。她身为贰室,实同婢女,既要侍奉丈夫和沈氏,又要操劳家务,"身亲拮据,早作夜息,出纳启闭,代沈孺人之成而不敢专"①。为了改变自己在家庭中的地位,只有寄希望于其子。因此,他们很重视对许自昌的教育和培养,当他稍长,就被送往外傅家,"延名经师训督之"。

可是,许自昌"少读书,即好渔猎传记、两汉、四唐之业,筑仓而藏之,饮食其中。不屑屑为经生言"。他广泛涉猎,然而不愿受儒家经典的束缚。这种思想在他后来所写的《从军行》诗中也反映出来:"少年意气轻山岳,摘句寻章何足学。横梢指顾风云生,走马射雕自超卓。……"②说明他从青少年时代起就鄙薄寻章摘句之学,对走马射雕的豪侠生活充满了向往之情。但家庭和社会给他安排的是一条由科举入仕的道路,他二十岁时到南京,进南国子监当太学生。

金陵是衣冠人物荟萃之地,许自昌在这里非常得意,他"登览江山,志意抒发,四方名士皆折辈行与交"。今存《卧云稿》,刊刻于万历三十年(1602),为许氏早年诗作的结集。其中多系酬赠之作,与之交游者如屠隆、王百谷、阮坚之(阮大铖的从祖父)、陈继儒、董其昌、张元长等,都是比他年长的名公巨卿。陈继儒序其诗集时,对他的为人盛加称赞:"君不识许玄祐耶?盖其人岸伟,负侠节,恢疏辨爽,有才子跌荡之致。车骑冠剑,游于江东,宗工秀人,委心下之。"这时他风华正茂,卓荦奇特,很想有一番作为。友人冯时可在《赠许玄祐》诗中,亦深信他"丰翮会当舒,宁独期纶组"③,可是许自昌"顾数奇,屡厄京兆试"。他从二十岁游南雍,至三十岁为中书舍人,十年之内,按明清乡试,每三年举行一次,他至少参加过三次,因此,慨然叹曰:"河清讵可俟哉!"

《卧云稿》中虽然没有直接抒写他落第的诗,但有些作品反映了他的苦闷和愤懑的感情,很明显与此事有关。如《田园杂兴八首》其三:"十载繁华梦,今朝何处寻?不知名利误,翻自惜分阴。岁月忙中过,风霜鬓上侵。巢由终解事,白眼向冠簪。"其五:"自非尘俗客,任彼弄

---

① 李流芳《檀园集》卷九。
② 许自昌《卧云稿》(不分卷)。
③ 见《冯元成选集》卷四。

炎凉。若会清闲趣,应憎富贵忙。同调怜笼鸟,狂愚笑怒螂。郊原三月草,日日伴斜阳。"又如《马大参德征以诗见投赋谢》:"瑶华不惜远相投,天际轻阴正麦秋。五两熏风开绛帐,一丝梅雨入高楼。人情谁作嵇康懒,时事徒添贾谊忧。卧对白云能傲世,杖藜遮莫问田畴。"许自昌把十年的矻矻追求,看作一场繁华梦境,开始从追名逐利中苏醒,对"冠簪"和"富贵"产生了憎恶。从"卧对白云能傲世"句,可知《卧云稿》为诗集的命名,寓有深刻的含意。这些诗有助于我们了解他这个时期的思想。

尽管许自昌对科举考试失去了信心,但他以克尽孝道著称,不愿违背双亲的意愿,于万历三十五年(1607),仍谒选为文华殿中书舍人。故董其昌在墓志的铭文中说:"其仕也为亲。"他这次究竟通过什么方式入选的呢?李流芳《许母陆孺人行状》和《乾隆甫里志》的记载截然不相同,前者说"以资为郎",后者认为"考中中书舍人"。据《明史》卷七四《职官》三:"文华殿舍人,职掌奉旨书写书籍。"由两条途径选拔:"由进士部选者,得迁科道部属;其直两殿、两房舍人,不必由部选,自甲科、监生、生儒、布衣能书者,俱可为之。"沈德符《万历野获编》卷九《两殿两房中书》又说:"自近年来鬻爵事兴,文华、武英两殿中书舍人,俱许入资直拜,不复考校艺能。"许自昌恰生活在"鬻爵事兴"的万历年代,他家资雄于里中,自己又是国学生,且颇有隽声,显然是通过后一条途径"以资为郎",地方志的记载有时不确,或为乡贤有意回护。

明初中书舍人入直者,称天子近臣,从事翰墨,以翰林修撰或编修供事文华殿。自正德以后,科目正途,没有一个人肯屑就,这个官职就益以日轻。至万历时,由于允许入资直拜,不再考校艺能,人们竟以异流目之,其地位就更加低下,只不过是七品闲职。许自昌本来就对"以资为郎,雅非意所屑",①况"浮沉金马,日以扬扢风雅为事,辇下豪贤之会,坐无车公不乐也",他感到无聊,悒悒不得意,于是"亟请假归"。

所谓"亟请假归",同陈继儒在《寿许母诸孺人五十序》中所说的

---

① 李流芳《檀园集》卷九。

"既官内史,即挂冠东还",①都说明许自昌任中书舍人之职的时间不长。那么,他何时辞官归里的?墓志和志书中均未记载。邓云霄《燃桂稿》中有《许玄祐载酒过小斋》和《送许玄祐秘书归省兼讯景阳君》两首七律,可以有助于搞清这个问题。

邓云霄,字玄度,号虚舟,广东东莞县人。万历二十六年(1599)进士,十一月任长洲县知县。三十四年春,进京考选,三十六年秋,升南京户科给事中。②所著《燃桂稿》有自序,云:"此集自丙午暮春入长安,需次考选,洎戊申季秋始补南垣,凡三易岁。旅邸凄清,门无剥啄,可以肆力于词赋。"③收在集中的诗作,当写于在北京考选这段时间里。《许玄祐载酒过小斋》云:"吏散高斋学灌园,暑深襁褓少过门。无人不厌嵇康懒,有客偏移竹下尊。十载交情怜往事,千秋孤调可同论。清谈静对炉烟袅,飒飒微凉起北轩。"邓云霄初任长洲时,开始同许自昌订交。从万历二十六年算起,至许氏万历三十五年谒选中书舍人时,前后将近有十年的友谊了,所以诗中说"十载交情"。溽暑两人很少来往,清秋则可尊酒闲淡,说明此诗当作于万历三十五年秋,而许自昌进京做官应在这年盛夏之前。

邓云霄除了工诗,亦能词曲,曾作有杂剧《竹林小记》,与许自昌既有过长期的交往,又都处于闲散的地位,"千秋孤调可同论",可见彼此思想相通,关系相当密切。当许氏归里时,特赠诗送行。《送许玄祐秘书归省兼讯景阳君》:"归去斑衣昼景(锦)看,新携赤管下翔鸾。离亭折柳南枝尽,驿路驱车朔雪寒。春到莺花连海峤,梦回阊阖在云端。东山烟月烦相问,何事栖迟老谢安。""景阳君"是许自昌妻子诸氏的伯父,曾任礼部主事,以直谏刚介辞官,课徒自给。传见《明史》卷三三一。此诗前六句送玄祐,后两句是托他问候诸景阳。所写送别的季节,正是朔雪飞舞的隆冬。邓云霄万历三十四年春入都,在京"凡三易岁",度过两个冬天。这首诗显然不是写于万历三十四年之冬,因为许

---

① 见《陈眉公先生集》卷一八。
② 见邓云霄《漱玉斋文集》卷首邓逢京《虚舟公传》。
③ 《燃桂稿》附于邓云霄《百花洲集》。

自昌尚来赴京供职;也不可能作于万历三十六年的冬季,因为邓氏已补南垣,早在这年季秋就离京赴南都莅任去了。看来此诗只能是万历三十五年冬天的作品。

从上述两首诗所反映的情况考察,许自昌很可能是万历三十五年春进京,年底省亲归里,就再也没出仕了,他任文华殿中书舍人的时间不满一年。这与陈继儒所说的"既官内史,即挂官东还"相符合。

许自昌居住的甫里,是晚唐文学家陆龟蒙隐居的地方。陆龟蒙虽然生活贫困,但不废读书和吟咏,有书癖和诗酒园林癖的美称。许氏对这位乡贤的为人非常敬佩,并把他作为自己效法的楷模。他摆脱官场的羁绊,不久便穿池垒石,树艺花木,营建梅花墅。这座遐迩闻名的别墅,占地百亩,绿柳婆娑,廊榭窈窕,飞泉喷石,映带烟霞,极江南园林之胜。他闲居其间,除奉养双亲,周贫济危外,即招徕四方骚人墨客,饮酒赋诗,征歌度曲。后人比之元末的顾阿瑛(名瑛,号金粟道人,昆山人。曾授会稽教谕,不就。性风流偶傥,擅长诗词书画,精于音律。其别业玉山草堂,为骚人墨客雅集之所),说他"有金粟道人风"。①

侯峒曾《题玄祐先生梅花墅追和眉公先生韵》云:"闭门山水卧游余,博古才同第四车。浮白奏来天上曲,先生有家乐,善度新声。杀青搜尽世间书。先生雅好刻书,行世甚多。回廊浸月疑江树,别渚藏春却放鱼。闻说黄杨重荫远,先生家有黄杨一株,高可数丈,为万历初难兄源泉公手植。爱花有种习难除。"②徐汧亦有《和陈眉公题梅花墅诗》:"唐突烟霞三径余,笙歌鼎沸酒盈车。券支风月修花史,图列云泉校草书。檀板放声惊宿鸟,柳枝横影啖游鱼。藏来竺典添香诵,出世因多乐未除。"③这两首诗概括地描绘出许自昌隐居于梅花墅中的生活情况。从中也可以看出,他已经把精力和兴趣从对科举和仕宦的追求转向征歌度曲及校刻书籍。

苏州一带是明代昆山腔最盛行的地方,据范濂《云间据目抄》记

---

① 见《乾隆吴郡甫里志》卷六《人物》许自昌。
② 见《乾隆吴郡甫里志》卷二三《历朝诗选》。
③ 见《乾隆吴郡甫里志》卷二八《第宅园林》二。

载,万历年间,"苏人鹜身学戏者甚众"。缙绅豪富之家多崇尚词曲,蓄养家班,用以娱宾谦客,寄情声色。这在当时几乎成为一种风气。许自昌精通词曲,又很有才艺,当然也受其影响。他肆力于戏曲创作,并教习家乐,每"制为歌曲传奇,令小队习之,竹肉之音,时与山水映发"。① 钟惺在《梅花墅记》中也说:"得闲堂在墅中最丽,槛外石台可坐百人,留歌娱客之地也。"②《水浒记》和《橘浦记》等传奇,都应当在这里演唱过。"檀板放声惊宿鸟",写出了通宵演习的盛况。同许多封建士大夫一样,许氏亦广纳姬妾。在他死后不久,其妻诸氏即"泣告诸妾,厚装善遣之,而留其有出者,抚如女兄弟"③,这些姬妾很可能是他家班中的女艺人。陆萼庭先生在《昆剧演出史稿》中论述家乐时说:"如果说,万历年间的重视戏剧艺术是对反动道学的批判,还有一些进步意义的话,那么,到了明末清初时期,演剧活动如此之普遍,就只能是士大夫糜烂生活的一种典型表现。"这段话也可以看作对许自昌从事戏曲活动的评价。

许自昌还喜好奇文异书。他聚书成屋,亲为校雠和刊印。在他出仕以前,就校刻过唐代名家的诗文集行世。闲居以后,愈加勤奋,董其昌过甫里时,看到他这位老友不辞辛苦、夜以继日地校书,曾写诗加以称赞:"隐几时生白,雠书几杀青。"④祁承爜是明代著名的藏书家,万历三十五年(1607)二月任长洲县令,在任三年中,与许自昌交往甚为密切,对其校刻书也极为推崇,并在万历四十六年五月二十日,为《合刻陆鲁望皮袭美二先生集》撰写了序言。⑤ 经他校勘或刊印的书籍,流传至今的,尚有《分类补注李太白诗》《集千家注杜工部诗集》《十二家唐诗》《皮日休文薮》《唐荆川先生集》《甫里先生集》《琼台先生诗话》以及《太平广记》等。这些校印精致的古籍,自清代以来就为藏书家和版本目录学家所重视。许自昌在古代文化的整理和传播方面所作的

---

① 李流芳《檀园集》卷九。
②《钟敬伯合集》文集。
③ 陈继儒《陈眉公先生全集》卷一八《寿许母诸孺人五十寿序》。
④《容台集》诗集卷一。
⑤ 见祁承爜《澹生堂集》卷一三戊午历日记。序存该集卷七。

贡献，也是值得我们称赞的。

　　许自昌晚年崇奉佛道，多与名僧静士往还，所谓"藏来竺典添香诵，出世因多乐未除"，真实反映了他后期"皈命西方，夙期出世"的思想。其实这种消极遁世的人生观，在他早年所写的诗作就有所流露，如《卧病拟杜律四首》的第一首说："渐知人世幻，转共世情疏。"《夜梦王子元王以度二首》的第二首亦说"浮生浑是幻，到底竟谁真"。他非常仰慕的戏曲家屠隆，就是一位笃信佛道的人。当屠隆六十岁时，许自昌作文为他祝寿，愿追随他"餐霞吸露"，升天入道。① 由此可见，屠隆对他的影响也不小。《橘浦记》中有关轮回报应的描写，无疑是与他的这种思想有关。

　　许自昌除从事戏曲创作外，还撰写了大量的诗文，今可考知者，有《秋水亭诗草》《唾余草》《卧云稿》以及《樗斋漫录》《捧腹编》等。有人认为《樗斋漫录》非出自许氏手，为他人所代笔。② 只有《卧云稿》1卷《捧腹编》10卷尚存，其他几种恐早就散佚。

三

　　许自昌的戏曲作品，据傅惜华《明代传奇全目》和庄一拂《古典戏曲存目汇考》著录，有《橘浦记》《水浒记》《节侠记》《种玉记》《灵犀佩》《弄珠楼》《报主记》《临潼会》《瑶池宴》九种。其中《橘浦记》《水浒记》，最早见于祁彪佳《远山堂曲品》著录，且有存本传世，可确认为许氏所作。《节侠记》《种玉记》系许氏改订他人之作，也无可争议。《灵犀佩》《弄珠楼》《报主记》三种，因有同时代作家的同名传奇，尚难断定是否许作。至于《临潼会》《瑶池宴》仅见于抄本《传奇汇考标目》别本著录，不见明清其他戏曲书目记载，故学者们都对这五种传奇持存疑的态度。

　　《水浒记》为许氏的代表作，在戏曲史上影响较大。郑振铎先生曾

---

① 见《卧云稿》屠隆序。
② 见钱希言《戏瑕》卷三《赝品》："(叶)昼落魄不羁人也。家固贫，素嗜酒，时从人贷饮。醒即著书，辄为人持金鬻去，不责倍其值，即所著《樗斋漫录》者也。"(《借月山房汇抄》本)

在《插图本中国文学史》中给予这个戏很高的评价,他认为:"《水浒记》叙宋江事,皆本《水浒》,惟《借茶》《活捉》为添出者。只写到江州劫法场、小聚会为止,没有一般'水浒戏'之非写到招安不可。词曲甚婉丽,结构极完密。像《刘唐》《醉酒》等幕,尤精悍有生气。"明清戏曲选集,如明冲和居士辑《怡春锦曲》,槐鼎、吴之俊合选《乐府遏云编》,锄兰忍人选辑《玄雪谱》,清方来馆主人编选《万锦清音》,江湖知音汇选《昆弋雅调》及菰芦钓叟编《醉怡情》等,都收录了《水浒记》单折或零支曲文。清代乾隆年间,钱德苍增辑的《缀白裘》竟然选录了《刘唐》《借茶》《拾巾》《前诱》《后诱》《卢杀惜》和《活捉》等七出之多,可见它过去一直盛行于舞台上。京剧、地方戏中根据它改编的剧目也上演不衰。

《水浒记》今存明末汲古阁《六十种曲》刻本,以及清康熙四十五年(1715)永睦堂龚氏抄本,前者的原刻初印本,被影印收入《古本戏曲丛刊初集》。

此剧为许自昌的作品已无可争辩,但尚存一些问题,在研究者中仍有不同说法,还需要进一步辨明。《远山堂曲品》"能品"分别著录许自昌和王元(无)功的同名传奇《水浒记》,在王氏《水浒记》的评语中,有这样一句话:"此梅花主人改订者。"黄裳《远山堂明曲品剧品校录》则作为依据,在校语中明确指出:"此书许玄祐改订者,非自昌作也。"后来,叶德均《祁氏曲品剧品补校》一文,对黄裳的《校录》虽多有非议,但对《水浒记》的看法,不仅同意黄说,而且加以发挥。他说:"祁氏《曲品》另有王元(无)功《水浒记》一本,谓:'此梅花主人改订者;曲白十改八九,穉弱亦十去八九矣。'(页70)盖无功为原作,自昌系改作,故《曲品》及《传奇汇考》二书于王、许名下各著一本也。王本今未见,流传之本多为许改本。"他甚至认为"许氏传奇六种殆全为改订他人之作而由梅花墅刊行者"。①

许氏传奇是否全为改订他人之作,前面已经涉及,这里姑且不论,仅就《水浒记》的问题略抒己见。

---

① 《戏曲小说丛考》上册,中华书局,1979年,页227。

先看《远山堂曲品》对许、王两家《水浒记》所下的全部评语：

　　水浒　许自昌　记宋江事，畅所欲言，且得裁剪之法。曲虽多稚弱句，而宾白却甚当行，其场上之善曲乎？

　　水浒　王元功　此梅花主人改订者，曲白十改八九，稚弱亦十去八九矣。前本用犯调，有不便于歌者，今取调极稳；前本宋江有妻似赘，今并去之；惟下韵仍杂，不能为全瑜耳。①

我们只要稍作比较，就不难发现这两则评语前后互相矛盾：既然许氏为改作，为什么在评语中不置一词，反而把"此梅花主人改订者"加于王作的评语之前？既然许氏改作已经将王作中的"曲白十改八九，稚弱亦去八九"，为什么还要批评许作的曲文"多稚弱句"呢？如果从王作评语本身来推敲，显然是就许作而发，处处对比言之，故口口声声称许作为"前本"，况且首句与整段话从逻辑和情理上也格格不入，枘凿不合。祁彪佳精通戏曲，是一位造诣很高的戏曲理论家，不至于会出现这样一些不能自圆其说的疏漏。今存祁氏《曲品》为作者的手稿本，可能有脱误。我怀疑"此"下脱去一"据"字，如添上这个字，"此(据)梅花主人改订者"句，与通篇才顺理成章。这个问题解决后，何为原作，何为改本，也就泾渭分明了。

　　王本《水浒记》今已不存，无法进行比较，但用传本许氏《水浒记》与祁氏评语对照一下，黄、叶两家所下的断语自然就站不住脚了。康熙四十五年(1706)龚氏抄本《水浒记》系梨园演出本，经过艺人的删改，不足为据，但《六十种曲》本《水浒记》应为许氏所作，现在就从以下三方面进行考察。第一，此本曲文喜用骈俪语，宾白亦多用四六句，如第九出《慕义》，梁山军叙梁山泊形胜，锦心绣口，宛如一篇长赋。所谓"多稚弱句"，大概是指这类与梁山好汉性格不相称的语言，王氏改作时才"十去八九"。第二，南曲所说的"犯调"是指"集曲"，即从同一宫

---

① 引文见《远山堂明曲品剧品校录》，上海出版公司，1955年，页70。

调或属于同一笛色的不同宫调内,选取不同曲牌的各一节,重新组织成一首新的曲调,并赋以新名,如集【一封书】和【皂罗袍】而成者,就叫做【一封罗】。集同宫调曲称为犯本宫,异宫调相集则为犯别宫。《六十种曲》本《水浒记》共用221支曲子(包括【引子】和【尾声】在内),其中"集曲"48支。【引子】和【尾声】都用单支曲牌,如果除去这两部分,"集曲"所占的比重就更大了。如:第三出《邂逅》、第九出《慕义》、第十二出《目成》、第二十九出《计迓》,除【引子】外,通出都采用"集曲"。"集曲"有很严格的技术要求,运用得好能够增加戏曲音乐表现力,否则会影响演员演唱技巧的发挥。所谓"前本用犯调,有不便于歌者"即指此。第三,此本宋江有妻,在第二出《论心》中,宋江在上场白中就作了交代:"小生吏隐公门,家中止有荆妻孟氏,不愧乐羊之妇,洵是梁鸿之妻。"孟氏先后在本出、第十三出《效款》、第二十二出《闺晤》、第二十五出《分飞》、第二十九出《计迓》及第三十二出《聚义》中出场。宋江浔阳题反诗被捕,晁盖怕加害于孟氏,设法将她接上梁山,后来与宋江团圆。由于这个人物在剧中戏不多,而且游离于剧情之外,显得冗赘,所以王本在改作时,就干脆将她删去。另外,此本首出《标目》的下场诗明确说:"水浒传做记的高阳生。"高阳乃许氏的郡望,故自称"高阳生",他作《水浒记》是直接取材于《水浒传》小说,而不是改编他人的剧作。

其次,关于《水浒记》的传本问题。

《明代传奇全目》在许自昌名下,还著录有万历十八年金陵唐氏世德堂刻本《水浒记》一本,想借以说明这个剧本至迟写于这一年。万历十八年(1590)许自昌年仅十三岁,不可能创作出比较成熟、且能奏之场上的戏曲作品。因为此本今藏于日本成簣堂文库,未能目验原书,不知其内容。我推测不是别本,就是傅惜华先生著录有误。

明人演宋江故事的同名传奇,除汲古阁《六十种曲》本和金陵世德堂本《水浒记》以外,就我所知还有三本。一是黄文华选辑,万历新岁蔡正河爱日堂刊本《八能奏锦》,卷三上栏选有《水浒记》"夫妻拆散"一折,如:(旦上)唱"【前腔】恃强势似虎威,进退咨嗟无计施。夫,我与你今日分离,无可为记,我将枣木梳一个,与你各收一半,带在身旁,若见此物如见你妻一般了。情爱难存济,船到江心迟。"①写夫妻被迫离别,分赠枣木梳为表记,可见此本当为《木梳记》之异名。二是《水浒青楼记》,从议取生辰纲写起,至宋江招安止。因青楼杀惜,故名。《曲海总目提要》卷四二著录,云:"叙宋江逃窜战斗之事甚多,词意粗鄙,不逮梅花墅所编远矣。"吴梅原藏有明万历间金陵富春堂刻本,惜毁于"一·二八"战火中,今存吴氏跋文云:"吴门许自昌作《水浒记》,刊入《六十种曲》,与此书绝异,不知谁氏笔也。文字颇古拙,当是明中叶人作。"②无名氏《传奇汇考标目》,将许氏《水浒记》与《青楼记》(即《水浒青楼记》)混为一本,显然是错误的。三是胡文焕《群音类选》"诸腔"卷四,收录《水浒记》"浔阳会饮"一折。写宋江因犯人命案,遇赦减罪,流放浔阳,与戴宗、李逵、张顺会饮事,与许氏《水浒记》迥异。

最后,关于许本《水浒记》的创作年代。

传本许氏《水浒记》刊刻较晚,亦无叙跋,其创作年代不为人所知。《明代传奇全目》将明万历世德堂刊本《水浒记》列于许氏名下,依傅惜华看来,此剧为作者早年的作品。前文已指出其推论的错误。《六十种曲》本《水浒记》第三十一出《冥感》,【锦上花】曲文,有"因什么画图魂返牡丹亭,隐现毕方形"句,说明许氏创作过程中曾受到汤显祖《牡丹亭》的影响,便信手拈来。《牡丹亭》写成于万历二十六年(1598)秋,它一问世就轰动剧坛,《水浒记》剧本的创作当在此之后,那么究竟写于何时呢? 据吕天成《曲品》自序,《曲品》成书于万历三十八年(1610),即今所通行之本;万历四十一年(1613)又加以增补,补入不少作家和作品,有清初耕读山房和乾隆杨志鸿抄本行世,它囊括了明初至万历间的全部重要的传奇剧目,但是没有著录许氏的剧作。万历四十四年(1616)刊刻的戏曲选集《吴歈萃雅》,为茂苑梯月主人所编选,也没有收录许氏作品的散出或零支曲文。如果《水浒记》已经问世并流传,梯月主人绝不会将自己乡里的作品弃置不录。直到崇祯年间出

---

① 见中国艺术研究院戏曲研究所藏据原刊本胶卷之过录本。
② 见《瞿安读曲记》,《吴梅戏曲论文集》,中国戏剧出版社,1983年,页435。

现的曲选,像《玄雪谱》《怡春锦》等,才开始入选该剧的单出。由此可知,《水浒记》可能是许自昌后期的作品。无论是思想内容,关目结构,还是曲文宾白,都胜过《橘浦记》。《橘浦记》有万历四十四年(1616)刻本。《远山堂曲品》著录同一作者的几种作品时,比较注意创作先后的排列,《水浒记》被置于《橘浦记》之后,说明稍晚于它,应是作者晚年在梅花墅教习家乐时所作。

作者附记:此文为1985年在郑州举行的全国戏曲会议所写的参会论文,当时题为《许自昌考》,后来发表时根据编辑部的意见,为了突出许自昌和他的戏曲创作,将原文中刻书一大节删掉,标题遂改为《许自昌和〈水浒记〉》。甫里许氏藏书,20世纪50年代,由其后人散出,被黄裳先生所购藏,计有《咏情草》1卷、《卧云稿》1卷、《秋水亭诗草》2卷、《唾余草》1卷、《樗斋诗草》2卷、《白花杂咏》、《霏玉轩草》以及《樗斋漫录》12卷、《捧腹编》10卷等。还有《甫里许氏家乘》10卷2册,其中收录的传状诗文,大都出自同时名家之手,提供了进一步认识许自昌及其家族的珍贵资料(见黄裳《前尘梦影录》和《小楼春雨》之《梅花墅》)。拙文中所说许氏的诗文集大都散佚,只能说明我的孤陋寡闻,特向读者致歉。

(本文原刊于《古籍整理与研究》第六期,1990年9月)

《再生缘》杂剧作者考辨

《李夫人再生缘》杂剧,简称《再生缘》,四折。写汉武帝宠妃李夫人病死,用武帝所赐玉钩殉葬。十五年后,转生为河间陈姓女子,以手握玉钩为凭,与武帝再续前缘。今存《名家杂剧》(即《环翠堂精订五种曲》)和《盛名杂剧》本,均题"蘅芜室编"。《今乐考证》《曲录》等著录,都沿用《盛名杂剧》的题署;而《重订曲海目》则改题"蘅芜室主人编"。傅惜华为《明代杂剧全目》所写的王衡小传,索性把"蘅芜室主人"当作王衡的别署,《李夫人再生缘》杂剧自然也就成了王氏的作品。庄一拂的《古典戏曲存目汇考》也支持此说。由于这两种剧目工具书的影响比较大,后来各种有关的戏曲著作和工具书,几乎都倾向于《再生缘》杂剧是蘅芜室主人王衡所作。

徐朔方先生在《王衡年谱》的"引论"中①虽然不赞成蘅芜室是王衡的斋名,但是他认为《再生缘》"以内容和风格而言,说它是王衡的作品倒没有什么不合,当然还有待进一步查证。它如果是王衡的作品,当和悼亡有关。可能在万历二十一年他三十三岁冯夫人去世时所作"。并以王氏给妻叔冯时可的书信作为他考证的证据②:

> 盖室人之不长世,八年前已预卜之。中道摧割,尚在人意中……妻亡以来,彷徨不知所寄,欲以玄理遣之而不能,欲以书卷笔札遣之而又能。昨亡样出时,作哀词数首,辄数日作恶……拙记二

---

① 见《晚明曲家年谱》卷一。
② 此信题为《冯文所妻叔翁》,见《缑山先生集》卷二二,冯时可当时正在桂林任广西按察副使(见《嘉庆广西通志》卷三四"职官十九")。

册奉览。冯夫人多病同剧中李夫人相似。如果允许我们想象,创作《再生缘》可能就是他"欲以书卷笔札遣之"的一种方式,而"拙记二册"可能就是《再生缘》和另外杂剧的手抄本。除小说戏曲外,很少有作品可以简称为"记",而他没有写过小说。①

尽管他认为此说"还有待进一步查证",在表述时也用了不肯定的语气,但他又把《再生缘》系于《王衡年谱》"万历二十一年癸巳(1593),三十三岁,丧妻冯氏及次儿赓虞"之下,注曰:"《再生缘》杂剧或为悼亡作于今年。"在《王衡年谱·引论》的结尾,他还是明确地写道:"王衡今存四种杂剧都以剧中人物影射他本人或他的近亲,兼有自叙和咏怀性质,这是他杂剧创作的一大特色。"而且强调《再生缘》将"李夫人和钩弋夫人合二为一",同《郁轮袍》和《真傀儡》一样在构思上都很巧妙。显然,他又非常肯定《再生缘》就是王衡今存四种杂剧之一。

总之,上述诸家的说法都根据不足,难以让人信服。"蘅芜室"是否就是王衡的斋名,《再生缘》究竟是不是王衡的作品呢?都必须作进一步探索考辨,才能得到明确答案。

首先,《拾遗记》卷五载:"汉武帝思怀往者李夫人,不可复得……帝息于延凉室,卧梦李夫人授帝蘅芜之香。帝惊起,而香气犹着衣枕,历月不歇。帝弥思求,终不复见,涕泣洽席,遂改延凉室为遗芳梦室。"《再生缘》作者将此事写入该剧第三折:"好苦人也!前者梦见夫人把蘅芜之草献与寡人,因而醒觉,遂名其处曰'遗芳梦室'。"《再生缘》用蘅芜室作为题署由此而来,可能作者既要怀念亡故的妻子,又不愿透露自己的真实姓名,便作了这样隐姓埋名的处理。可是王衡《缑山先生集》及其友人陈继儒所撰的《太史缑山王公传》②、唐时升的《太史缑山王公墓志铭》③,以及其他明人的著作里,都未提到王衡有"蘅芜室"这个斋名,更不见用过"蘅芜室主人"的别署。王衡自己常用"缑山"这

---

① 见《晚明曲家年谱》卷一《王衡年谱·引论》。
② 《陈眉公先生全集》卷三九。
③ 《三易集》卷一七。

个外号,至于"绿野堂"的题署,只在题《杜祁公藏身真傀儡》杂剧时偶一用之。孟称舜《酹江集》本《真傀儡》的眉栏上批注云:"相传王荆石相公寿日,辰玉作此为尊人寿。"陈继儒《太史缑山王公传》明确指出,这个剧是王衡为其父王锡爵祝寿所作,云:"乙巳,文肃公七十,公撰《杜祁公杂剧》以佐觞。访求同闬布衣者旧,延之上座,与文肃公雁行班席,为竟日欢,见者诧为胜事。"文肃公,即王锡爵的谥号;乙巳,指万历三十三年(1605),剧应撰写于这一年。而徐朔方先生认为"此剧当作于万历三十五年(1607)王锡爵被召而辞免之后不久",恐不确。"绿野堂是唐朝名相裴度的别墅,作者借以表明自己的门第"(见《王衡年谱》),当然,也可能是为了避嫌才用它来署名自己的剧作。至于蘅芜室作为王衡的斋名则缺乏根据,《盛明杂剧》本《再生缘》的作者当是另一人。

其次,我们不妨看一看王衡的剧作究竟有几种。陈继儒非常推崇王衡的杂剧,在《太平清话》中将他与徐渭并举:"近代杂剧,惟天池徐渭、辰玉王衡。"他又在《太史缑山王公传》里说:"游戏而为乐府,多开拓元人三昧。"所谓"乐府"是指杂剧创作,进一步指出王衡的杂剧可以企及元杂剧。但究竟写了几种杂剧,则语焉不详。此传又云:"赖有尚宝君,积学操行,大振箕裘……又刻文肃、缑山集。"按:"尚宝君",指王衡之子王时敏(1592—1680),曾官尚宝卿,故称。据此,《缑山先生集》由王时敏所编刻,集前有冯时可、陈继儒、娄坚诸人的序,都写于万历四十四年(1616),显然这个集子是在王衡死后才编刊的。今存明刊本虽有6册、8册、12册、16册和24册等不同的装订形式,但内容和版刻皆一样,均为27卷。我所见到的一种卷首有万历四十五年(1617)苏松备兵使者高出序的8册本,在27卷目录后"附北剧三种",可见王衡只存北杂剧三种。这三种杂剧既无剧目名,剧本也不载于集中,到底是哪三种呢?据沈德符《万历野获编》卷二五《词曲》记载,这三种杂剧是《郁轮袍》《没奈何》和《真傀儡》。20世纪30年代,傅惜华之兄芸子先生在日本东京访书时,发现内阁文库藏有《明人杂剧三种》,即《新刊葫芦先生杂剧》(《没奈何》的又名)、《新刊杜祁公看傀儡杂剧》和《新刊郁轮袍杂剧》。虽然俱未题作者姓名,但后两种已知为王衡所撰,傅芸子又考出《没奈何》也是王衡作品。因"黄文旸《曲海目》复载王有《长安街》、《没奈何》各一种,姚梅伯《今乐考证》、王静安《曲录》均因之,世遂以为王于《没奈何》外又有《长安街》一种,因未见传本,后之治戏曲史者亦皆沿袭之。此次余在内阁文库得观斯书,始悉历来相传之误。盖此剧之正名乃'没奈何哭倒长安街,弥勒佛跳入葫芦里',可知《曲海目》之大误也",并指出《看傀儡》的题名较《真傀儡》为佳。① 徐朔方先生认为《明人杂剧三种》应是《缑山先生集》所要附刻的北杂剧三种,此说甚是。《明代杂剧全目》据清人王士禛《香祖笔记》称:"鹤尹大父缑山先生作《郁轮袍》及《裴湛和合》二曲,词家称为本色当行。"又著录《裴湛和合》一种。因此,王衡所作杂剧共四种,现有存本者实为三种,散佚一种。在这四种中,唯独没有署名蘅芜室的《再生缘》杂剧。

再次,所谓"'拙记二册'可能就是《再生缘》和另外杂剧的手抄本",此种推测也很难成立,因为王衡的妻叔冯时可道学气很重,他对盛宴和观剧很不感兴趣,曾在《与徐上舍》的信中说:"生平最苦享盛宴,观优剧,斯二者一殄天物,一乱天君,令人神扰气塞。"②王衡当然不会将自己的杂剧剧本寄给冯时可,招惹他不愉快。然而,冯时可倒喜欢游山玩水,万历二十五年(1597),他官浙江按察使时,在处州任所刊刻的《超然楼集》,除 12 卷为杂著《雨航杂录》外,剩下 11 卷中就有 2 卷是游记。而王衡所说的"拙记二册",可能指《纪游稿》,《四库全书总目》卷七八"地理类存目七"云:"《纪游稿》一卷,是编乃所作游记,凡泰山一首,香山三首,盘山一首,马鞍、潭柘一首,杂记三首,盖随时摭拾付梓者。"《纪游稿》今不存,但所写游记均见《缑山先生文集》卷一〇,《重九后二日登泰山记》写于万历十四年秋,而游盘山则在万历二十一年九月。它们是"随时摭拾付梓",先以单册刊印,最后才编为一集。王衡寄给其妻叔的 2 册游记,很可能就是新刻成的《纪游稿》中的两个

---

① 见《东京观书记》,收入《白川集》,东京文求堂,1943 年。
② 见明刊本《冯时可选集》卷三七。

单册,因而自称为"拙记"。

最后,自从 1952 年祁彪佳《远山堂曲品剧品》在上海发现,经黄裳先生整理校录刊行后,提供了许多鲜为人知的明代曲家和剧目。① 在《剧品》"能品"中就著录有《再生缘》杂剧,题吴仁仲作。1958 年人民文学出版社据大东书局校订重印《曲海总目提要》时,曾请杜颖陶先生对该书各剧目的作者加注更定或考订说明,将原先未署名的《再生缘》杂剧题为吴仁仲作。傅惜华《明代杂剧全目》为了使它与所谓王衡的《再生缘》区别开来,便将吴作《再生缘》另列为一个剧目。虽然持有怀疑态度:"王衡有《再生缘》杂剧,未知与此究是一本否?"但是后来的戏曲工具书,如庄一拂的《古典戏曲存目汇考》等皆将《再生缘》分成两个剧目著录,而且都认为吴仁仲所撰《再生缘》已佚。既然《远山堂剧品》只著录一种《再生缘》,又非常肯定它的作者就是吴仁仲,当然不是凭空臆测,一定会有所根据。20 年前,我查阅黄汝亨《寓林集》时,曾在该书卷三〇发现有《题李夫人再生缘杂剧》一文,它对考察《再生缘》的归属会大有裨益,今照录于下:

> 汉武英略迈世,有蓬海三神山之想,而《传》记西王母,以为非仙才意有情闭耶,然天下岂有无情仙人哉!夫情消意歇,海枯石烂,即神仙无投足所矣。李夫人之绸缪生死,去而复来,而少君能魂致之,姗姗乎响答色援(按:应为"授"字之误)于瞻睇之间,盖情节也。腐生谓少君幻术乌有是事,则梁武帝不因宝公见地狱相,而三生石畔无牧笛乎?予故感友生杂剧而题之,以愧天下浅情人,而且以悲世有美人,不及遇汉武而尘土者遇矣。或世无少君,一死不可复作,而兰催玉折,沉泉下之痛者可悼也。

这个"题词"有两点值得注意:一是此剧也是写汉武帝和李夫人再生缘事,剧名也叫《再生缘》,它很可能和《盛名杂剧》本《再生缘》是同一

---

① 《远山堂曲品剧品校录》,上海出版公司,1955 年。

个剧;二是黄汝亨并未点明此剧的作者,只是说"感友生杂剧而题之"。《诗·小雅·棠棣》:"虽有兄弟,不如友生。""友生",指朋友,那么这个撰写《再生缘》杂剧的友人是谁呢?今存本《寓林集》和《缑山先生集》中虽然找不到黄汝亨和王衡互相赠答酬唱的文字,但黄氏和王衡的挚友陈继儒交往频繁,黄集中致陈氏的书信就有五通,其中有两封信提到王衡,他在一封《与陈仲醇》的信中说:"《人镜编》甚欲得之,足下不付之伯畏,当托辰玉兄见寄。"①由此可见,黄汝亨和王衡的关系非同一般。如果《再生缘》确系王衡(字辰玉)所作,按照道理说,受朋友之请托写序跋或题词,应当在行文中交代出请托者的姓名或别署。可是这篇题词中只字不提剧作者的姓名,甚至连蘅芜室也不愿涉及,因此,很难说《再生缘》就是王衡所作。我对此一直心存疑问,苦于当时对吴仁仲的名号、籍里、生平一无所知,无从考察,也只好作罢。

最近,再读《寓林集》,终于在卷二五《与吴伯霖》信中有惊喜的发现,信云:

> 近奴子归,奏记足下,自陈治钟陵状略具。……仲初竟尔泉下,生平豪举何在?二十余年事,弹指一息,含毫作状,更自耿耿不已。生平文不佳,然不能为臾言,以重不安。又于案牍旁午中,偷忙作闲,状成草草,似与仲初气魄不远。今录一过送足下,或生志不忘之感。……仁仲《再生缘》并寄去,一涉情境,便自有黯然处,直须付之川上。(着重号系笔者所加)

黄汝亨(1558—1626),浙江仁和(今杭州)人。万历二十六年(1598)进士,授进贤(即钟陵)县令,官至江西布政司参议。②此信写于任江西进贤县令时。收信人吴伯霖,名之鲸,钱塘(今浙江杭州)人。他是万

---

① 《寓林集》卷二六,明天启四年刻本。伯畏,即丘民贵之字,号仲鹤,嘉兴人。曾官福建长汀知县。
② 传见《启祯野乘》卷七。

历三十七年(1609)举人,屡上春官不第,后谒选浮梁县令,甫六月卒。① 黄汝亨与吴伯霖为莫逆之交,这封信对考察《再生缘》杂剧的作者非常有价值:一是可以证实《远山堂明剧品》所著录的《再生缘》杂剧,确为吴仁仲所作,黄汝亨为《再生缘》杂剧所撰写的题词,是受剧作者吴仁仲本人或友人吴伯霖之请托所撰写的;二是有利于考订黄氏为《再生缘》杂剧题词和杂剧的写作时间。万历二十六年,黄汝亨进士及第后,次年五月出任进贤令,《寓林诗集》卷一有《五月授进贤令出都辞诸游好作》诗可作证。《与吴伯霖》这封信既然写于钟陵令任上,具体时间究竟是哪一年呢?信中说到为仲初撰行状事,此仲初是谁?查《寓林集》卷一八,确有《亡友张仲初夫妇行状》,文章一开头就交代了撰写行状的缘由:

> 予自弱冠弄笔墨,游于文学先生,即交仲初,迨今二十余年交好。而仲初竟郁郁死,死之夕,会有天假予从计吏还钟陵,犹得抚其床而哭。无何,其长子尧元走一介,涉江逾山千余里,草其生平来请状。……鞅掌案牍,无能修辞为仲初重,以知仲初深,即草草庶其似之。

此"行状"与信中所说情况完全一致。仲初名文辉,为人伟岸而有奇气,六试不第,郁郁而死。他卒于万历辛丑(二十九年,1601)四月初九日。明制:外官三年进京一朝觐,接受考核,谓之外察,也叫计吏。辛丑正是黄汝亨上计之年,所以信中说"天假予从计吏还钟陵",可能由北京先回杭州探亲,然后再赴钟陵,这样才有机会见张仲初最后一面。为张氏夫妇所撰写的"行状"以及《与吴伯霖》的信,都应写于万历二十九年黄氏回任所之后。信中既然说到将《再生缘》与行状一并捎回,因此,《题李夫人再生缘杂剧》也可能在此时写成,而剧本很可能创作于写"题词"前不久。

---

① 传见《浙江通志》卷一七八"文苑一"。

《寓林集》中尚有与吴仁仲唱和酬答之诗四首,卷三《读吴仁仲年兄所志内行诗以悼之》云:

> 与汝怜同病,瑶编不忍看。悲风下木叶,残月坠栏杆。案远惟青史,帏虚只黝冠。鼓盆宁是达,政苦有情难。

同卷还有《答吴仁仲》:

> 痼疾君无问,烟霞意独偏。前鱼宁有泣,飞鸟自堪怜。璧以连城重,花因并蒂妍。情重还我辈,相视每嫣然。

从这两首五律来看,吴仁仲有鼓盆之丧,心情非常悲痛,借诗以抒发,并寄给友人黄汝亨,黄答诗以慰之。黄氏也有过悼亡之痛,他在《亡儿茂梧圹志》中说:"茂梧余长子,原配赠孺人沈氏出也。生十月而母沈见背。"①从这篇"圹志",可知他的结发妻沈氏,卒于万历十七年。《寓林诗集》卷一有《悼内十首》,其序说:"忽焉中弃,垂白在堂,啼孤在膝,块然独处,能无伤怀? 深愧太上无情之达,不胜古人忘寐之惨。"正因为黄氏也遭遇过丧妻的痛楚,所以读完同年吴仁仲的诗后,才能有切身感受,发出"与汝怜同病,瑶编不忍看"的感叹。"案远惟青史,帏虚只黝冠。鼓盆宁是达,政苦有情难"四句诗,写吴仁仲伏案面对青史时,可能用汉武帝和李夫人再生缘的动人的故事,来表达自己的悲哀和钟情,这是否也在暗示他想写或者正在创作《再生缘》杂剧呢? 吴仁仲的妻子死于何年,虽然难以确切考订,但从黄汝亨《读吴仁仲所志内行诗以悼之》来看,当在万历十九年吴氏中举之后,万历二十八年冬北上参加明年春的会试之前,这样,杂剧有可能写于题词前的两三年内,即万历二十六七年间。他和黄汝亨既然有着相同的命运,所以吴仁仲又将自己为悼亡而作的《再生缘》,送给好友黄氏,同声相应,同气相

---

① 《寓林集》卷一五。

求,并请他撰写题词。《盛明杂剧》本《再生缘》的眉批说"一字一思,一字一泪,不堪多读","说道堪怜处,令人凄绝","情语,非深情人不能道",很能体会作者在剧中对亡妻的深切怀念和悲痛之情。而黄汝亨也被剧中的真情所感动,"一涉情境,便自有黯然处,直须付之川上"。

上文所引的前一首诗,还提供了一个重要的信息,即黄汝亨称吴仁仲为"年兄",他们可能同年中乡试,或者同年考上进士。经查《乾隆杭州府志》卷六九"选举",与黄汝亨同时中万历十六年戊子科的吴姓举人有多人,逐一排除后,剩下"吴大山",最有可能是吴仁仲的姓名,他是"钱塘人,顺天中式"。再检《康熙钱塘县志》卷一○"选举",果然在万历十九年辛卯科毛凤起榜下发现:

吴大山　顺天中式
黄汝亨　贯仁和,见进士

卷二○"人物政事"有吴氏小传:

> 吴大山,万历时随父任京师,召试楷书,授内阁中书。辛卯中顺天乡试,以孝廉为部郎,历任滇南参政。

由于小传过于简单,又未载其字号,况且中试时间为万历十九年,与府志所记十六年有出入,不能不让人产生疑窦。后来终于在《乾隆杭州府志》卷八八"循吏"、《浙江通志》卷一九○"介节上"查到吴大山的小传,记载比较详细。今录后一篇小传于下:

> 吴大山,字仁仲,居凤凰山之燕窝。江西副使吴源之孙,光禄寺卿果之子。万历时随父任京师,召试楷书,授内阁中书。万历辛卯,中顺天乡试,为部郎,历云南参政。有富商为盗所诬,家破而冤不雪,大山至,一谳而出。州牧有以宝玉精镠求注上考者,大山曰:"暮夜之金可畏也。"其人怀愧而去。未几,乞休,归于西湖,

筑别业,植老桂修篁,颜曰"辋川"。

从上述记载来看,仁仲确系吴大山的表字,为万历十九年举人,《乾隆杭州府志》却误成万历十六年中乡试。然而,此传结尾与县志、通志稍有不同:

天启时,魏忠贤窃政滇南,为立生祠,求大山记,大山毅然不可,遂告归。

可以看出吴大山不巴结权珰魏忠贤,在当时也是很难得的。

大山的至交骆从宇撰有《澹然斋存稿》,卷五有《吴公墓志铭》。其书国内仅存孤本,庋藏于外地,此稿草就后才获见①。"墓志"记载生平较详,可对其生卒年、科第及宦历作如下补充:(一)据墓志所载:"长宪州来吴公,余同年友,年少于我,才谊倍我,以丁卯六月卒。"可知大山号"州来";丁卯,即天启七年(1627),他卒于这一年。他辞职归来时,"年仅及艾",《荀子·致士》:"耆艾而信,可以为师。"杨倞注云:"五十曰艾,六十曰耆。"天启二年,大山年届五十,顺此上推,他当生于万历元年(1573)。因此,他生活于1573—1622年。(二)大山九岁丧母,弱冠游太学,为大司成田钟台所赏识,声名鹊起,会修《宝训实录》,被征召参与其事。《实录》成,授中书舍人,未就。于是发奋读书,万历十九年中顺天乡试。万历二十八年(1600),北上参加会试,因父病重急驰南还。从此就再也没有参加科举考试。(三)万历三十二年(1604),史馆乏人被延入,除诰敕房办事,次年改制敕房。万历三十八年(1610),实授中书舍人,因擅长制词,为当政相国叶向高所欣赏称善,恐他离去而难以觅人替代,故屡不予以迁升。由于前相国朱赓竭力推荐,直至万历三十九年(1611),才擢工部虞衡司主事。万历四十年(1612),署屯田司员外郎。这年冬,升都水司郎中,会河工告急,奉旨

---

① 这篇墓志铭承北京大学图书馆张玉范教授提供,在此谨致以谢意。

督理淮、徐、中河,修筑三山口决堤。万历四十六年(1618),论治河功,晋升云南参政兼佥事,整饬曲靖等府兵备。天启二年(1622),擢云南按察使,未莅任,以病辞,归于西湖终老。

综上所述,一位湮没了四百多年的剧作家的形象及其家世,已经浮现在我们面前。吴大山出身于世代官宦之家,他的曾祖父吴璿为松江府同知,曾叔祖吴玭和吴瑞,不是官至参政就是当过御史;祖父吴源终官江西按察副使①;父亲吴果通过召试书法,授中书舍人,累迁至光禄寺卿。他自己也是步其父的后尘,由中书舍人而官至云南按察使,一个正三品的地方大员,这在仅中过举人的士子中非常罕见。在明代戏曲家中只有汪道昆官至兵部侍郎(正三品),与他的品级相当。他很善于为官,但廉洁自律,尤其不巴结权珰魏忠贤,在当时也是很难得的。大山笃于情爱,为悼念亡妻创作了《再生缘》杂剧。可能由于出身和地位的显赫,或者为了避嫌疑,不愿在剧作上署真名,以蘅芜室作为题署。版本学家魏隐如在《古籍版本鉴赏》一书中,曾提到汪廷讷刻有《环翠堂精订五种曲》,收《真傀儡》《再生缘》《男王后》《一文钱》《齐东绝倒》5种杂剧。此书尚未获见,但北京大学古籍善本部所藏明刊《名家杂剧》,就收有这5种杂剧,也题作《环翠堂精订五种曲》,它们应当是一部书。其中《再生缘》题"蘅芜室编,西湖季黄沈士伸、仕乔黄士佳阅",并有眉批。因此,崇祯时,沈泰所编《盛明杂剧》,将这5种剧收入集中,而《再生缘》则完全沿用《名家杂剧》的题署和眉批。至于吴大山与祁承㸁有无联系,由于资料的缺乏尚不得知,但是黄汝亨《寓林集》中有与祁氏唱和之作,他们之间往来密切。《再生缘》有可能通过黄氏而为澹生堂所收藏,故祁彪佳《远山堂剧品》著录《再生缘》,题吴仁仲著。而此剧又收入其子祁理孙所编《名剧汇》②中;这是一个大型戏曲集,共七十二本,收录杂剧270种,惜其已经散佚。由于《名家杂剧》(《环翠堂精订五种曲》)极为罕见,《再生缘》以《盛明杂剧》所收本广为流传。吴大山与吴之鲸被时人目为"江皋二俊",他不仅会写剧,

---

① 以上均见茅瓛《江西按察副使吴公墓志铭》,载明焦竑《国朝献征录》卷八六。
② 见祁理孙《奕庆楼藏书目》。

而且也能诗,据"墓志",所著有《大云编》、《傲素轩》(徐渤《红雨楼书目》著录,为《傲素轩诗》二卷)和《秋柳》诸稿,已不见传本;他与当时著名文人谢曰可、屠隆、沈孔真等共结诗社,诸家均为其诗集作过序。同冯梦祯、虞淳熙也交往甚密。他任中书舍人时,还和张萱等纂辑校理过《内阁藏书目录》8卷[①]。

附记: 本文刊发后,笔者在国家图书馆善本部读到吴之鲸的《瑶草园初集》,此书为明刊本,仅残存10册11卷。但其中有两篇文章值得注意:(1)卷一有《李夫人再生缘杂剧题词》,云:"友人吴仁仲抟响人音,新词灿然;香落乍霏,珠沉复合,其声律中少翁哉!噫,世岂少文成,但恨无钟情人。如十郎不负小玉,自不烦此矣。因语仁仲谱成,当付雪儿歌之。令灵襟飚漾芬岐于徐,愧杀天下十郎可也。"可见此剧系吴之鲸促成吴大山(仁仲)创作的。(2)该书卷五有《光禄少卿小江吴公暨配宜人高氏行状》,这是为吴仁仲父母(父名果,别号小江)所作的。其父致仕后,常集家童献伎作剧,以娱乐双亲,时仁仲甫落齿,也参与其中。天启三年,仁仲辞官归西湖终老。当其父生日时(其母早逝),"辄载酒前导,音乐协奏……故人客子,稍稍来集,击鲜供具,优伶杂陈,无日不欢"。这说明吴仁仲家族,代有达官显宦,资财雄厚,蓄有家乐。他自幼就受到音乐歌舞和戏曲演出的熏陶,才能从事戏曲创作。

(本文原刊于《文学遗产》2004年第1期)

[①] 见述古堂抄本《内阁藏书目》卷末题署。张萱,字孟奇,号九岳、西园,广东博罗人。万历十年举人,授内阁中书,历户部郎中,官至平越知府。著有《西园全集》和《苏子瞻春梦记》杂剧等。

对明末杂剧《破梦鹃》的不同解读

——与《古杂剧〈破梦鹃〉初探》作者商榷

多年前我查阅《康熙建昌府志》时，偶然在卷二五发现徐芳《梦梦记序》一文，为了搞清楚从不见于著录的曲家傅万子及其《梦梦记》传奇，我在国家图书馆和中国科学院图书馆查到，徐芳有康熙楞华阁刊本《悬榻编》6卷传世，该书卷二不仅收有《梦梦记序》，还有为李雯《破梦鹃》杂剧所写的序。《破梦鹃》杂剧，赵景深、张增元编《方志著录元明清曲家传略》所收李雯小传，则题作《破梦鹃》。究竟是《破梦鹃》还是《破梦鹃》，虽一字之差，因无剧本验证，难以判断孰是孰非。

近读黄仕忠教授编校的《明清孤本稀见戏曲汇刊》，其下编"传奇类"收录有《破梦鹃》校点本，不仅庆幸此剧尚存人世间，而且也证实此剧剧名应为《破梦鹃》。"鹃"与"鹃"字形似，因而被手民误植为《破梦鹃》。据《汇刊》关于此剧的"解题"，《破梦鹃》为李雯的清稿待刻本，民国年间由四川大学易忠录教授购于成都书坊，虽经战乱和"文革"浩劫，仍保存完好。易氏临终时，将该剧稿本赠予西南师范大学的徐无闻教授，今归其哲嗣徐立收藏。徐立先生慨赠《破梦鹃》复印本，使《明清孤本稀见戏曲汇刊》才得以影印，年湮代远的孤本终于重见天日，化身千百，供广大读者阅读和研究。易忠录、徐无闻等教授为保护珍本戏曲文化遗产，其功不可没，令人肃然起敬！

《西南大学学报（社会科学版）》2011年3月第37卷第2期，刊有徐立《古杂剧〈破梦鹃〉初探》一文，希望通过对此剧的解读以扩大其影响。我拜读后，觉得此文未能遵循"知人论世"的古训，对该剧撰者李雯、序作者徐芳等未加以考订，对近人题跋中的某些不确切的说法，也未予以辨析订正,就轻易下结论或作出盲从的推断,今特提出不同的解读,与作者商榷并就教于广大读者。

一、徐芳其人可考

该剧卷首有徐芳、李雯和李青三篇序,先从第一篇徐芳序说起。徐立说:"徐芳字拙庵,当为明末清初人,事迹无考。"

按:徐芳,字仲光,号拙庵,江西南城人。他是由明入清的文士,其事迹不是无考,而是记载较多。如曹溶《明人小传》卷四、朱彝尊《明诗综》卷六九、陈田《明诗纪事》辛集卷二一、曾燠《江西诗征》卷六三等,均有他的小传。《同治南城县志》卷八之一"名儒",将他排列在"国朝"第一人,所载小传记载其生平比较详明:

> 徐芳,字仲光,号拙庵。生有异骨,警敏绝伦,淹通典籍。文章舒徐条达,有吐纳百川之势。为人慷直廉介,不堕流俗。崇祯乙卯(笔者按:"乙卯"为"己卯"之误),乡试第二,明年(即"崇祯十三年庚辰")成进士。寻授泽州知州,以治行第一闻。丁内艰归。唐王聿键立,起验封司,擢文选郎。……林友兰按江西,遁还闽,惧劾,上章极诋曾樱及杨廷麟、万元吉等。芳言友兰奸邪党比,诬陷正人,降友兰光禄录事。由是奸人切齿,谓芳与汤来贺等为江西党,改芳翰林编修。留延津,以病乞归。国朝顺治七年,分巡道莫可期以遗逸荐,起翰林院右春坊,不就。生平于书无不读,于诸先儒同异,具能晰其源流,而独宗良知学。晚年有以讲席请者,则曰:"学不在多言,顾力行何如?"耳洞桑梓利病,如马政、清军、均丁等,剀切指陈于当事。邑令苗蕃知其贤,特敬礼之。所著有《藏山稿》《行脚篇》《傍莲阁草》《砌蛩吟》《憩龙山房制艺》,苗尝选刻《藏山稿文》十之一曰《悬榻编》以行世。

据《悬榻编》卷五《卯闱纪事》,明崇祯十二年己卯(1639)乡试,试官问徐芳年几何,他对曰:"二十有一。"从崇祯十二年往上推,他应生于万历四十七年己未(1619)。又据《悬榻编》卷二《寿钱牧斋宗伯序》:"予之生后先生三十七年。"牧斋为钱谦益的号,他生于万历十年壬午(1618),从这一年往下推37年,与前者推算的生年皆相同。因此,徐芳生于万历四十七年(1639)。其卒年不详,大约在康熙二十五年左右。

崇祯十三年庚辰(1640),徐芳中进士,寻授山西泽州知州。《雍正泽州府志》卷三六"宦迹"有小传,云:"甫一载,以艰归。"说明他任泽州知州仅一年时间,十四年十月左右,奔母丧南归。他为李雯《破梦鹃》所作的序,署"崇祯壬午秋桂月上浣谷旦","壬午"为崇祯十五年(1642),"桂月上浣谷旦",即八月上旬吉日,因此,序应撰于这一年八月上旬,正是他在江西南城家居这段时间里。《悬榻编》所收此序,无作者题署。我因无缘看到《破梦鹃》清稿本,无法比勘刊本徐序与它的异同,今用《明清孤本稀见戏曲汇刊》和徐立先生文中所引该序原文同徐序相校,今举数端于后,可以看出二者文字略有出入:

(1)"中都之市,有观剧者,中坐沸场而起,荷挺狂叫,提击台上人几毙。"

按:"中坐"、"狂叫",徐文和《汇刊》则误作"中事"、"狂躅"。

(2)"彼固樵而过也,而又戏也,非有怨焉,庸可谴乎?"

按:"怨"字徐文和《汇刊》则误作"望"。

(3)"虽以数百年既往之武穆,犹能以其优孟之衣冠,受樵人之怜而激其愤,而贼侩之奸狠败类,即不幸而面千载之下,犹不免焉。"

按:"樵人"、"奸狠",徐文和《汇刊》则误作"市人"、"贪狼"。

(4)"余谓:是语人心之不正。"

按:徐文和《汇刊》在"是语"后多出"谓"字。

(5)"独嘉汤义仍《黄粱》(按:指《邯郸梦》)、屠赤水《昙花》二编,有资惩劝。"

按:徐文和《汇刊》则作"独尝喜汤子《黄粱》、屠子《昙花》二编,有资于惩劝"。

可见《悬榻编》所收徐芳的序言，其文字明显要优于徐立和《明清孤本稀见戏曲汇刊》所整理的序文，前三例可以订正后者的错误，后两例可看出其文字表达更确切条畅。

二、"汤子佐平"非汤显祖

徐芳《破梦鹃序》云："往汤子佐平与予语，谓人心之不正，淫辞邪说坏之，欲得天下传奇杂剧之书，尽搜火之，而厉其禁，俾无蠹焉。"徐立先生不知这位"汤子佐平"是何许人，既不作深入查证，也不翻一翻有关工具书，就大胆推测说："这个'汤子'有没有可能是剧作家汤显祖呢？汤显祖卒于明万历四十四年（1616年），徐芳写序在明崇祯十五年（1642年），其间相距二十多年，应该是同时代人。"

汤显祖是晚明著名的戏曲作家，临川（今江西抚州）人。凡治古代文学或戏曲者，莫不知道"汤显祖字义仍，号海若、若士，别署清远道人"。从来未见任何史料，说他还有另一个字叫做"佐平"。显然，这个"汤子佐平"不是戏曲家汤显祖。汤显祖生于嘉靖二十九年（1550），卒于万历四十四年（1616）。他逝世两年后，徐芳才出生，他们怎么能称为同时代的人呢？

那么，这个"汤子佐平"究竟是谁呢？即上文所称引《同治南城县志》徐芳小传中所说的"汤来贺"。汤来贺（1607—1688），字佐平，改字念平，号惕庵，别号主一山人，世称南斗先生。江西南丰人。崇祯十三年（1640）进士，授扬州推官，迁刑科主事，旋任礼部主事。南明隆武时，官至兵部侍郎兼广东巡抚。永历时诏为都御史，不就，隐居于山中。康熙二十四年（1685），主讲白鹿洞书院。二十七年（1688），在家乡病逝。著有《内省斋文集》32卷。传见曹溶《明人小传》卷六九、徐鼒《小腆纪年》卷一二等。他与徐芳为同年进士，据《明清进士题名录所引》载，徐芳名列第二甲五十名，汤来贺则为第三甲十八名。南明唐王朱聿键时，他俩同朝为官，政见相同，被奸人目为"江西党"。可见徐芳和汤来贺关系非同一般。徐芳在序中称引汤来贺对戏曲的论述，借以表达自己的看法,不仅不显得突兀,且非常合于情理。

焦循曾在《剧说》卷四谈到汤来贺《内省斋文集》的论剧,其中就有反对淫辞邪说,汤氏强调写戏要有益于风化:"取古人善行谱为传奇,播诸声容,使儿童妇女见而乐之,皆有所向慕而思为善事,则是饮食歌舞,俱有益于风化,古人之用心于此,何其厚也!"《剧说》所引这段论述,出自《内省斋文集》卷七《梨园说》①,此文题下注明"丙申",即顺治十三年(1656)。它虽然晚于徐芳序十四年,但与序中所引汤来贺之说应该是相通的。徐芳通过与汤子佐平的反复议论,着重阐述传奇和杂剧惩恶劝善的社会教化作用,并以自己所嘉许汤显祖的《邯郸梦》和屠隆的《昙花记》"有资惩劝",来赞扬李雯的《破梦鹃》杂剧:"读其词是非得失之迹,洞乎可观焉。"他认为这个杂剧可以传于后世。

三、关于剧作者李雯

李雯究竟是什么地方人?徐立认为《破梦鹃》剧中"带有鲜明的地方特色",甚至"剧中使用的语言也是四川方言,如'晓得'、'婆娘'等","由此可见,作者李雯,应是四川文士"(见《古杂剧〈破梦鹃〉初探》第三节"《破梦鹃》的意义和价值")。

先看《破梦鹃》剧《二更寻柳梦》第一折《谈经》中一段生丑对白:

(丑)你不看如今的《诗经》,《周南》在前,《召南》在后。(生)《春秋》呢?(丑)那《春秋》是诸侯簿账。(生)我闻说是诸侯,不是猪头。(丑)头者侯也,是我抚州的土音。(着重号为笔者所加)

李雯通过剧中人柳生(由柳树精幻化的书生,丑扮)之口,声称之所以将"诸侯"说成"猪头",这"是我抚州的土音"。剧中所出现的"晓得"、"婆娘"等词语,不仅是四川方言,也是江西话,至今仍然保留在赣语

---

① 见《四库存目丛书》第119册,页199—301。

里。这说明剧作者很有可能是江西人,不是什么"四川文士"。据云《明清孤本希见戏曲汇刊》所收本,为徐立标点句读,不知何故,他在行文时竟将有利于查寻和考订作者籍贯的重要细节都给忽略了。

再看徐芳为《破梦鹃》所撰写的序言,可以进一步证实李雯的籍里。序中自署称"年家眷弟",所谓"年家"指科举时代同年登科者两家之间的互称;"眷弟"旧时对姻亲间的平辈自称"眷弟"(对长辈自称"眷晚生",对晚辈自称"眷生")。明末以后也可用来泛称乡谊。徐芳自称"年家眷弟"固然有客套之意,但也反映出徐、李两家有姻亲或者乡谊的关系,且两人的年辈相当。李雯的籍里当然与徐芳相同,应为江西南城人。南城县明清为建昌府治所(今属抚州市),位于江西东部,居盱江下游,是临川文化的发源地之一。《破梦鹃》剧创作于崇祯十五年(1642)八月之前,甫脱稿不久,李雯就请守制在家的徐芳作序。古代官员遇父母丧事,需守孝三年(实为 27 个月),在居丧期间,按礼应摒弃各种应酬。如李雯与徐芳没有亲密的戚谊关系,他就不好意思登门,徐芳也不可能亲自搦管为剧本作序。

李青序说其兄"生于先朝崇祯",徐立根据该序时间线索,认为"就算生于崇祯元年,到作品写成,作者才十五岁,似乎又太年轻了……笔者以为李雯应为明天启年间人更妥。生年靠前,年龄稍大,对确定作品的写作时间才具有说服力"。他的推论比较合理。今已知徐芳生于明万历四十七年(1619),李雯约晚于徐氏,大概为天启初年生人,则更接近于历史事实。

关于李雯的生平,从其族弟李青所撰《破梦鹃序》,知其字章伯,幼称神童,长博典史。生于先朝崇祯,举于国朝顺治八年辛卯(1651)。举业之暇,喜攻词调,作有《破梦鹃》剧。

今查《光绪江西通志》卷三三"选举表·国朝举人",果然在"顺治辛卯乡试"栏内,列有:

  李雯　南城人(排列于郑朔后,刘日宣前)

再检《同治南城县志》卷八之七"方技",有李雯略传:

> 李雯,字章伯,顺治辛卯举人,文苑诗坛,与徐仲光齐名。所著《破梦鹃》杂剧,悲歌感慨,仿佛徐文长《四声猿》遗意。仲光序之,谓其"有资于惩劝"。(《幻仙诗话》)

这就是目前所能查阅到的有关剧作家李雯的资料,虽然极其简略,但很有价值:

1. 赵景深、张增元所编《方志著录元明清曲家传略》,同时收录了明末清初两位李雯的小传,一是华亭的李雯字舒章,系"云间六子"之一;另一位是江西南城李雯字章伯,究竟谁是剧作家,却未予评判。① 现在可以明确断定,剧作家李雯既不是清初华亭人,也绝非四川文士,其籍贯应为江西南城县,他才是由明入清的江西戏曲家。

2. 李雯入清后,参加过清顺治八年辛卯乡试,考中举人。这与其族弟李青在《破梦鹃序》中所说的情况相一致。

四、仿佛《四声猿》遗意

在明代众多的杂剧作家中,以徐渭的《四声猿》最为人所称道,从晚明至后世的戏曲家,莫不推崇他的为人和剧作,清人桂馥甚至追步其后尘,将自己的杂剧直接命名为《后四声猿》。前文所引《幻仙诗话》,其作者不详,但他也许是李雯同时人,或有过交往,才能读到《破梦鹃》杂剧的未刊稿,一语道破此剧"悲歌慷慨,仿佛徐文长《四声猿》遗意"。我们不妨将《破梦鹃》和《四声猿》做一番比较,就不难发现,这两个剧作在创作主旨、剧作体制和艺术表现手法等方面非常相近,说明李雯的剧作直接得益于徐渭的思想影响和艺术沾溉。

《四声猿》由4种杂剧组成,《狂鼓史》北曲一出,写祢衡骂曹;《翠

---

① 见《方志著录元明清曲家传略》,中华书局,1987年,页185。

乡梦》北曲二出,写玉通和尚破色戒,转世为妓,经月明和尚点化,再皈依佛门;《雌木兰》南北二出,写木兰代父从军的故事;《女状元》南北合套五出,写黄崇女扮男装,考中状元,授成都司户参军。后被识破,与新科状元周凤翔结为夫妇。《水经注》云:"巴东三峡巫峡长,猿鸣三声泪沾裳。"每一剧犹如一声猿鸣,"猿鸣三声"就让人凄凉悲痛欲绝,更何况四声乎！可见徐渭以"四声猿"名剧,是有其深刻的含义。他赞扬女性的才华,揭露现实的丑陋和虚伪,表达愤世嫉俗、追求个性自由的痛苦心情。在杂剧体制上,他也一反北杂剧的束缚,冲破四折一楔子的规范,以十折演四个故事,或纯用北曲,或南北曲兼用,视剧情需要,可长可短,挥洒自如。

《破梦鹃》全剧二十八出,由提纲《春婆说梦》《第一更破黑鹃丸金梦》《第二更破白鹃寻柳梦》《第三更破青鹃化女梦》《第四更破赤鹃改弁梦》及大结局《西山樵梦》组成。其中主要四个故事如同《四声猿》,虽然彼此情节无所关联,但以一个"梦"字贯穿全剧,构成一个整体。《丸金梦》北曲十折,演羌郎梦遇秦王伐蜀,偷换金牛,一夜暴富。后为富不仁,而妻离子散。一梦醒来,发现怀中所抱乃牛粪丸子,污秽不堪。《寻柳梦》北曲二折,演唐朝书生能汝石春游,遇由枯柳幻化的白衣秀士,满腹经纶,痛贬古今圣贤和经典,唯独不批《易经》。原来他肚里"四经"皆有,唯缺《易经》,"因此便不敢讲"。此剧借以讽刺胸无点墨的读书人。《化女梦》北曲四折,演魏晋时竹林七贤之一的嵇康,春游钱塘,苏堤上遇阳莲郎,两人一见倾心。莲郎欣然有相许之意,自叹非女儿身。仙女许飞琼成就两人百年之好,与嵇康缔结姻缘。《改弁梦》十二折,其中《仙渡》《兵拒》两折为南北合套,余下皆北曲。演蜀国遭吐蕃骚扰,宫中锦徽夫人等流入云山,聚兵讲武,以图恢复。她亲率大军与吐蕃交战,中计失败。仙人阳羡书生念锦徽夫人忠心报国,使其转身变为须眉。她又得到巴山寡妇粮草之助,终于大败吐蕃军队。李雯欲通过《破梦鹃》这个剧,"使观场者,知金玉为溲渤,则黑心之垒破;知无学不如朽木,则白面之垒破;知托身贤哲而巾帼可改也,则青目之垒破;知仇在君父之际而弁可改也,则赤城之垒破也"(《自序》)。

剧作写于崇祯十五年八月,不到二年李自成率义军攻破北京,清兵大举入关,明朝灭亡。故路朝銮《跋》说:"是书作者鉴于明季人心陷溺,世道沦胥,欲藉剧情唤醒痴梦。"无独有偶,如比李雯略长的乡贤傅万子(即傅占衡),原以文章名于世,"近乃掷故业不事,而寄意骚曲。所著传奇若干种,秘不示人。予所见者,独《梦梦》一记。阅之,盖所谓怪奇诞谲、可悲可噱、可怖可愕、可怜可慕之状,无弗备焉"①。可见,在阉党秉权、世风直下的明末,正直的士人动辄得咎,只能寄意骚曲,凭借离奇怪诞的梦境来表达自己愤懑和诉求,以他人之酒杯浇自己心中的块垒。

易忠录在《跋》中对《破梦鹃》剧本的结构说:"此剧结构盖仿明杨升庵《太和记》法,故于各折之外,前有提纲之'春婆说梦',后有'西山樵梦',是一时一地流风相衔。……至全剧从北套,唯《破赤鹃》中《仙渡》《兵拒》两折为南北合套外,自是元人家法,非传奇体制。"按:《太和记》即《泰和记》,非杨慎所作,作者为明代嘉靖时许潮(说见本文下一节)。吕天成《曲品》卷下,将其列入"传奇",置于张屏山所作传奇《红拂记》后,钱海屋《忠节记》之前。② 但此记"每事必具始终,每人必有本末",故周贻白认为"以一折谱一事,就杂剧体制而言,无疑地是一种新的形式,以许多折衍许多故事而合为一本,则更为前所未见"。③ 不排斥李雯曾经受到过《泰和记》的启发,对《破梦鹃》的剧作体制作了大胆的突破,然而它仍是杂剧,"非传奇体制"。《破梦鹃》通过梦境构思故事,可能源自汤显祖《邯郸梦》和屠隆《昙花记》。但我觉得,诚如《幻仙诗话》所说,这个剧主要还是模仿徐渭的《四声猿》杂剧而作。

《四声猿》中有不少戏谑的成分,如《翠乡梦》中对佛祖的嘲笑,对法僧的讽刺,《女状元》中对科举制度的调侃讥笑等。到了晚明的文学,这一倾向更为突出。④《破梦鹃》中四个故事无不戏谑可笑,其中

---

① 徐芳《悬榻编》卷二《梦梦记序》。
② 见《曲品校注》,收入《中国文学研究典籍丛刊》,中华书局,2006年,页307—309。
③ 《中国戏剧史长编》,人民文学出版社,1960年,页358。
④ 说见章培恒、骆玉明主编《中国文学史》下册,复旦大学出版社,1996年,页265—266。

"'丸金'一剧最为荒唐可喜,取譬愈近讽喻愈切,可以入剧曲选本,方之名篇,诚无多愧"(任二北《跋》)。说明《破梦鹃》在艺术表现手上也是深受《四声猿》的影响。

五、《太和记》非杨慎所作

《太和记》,又作《泰和记》《太和元气记》。明沈德符(1578—1642)在其《万历野获编》卷二五《词曲》中说:"向年曾见刻本《太和记》,按二十四节气,每季填词六折,用六古人故事,每事必具始终,每人必有本末。出既蔓衍,词复冗长,若当场演之,一折可了一更漏。虽似出博洽人手,然非当行本色。又南曲十之八九,不可入弦索。后闻之一先辈云,是杨升庵太史笔。未知然否?"①从其行文来看,对所谓《太和记》为杨慎(号升庵)撰,沈德符是持怀疑态度的,故才说"未知然否"。《曲品》卷下、《传奇汇考标目》、《曲海总目提要》卷七,都肯定为许潮所撰。只有较晚出的焦循《剧说》卷四才径题杨慎作。《重订曲海目》《今乐考订》《曲录》并题杨慎、许潮撰。

与沈德符同时人吕天成(1580—1618),在他的名著《曲品》卷下,也著录许潮所作传奇《泰和记》一种,他的描述比较细致并加以品评:"每出一事,似剧体。按岁月,选佳事。裁制新异,词调充雅,可谓满志。"《泰和记》按照一年二十四节令,每一节令一折,谱一古代名人事,共二十四折,它名曰"传奇",实际是一部杂剧总集。吕氏对此剧显然目验过原刻本,才能肯定《泰和记》为许潮所撰,并作出比较客观的评介。

吕天成字勤之,号棘津,别署郁蓝生,出身官宦世家,曾祖吕本嘉靖二十八年(1549)入阁,官至少保兼太子少傅、礼部尚书、武英殿大学士,祖父吕兑为礼部精膳司主事。祖母孙镮为南京礼部尚书孙升的女儿,她能诗,具有丰富的历史知识,而且"好储书,于古今戏剧,靡不购存,故勤之泛览极博"(王骥德《曲律》卷四)。父胤昌,字玉绳,号姜山,

---

① 《万历野获编》中册,收入《元明史料笔记丛刊》,中华书局,1980年,页643。

与汤显祖同为万历十一年进士。他喜好小说，对戏曲也有研究，同当时的重要曲家张凤翼、屠隆、梅鼎祚、龙膺都有交往。吕天成自幼在家庭的熏陶下就喜爱戏曲，故他说："予舞象时即嗜曲，每入市，见新传奇，必挟之归，笥渐满。"（《曲品自序》）他与王骥德为莫逆之交，并师事著名曲家沈璟，从事杂剧和传奇的创作。因为他藏曲丰富，故在王骥德鼓励下编撰《曲品》，当时就已经行之金陵。① 因为《曲品》几乎囊括了明代重要传奇作家以及作品目录，保存了丰富的资料和评品，一直是研究明代戏曲的必读参考书。故清初佚名的戏曲书录《传奇汇考标目》卷上，以及后来支丰宜的《曲目新编》，黄文旸原编、无名氏重订的《重订曲海总目》（仅在《兰亭会》下，注曰"或误作杨慎作"），梁廷枏的《曲话》卷一，《曲海总目提要》卷七，都采用《曲品》之说，凡著录《泰和记》或其零种剧目，都肯定为许潮所撰。只有姚燮的《今乐考证》著录三，不分青红皂白，将《宴清都洞天玄记》《兰亭会》统统列于杨慎名下，显然是未能目验两剧原书而致误。

《泰和记》明刻本已佚，其佚出散见于胡文焕编《群音类选》卷二三、黄正位尊生馆刻《阳春奏》（今存残本）卷八以及沈泰编《盛明杂剧》二集。汰去重复，今尚存17种：《公孙丑东郭息忿争》、《王羲之兰亭显才艺》（《盛明杂剧》二集题作《兰亭会》）、《刘苏州席上写风情》（《盛明杂剧》二集作《写风情》）、《东方朔割肉遗细君》、《张季鹰因风忆故乡》、《苏子瞻泛月游赤壁》（《盛明杂剧》作《赤壁游》）、《晋庾亮月夜登南楼》（《盛明杂剧》作《南楼月》）、《陶处士栗里致交游》、《桓元帅龙山会僚友》（《盛明杂剧》作《龙山会》）、《谢东山雪朝试儿女》、《汉相如昼锦归西蜀》、《卫将军元宵会僚友》、《元微之重访蒲东寺》（残）、《武陵春》、《午日吟》、《同甲会》；秦淮墨客选辑《乐府红珊》卷一，还收有《裴晋公绿野堂祝寿》。

许潮小传见《乾隆新安县志》卷四"儒林"、邓显鹤《沅湘耆旧传》卷一八。《光绪靖州直隶州志》卷一〇"文苑"也有略传：

---

① 参见《曲品校注》所附《吕天成和他的作品考》。

许潮,字时泉,嘉靖甲午举人。出忠烈宋以方门下,风流潇洒,博洽多闻,言根经史。当任河南县令时,犹不释卷。著有《易解》《史学续貂》《山石》等集。又作《太和元气记》诸词曲,至今犹艳称之。

民国十四年(1925),吴梅所撰写的《中国戏曲概论》,在其卷中"明人杂剧"一节里,就列有许潮《武陵春》《兰亭会》等剧目,限于当时的条件,他只能看到《盛明杂剧》二集所收8种。《中国戏曲概论》虽然名曰"概论",但它实际上是我国近代最早一部戏曲通史。经陈乃乾校阅,次年10月由上海大东书局印行。此书影响较大,青木正儿《中国近世戏曲史》、周贻白《中国戏曲史长编》以及傅惜华《明代杂剧全目》都确认《泰和记》为许潮所撰,凡治戏曲史论的学者都从之,现在已成为学术界共识。许潮的剧作并非案头之作,曾流传于舞台上,据湖南靖州史志网"人物传"载:"据老艺人回忆,清末湘剧曾演唱过《写风情》,今仍为湘剧保留剧目的仅有《赤壁游》(又名《东坡游湖》)一折,描写宋代苏东坡偕黄山谷、佛印和尚泛舟赤壁,与艄翁夫妇唱和的故事。"

杨慎(1488—1559),字用修,号升庵,四川新都人。正德六年(1511)进士第一,授翰林院修撰。嘉靖初年,因"大礼议起",杨慎痛哭力谏,反对世宗追尊生父兴献王为皇帝,受廷杖,谪戍云南永昌卫,遂终老于蛮荒之地。他著作宏富,后人辑为《升庵集》。传见《明史》。所撰剧作仅有《洞天玄记》杂剧1种,全名《宴清都洞天玄记》,吴晓铃先生认为此剧是据明初兰茂的南曲剧本《性天风月通玄记》改编的(见《古本戏曲丛刊五集序》)。剧本四折,通过过形山道人收昆仑六贼,降服苍龙怪虎,功德圆满,而白日升天的故事,借以宣扬六根清净、修身养性的道家思想。正好反映了杨慎晚年的思想状况。这本杂剧既无楔子,也不循宫数调,"识者犹以咬文嚼字讥之"。今存脉望馆校藏《古名家杂剧》本、明刊《四太史杂剧》本等。

总之,所谓杨慎撰《太和记》,实际上是一种误传。明清有关许潮的生平史料、明清戏曲书籍的著录以及明代戏曲选集所收《太和记》的零种散出,都充分说明《太和记》著作权,应当属于明嘉靖时湖南靖州曲家许潮。

这里附带说一说《泰和记》和《破梦鹃》与川剧无涉。

徐文在"摘要"中说,现在所能见到的川剧剧本,"最早是明代杨慎的《太和记》,但以后就出现了一个断档",创作于明末《破梦鹃》杂剧的发现,"为我们弥补了这个断档的遗憾"。笔者在上文的考订中,《太和记》非杨慎的剧作,而是明代湖南靖州许潮的作品,至于《破梦鹃》的作者李雯也并非四川籍文士,这两种南曲杂剧与川剧剧本丝毫关系也没有。

即使是古代川籍剧作家,他们创作的作品也不能等同于川剧。这是两个概念,不可以混为一谈,更何况当时还没有川剧这样的称呼。川剧作为流行于四川及云南、贵州部分地区的大剧种,有其悠久的历史。早在明末四川就已经有民间戏班流行,至雍正、乾隆年间,随着"花部"的勃兴,外省流入的昆腔、高腔、梆子腔、皮黄腔等在流传过程中,相继和四川语音及群众的欣赏习惯相结合,逐渐演变成具有地方特色的"川昆"、"高腔"、"胡琴"(即皮黄)、"弹戏"(即梆子腔)。再加上民间流行的"灯戏",这就构成后来川剧的昆、高、胡、弹、灯五种声腔。这五种声腔艺术原来以五个不同的剧种单独在各地演出,由于它们经常同台搭班,遂形成了共同的演出风格,至清末才开始统称为"川戏",后来改称作"川剧"。如果笼统将川籍剧作家的戏曲作品称之为川剧,既不符合戏曲历史的事实,也会贻笑大方。

乙未惊蛰后一日于北京西郊寓所

(本文原刊于《中国文化研究》2015年冬之卷第四期)

《竹林小记》作者考

《竹林小记》为明代杂剧,演嵇康事。祁彪佳《远山堂剧品》著录,未题撰人。列于"能品",评曰:"南北(曲)十一折。腔调不明,南北错杂,以嵇叔夜挟伎登仙,亦未尽竹林诸贤之趣。惟其文彩烨然,尽堪藻饰。"此后,沈复粲《鸣野山房书目》、黄裳《远山堂曲品剧品校录》、傅惜华《明代杂剧全目》、庄一拂《古典戏曲存目汇考》均著录此剧,都题为无名氏的作品,认为"作者姓名,今无可考"。

韩上桂《云朵山房遗稿》卷首载《番禺县志》本传,引张萱《白玉楼记序》云:

> 岭南故未有以填词度曲为传奇行家者,晚近韩孟郁始为《青莲记》,未闻其语也;邓元度观察继为《竹林记》,予尝序之以梓行矣。

今查张氏《西园存稿》,果然在卷一六发现《白玉楼记序》和《竹林小记序》两篇;卷七还有《归自五羊乘月渡石龙市寄怀邓玄度观察》《戊午夏五月六日过访邓玄度如水居偕陈仪翔留酌用玄度韵赋谢》诸诗。可知《竹林记》,即《竹林小记》,其作者应为邓玄度。因《云朵山房遗稿》系韩上桂后人刻于清嘉庆间,为避康熙皇帝玄烨的名讳,故改"玄"为"元"。邓玄度名云霄,清陈田《明诗纪事》"庚集"卷一二、《康熙苏州府志》卷一八、《嘉庆东莞县志》卷二九,均有小传。他的生平在其子邓逢京《虚舟公传》、门人姚希孟《邓虚舟先生传》中,有较详细记载。两传皆刊于《漱玉斋文集》卷首,因为此集极为稀见,故将姚传录于后,供治明代文学史和戏曲史者参考。

公讳云霄,字玄度,别号虚舟。粤东东莞人。制行方严,尚慷慨然诺。以气节自期,天下国家为任。颖悟敏捷,过目辄诵,下笔数千言。为文渊浩宏硕,尤工声律,意景所会,不假停思,而词彩艳发,格法严整,殆天才然也。初举选贡,中万历二十二年甲午(1594)顺天乡试。二十六戊戌(1598)进士,授直隶苏州府长洲县。到任即遇饥馑,公力请于上台,设法赈给,啖粥茹素,与饥民同食。民有因饥攘夺者,公立捕得置诸法,曰:"饥民吾子,乱民吾贼也。"织造中使以酷虐激变地方,百姓怨怼,一时聚至数万人,上官仓卒失措,公挺身谕众,立取中使左右数人议如律,众乃解散。公明察英断,摘伏若神,讼至即立决遣,故案无积牍,狱无系缧。日高午即进诸生,课文艺及古今成败得失事,每至权奸误国、妇寺炀燿,感慨激烈,词气悲壮。任数年,未尝一日而废歌咏。其优于政事,长于应变,奖拔寒俊,兴起人文,数如此。旋擢南京户科给事中,多所建白,广东直指误听税监,增饷十八万,疏力争之;辽将李(某)弃地,公劾其有异谋,请诛之,不报,后果启衅,竟陷辽阳。居二年,出为湖广佥宪。有苗贼劫杀入觐官吏,主兵者欲因之邀功。公曰:"苗民为贼,其酋未必知此,可传檄而定,事竟寝。"后苗果伏辜。转四川参议,以保留仍驻永州。州之势宦冤死平民,公廉实置其家人于罪,抗疏劾之,遂归。复以荐起陕西兵备,寻改广西。丁继母刘夫人忧,归。服阕,不复出,啸咏自娱。抚按交章荐举,皆不应。会应捕宋清等藉捕为盗,所至屠掠邑民,擒获送官,缙绅士民合词诉倒除贼,县官枷出九人,为万众击毙。署县官(某)与公有隙,诬以首难,当事者遂中以深文,公闻爱书,发愤病卒。一时莫不冤之。长洲闻之,设位哭奠,如丧所生。至有欲赴阙申冤,以隔于异地,不果。此可以见公德泽及人,久而弥笃矣。后其子逢京上疏鸣冤,始复原职。公著书甚多,其行于世者《百花洲》《浮湘》《越鸟吟》《燃桂》《漱玉斋》《竹浪斋》《紫烟楼》《镜园》等集。……

此传记邓氏事迹之大略，尚可补数事：（一）据《虚舟公传》，玄度"终于崇祯辛未十二月初九日，寿六十有六"。"崇祯辛未"即崇祯四年（1631），顺此上推，其生当在嘉靖四十五年（1566）。如按公历推算，他应卒于1632年1月29日，享年六十七岁。（二）邓氏除与岭南曲家张萱（孟奇）、韩上桂（孟郁）过从甚密外，令长洲时，又结识了张凤翼（伯起）、潘之恒（景升）、许自昌（玄祐）等，有《除夕携演春乐部过张伯起幼于昆仲园亭把玩腊梅残菊席上同赋三首》、《秋夕同阮坚之潘景升泛月胥门江上》（《百花洲集》卷上）、《许玄祐载酒过小斋》（《燃桂稿》）诸诗可证。（三）其著作除传中所述八种外，还有《冷邸小言》1种。《民国东莞以志》卷八七，又载有10种：《解弢集》《西征集》《游三岳稿》《初吟草》《白下集》《游九嶷集》《秋兴集》《漱玉斋类诗》《竹浪斋续集》及《邓诗选》。今知存明万历刊本《百花洲集》2卷（其后附有《燃桂稿》《越鸟吟》《秋兴集》）、清同治十一年（1872）重刻本《漱玉斋文集》3卷。其诗多是同情民生疾苦、抨击税监、慨叹仕途险恶之作，非吟风弄月者可比，至今尚未引起研究明诗者所瞩目。

《竹林小记》在作者生前就有刊本行世，后收于《名剧汇》中，可能也不复存于天壤间，但从张萱所撰序文，仍可略窥其一斑："玄度小记竹林，凡一万六千余言，才语中有情语，情语中有才语，学问中有才情语。故能入丽字，又能入澹字；能入雅字，又能入俗字；又能于欲字中入寄字巧字，皆前人未经道语。"《远山堂剧品》所谓"其文彩烨然，尽堪藻饰"殆指此。序中还对【甘州歌】、【一剪梅】、【驻马听】、【念奴娇序】、【小桃红】、【二犯傍妆台】之曲文加以称赞。"玄度此记，歌楼伎馆，无不如邮亭游女，歌王摩诘诗"，可见当时曾盛行于歌场。《白玉楼记序》亦云：曾授卢纲、李良辰、蒋康之诸人，于华林戏中征腔按谱演出。所谓"华林戏"殆指演出班社。

（本文原刊于《文献》1992年第2期）

明代戏曲作家作品考略

一、车任远

车任远是明代嘉靖时期的戏曲作家,据《曲品》著录,他撰有传奇《高唐梦》《邯郸梦》《南柯梦》和《蕉鹿梦》,合称为《四梦记》,曾流行一时。自从汤显祖的"临川四梦"风行明代剧坛以后,许多作品都相形见绌,当然,车氏的"四梦"也就黯然失色了。所以吕天成说:"《高唐梦》亦具小景,《邯郸》《南柯》二梦,多工语。自汤海若二记出,而此觉寥寥。"(《曲品》卷下)《盛明杂剧》二集卷二七所收《蕉鹿梦》,其目录署"车柅斋",而剧本别题"舜水遽然子编,西湖林宗氏评"。傅惜华《明代杂剧全目》则将"舜水遽然子"误认为车任远的别署,而车氏的《四梦记》也就当作了杂剧集。车氏除《四梦记》外,还著有杂剧《福先碑》(《远山堂剧品》"雅品")和传奇《弹铗记》,前者佚,后者演冯骥事,尚存有佚曲,《群音类选》卷二四收有《弹铗三歌》、《焚券赦债》、《端阳为寿》、《狗盗狐裘》(亦见《月露音》卷三愤集《狗盗》【北端正好】套曲)、《鸡鸣度关》(亦见《月露音》卷三愤集《鸡鸣》【朝元歌】套曲)、《追思弹铗》。

关于车任远的生平,我们了解甚少,只能从《曲品》知道他号"柅斋","上虞人",是一位"蔚有才情,结撰亦富"的作家。傅惜华虽然在《明代杂剧全目》中撰写了车任远的小传,但所引用的材料与《曲品》大致相同,也是极其简略。今在《光绪上虞县志》卷九《人物》中,翻捡到有关他的记载,附于其祖父车纯的传后:

车纯,字秉文……孙任远,字远之,邑廪生。键户著书,非其人不纳(《嘉庆志》)。尝与杨秘图、徐文长、葛易斋辈七人,仿竹林轶事,结为社友,秘图赠诗,有"七贤结社今何在,尚古风流赖有君"句(《家传》)。徐令待聘闻其贤,聘修县志。邑人陈绛著《金罍子》,多所校订。著有《知希堂稿》《萤光楼识林》《濯缨集》《宝文杂钞》《存笥录》行世(《嘉庆志》)。

这篇小传可为《曲品》"蔚有才情,结撰亦富"作一个较详的注释。车任远不慕名利,一心闭门著述,同时又追慕"竹林七贤"之遗风逸响,可见他也是一个旷达的名士。他能同徐文长辈结社唱和,而且受到杨秘图(名珂,字汝鸣,余姚人。王阳明弟子,善书法,有晋人笔法)的竭力推崇,足见他的文名和情操在当时颇有影响。正因为有这样的声誉,县令才聘请他去修纂县志。据《光绪上虞县志》卷三六著录,车任远曾和马明瑞、葛晓一起合修过《上虞县志》。他的撰述尽管很丰富,但是都散佚了,不然可以为我们提供更多的有关他的研究资料。

按:"舜水遽然子"乃郑祖法别号。《盛明杂剧》二集所收《蕉鹿梦》杂剧,应为郑氏作品,非任远(枢斋)之作。郑祖法(1591—1626),字尔绳,号念慈,别署遽然子,上虞人。家贫好学,年十九领乡荐,万历三十八年(1610)中进士。官至延平知府。后以病告归,杜门著述,著有《遽然子》5卷、《遽然子诗文稿》等。早卒,年三十六。传见《光绪上虞县志》。[①]

二、梁辰鱼的生卒年

梁辰鱼,字伯龙,号少伯,别署仇池外史,昆山人。他是明代嘉靖、万历时的著名戏曲家。当魏良辅吸收弋阳、海盐诸腔之特点改革昆山腔的时候,他创作了最早昆山腔剧本《浣纱记》,使昆腔由清唱的形式变为舞台艺术,对昆曲的发展和传播起到了积极的促进作用。梁辰鱼

[①] 参见邓绍基主编《中国古代戏曲文学辞典》"郑祖法"条,人民文学出版社,2004年,页1021。

的散曲,文辞藻丽,描摹细腻,为当时的曲家所宗。张旭初在《吴骚合编》中推他为"曲中之圣"。当然,这未免溢美,但他在明代曲坛上占有相当重要的地位,形成以他为首的"白苎曲派"。所谓"吴阊白面冶游儿,争唱梁郎雪艳词"(见王世贞《弇州山人四部稿》卷四九《嘲梁伯龙》),正好说明人们对梁辰鱼作品的热爱。

但这样一位在戏曲史上产生过重要影响的戏曲作家,其生平事迹材料留传下来的却很少,因而他的生卒年也无法确定。现在所通行的有下列几种说法:

一、梁乙真《元明散曲小史》作"1520?—1580?",持疑问态度。而姜亮夫的《历代人物年里碑传综表》,则干脆定为"1520—1580,年六十一"。

二、傅惜华《明代杂剧全目》,语焉不详,认为约生于正德末年,卒于万历中叶。

三、中国科学院文学研究所编撰的《中国文学史》(第二册),作"1509?—1581?"。

四、游国恩、王起等主编的《中国文学史》(第四册),作"1510?—1580?"。

五、新编《辞海》和《中国戏曲曲艺辞典》,则作"约1521—约1594"。

为了搜寻有关梁氏生平和创作方面的史料,我曾经见到一部梁辰鱼的《鹿城诗集》,系清人抄本,罕为人们所知。虽然《续修四库全书提要》(稿本)卷一二"集部",著录此书有明万历刻本,但不见流传。今日能得睹梁氏的诗集,真是令人兴奋。这部抄本诗集分装为4册,除第一册分卷外,其他均未标明。因无原刻本比勘,不知是否为全帙。首册扉叶上钤有"古吴梁氏"、"晓峰鉴藏"和"金星轺藏书记"等印章。它很可能是梁氏后裔抄录的,后来经清代著名藏书家金檀(字星轺)的文瑞楼所藏。集前还有嘉靖戊午(1559)中夏既望衡山文徵明的《梁伯龙诗序》,隆庆壬申(1572)季秋南京大理寺卿琅琊王世贞《梁伯龙乐府序》和万历壬午(1582)东海友人屠隆《梁伯龙鹿城集序》,王、屠二序也分别收录于《弇州山人四部续稿》卷四二和《白榆集》卷二中。从三序写作时间相隔之长,以及序中的内容来看,《鹿城诗集》大概是梁氏生前几部诗作的合编。此集卷二〇"七言律诗"有《丁卯冬日过周荡村别业与玉堂弟夜坐作》,为考定梁氏生年提供了确凿的根据。诗云:

> 先人别业沧江畔,四十年余一度来。枫叶凋霜临岸近,草堂落日面湖开。渔歌待月前村起,雁陈惊风隔浦回。自笑明春同半百,梅花残腊莫相催。

"自笑明春同半百"句中的"半百",乃五十,常用来指人的年岁。如杜甫《寄高三十五詹事》:"相看过半百,不寄一行书。"(《杜诗镜铨》卷五)王安石《送李屯田守桂阳》二,亦云:"行年半百劳如此,南亩催耕未宜绝。"(《临川集》卷六)既然"明春"梁辰鱼为五十岁,那么丁卯这年他恰恰四十九岁,所以诗的第二句说"四十年余一度来"。丁卯为隆庆元年(1567),顺此上推,他应当生于正德十四年己卯(1519)。"己卯",地支"卯",生肖属龙;辰鱼,"辰"用以纪月,为阴历三月。古人有"辰鱼化龙"之说,相传黄河鲤鱼,每年三月逆桃花浪儿跳龙门,如果跃过龙门就变成龙。"鲤鱼跳龙门"就成为一种登科及第吉利的象征。梁辰鱼,字伯龙,说明他是长子,生于三月。这与"自笑明春同半百"诗句非常吻合。

万历八年(1580)秋,沈懋学访冯开之于杭州,与梁辰鱼邂逅,这时,他已经是年过花甲的老人了,因此沈懋学这样形容他:"谩云白髡似老翁,犹然灼灼颜如童。"(《郊居遗稿》卷一《同冯开之湖上喜遇梁山人伯龙》)鹤发童颜的描写,同梁辰鱼的年龄非常相称。

尽管梁辰鱼名噪一时,"后七子"与之折节交,"所至山林褐博、王侯贵介,无不争致伯龙"(《梁伯龙鹿城集序》)。可是他晚年的生活却很少见诸文字记载。张大复《梁辰鱼传》(《昆山人物传》卷八)略有涉及:

> 尝除夕遇大雪,既寝不寐,忽会侍者遍邀诸年少,载酒放歌,

绕城一匝,而后就睡。曰:"天为我辈雨玉,可令俗下人蹴踏之耶!"时年已七十矣。亡何,中恶,语不甚了。有老奴李周者,颇省其说,尚有记注。得岁七十有三。

张大复,字元长,与明末清初戏曲作家张大复(名彝宣,字心其)非一人。他也占籍昆山,喜留意搜集乡贤的遗闻佚事,除著有《昆山人物传》《昆山名宦传》外,还撰有《梅花草堂笔谈》。他不但目睹过梁辰鱼设广床大案教人度曲的情景,而且同伯龙之孙雪士相交甚厚,所记应当真实可信。上面引用的这段文字,既描绘了梁辰鱼的落拓不羁的豪放性格,也透露出他可能因得暴病离开人世。尤其是告诉了我们梁氏的享年,为推断其卒年提供了有力的依据。从他的生年正德十四年己卯(1519)下推,应卒于万历十九年辛卯(1591)。

因此,目前有关梁辰鱼的生卒年均不确,应改为1519—1591。

三、王乾章和《梁太素传奇》

胡应麟《少室山房类稿》卷九三,载有《明奉政大夫云南布政司参议东阳王公泊封宜人徐氏墓志铭》,云:

> 公讳乾章,字顺卿,别号震所。……为文章援笔立就,大都不加点。尤工诗、乐府新词,所著《浪游》等集、《梁太素传奇》,并行世。

《道光东阳县志》卷一七《人物》五有《王乾章传》,卷二五《经籍·集都》也著录了《浪游集》和《梁太素传奇》。他是一位明清以来诸家曲目未曾著录的戏曲作家。

王乾章,嘉靖丁亥(1527)秋暮,生于浙江东阳县。九岁即能属文。登壬戌(1562)进士,授中书舍人,转山西道监察御史。他为官刚正清廉,巡视卢沟桥时,宛平令以强直忤中贵获罪,御史颜鲸抗疏极论被夺官。台臣威慑于皇帝的震怒,不敢援救。独他继续上疏,后被夺俸三月,以蹉政按山东长芦。王乾章莅任,即革除旧例,使商贾称便。蹉政为肥缺,可饱私囊,他却不觊觎一钱,秋毫无犯。不久,迁四川按察司佥事。入境,能问民疾苦,平讼狱,并创办书院,甄拔人才,政声籍籍,播于都下。万历改元(1573),除河南按察司佥事,转江西布政司参议。满秩,升任广东按察司副使,尚未成行之时,因受建昌郡王失印的牵连,去官。问题真相大白后,又起用为福建按察司佥事,驻节福宁州。此为汀、朝二州之门户,由于防范不力,海盗和倭寇相互勾结,活动猖獗。王乾章亲率所属,去海上考察,择地屯兵,"竟公任,果无害"。福宁属县福安,治环大海,一夕,飓风发,海水喷地而起,毁坏城堞,淹没庐舍,溺死者数万。他闻讯驰往,开仓赈济,灾民深受感动。后擢升云南布政司参议。癸未(1583)春,罢官归里。"优游林下,以文艺自娱者一十八祀"。万历己亥(1599)仲冬卒,年七十三。

《道光东阳县志》卷二八,还有一则有关王乾章谱《梁太素传奇》的记载:

> 王参议乾章,弱冠游痒,家贫未偶,媒者以浦江郑氏为言。既聘,而女病疯,四肢俱瘘。女之父欲辞婚,王不可。娶三年而病不起,执王手泣告曰:"适君三年,再生父母也。所恨者不能为君举一子,虽然,必有以报君。"自此,夜常入梦,笑语如常,有吉则喜相告。以此,乡、会中试皆预知。忽一日夕,语章曰:"吾报君厚德,相随四十余年,其数已周,自此与君永诀,不复相见矣!"语次,声泪交下,章亦泣谓曰:"吾无他言。吾寿几何?愿以告我。"郑曰:"父子状元,此其时矣。"章大喜。时子嘉亮,已领乡荐;孙亦能读书,颖悟过人。因将宋梁太素事,自为传奇,按部拍板,令优人习之。曲既成,大会亲朋,演剧至报父子状元,不觉掀髯鼓掌,一笑而逝。至今梨园所唱悉王曲也。(《康熙志》)

据胡应麟所撰《墓志》,王乾章所"娶封宜人姓徐氏",并不"病疯",他俩伉俪情笃,白首偕老。至于王氏之死记述亦详:"公素强无疾。先一日尚康步良食,命应门扫径、灌花木。俄有星夜殒里中,翌日,沐浴,正襟坐中堂,挥手逝卒。"所以,上则记载只不过是民间传说,纯属附会而已。当然,它也从侧面说明,王乾章所写的《梁太素传奇》在当时颇有影响,不仅付梓行世,而且已经搬上舞台,至明末清初,"梨园所唱悉王曲也"。

《梁太素传奇》具体的创作年代不可考,但它为王乾章"优游林下,以文艺自娱"时所作,殆不致有误。他万历十一年癸未放归,万历二十六年己亥卒,作品应写于1583至1597年之间。

此剧取材于宋代梁颢的故事。梁颢字太素,宋郓州须城人。宋太宗雍熙二年廷试甲科,才二十三岁。宋真宗景德元年,以翰林学士知开封,暴疾卒,年四十二。陈正敏《遁斋闲览》则误为八十二岁中状元,九十余岁卒(见宋洪迈《容斋随笔》"四笔"十四)。后来辗转相因,不断增饰附会,便成为民间故事,广为流传。明代朱元璋以八股文取士,知识分子科场失意、屡遭挫折者不少。为了表现他们不甘于碰壁和失败,并激励他们不断进取同命运搏斗的精神,敷衍梁颢故事的传奇作品,接二连三出现。除这本《梁太素传奇》外,还有《题塔记》《折桂记》和《青袍记》等。

《别本传奇汇考标目》著录《题塔记》题为明松癯道人所作。其补注云:"张字叔楚,号松癯道人,一号骚隐居士,又署白雪斋主人。"杜颖陶《曲海总目提要补编》笺注六一:张字叔楚,此云张叔楚,误。《折桂记》的作者,祁彪佳《远山堂明曲品》题作秦淮墨客。叶德均《祁氏曲品剧品补校》"折桂"条按语云:"秦淮墨客即纪振伦,字春华,秦淮墨客、秦淮居士乃其别号也。"(见《戏曲小说丛考》卷上)唯独《青袍记》,不知出自何人之手。《曲海总目提要》卷一八著录云"不知谁作"。

明清常用剧中主角的名字称谓剧名,如《跃鲤记》中的主角是姜诗,故称之为《姜诗传奇》(见明冯梦祯《快雪堂日记》);谱写杨椒山事迹的《忠愍记》,亦称为《椒山传奇》(见《江苏诗征》卷一三吴绮《入署拜椒山杨先生祠时奉命谱椒山传奇》)。因此,王乾章的《梁太素传奇》也非此剧的正名。它既已刻印行世,又传唱于歌场,岂会湮没无闻?我怀疑它和《青袍记》有关系，或许为同一传奇而异名。因为，通行本《曲品》已经著录了《青袍记》，并有明万历间文林阁刊本流传，它与《梁太素传奇》的创作以及刊行的时间一致，这是其一。其二，钱南扬先生认为，《青袍记》中有一些不常见的曲牌，如【桃花浪】、【泛山槎】、【锦堂欢】等，是余姚腔流传于各地时，所吸收当地的歌谣小曲，因而它是余姚腔剧本(见《戏文概论·源委第二》)。如果此说可靠，那么王乾章的家乡浙江东阳县，正是明代余姚腔流行的地方，他在戏剧创作中，运用自己所熟悉的声腔，采用几支民间曲调，不是不可能的。其三，明代传奇剧本中凡有影响的折子戏，大都被当时的戏曲选本所收录。万历间，熊稔寰汇辑的《精选天下时尚南北徽池雅调秋夜月》卷二下层，有《八旬状元》一折；殷启圣编选的《新选天下时尚南北新调尧天乐》卷下下层，收《梁太素衣锦还乡》一出，它们均出自《青袍记》，这与"至今梨园所唱悉王曲"的记载多么吻合！当然，以上只不过是推测，尚无确凿证据，仅供研究者参考而已。

四、孙　柚

孙柚和他的《琴心记》，虽然不见于《曲品》著录，但他的同乡好友徐复祚在《花当阁丛谈》中有所记载：

> 邑人孙氏又有名孙柚者，亦有才情，常(尝)取司马长卿以琴心挑文君事作传奇，名《琴心记》，亦俊逸可喜。……柚，其(孙七政，字齐之)从子也。与余善，性粗豪，不修曲谨。喜饮，喜樗蒲。居藤溪，萧然一室，无儋石储，而好客不衰。

孙七政能诗好客，然而"十试锁院不第"，以太学生终老。著有《沧浪生自传》及《松韵堂集》12卷。钱谦益《列朝诗集小传》丁集上和陈田《明诗纪诗》已集卷二〇，均有传。从他的传记中，我们可知，孙柚的曾祖名艾，字世节；祖父名耒，惜父名不载。孙家系常熟大族，祖上为官，家赀巨万。因为世节好任侠，不事生产，常挥金如土，以致"尽倾其家"。至孙七政这一辈，家道就已中落，所以，孙柚的遭遇就更不如他的叔父，"萧然一室，无儋石储"，显然是每况愈下。

今检《康熙常熟县志》，卷二〇《人物》中有孙柚小传：

> 孙柚，字遂初，少负异才，豪放不羁。读书五行俱下，才情流丽，歌诗乐府，脍炙人口。虞山北麓有古藤，蜿蜒如龙，柚营别业曰"藤溪"。与名流王百谷、莫廷韩辈觞咏其中，遂成名胜。所著有《藤溪稿》《神游杂志》《秋社篇》《方物品题》《琴心》《昭关》等。

据此传，孙柚字遂初，可是傅惜华《明代传奇全目》，误把"梅锡，一作禹锡"当成他的字了，于是《中国戏曲曲艺词典》也沿其讹。《笠阁批评旧戏目》著录《琴心记》，题"孙禹锡"作，"禹锡"或"梅锡"，大概是孙柚的号。他的戏曲作品，过去只知道《琴心记》一种，有明万历间金陵富春堂和汲古阁《六十种曲》两种刻本，流传于世。这里又多出《昭关记》，《康熙常熟县志·艺文志》将其同《琴心记》并列于传奇类中。惜无传本，也不见明清各家戏曲书目著录。但明龚正我选辑《新刊徽板合像滚调摘锦奇音》卷五下层收有《招关记》中的《子胥计过昭关》一出，可见正名应为《昭关记》，《时调青昆》卷二下层还收有《奔走樊城》，都是敷衍伍员（伍子胥）的故事。《鼎锲徽池雅调南北官腔乐府点板曲响大明春》卷二下层，又别题《复仇记》，收有《伍员定计过关》《伍员访友策后》两出。这个新发现的明传奇剧目，可补明清以来戏曲书目的失载。

孙柚的著作，除见于上面所引的这篇略传之外，《康熙常熟县志·艺文志》还著录有《虞山纪游》《藤溪记》《苏门稿》《楼霞志》等。恐怕它们也不复存于人间了。

孙柚的生平材料少得可怜。不过，在徐复祚编辑的《南北词广韵选》中，有一则材料相当重要，可以提供我们考察孙柚的卒年。该书卷一《玉合记》"道中·投合"（《六十种曲》本为第三十四出《道遘》、第三十五出《投合》）注云：

丁巳岁，余友章伯敬从宛城归，手一册惠余，则禹金所作《长命缕》也。询禹金起居，始知已化为异物，不觉泫然。吴下以词曲名者，就余所及交者，若郑虚舟而后，梁伯龙、张伯起、孙禹锡、梅禹金、沈宁庵、顾横宇，今皆次第往矣，不胜痛哉！

丁巳为万历四十五年（1617），这一年以前，郑若庸等戏曲名家已相继去世，而孙柚则死于张凤翼之后、梅鼎祚之前。张凤翼卒于万历四十一年癸丑（1613），年八十七（见叶德均《戏曲小说丛考》上《明戏曲家张凤翼》）。梅鼎祚《鹿裘石室诗集》卷二五《临去留题》三首，是他临终时的诀命辞，殆其后人注云："乙卯八月十二四日午时，以手画授而逝。"乙卯是万历四十三年（1615），死时六十七岁。孙柚既然介于两人之间，他的卒年似为万历四十二年甲寅（1614），如果稍前一点，不会超过张凤翼；稍后一点，则与梅鼎祚同年。因为生年不详，其享年也就难以考证。他的年寿大约和梅鼎祚相仿佛，是嘉靖万历时期的戏曲作家。

五、汪宗姬

汪宗姬见于《曲品》卷上，云："汪宗姬，师文，徽州人。"至于他的生平，也只有"汪为新安素封之嗣，游太学而契结公卿"16个字，极其简略。陈作霖《金陵通传》卷二二有传：

汪宗姬，字肇邰，一字海云，上元人。工画山水人物。尝渡江误附贼舟，约与夜劫某船，宗姬佯诺。因开箧，人画一扇，赠之。及饮酒，用鼻吸尽，作诸戏以娱贼。贼酋不觉，沈醉，遂不及行劫，而某船以免。每自谓作画不用手，饮酒不用口云。著有《颖秀堂稿》。

此传最早见于《坚瓠集》丙集卷三。褚人获对汪宗姬的生平也不了然，误把汪肇的事迹混入传中。汪肇为徽州画家，传载《康熙徽州府志》卷一四：

　　　　汪肇,字德初,休宁东门人。工绘事,尤长于翎毛。豪放不羁,自谓其笔意飘飘若流云,因自号曰海云。当事欲见之,辄不往,山人墨客闻名,则欣然挥毫寄赠。有膂力,好持矛舞剑,遇酒能鼻饮至数斗。尝误附贼舟,状其貌不敢害之。已而饮酒,肇乃为象饮以自豪,卒纵之去。后诖误逮狱。……

两传何其相似耳。陈作霖的《金陵通传》直接取材于《坚瓠集》,未加以辨证,仍沿袭它的错误,以讹传讹。

　　汪宗姬的字为"肇邰",乾隆杨志鸿抄本《曲品》和《远山堂明曲品》可证。《曲苑》本《曲品》"汪宗姬"下,只有"徽州人"而无字,所谓"师文"者,据叶德均《曲品考》(见《戏曲小说丛考》卷上),是刘世珩和吴梅等人误补的。

　　汪宗姬是明代万历时的戏曲作家,他同戏曲家龙膺、梅鼎祚和汪廷讷等均有交往。龙膺备兵甘州时,曾托他和俞羡长在金陵选刻自己的诗选《九芝集》(见顾起元和冯时可为该集所写的序)。他同顾起元的关系更为密切,顾氏为他的《颖秀堂骈语》(即《疑秀堂稿》)和《儒函数类》写过序(见《懒真草堂集》卷一五、一六)。前书序云:"余与君志本同方,言尤莫逆。蒿径往迈之迹,君类元卿;松陵倡和之篇,余惭袭美。"汪宗姬曾请顾起元为其兄宗时(字令伯,号少洲)撰写过《少洲汪公墓志铭》,存于《顾太史编年集》丑集。据《墓志》可知,宗姬为歙县丛睦人。高祖荣芳,祖华智,父松山。他家"累世因盐筴起",父亲是扬州的大盐商,自幼随父住广陵。所以《曲品》说他是"新安素封之嗣"。其兄"爱肇邰尤笃挚,手挈弟之余訾,岁倍息以给之,至所入有赢绌毋损,肇邰用是得以壹意渔弋图史,就其不朽之大业"。他之所以未承父业经商,而游太学结契公卿,是因为得到其兄汪少洲的支持和鼓励。

　　汪氏六十寿辰时,顾起元赠以《汪肇邰六十》诗:"名世文章出世心,高斋长日坐花阴。胸中玄解唯丘索,眼底青云自古今。谁更论才称八斗,真堪挟字值千金。桃花潭水春醪渌,岁岁南山好共吟。"(《顾太史编年集》丑集)诗中既对汪宗姬的文才啧啧称赏,又写出他高斋长日超然物外的心境,同时表达了两人的深情厚谊。此诗写于万历四十七年己未(1619),顺它上推,汪宗姬应生于嘉靖三十九年庚申(1560)。卒年不详,当在天启以后。

他的戏曲作品,据《曲品》卷下著录,仅有传奇《丹管记》一种。祁彪佳撰《远山堂明曲品》时,还著录了它,说明当时刻本未失传,后来大概毁于明末清初的兵燹之中。只剩下梅禹金所写的《丹管记题词》,尚存于《鹿裘石室集》卷一八中。今录于后,以资考镜:

> 新都多博雅之士,由文咏书绘,至雕玑象数,靡所不有。然未有以填词闻者,太函先生尝一染指,且苦聱牙,他可知已。余友汪肇郚,太函之宗也。幼即扶侍,客广陵。已入太学,为秣陵游,金阊、虎林盖所常往来地。以故绝不能操欤音,时时把吴姬之袂,咭越女之唇,倚节和歌,微恨元子之声雌,颇媢周郎之顾误。一日感玉壶春与玉清庵事,而更南词为《丹管》以记之。夫音由心生,词由音出者也。五方之民,其音各一,大较东南之轻浮,而西北之重浊,有相用而鲜兼剂。今之治南者,郑氏《玉玦》而后一大变矣,缘情绮靡,古赋之流尔,何言戏剧?尚论者思反所自始,则又第以《荆》《刘》《拜》《杀》为口实,本色当家为貌言,而一切惟务谐里俗。曰:何以文为?是方厌八珍纯采之秦,而直追茹毛衣叶之初,其能耶?否,否之,两者虽有间,要以与耳食何异?肇郚是记质而不俚,藻而不繁,语不必销魂动魄,触籁则鸣;事不必索隐钩深,取材亦赡,庶几其克衷矣!二陵、吴越之间,必有能谱而传。子桓有言:识曲知音善为乐,方楚子而欲齐语也,吴越固庄岳乎?

贾仲名《玉壶春》杂剧,写书生李唐斌和妓女李素兰相爱的故事。李唐斌别号玉壶生,素兰画兰一枝,插玉壶中,并题词相赠,故名玉壶春。元无名氏《鸳鸯被》,演李玉英玉清庵错送鸳鸯被,与张瑞卿结合事。汪宗姬的《丹管记》就是根据这两个杂剧改编的,更北曲为南词而已。因为"汪宗姬诗人也,故其为词多风雅"(《远山堂明曲》评语),才能得到骈俪派曲家梅禹金的赏识。

六、《蕉帕记》非启、祯间作

戴不凡先生在《论"迷失了的"余姚腔》一文中说：

> 假如说,这四个戏都是余姚腔剧本的话,它们正是四个时期的作品:《玉丸记》大约是万历前期,《樱桃记》是万历中期,《锦笺记》该是万历中后期,而《蕉帕记》则该是启、祯间所作。

《蕉帕记》是单本所著的一部传奇,现在通行的各种刊本《曲品》,均未予著录。清华大学庋藏的乾隆杨志鸿抄本《曲品》,是经过吕天成增补和改订过的本子,在增补的作家作品中,就有单本和他的《蕉帕记》。吕天成非常推崇这个传奇："传龙生遇狐事,此系撰出。而情节局段,能于旧处翻新,板处作活,真擅巧思而新人耳目者。演行甚广,予尝作序褒美之。"《蕉帕记序》的全文虽然不存了,但凌濛初在《南音三籁》卷首的曲论(即《谭曲杂刨》)中,曾加以称引：

> 吕勤之序彼中《蕉帕记》,有云："词隐先生之条令,清远道人之才情。"又云："词隐取程于古词,故示法严;清远翻抽于元剧,故遣调俊。"又云："词忌组练而晦,白忌堆积骈偶而宽。"其语良当。

杨志鸿抄本《曲品》的《自叙》,署为"万历癸丑清明日,东海郁兰生书于山阴樛木园之烟鬟阁"。万历癸丑,为万历四十一年(1613),《蕉帕记》的创作年代,至迟也在这一年以前,有万历间金陵文林阁刻本传世,已收入《古本戏曲丛刊二集》,更是极其有力的佐证。因此,它并非启、祯间所作,而是确凿无疑的万历时期的作品。

《蕉帕记》的具体写作时间不易断定了,但它产生的大致年代尚可以考察。因为单本是会稽人,而吕天成同王骥德为莫逆之交,也从余姚移住山阴,并长期在那里定居。他和单本应当是过从甚密的朋友。《曲品》里所著录的曲家,凡是吕天成熟悉或交往过的,对其生平的评语都比较详细,单本当然也不例外,如:"差先慧默陈言,巧抒新识。淳于饮一石而后醉,靖节闻三言而见奇。诙谐可以佐欢,警策尤能排难。"(见杨志鸿抄本《曲品》卷上)假如不了解他,很难将其巧言善辩、纵饮如狂和诙谐机警的性格特征概括出来。可是,万历三十八年(1610)完成的通行本《曲品》,为什么对他不置一言呢?大概是《蕉帕记》还未问世,很明显,这部作品写于万历三十八年(1610)至四十一年(1613)之间。戴不凡先生身前未能见到杨志鸿抄本《曲品》,也忽略了《蕉帕记》的版本,因此致误。如果天假以年寿,他一定会重新考虑这些剧本的分期问题。

七、黄周星之死

黄周星,字九烟,金陵上元人。崇祯十三年(1640)进士,官户部浙江司主事。入清不仕。是明末清初的戏曲作家。他遭逢鼎革,具有强烈的民族意识。关于他的死,一向为人们所称道。朱彝尊《明诗综》卷七五引《诗话》:"年七十,忽感怆于怀,仰天叹曰:'嘻!而今可以死乎?'自撰墓志,作《解脱吟》十二章,与妻孥诀,取酒纵尽一斗,大醉,自沉于水,时五月五日也。"俞樾《荟蕞编》亦云:"及清人抚有海外,天下为一所,故交游尽死亡,周星忽念世事,慷慨伤心,仰天叹曰:'嘻!今日可从古人游矣。'遂与妻孥诀,取酒纵饮尽一斗,自撰墓志,书《绝命词》二十四首,负平生所著书,以五月五日跃入湖州南浔,死年七十二。"(《碑传集耆旧类征》卷二)傅惜华先生《清代杂剧全目》,说他"清康熙十九年(1680)五月五日,于秦淮河,自凿舟破,沉水死,年七十"。傅氏之说,尽管未注明出处,当也有所本。

以上各家说法,虽然互有小异,但都与事实有所出入。

黄周星的传记散见于各书或方志的,为数不少,以叶梦珠撰写的《黄周星传》(见《阅世编》卷四《名节》一)比较详细。尤其是关于他的死,记载得更加细致和具体,可订正诸说的错误。据叶氏所记,甲申之变的次年(1645),清兵南下,南明弘光小朝廷覆灭,黄周星弃官,遁入山林。当路雅慕其名,想荐举他出来做官,他婉言拒绝了。这时,他刚三十五岁,就有殉国之意,所以不死者,是上有老亲,下无嫡嗣。不久,他的父亲故去。从康熙六年丁未(1667)至八年己酉(1669),三年之间,又连举二子,他高兴异常,认为"可以从君亲于地下矣"。然而,他想起东汉的向平,其子女婚嫁已毕,才出游名山大川,不知所终。可是,他此愿未了,所以不忍离开人世。迨十九年庚申(1680)春,黄周星再次去上海,为他的小女儿缔结了姻盟。"公志初毕,殉君夙愿,自此益决矣。"《传》云:

> 时公依其吴婿侨寓吴兴之南,遂于五月五日自撰墓志,为《解脱吟》十二章,《绝命词》二章,踵三闾大夫之后,遇救得免,家人欢慰而公志愈坚。六月望后,夜复赴水,冀无援者,适又为人救免,公愤甚,而家人防益密。至七月十七夜半,乘间复蹈清流,防者觉而奔救之,公乃自绝饮食,至二十三日而卒,时年七十。

由此可知,黄周星不仅于五月五日沉水,而且三赴清流,但是都遇救得免,最后绝食而亡。他的自溺显然是瞒着家人的,所谓"与妻孥诀,取酒纵饮",不过出于文人的渲染。至于破舟自沉秦淮河,死年七十二之说,皆误。叶梦珠曾追随黄周星唱和,所著《九梅堂杂稿》,也请他作序。他们之间过从甚密,所述之事当可信。

附记:此文发稿后,笔者读到了孙柚的《藤溪记》《藤溪诗》以及附录《藤溪寄赠》,后者主要是其友人关于藤溪的唱和诗文。三种都是抄本,合订为一册,有"曾藏张蓉镜家"、"张蓉镜观"朱文印记。张为清代常熟藏书家。抄本出自何人之手,难以稽考,但从其书写之用心和行间的朱批来看,恐为孙氏的后人。此集至少可提供以下三点材料:一、孙柚《藤溪记》云:"辛巳三月十五,哭友人吴汝学墓,复过此。""辛巳"旁有朱批:"万历九岁,禹锡公时年四十二。"据此可以推算出,他生于嘉靖十九年庚子(1540)。二、《藤溪寄赠》首篇为陆明辅的《藤溪记》,称孙氏为伯子,"名柚,别号遂初山人,世家琴川上"。《常熟县志》误把他的号当成字,其字为"禹锡"是对的。三、陆明辅说,孙柚"离世绝俗,不挟一楔干有司,而纵情山水间",并写他泊然物外的隐逸生活,使我们想见其为人。为补上文的缺漏,姑附志于此。

(本文原刊于《戏曲研究》第12辑,文化艺术出版社,1984年6月)

明代戏曲选集中的目连戏

明代戏曲发展到嘉靖、万历年间,达到了鼎盛时期,以唱南曲为主的传奇居于剧坛的主导地位,作家辈出,作品纷呈,以各种声腔竞相演出。正如吕天成在《曲品》:"博观传奇,近时为盛。大江南北,骚雅沸腾;吴越之间,风流掩映。"这种繁荣景象还反映在弋阳腔、徽池雅调、青阳腔和昆腔戏曲选集的大量出现。隆庆以前,戏曲选本极为罕见,仅知有正德十二年(1517)刊印的《盛世新声》(嘉靖四年,张禄又加以增删,更名《词林摘艳》行世)、成化刻本《新刊耀目冠场擢奇风月锦囊》,以及嘉靖年间郭勋选辑的《雍熙乐府》。而嘉靖、隆庆以后,则迥然不同,戏曲选本宛如雨后春笋出现,福建、江西、江苏等地相继编刊付梓,仅万历一朝福建建阳麻沙镇就有十几种。它们记录了当时舞台演出的盛况,为我们研究戏曲声腔的发展变化、考察剧目的存佚、了解观众的欣赏兴趣,提供了颇为丰富的资料。

目连戏以其别具一格的特色,赢得了广大观众的喜爱,今从15种明代戏曲选集摘录出它的零出或零支曲文:

序号	选本书名	刊刻时间	所标剧名	所选单出名
1	风月锦囊	嘉靖三十二年	僧家记	卷一《尼姑下山》、《僧家记》(即和尚下山)
2	词林一枝	万历新岁	思婚记	卷四中层《尼姑下山》
3	八能奏锦	万历新岁	升仙记,或题升天记	卷三《尼姑下山》(佚)卷五《元旦上寿》、《目连贺正》(佚)(见郑之珍本上卷第二出)

(续表)

序号	选本书名	刊刻时间	所标剧名	所选单出名
4	大明春	万历初年	救母记	卷五下层《罗卜思亲描容》(见郑本中卷第十七出)、《罗卜祭奠母亲》(佚)
5	大明天下春	万历初年	出玄记	卷五上层《僧尼相调》
6	徽池雅调	万历初年	救母记	卷二《花园发咒》(见郑本中卷十二出《花园捉鬼》)
7	群英类选	万历二十三、四年	劝善记	"诸腔"卷二《尼姑下山》(即郑本上卷第十四出)附《下尼姑》、《和尚下山》(郑本上卷第十五出《和尚下山》)、《挑经挑母》(郑本中卷第二十七出)、《六殿见母》(郑本下卷第二十出)
8	玉树英	万历二十七年	目莲记	四卷上层《尼姑下山》、《僧尼相调》(佚)
9	歌林拾翠二集①	万历二十七年	目莲记	《花园发誓》(郑本中卷第十二出《花园捉鬼》)、《诉三大苦》(郑本下卷第十一出《三殿寻母三大苦》)、《六殿见母》(郑本下卷第二十出)
10	乐府菁华	万历二十八年	目莲记	卷四上层《尼姑下山》(《姑下山求配》)、《僧尼调戏》(《和尚戏尼姑》)
11	玉谷新簧	万历三十八年	思婚记	卷一上层《尼姑下山》
12	时调青昆	万历间	救母记	卷二上层《小尼幽思》(即《尼姑下山》)
13	万象新	万历间	西天记	卷一上层《观音度化罗卜》
			出玄记	卷二上层《和尚调戏尼姑》
			劝善记	后集卷一下层《目连劝母修善》《四真血湖诉苦》

---

① 《歌林拾翠》二集,系明末人编纂,作者佚名。今所能看到的是清顺治十六年(1659)奎璧斋等书林的刻本。

(续表)

序号	选本书名	刊刻时间	所标剧名	所选单出名
14	万曲合选(一名万家锦)		此书目录残缺	卷上《王婆骂鸡》古乐府,卷下《六殿见母》《和尚戏尼姑》
15	南音三籁	明末	寻母记	仅选【越调·绵搭絮】"芳草春暖正春深"一曲①

上面所列 15 种选集,只是我所能寓目的目连戏,单出一定还有不少遗漏。仅就这些选集的著录来看,一部戏曲作品竟有 9 个不同剧名,这在戏曲史上极其罕见。固然是书贾为了射利所玩的花样,但也反映所选目连戏剧目来源于不同的民间演出本。这里一共选了 31 个单出,汰去重复,还剩下《元旦上寿》《尼姑下山》《和尚下山》《花园发誓》《罗卜描容》《罗卜祭母》《挑经挑母》(挑母,指挑母亲的骨殖)《四真血湖诉苦》《三殿见母》《六殿见母》《观音度化罗卜》《目连劝母修善》《王婆骂鸡》等十三出。除了《风月锦囊》刊于嘉靖三十二年(1531)、《歌林拾翠》和《南音三籁》刻于明末以外,大多都集中在万历中期。《词林一枝》《八能奏锦》两书尽管卷末的牌记标"万历新岁"或"皇明万历新岁"梓行,但是并非实指"万历元年"所刊,大约刻于万历二十一至三十四年间。至于《乐府菁华》刊于万历二十八年(1600),《玉谷新簧》刊于三十八年,《群音类选》刻于万历二十四年(1516)左右,《时调青昆》《大明春》和《徽池雅调》虽无刻书年代,但三书的版刻形式相同,都分上中下三栏,上下两栏收戏曲单出,中栏为时尚小曲和散曲,亦间收戏曲。这种版式与《词林一枝》《乐府精华》相似,至少是万历中期或后期梓行的。

前后 30 多年,就有这么多的戏曲剧本争相选录目连戏的单出,足见它在当时特别风行。目连戏之所以受到观众的青睐,不外乎以下几个方面的原因。

---

① 《南音三籁》所选《寻母记》【越调·绵搭絮】,不见于郑本,当从别本录出,究竟是何本,已难以考察,姑存以勿论。

一是剧目本身。如《尼姑下山》《和尚下山》都是来自社会的下层,具有广泛的群众基础和喜闻乐见的民间色彩。反映了青年男女敢于冲破封建礼教和宗教禁欲主义枷锁,渴望和追求幸福生活;表演风趣活泼,迎合了当时观众的审美需求。又如《罗卜描容》《挑经挑母》《六殿见母》等出,表达了罗卜不畏艰难险阻、百折不回的寻母决心,以及对母亲的真挚热爱。《描容》一出连用双调【胡捣练】、【新水令】、【胡十八】、【庆东原】、【沉醉东风】、【燕儿乐】、【得胜令】、【搅筝琶】、【煞尾】、【尾】等十支曲子,组成北曲大套,声情激越,回环往复地倾诉对母亲的思念之情。故郑之珍的友人陈昭祥在这一出之后,批云:"《蓼莪》之思描写殆尽,即龙眠老史能笔其情状若是耶?读之有不涕泗满襟者非夫矣。"《蓼莪》是《诗经·小雅》中的名篇,反复咏叹"哀哀父母,生我劬劳"、"欲报之德,昊天罔极",强调"为子必须尽孝"。"龙眠"即北宋大画家李公麟,他的画笔都难以把这种孝亲之情描摹出来,可见这出戏感人之深,读之都让人"涕泗满襟",演出当更加扣人心弦。

明代的程朱理学,对人们的思想钳制特别厉害,统治者公开颁布法令,禁止"妆扮历代帝王后妃、忠臣烈士、先圣先贤神像,违者杖一百",而竭力提倡"神仙道扮及义夫节妇、孝子贤孙、劝人为善者",这些有利于巩固封建长治久安的戏曲则"不在禁限"之内(《大明律讲解》卷二六《刑律·杂犯》)。因此,宣扬宗教和封建孝道的戏曲能够通行无阻,广泛流行。

二是万历年间正是青阳腔盛行时期。汤显祖《宜黄县戏神清源师庙记》记载:"江以西弋阳,其节以鼓,其调喧。至嘉靖而弋阳之调绝,变为乐平,为徽、青阳。"①据此可知,青阳腔是在弋阳腔的基础上发展起来的,它突出的成就是发展了弋阳腔的"滚调",并吸收了余姚腔的演唱特点,即高亢粗犷,又轻柔优美,尤其是民间戏曲艺人创造出"滚唱"与"滚白"相结合的"滚调",不仅丰富了演唱艺术的表现力,也促使

---

① 徐朔方笺校《汤显祖诗文集》卷三四,上海古籍出版社,1982年,页1128。

传奇形式的文学剧本发生变化，使之通俗化，易于被广大读者和观众所接受。上面所称引的戏曲选本，在集前均冠有"青阳时调"、"昆池新调"、"时新滚调"，或者干脆定名为"时调青昆"和"徽池雅调"。据王古鲁先生论证，"徽池调"就是青阳腔①。因此所选这些目连戏剧目，几乎都是以青阳腔演唱的，充分发挥这种唱腔的长处。如《三殿寻母》，一出戏中就用了三大段"七言词"，共 168 句，由刘青提唱出做母亲的"三大苦"，如泣如诉，酣畅淋漓，感人肺腑。由于昆腔和青阳腔都属于南曲系统，两者有许多相通之处，彼此可以改调歌之，万历时期舞台上的青、昆，可以"两下锅"，同台演出，所以目连戏剧目也能用昆曲演出。晚明的戏曲选本，如《歌林拾翠》二集所选的《发誓》《诉苦》《见母》，就纯为昆曲剧目了。说明目连戏不只为贩夫走卒、田畯红女等劳动人民所喜闻乐见，也由广场庙会进入达官贵人的红氍毹上，被文人雅士所欣赏。

三是演出的灵活性。如果将郑之珍《目连救母劝善戏文》原刊本，与选本中的有关剧目互相比勘，就不难发现，选本的曲白为了适应舞台演出的需要，作了不同程度的增删。如《徽池雅调》中的《花园发咒》选自郑本中卷第十二出《花园捉鬼》。原本由【夜行船】、【江头金桂】、【前腔】、【孝顺歌】、【前腔】、【红衲袄】、【前腔】、【一江风】、【前腔】九支曲子组成，而选本删去前五支曲子，保留【红衲袄】以后四曲，专演刘氏花园发咒。又如《歌林拾翠》二集的《见母》，实为郑之珍本下卷第二十出《六殿见母》，由十四支曲子组成，选本删去第一支【普贤歌】，同时将第六支【驻云飞】改为【驻马听】。然而也有一字不动者，完全按照郑本演出，如《群音类选》"诸腔"卷二所选《尼姑下山》《和尚下山》《挑经挑母》及《六殿见母》。

目连救母的故事出自《佛说盂兰盆经》，唐代有说唱佛经的变文，如《目连缘起》和《大目连冥间救母变文》，后者故事性强，叙事曲折生动，文字通俗易懂，可能是目连戏曲本事的最早来源。至宋代将目连

---

① 见王古鲁辑录《明代徽调戏曲散出辑佚》的"引言"，上海古典文学出版社，1986 年，页 4.

故事搬上舞台,宋孟元老《东京梦华录》卷八"中元节"说:"勾肆乐人,自过七夕,便般目连救母杂剧,直至十五日止,观众增倍。"《录鬼簿续编》载:元明间有《行孝道目连救母》杂剧,元末有《目连救母出地狱升天》宝卷,可见目连故事,从唐以后一直传唱不衰。

郑之珍(1518—1595),字汝席,号高石,安徽祁门清溪人。补邑庠生,博览群书,善诗文,尤工词调。① 他在《目连救母劝善记》的自序中云:"幼学夫子而志《春秋》,惜文不趋时,而学不获遂,于是委念于翰场,而游心于方外。时寓秋浦之剡溪,乃取目连救母之事,编为《劝善记》三册,敷之歌声,使有耳者共闻;著之形象使有目者共睹。"胡天禄的《后跋》更道出他创作这部体制宏伟的宗教剧的原因:"中年弃举子业,遨游于山水间。常谓人曰:'余不获立功于国,独不能立德立言以垂天下后世乎?暇日,取《目连传》括成《劝善记》叁册。'"它主要借这个剧表彰孝义,劝善惩恶。目前,研究者都认为郑之珍的《目连救母劝善戏文》,是在明代万历前的民间目连戏的基础上编撰的,然郑本与民间目连戏究竟有什么血缘关系,却语焉不详。可是,明代戏曲选集所提供的目连剧目,对我们深入研究这个问题大有裨益。

所选《尼姑下山》多达 9 种,除《八能奏锦》本这出残缺而散佚外,尚存有 8 种。我们不妨先从这出脍炙人口的剧目来考察,《群英类选》所收录郑本《尼姑下山》后,又附录一出与之截然不同的《小尼姑》,以【沉醉东风】、【山坡羊】、【雁儿落】三个曲牌组成,由旦角演唱,既有宾白,又有四句下场诗,看来既不是散套,也不像单折的杂剧,非常类似于整本戏的一出。这出《小尼姑》同《风月锦囊》中的《尼姑下山》,几乎同出一辙;与《词林一枝》《乐府菁华》《玉谷新簧》中的《尼姑下山》,可以说也别无二致,它们应该同出自一个祖本。而《时调青昆》所选《救母记》中的《小尼幽思》,亦称《尼姑下山》,只有一个【雁儿落】曲牌,也由旦角一人演唱,中间嵌有独白,当

---

① 郑之珍生平,载其婿云南按察司知事进秩修载郎叶宗春撰《明庠生高石郑公暨配汪孺人合葬墓志铭》及《清溪郑氏家谱》。见倪国华、陈长文、赵荫湘《郑之珍籍贯及生卒年考略》(《中国戏曲志·安徽卷》编辑部编《戏曲志讯》1986 年 5 月第 6 期)。

然也应该是戏曲,但场次同前所述迥异,看来可能源自另一个民间演出本。总之,这八种《尼姑下山》分属于四种不同本子,而以嘉靖三十二年的《风月锦囊》为最早。说明万历以前《目连戏》早就在南方民间流传。

再来比较一下郑氏《目连救母劝善戏文》与上述四出戏的关系。《群英类选》"诸腔类"卷一《劝善记》附录的《小尼姑》,旦角上场唱【沉醉东风】:

> 昔日有个目连僧,一头挑母一头经。挑经向前背了母,挑母向前背了经。只得把担子横着挑,山林树木两边分。左边挑得肩头破,右边捱得血淋身,借问灵山多少路,十万八千有余零。徒弟打扫佛殿打开门,放下琉璃点起灯。烧香换水敲钟鼓,看经念佛理世尊。念起经来朗朗声,打起铙钹惨惨清。敲起钟,当当响,朗朗声,当当叮,惟愿世尊保安宁。

这段唱词所写目连挑经挑母往西天求佛的艰辛,与郑本《目连救母劝善戏文》中卷第二十七出《挑经挑母》有不少相似之处,甚至有些词句都相同,如郑本"【二犯江儿水】……我行一步来念一声佛,阿弥陀佛,我念一声佛来叫一声母,母向前时背了经,经向前时有背了母。……我仔细思量难摆布,……似这等横挑着往前走。……【前腔】……呵,一路上来,见则见两边拜倒新树木。……【前腔】……挑得我腿儿酸肩儿破,鲜血浇流。……【清江引】只听得雷音寺里鸣钟鼓,救苦救难慈悲主,灵感观世音,南无弥陀佛,救我母脱地狱往天堂,不枉了儿心一念苦",很明显后者受到前者影响,并从前者蜕变出来。但无论曲牌、唱词和宾白,还是整出戏的艺术风格都不一样,缺少前者的感情奔放、刚劲质朴。

又如《乐府菁华》本的《僧尼调戏》,又名《和尚戏尼姑》,而《群音类选》所选的《和尚下山》,则注云:"一名《古庙戏尼姑》。"两者似乎也有渊源关系,《群英类选》所选的这出戏出自郑本,但郑本只有《和尚下山》一个名称，而无其他异名。与《乐府菁华》本的《僧尼调戏》相对照，除了个别宾白与唱词，两本的面貌基本一致。至于《升天记》中的《元旦上寿》与郑本的关系，已经有研究者所注意，如李平先生在《从〈词林一枝〉与〈八能奏锦〉看明代嘉靖隆庆青昆舞台流行的戏曲》中说："《八能奏锦》卷二所收《升天记·元旦上寿》和郑之珍编《目连救母劝善戏文》(即《劝善记》)《开场》后面的《元旦上寿》的内容，实际上是全然相同的。所以《升天记》亦即《劝善记》。"①

今存明刊本《目连劝善救母戏文》卷首载四篇序文和一则短评，其中最早的一篇是明万历七年(1579)叶宗春的序，可见这本剧作至迟在这一年已经成书。从上述的初步考察，可以清楚地看到，明代嘉靖至万历初，确有民间南戏的目连戏流传，郑之珍的家乡徽州，就是青阳腔目连戏盛行的地方，他的创作显然与之有着直接的渊源关系。可以断言，郑之珍不仅是整理改编者，也是积极参与的创作者。他以鸿篇巨制将民间流传的目连戏保存下来，为我们提供了一宗独特戏剧文化、宗教文化和民俗文化的遗产，其功不可磨灭。

这里顺便谈一下昆曲《思凡·下山》的来历问题。20世纪60年代初，江苏戏曲学院的文力(即蔡敦勇先生)为了编写昆剧《思凡》教材，查了不少有关材料，但《思凡·下山》的来历一直未搞清楚。不久他看到赵景深先生撰写的《从〈下山〉到〈僧尼会〉》一文②，便去信求教，两人就此问题展开了一场辩论。后来程毅中先生从《词林一枝》中找到《尼姑下山》的曲文，说明"至今传唱的《思凡》基本上还是继承这一系统的"③。由于当时不少明代戏曲选集不是流失海外，就是作为善本深藏在有关图书馆的书库里，难以借阅到，故《思凡·下山》的源流演变，仍未得到圆满的解决。现在大量的戏曲选得以影印出版，只要用《群音类选》"诸腔类"卷一《尼姑下山》附《小尼姑》，与《纳书楹曲谱》"时剧"中的《思凡》作一比较，就可以一目了然。

---

① 见王季思等著《中国古代戏曲论集》，中国展望出版社，1986年。
② 赵景深《从"下山"到"僧尼会"》，《上海戏剧》1962年第1期。
③ 见赵景深《曲论新探》，上海文艺出版社，1986年。

《纳书楹曲谱》	《群音类选》
【诵子】昔日有个目连僧,救母临地狱门。试问吴山多少路,十万八千有余零。南无阿弥陀佛! 【山坡羊】小尼姑年方二八,正青春被师傅削了去头发。每日里在佛殿上烧香换水,见几个弟子们游戏在山下,他把眼儿瞧着咱,我把眼儿觑着他,他把眼儿瞧着咱,咱把眼儿觑着他。他与咱,咱共他,两下里都牵挂。冤家,怎能勾成就了姻缘,就死在阎王殿前,说了几句知情的话,死在黄泉尽着他。 　　由他。把那碓来舂,锯来解,磨来挨,放在油锅里煠,由他。则见那活人受罪,那曾见死鬼带枷,由他。火烧眉毛,且顾眼下;火烧眉毛,且顾眼下。	【沉醉东风】(曲词已见前所引,这里从略。) 【山坡羊】小尼姑年方二八,正青春又遭剃了头发。每日里在佛殿上烧香换水,见几个子弟们游戏在山门下, 我与他,他与咱,两下里都牵挂。…… 我与那哥哥在锁金帐里,唧唧哝哝 把奴家押到酆都,上了刀山,下了油锅,锯来解,磨来挨,不怕真不怕,由他。只有活人受罪,那曾见死鬼带枷,由他。我也是火烧眉毛,且顾眼下。
【转调第一段】 【雁儿落】(略) 【二段】 【三段】	

从上面的对比中,可以看出昆剧《思凡》是从嘉靖、万历时民间流行的目连戏演化过来的,它基本上保留了原本三大唱段的体制,但将曲牌【沉醉东风】改成【诵子】,唱词由原来的二十二句浓缩为五句,把一曲唱到底的【雁儿落】变为【转调】一、二、三段。为了适应昆曲轻歌曼舞的表演特点,还作了不少增删和改动,使之更加精炼,但原作的精华并未扬弃,仍然得到了保留。《思凡》这出戏来自民间,又经过历代戏曲艺人的加工和锤炼,当然也包括文人学士的修改润色,已经成为昆剧艺术的瑰宝。今日还盛行歌场的《下山》,如果从其曲牌和唱词来分析,它和《乐府菁华》本的《僧尼调戏》也是一脉相乘的,不过后人的加工创作之处更多,使之面貌焕然一新。

(本文曾在1991年2月中国艺术研究院、福建省文化厅、中国戏曲学会主办的"中国南戏暨目连戏国际学术研讨会"上宣读)

明传奇佚曲目钩沉

明代传奇可以比肩于宋元南戏、金元杂剧,作家辈出,作品如林。据傅惜华《明代传奇全目》著录,计有950种,其中包括有姓名可考者618种,无名氏作品332种;庄一拂《古典戏曲存目汇考》又有所增补,当在千种以上。现在还有存本传世者,不足200种,然散佚者夥矣。有些传奇剧本虽然已无全本流传,但明清戏曲选集、曲谱、曲律中尚存有散出或佚曲,因数量庞大,钩稽不易,难以辑为一书,今先将其目录汇成一编,供给戏曲史者参考。

此编目共132种,主要收录散出,亦间采套曲,分别录自明黄文华《词林一枝》、《八能奏锦》,刘君锡《乐府菁华》、黄儒卿《时调青昆》、黄正位《阳春奏》、景居士《玉谷调簧》(一名《玉谷新簧》)。龚正我《摘锦奇音》、胡文焕《群音类选》、程万里《大明春》(一名《万曲长春》)、殷启圣《尧天乐》、熊稔寰《徽池雅调》、秦淮墨客《乐府红珊》、梯月主人《吴歈萃雅》、凌虚子《月露音》、佚名《赛征歌集》、徐复祚《南北词广韵选》、鲍启心《乐府名词》、汪公亮《乐府争奇》、许宇《词林逸响》、佚名《歌林拾翠》初集及二集、止云居士《万壑清音》、冲和居士《怡春锦》、《缠头百练》二集、槐鼎和吴之俊《乐府遏云》、周之标《乐府珊瑚集》、郁冈樵隐和积金山人《缀白裘合选》、佚名《万曲合选》(一名《万家锦》)、凌濛初《南音三籁》、锄兰忍人《玄雪谱》、清江湖知音者《昆弋雅调》、菰芦钓叟《醉怡情》、方来馆主人《万锦清音》、《最娱情》、钱德苍《缀白裘》、姚燮《复庄今乐府选》等明清戏曲选集。《曲谱》《曲律》中的单支佚曲暂不录。由于编者闻见有限,还有一些戏曲选集未曾寓目,即使过去所阅过的曲集,目前也难一一核查辨析,因此,缺漏和错误在所难免,有待他日条件许可时，再搞出一部较为详备的《明传奇佚曲目钩沉》。

一、《四节记》 又名《四纪记》。《八能奏锦》别题《四游记》。

沈采撰。《曲品》著录。据《曲海总目提要》卷一七，分为《曲江记》《东山记》《赤壁记》《邮亭记》，演杜甫、谢安、苏轼、陶谷事。

(1)《赛征歌集》卷四、《乐府争奇》卷下，《乐府红珊》卷一〇《杜工部游曲江》(杜甫游春)，《南音三籁》"戏曲"上，《缀白裘合选》卷二收有《曲江记》中的《诗伴游春》。(《吴歈萃雅》利集《春游》【晓行序】"芳草香堤"、《词林逸响》月集、《乐府珊瑚集》还录有此出【晓行序】"芳草香堤"套曲)。(2)《赛征歌集》卷四、《乐府争奇》卷下，《乐府红珊》卷一〇(删)、《南音三籁》"戏曲"上，《缀白裘合选》卷二收有《东山记》中的《东山携妓》(《吴歈萃雅》利集、《词林逸响》月集还录有此出【宜春令】"花将笑"套曲)。(3)《词林一枝》卷四上层《兴游赤壁》(《八能奏锦》卷三上层收有《兴游赤壁》)、《邀友游湖》(原缺)、《赛征歌集》卷四、《乐府名词》卷上、《乐府菁华》卷五上层《东坡赤壁》(东坡游赤壁)、《缀白裘合选》卷二收有《赤壁记》中的《赤壁泛舟》(《吴歈萃雅》利集、《群音类选》"官腔类"、《乐府珊瑚集》录有此出【石榴花】"壬戌秋望"套曲)；《月露音》卷四还收有《参禅》一出。《乐府红珊》还收有两出，即卷一《苏东坡祝寿》【一剪梅】、卷一〇《苏子瞻游赤壁》【菊花新】。(4)《八能奏锦》卷之四上层，《邀宾宴乐》(原缺)，《乐府红珊》卷一〇收有《当太尉赏雪》,卷一一《韩侍郎宴陶学士》(韩熙载燕陶学士)(《尧天乐》卷下收有《邮亭适兴》，《赛征歌集》卷一收有《邮亭佳偶》，《缀白裘合选》卷二收有《驿女扫亭》)。

二、《龙泉记》 又名《龙泉剑》，别题《全忠孝》。《南词叙录》著录。据《曲海总目提要》卷一八，演杨鹏、杨凤事。

《群音类选》卷九收有《家庭训子》、《寿祝椿萱》、《诸友论文》、《饯别登途》(亦见《南北词广韵选》卷二)、《玉堂宴会》(亦见《南北词广韵选》卷一)、《兄弟分歧》、《赏菊闻报》(亦见《南北词广韵选》卷一一、《吴歈萃雅》利集《龙泉》之《赏菊》"露蕊霜苞"、《词林逸响》月集《赏菊》"露蕊霜苞")、《姑嫂相逢》。《南北词广韵选》还收有【中吕山花子】"家贫称秋无佳味"(卷四)、【商调山坡羊】"声哀哀狼呼猿啸"(卷一一)、【越调小桃红】"愁云惨淡"、【仙吕入双调柳捻金】"湖开眼镜"(卷一五)。

三、《娇红记》 沈龄撰。《南词叙录》著录。据《曲海总目提要》卷五,演申纯、王娇娘事。

《群音类选》卷二二收有《雨阻佳期》、《深闺私会》(亦见《八能奏锦》卷四上层有《申生赴约》,有目无文)、《云雨酬愿》。

四、《分鞋记》 沈鲸撰。《曲品》著录。据《曲海总目提要》卷七,演程鹏举、白玉娘事。《群音类选》卷一六有《穷途母女》、《村居寄迹》、《园亭邂逅》、《书斋问疾》(《乐府名词》卷上作《淑娥问疾》)、《月夜劝夫》(《月露音》卷四作《玩月》)、《夫妇分鞋》、《翁婿叙情》、《分鞋复合》。《八能奏锦》卷五下层录有《朋举谒韩求饯》(《鹏举谒韩求荐》)。《乐府名词》卷上还录有《鹏举南还》。

五、《青琐记》 沈鲸撰。《曲品》著录。演韩寿、贾午事。

《群音类选》卷二二收有《绣阁怀香》《青琐相窥》《托婢传情》《兰闺复命》《换房订约》《赴约惊回》《缄书愈疾》《醉误佳期》《谋逾东墙》《佳会赠香》(亦见《怡春锦》幽期写照礼集《赠香》【意难忘】"人静更阑")。

六、《罗帕记》 席正吾撰。《南词叙录》著录。《远山堂曲品》云:"其事大类小说之《简贴僧》。"据《曲海总目提要》卷一八,演王可居、康淑真事。

《词林一枝》卷一下层有《王可居逼妻离婚》《王可居翁婿逃难》(亦见《尧天乐》下二卷上层)。《八能奏锦》卷一上层收有《夫妇游戏》(王可居夫妇游戏)。《徽池雅调》卷一下层还收有《迎母受责》(王可居迎母受责)、下卷二下层《神女调戏》(神女戏王可居)二出。

七、《柳仙记》 徐霖撰。明清各家戏曲书目失载,《明代传奇全目》始著录。

《南北词广韵选》卷一所录此记【南吕懒画眉】"疏影横斜月朦胧"套曲,注云:"兹有《柳仙记》,乃《幽怪录》所载,即古今所传神仙事,谷子敬有《三度城南柳》。"该书卷一二、一四、一六、一七尚有多套佚曲。

八、《泰和记》 《乾隆新安县志》卷四别题《太和元气记》。许潮撰。《曲品》著录。按月令演述故事,二十四折,每折谱一古人故事。

今存十七折,《群音类选》卷二三收有十折:《公孙丑东郭息忿争》、《王羲之兰亭显才艺》(亦见《盛明杂剧》)、《刘苏州席上写风情》(亦见《盛明杂剧》)、《刘苏州席上写风情》(亦见《盛明杂剧》)、《东方朔割肉遗细君》、《张季鹰因风快故乡》、《苏子瞻月游赤壁》(亦见《盛明杂剧》)、《晋庾亮月夜登南楼》(亦见《乐府红珊》卷一一、《盛明杂剧》)、《陶处士栗里致交游》(亦见《阳春奏》)、《桓元帅龙山会僚友》(亦见《盛明杂剧》)、《谢东山雪朝试儿女》。《盛明杂剧》另有三折《武陵春》《同甲会》《午日吟》。《阳春奏》亦另有三折:《汉相如昼锦归西蜀》《卫将军元宵会僚友》《元微之重访蒲东寺》。《乐府红珊》卷一"庆寿类"还录有《裴晋公绿野堂祝寿》。《玉谷新簧》卷五上层原收有《庆贺裴公寿诞》《绿野堂中佳宴》(原缺)。

九、《合钗记》 一名《清风亭》。秦鸣雷撰。《曲品》著录。据《曲海总目提要》卷九,演薛荣、洪氏及宝儿事。

《缀白裘》第十一集录有《赶子》一出(系梆子腔剧)。

十、《弹铗记》 车任远撰。《曲品》著录。演冯骥事。

《群音类选》卷二四收有《弹铗三歌》、《焚券赦债》、《端阳为寿》、《狗盗狐裘》(亦见《月露音》卷三愤集《狗盗》【北端正好】套曲)、《鸡鸣度关》(亦见《月露音》卷三愤集《鸡鸣》【朝元歌】套曲)、《追思弹铗》。

一一、《庋廖记》 张凤翼撰。《曲品》著录。演百里奚事。

《群音类选》卷一九收有《长亭送别》、《鸎身饭牛》(亦见《月露音》卷一庄集《饭牛》【桂枝香】套曲)、《强婚守节》、《寄身寻夫》、《梦回纪怨》、《追荐夫人》、《途中澣衣》、《遇妻失认》、《夫妻相逢》。

按:明人端鳌亦有同名、同题材之传奇剧本,以上九出曲文,不详出于谁手,故余在《曲品校注》一书中两个录之,以待考证。

一二、《十孝记》 沈璟撰。《曲品》著录。演黄香、张孝、张礼、缇萦、韩伯瑜、郭巨、闵损、王祥、薛包、徐庶等孝亲事。

《群音类选》卷二四收有《黄香扇枕》《兄弟争死》《缇萦救父》《伯瑜泣杖》《郭巨埋儿》《衣芦御车》《玉祥卧冰》《张氏免死》《薛包被逐》《徐

庶见母》。

一三、《分钱记》 沈璟撰。《曲品》著录。演杨广文、杨长兄弟事。

《群音类选》卷二二收《分钱泣别》《弟兄钱合》。

一四、《义乳记》 顾大典撰。《曲品》著录。事本《后汉书·李善传》，谱李元家仆李善抚孤李续事。

《群音类选》卷一八收录《哭主保孤》《义乳哺孤》《日南雪冤》《妻家相会》《义仆遇墓》五出。

一五、《存孤记》 陆弼撰。《曲品》著录。演李文姬托王存育孤事。

《怡春锦》幽期写照礼集录有《私期》【秋蕊香】"小阁蕙烟初烬"一出。叙秦宫乘老爷醉酒与其宦妻幽会事。

按：明人陆采亦有同名、同题材传奇剧本，此出曲文为陆弼作。

一六、《三生记》 又名《三生传》。别题《三生传玉簪记》。马湘兰撰。《曲品补遗》(见《曲品校注》)著录演王魁负桂英、苏卿负冯魁、陈魁(负)彭妓事。

《群音类选》卷一八收有《玉簪赠别》《学习歌舞》(亦见《月露音》卷四乐集《歌舞》【北新水令】套曲)。

一七、《五鼎记》 顾懋仁撰《曲品》著录。演主父偃事。

《群音类选》第十九收有《借贷遭辱》《陈后怨宫》《主父雪愤》。

一八、《椒觞记》 顾懋俭撰。《曲品》著录。演陈亮事。

《群音类选》卷一五收有《西湖游闹》《旅馆椒觞》《罗织冤招》《狱中见弟》《战捷胜游》《师生燕雪》(亦见《月露音》卷四乐集《燕雪》【念奴娇序】套曲)。《月露音》卷一庄集还录有《登第》【好事近】套曲。

一九、《昭关记》 又名《复仇记》。孙袖撰。《康熙常熟县志·艺文志》著录，作《招关记》，明清各家戏曲书目未载。演吴国伍员投奔越国事。

《摘锦奇音》卷五下层收有《子胥计过昭关》(伍子胥过昭关)；《时调青昆》卷二下层还收有《奔走樊城》。

《大明春》卷二下层《复仇记》有《伍员定计过关》《伍员访友策后》。

二十、《龙绡记》 黄惟楫撰。《曲品》著录。演柳毅传书事。

《月露音》卷三愤集收有《归梦》【云华怨】套曲。

二一、《织锦记》 又名《织绢记》《天仙记》。别题《槐阴记》。顾觉宇撰。《远山堂曲品》著录，列入"杂调"。据《曲海总目提要》卷二五，演董永事。

《群音类选》"诸腔"卷二收有《董永遇仙》(《万曲合选》卷下作《槐阴相会》)、《槐阴分别》(亦见《八能奏锦》卷六下层作《董永槐阴分别》)、《时调青昆》卷二《槐阴分别》、《乐府菁华》卷三上层作《织绢记·槐荫分别》、《尧天乐》上卷下层《槐阴记》(版心题"织锦记")。《大明春》卷五下层还录有《织绢记》之《仙姬天街重会》。

二二、《二阁记》 汪廷讷撰。《曲品》著录。演朱端朝妾马琼琼画梅寄扇事。见《艳异编·寄梅记》。

《月露音》中收录有《缔盟》【步步娇】套曲(见卷二骚集)和《疑缄》【尾犯序】(见卷三愤集)。

二三、《长生记》 汪廷讷撰。《曲品》著录。《曲海总目提要》卷八引陈宏世《序》云："一日，梦感纯阳之异，若以元解授记而报之诞子者。公觉而搜罗仙籍，撷纯阳证果之始末，演为传奇。"

《月露音》卷二骚集收有《郊游》【好事近】一套(亦见《吴歈萃雅》利集《闲游》【好事近】"春色满黄州"套曲)、《万壑清音》卷六收有《挥金却怪》、《时调青昆》卷三上层收有《道士斩妖》(王道士斩妖)(《昆弋雅调》花集作《关公斩妖》)、《时调青昆》卷四上层收有《祝寿新词》(《昆弋雅调》花集作《八仙庆寿》)。

二四、《青梅记》 汪廷讷撰。《笠阁批评旧戏目》《今乐考证》并著录。演《青楼集》所载乐人李四妻刘婆惜事。

《月露音》卷四乐集收有《青梅记》之《飞英》【懒画眉】、《题梅》【北新水令】二套。

二五、《狐裘记》又名《狐白裘记》。谢天瑞撰。《曲品》著录。演孟尝君、冯骥事。

《群音类选》卷二四收有《冯骦弹铗》(亦见《月露音》卷三愤集《狐白裘记》之《弹铗》【青纳袄】套曲)、《鸡鸣过关》。

二六、《桃花记》 金怀玉撰。《曲品》著录。据《曲海总目提要》卷一演崔护、庄慕琼事。

《歌林拾翠》初集收有《花前邂逅》、《游湖再晤》(亦见《时调青昆》卷一上层作《桃花游湖》,《乐府遏云》卷上亦录此出【新水令】"临安胜概首苏堤"套曲)、《崔护登楼》(登楼夜逼)(亦见《缠头百练》二集、《万曲合选》卷下,《时调青昆》卷三上层作《逾楼夜窥》;《万锦清音》雪集作《午夜登楼》)、《月下订盟》、《焚香忆护》、《得第归杭》、《崔护题门》(崔护题诗)、《慕琼见诗》。

按:此剧有名万历刻本,仅残存下卷十八至三十五出,为孙楷第所藏,今已归北京图书馆。以上诸出可补其缺失。

二七、《香球记》 金怀玉撰。《曲品》著录。演江秘事。

班友书、王兆乾《青阳腔剧目汇编》收有《姜碧钓鱼》、《考红》二出(系据《香球记》改编)。

二八、《望云记》 程文修撰。《曲品》著录。演狄仁杰事。

《群音类选》卷一九收有《仁杰廷争》《望云思亲》(亦见《乐府菁华》卷三)。

二九、《玉香记》 程文修撰。《曲品》著录。演祁羽狄、龚道芳、廉丽贞等人事。

《群音类选》卷一二收有《逆遇仙姑》《含春遇胜》《私通毓秀》《二妙交欢》。《月露音》卷一庄集收有《访姑》【步步娇】套曲。《乐府红珊》卷四"训诲类"还录有《廉参军训女》。

三十、《合剑记》 林世吉撰。《曲品》著录。演李世民晋阳起兵事。

《群音类选》卷一九收有《明君得剑》《良将得剑》《战场合剑》《宫女应兵》。

三一、《忠孝记》 史槃撰。《远山堂曲品》著录。演沈炼事。

《群音类选》卷九收有《欲进谏章》《打牛卖剑》二出。

三二、《合纱记》 一名《白纱记》。别题《双缘记》《双舫缘》。《远山堂曲品》著录。据《曲海总目提要》卷一〇,演崔衮与姚银蟾、饶梦麟事。

《复庄今乐府选》"明院本"收有《投纱》(亦见《怡春锦》名流清剧射集)、《惊噩》、《争婚》诸出。

三三、《玉麟记》 叶宪祖撰。《曲品》著录。演苏洵、苏轼、苏辙事。

《月露音》卷一庄集收有《课儿》【倾杯玉芙蓉】、《度尼》【北端正好】,卷四乐集又收有《觅艳》【北点绛唇】、《赠题》【梁州序】,共四套。

三四、《双卿记》 叶宪祖撰,《曲品》著录。事本《国色天香》卷五《双卿笔记》。

《乐府菁华》卷六下层《国文中式及第》(华国文中式赴宴)【生查子】"才人及第初,恩赐琼林宴"、《国闻修书传情》(华国文修书传情)。此二出写吴县书生华国文迎娶张氏正卿、顺卿二女事。

三五、《牡丹记》 郑国轩撰。《远山堂曲品》著录,列入"杂调"。与《鱼篮记》同,亦演张真、金牡丹事。

《乐府菁华》卷三上层录有《鱼精戏真》一出。

三六、《犀佩记》 胡文焕撰。《曲品》著录。演符世业事。《远山堂曲品》别题为《玉章记》,云:"士人妻题诗,有《诗会记》;侠士于金虏营中携南官归,有《旗亭记》,此合传之。"

《群音类选》卷七收有《西湖结盟》《渡江遇虏》《贞节自持》《舌战虏营》《势逼改嫁》《侠君赠妹》《剪发自誓》《金山题诗》《偕妾登途》《金山见诗》《江西会母》《尼庵货佩》《庵中小会》等十三出。

三七、《余庆记》 胡文焕撰。《远山堂曲品》著录。所演何事待考。

《群音类选》卷一二收有《寿祝椿萱》《家园赏春》《洞房花烛》《科场鏖战》《深闺幽思》《赐宴琼林》《赏夏得捷》《边陲战捷》《怀女悲秋》等九出。

三八、《红叶记》 祝长生撰。《曲品》著录。据《曲海总目提要补编》,演于祐与宫女韩翠琼御沟红叶题诗事。

《乐府菁华》卷二下层《韩氏四喜四爱》。《摘锦奇音》卷三下层《红叶记》之《韩氏惜花爱月》【花心动】"翠被生香"。《群音类选》卷一七收有《红叶题诗》、《御沟得叶》(亦见《昆弋雅调》花集)、《宫中得叶》、《出示红叶》、《红叶重逢》。

三九、《青莲记》 戴子晋撰。《曲品》著录。演李白事。

《群音类选》卷一四收有《御手调羹》(亦见《月露音》卷一庄集《调羹》【画眉序】)、《明皇赏花》、《华阴骑驴》、《捉月骑鲸》及《明皇游月宫》。《月露音》卷四乐集还录有《泛湖》【惜奴娇】"共泛楼船"一套。

四十、《鞦鞴记》 戴子晋撰。《曲品》著录。所演何事待考。

《群音类选》卷二一收有《途中追叹》《赏月遇恶》《遇盗明拆》,《乐府红珊》卷四"训诲类"还录有《何氏剔灯训子》(何氏训子)"玉露滴金茎"。

四一、《纨扇记》 谢廷谅撰。《曲品》著录。演申伯湘事。

《缠头百练》二集卷一录有《入院》一出。

四二、《呼卢记》 全无垢撰。《曲品》著录。演南朝宋武帝刘裕事。

《群音类选》卷一九录有《呼卢喝采》一出。

四三、《绿绮记》 杨柔胜撰。《曲品》著录。演司马相如事。

《缀白裘合选》卷四收有《月下听琴》一出。《乐府遏云》卷中又录有《修水》【香满遍】套曲。

四四、《蓝田记》 龙渠翁撰。《曲品》著录。演杨伯雍种玉事。

《群音类选》卷一七收有《神赠玉种》《元宵佳遇》《约玉请期》《受玉毕姻》。

四五、《锦带记》 杨廷撰。《曲品》著录。演余述事。

《月露音》卷二骚集收有《密语》【白练序】、《盟心》【步步娇】二套。

四六、《玉鱼记》 汤家霖撰。《曲品》著录。演郭子仪事。

《群音类选》卷一九收有《观中相会》《单骑见虏》,《乐府红珊》卷八"报捷类"还录有《郭子仪泥金报捷》。

四七、《合璧记》 王恒撰。《曲品》著录。据《曲海总目提要》卷一〇,演解缙事。

《群音类选》卷一八收有《学士赏花》(亦见《乐府红珊》卷一一作《解学士玉堂佳会》)、《庆赏端阳》、《母子问答》(《月露音》卷一庄集作《砺节》【红纳袄】)、《玉华刑耳》(亦见《乐府名词》卷上)。

四八、《玉钗记》 陆江楼撰。《曲品》著录,云:"此记李元壁忠节事。"

《群音类选》卷二一收有《玉钗军别》《李生失钗》《玉钗凶信》。《乐府红珊》卷七还录有《丁士才妻忆别》。

四九、《镶环记》 又名《完璧记》。别题《箱环记》。翁子忠撰。据《曲海总目提要》卷一七,演蔺相如完璧归赵事。

《乐府菁华》卷五下层收有《张氏卖环奉姑》《廉颇相如争功》(亦见《摘锦奇音》卷八收有《张氏卖环奉姑》,亦见《大明春》卷六下层)。《乐府菁华》卷五下层还收有《廉颇相如争功》(亦见《昆弋雅调》花集);《大明春》卷六下层还收有《相如怀璧抗秦》。

五十、《溉园记》 赵于礼撰。《曲品》著录,云:"齐王法章事。"

《群音类选》卷一三收有《后园相窥》《后园订盟》《中秋烧香》。《缀白裘合选》卷四录有《君后授衣》。

五一、《画莺记》 一名《题莺记》。别题《黄莺记》,赵于礼撰。《曲品》著录,云:"此《钟情丽集》辜辂事。"演辜辂和瑜娘相爱的故事。

《八能奏锦》卷一收《偷看莺诗》(《大明春》卷三作《瑜娘观诗》一出)。

五二、《分钗记》 张濑滨撰。《曲品》著录。演伍经、史二兰事。

《群音类选》卷二一收有《春游遇妓》(亦见《月露音》卷四)、《月夜追欢》(亦见《月露音》卷二)、《分钗夜明》、《计诱皮氏》、《私通苟合》。《乐府红珊》卷一二还收有《伍经邂逅史二兰》。

五三、《葵花记》 高一苇订正,《梨园雅调》原收此记,题作纪振伦。《远山堂曲品》著录,据《曲海总目提要》卷一三,演高彦真,孟日红事。

此记吴梅奢摩他室曾藏有明万历间广庆堂刻本,惜毁于战火,今仅存九出佚曲。《歌林拾翠》二集收有《训子》《割股》《寻夫》《计害》、《诉冤》《相会》《托梦》(亦见《徽池雅调》卷一)、《考察》(亦见《时调青昆》卷四、《昆弋雅调》花集)。《昆弋雅调》雪集还录有《日红往京》。

五四、《三关记》 施凤来撰。《远山堂曲品》著录,演宋代杨家将故事。《曲海总目提要》卷一一《三关记》云:"谢金吾拆毁天波楼,六郎私下三关,焦赞杀死谢金吾。"

《词林一枝》卷二下层收有《三关记》之《焦光赞建祠祭主》(亦见《万锦清音》月集)。

按:另有《金箭记》(见《八能奏锦》卷四之《私下三关》,原缺)、《金锏记》(见《摘锦奇音》卷四),均收有《六使私下三关》一出。傅芸子《内阁文库读曲续记》疑此二记为《三关记》之异名(见《白川集》,页126)。

五五、《宁胡记》 陈宗鼎撰。《远山堂曲品》著录。演王昭君和番事。

《群音类选》"诸腔类"卷三收有《六宫写像》《沙漠长途》。

五六、《绣衣记》 暨廷熙撰。《远山堂曲名》著录,列入"杂调",所演何事不详。

《群音类选》"诸腔类"卷四收有《蓦见绣衣》一出。

五七、《冰山记》 陈开泰撰。《远山堂曲品》著录。演魏忠贤、崔呈秀事。

《玄雪谱》卷四录有《阴战》一出。

按:据《陶庵梦忆》卷七,张岱亦有改本《冰山记》,未审此出出自何本。

五八、《凤簪记》 李阳春撰。《远山堂曲品》著录,云:"记何文秀犹之《玉钗》也。"

《月露音》卷一收有《茶叙》一出,卷四有《隐乐》一出。

按:《群音类选》卷一五《凤簪十义记》,收有《留僮别妓》《花园被执》《深渊救溺》《花烛成亲》《弃子全英》《破容立节》六出。亦演何文秀事,疑此记为《凤簪记》之异名。

五九、《鸳鸯被》 王元寿撰。《远山堂曲品》著录。"取意于《错送鸳鸯被》,而穿插别一情境",当为元杂剧《鸳鸯被》增饰,演朱次枏事。

《缠头百练》二集收有《误认》(亦见《乐府遏云》卷下)、《错送》(亦见《乐府遏云》卷下)二出,《怡春锦》礼集还录有《绣被》一出(亦见《乐府遏云》卷下)。

六十、《双节记》 张竹亭撰。《远山堂曲品》著录,列入"杂调"。云:"杜若芝原聘秦女淑真,又狎一妓陈可兰。杜以鬻贩被骗,二女皆为矢节,因以双节名之。"

《八能奏锦》卷六下层录有《淑女灯下裁衣》一出。

按:《八能奏锦》卷二上层录还有《淑真裁衣》《夫妇分别》《阳关华别》(原缺)。

六一、《英台记》 又名《还魂记》,朱少斋撰。《远山堂曲品》著录,列入"杂调",演梁山伯、祝英台事。

《群音类选》"诸腔类"卷四收有《山伯送别》,其后附录《赛槐阴分别》一出。

按:《徽池雅调》卷一收录有《山伯赛槐阴分别》一出,目录题《同窗记》,而书内则作《还魂记》,叶德《祁氏曲品剧品补校》疑为《英台记》之佚曲(见《戏曲小说丛考》上册,页287)。

六二、《南楼梦》 又名《南楼记》,冯延年撰。《远山堂曲品》著录,云:"此即《剑侠除倭》剧所演者。"演张子文、严有秋亭事。

《最娱情》册三收有《魂游》《感泣》《盟愿》(此出亦见《复庄今乐府选》)。《复庄今乐府选》还录有《春节》一出。《乐府遏云》卷下另录有《病诀》【集贤宾】、《闻哭》【一剪梅】二曲。

六三、《藏珠记》 又名《申湘藏珠记》,鲁怀德撰。《远山堂曲品》著录,列入"杂调",与《清风亭》同,亦演妒妻杀妾子,即申潭妻冯氏杀妾殷氏子藏珠事。

《词林一枝》卷一上层收有《夫妻私会》(亦见《尧天乐》下卷上层)、《妒妾争宠》。《乐府菁华》卷三还录有《申生赴约》。

按：《尧天乐》卷上录有《夫妇相怜》一出，目录题为《双璧记》，而书内则作《藏珠记》，亦当为《藏珠记》之佚曲。

六四、《衫襟记》 又名《乔合衫襟记》，凌濛初撰。《传奇汇考标目》增订本著录，此剧系高濂《玉簪记》之改本。

《南音三籁》"戏曲"上收有《得词》；"戏曲"下收有《题词》《趋会》《佳期》《心许》词曲。

六五、《夺解记》 秋阁居士撰。《曲品》著录，演王维郁轮袍事。

《群音类选》卷二一录有《郁轮夺解》一出。

六六、《锟珸记》 两宜居士撰。《曲品》著录。演晋文公重耳事。

《群音类选》卷一八收有《灯夜游宫》(亦见《月露音》卷四)、《申生受烹》、《重耳奔翟》。《月露音》卷一还录有《成亲》一出。

六七、《歌凤记》 又名《大凤歌》，庚生子撰。《曲品》著录。演汉高祖刘邦事。

《万壑清音》卷二收有《韩信遇主》《垓下困羽》(亦见《怡春锦》御集)。

六八、《完扇记》 寄鸣道人撰。《远山堂曲品》著录，云："贺君狎妓秦小凤，为刘亮所构，亮以从倭为俘，小凤卒归贺，其中参成者，裴子益也。此似近时事，所云寄鸣道人，或贺自谓乎？"

《群音类选》卷一八云："有虞氏王孙泰安子编。"收有《携美游春》《章台逞艺》《赏花遇难》《逃难赖神》《长途分扇》《移春玩月》《虎丘遣兴》《幽阁相思》《感怀得信》等九出。《月露音》卷四还录有《评花》一出。

六九、《金环记》 木石山人撰。《远山堂曲品》著录。演海瑞事。

《群音类选》卷一六录有《花园邂逅》一出。

七十、《绿华轩》 仲仁撰。《远山堂曲品》著录，演和生陷身匈奴事。

《复庄今乐府选》"明院本"收有《默契》《砥节》《情感》三出。

七一、《双环记》 鹿阳外史撰。《曲品》著录。演木兰从军事。

《群音类选》卷一五收有《代弟从军》《金环惜别》《中秋赏月》《双环

会合》)。

七二、《题塔记》 松臞道人撰。《传奇汇考标目》增订本著录。据《曲海总目提要》卷三六,演梁灏事。

此记吴梅奢摩他室曾藏有万历间原刊本,惜毁于战火。今仅《玄雪谱》卷四录有《壮怀》一出。

按:《万壑壑音》卷四所录《萧后起兵》(亦见《乐府遏云》卷中)一出,恐非此记,殆为别本。《明代传奇全目》著录或有误。

七三、《撮合记》 磊道人、癯先生合编。《今乐考证》著录。据《曲海总目提要》卷十五,演闻人渊冒认留哥合钿成婚事。

《复庄今乐府选》"明院本"收有《觅寓》《订友》《月窥》《认姑》《湖泊》《陶闺》《烈志》《假冠》《巧构》《舟其》《续胶》《鱼服》《泄名》等十三出。

按:磊道人,姓夏名基,字乐只,徽州人。能诗工画,著有《西湖览胜志》十四卷。传见《国朝耆献类征》卷四三七。

七四、《罗囊记》 作者佚名。《南词叙录》著录,列入本朝传奇目。《曲品》也著录。演高汉卿忠节事。

《群音类选》卷一五收有《相赠罗囊》、《春游锡山》(亦见《南音三籁》,《月露音》卷四作《春赏》,《吴歈萃雅》《词林逸响》及《乐府遏云》均录有此出【梁州序】"春光如海"套曲)、《刘公赏菊》、《罗囊相会》。

七五、《犀合记》 又名《八不知犀合记》。作者佚名,《南词叙录》著录,列入本朝传奇目,演唐伯亨事。

《群音类选》卷二一收有《夜宴失儿》《陈榅调奸》《捉奸杀子》。

七六、《合镜记》 作者佚名。《曲品》着录。演乐昌镜之分合事。

《群音类选》卷一九收有《德育尚主》、《乐昌分镜》(亦见《月露音》卷三,《吴歈萃雅》录有【仙吕入双调·风云会四朝元】套曲)、《破键再合》、《杨素探问》、《夫妻团圆》。《吴歈萃雅》还收有《应试》【仙吕入双调·步步娇】、《买镜》【商调·山坡羊】、《闺情》【杂调过曲·七贤过关】三套。

按:《南音三籁》"戏曲"上收有《新合镜》【七贤过关】"云收翠羽

深"套曲(无出目),与《吴歈萃雅》所录《合镜记》之《闻情》出相同,《新合镜记》或为《合镜记》的异名,或系它的改本。如系改本,《吴歈萃雅》所录之四套佚曲,亦应出于《新合镜记》。未审孰是,待考。

七七、《四豪记》 作者佚名,《曲品》著录。演孟尝、春申君、信陵、平原四公子事。

《群音类选》卷一九收有《狗盗入秦藏》、《鸡鸣出函谷》、《冯驩弹铗歌》、《春申献美人》、《如姬窃虎符》(亦见《月露音》卷一)、《毛先生自荐》、《邯郸宴四豪》。

七八、《黑鲤记》 作者佚名。《曲品》著录。《曲海总目提要》卷一五,云:"所演本刘才事,而抽出才子鼎仪买鲤放生,得救已命一事,用为剧名。"

《群音类选》卷二〇收有《柳塔参禅》《削发辞室》《放鲤获报》《邮亭孽报》《法场代死》《虎丘会父》。

七九、《金台记》 作者佚名。《曲品》著录。演乐毅事。

《尧天乐》卷上收有《乐毅分别》《乐投赏月》(亦见《缠头百练》二集卷六)。

八十、《四德记》 作者佚名。《远山堂曲品》著录,云:"冯商还妾事,沈寿卿有《三元记》,今插入三事,改为《四德》,失其故矣。"

《群音类选》卷八收有《友饯冯商》、《纳妾成婚》、《牡丹嘉赏》(《月露音》卷六作《赏花》)、《见色不淫》(亦见《乐府红珊》卷一五,《乐府菁华》卷一作《冯商还妾》,《万锦清音》雪集作《旅中不乱》;《吴歈萃雅》利集录有《训沦》【黄钟调·啄木儿】套曲)、《假宿拾金》(《玉谷调簧》卷一作《投店拾金》,原缺)、《待子偿金》、《贺子满月》(亦见《乐府红珊》卷三)、《三元报捷》(亦见《乐府红珊》卷八、《乐府菁华》卷一、《缀白裘合选》卷一)。《八能奏锦》卷四上层还录有《饯别娶妻》一出(此卷原缺)。

八一、《玉如意记》 作者佚名。《曲品》著录《玉香记》云:"别有《玉如意记》,亦演此事,未见。"此记当亦据《天缘奇遇传》,敷演书生祁羽狄与龚道芳、廉丽贞遇合事。

《群音类选》卷二一收有《月夜遇仙》《赏月登仙》二出。

八二、《百花记》 作者佚名。《远山堂曲品》著录。据《曲海总目提要》卷四五,演江六云、百花公主事。

《歌林拾翠》二集收有《计议》、《赴试》、《赏春》、《借贷》、《问罪》、《得职》、《私行》、《教剑》、《计害》、《赠剑》(亦见《时调青昆》卷二、《醉怡情》卷五)、《拜将》、《点将》(亦见《万壑清音》卷七、《万曲合选》卷上、《醉怡情》卷五)。《醉怡情》卷五还收有《被执》《嫉贤》二出。

八三、《金钏记》作者佚名。《远山堂曲品》著录,云:"金时之狎刘小桃,似《玉镯》所载王顺卿事。"

《群音类选》卷九收录《小桃卖花》、《斗草拾钗》(亦见《缀白裘合选》卷一)、《桃李赏钏》、《卖花荐妓》、《易姓嫖院》。

八四、《五桂记》 作者佚名。《远山堂曲品》著录,演五代后周燕山窦氏五子事,与《全德记》题材同。

《词林一枝》卷二上层收有《加官进禄》【古轮台】(旦、贴)"扫烟尘,天磨宝镜把清明……任铜壶玉漏休问,又(下佚)"。《大明春》卷一收有《窦仪加冠进禄》(亦见《尧天乐》卷下、《昆弋雅调》风集)、《一家五喜临门》(《乐府菁华》卷八)、《四花精游花园》、《窦仪素娥问答》。

八五、《茶船记》 作者佚名。《远山堂曲品》著录,云:"《三生记》所传苏小卿,是冯魁负双生者。此则反是。"

《群音类选》"诸腔类"卷三收有《金山题诗》一出。《乐府红珊》卷九还录有《双生访苏小卿》一出。

八六、《红鞋记》 作者佚名。《远山堂曲品》著录。演马君卿、董秀英事。

《怡春锦》礼集录有《私会》(又名《逾墙》)一出。

八七、《渔樵记》 作者佚名。《远山堂曲品》著录。演杨太仆事。

《群音类选》卷二〇收有《剪彩为花》《解佩归家》《大隐林泉》《不别还山》。《乐府红珊》卷六还录有《杨太仆都门辞别》。

八八、《桃园记》 作者佚名。《远山堂曲品》著录,演刘、关、张桃园结义事。

《群音类选》卷一二收有《关斩貂蝉》《五夜秉烛》《独行千里》《古城

聚会》。《乐府红珊》还录有《汉寿亭侯训子》(卷六)、《鲁子敬询乔国公》(卷六)、《刘玄德赴河梁会》(卷一一)。

八九、《琼台记》 作者佚名。《远山堂曲品》著录。演琼台仙女吴彩鸾下嫁文箫事。

《群音类选》卷二四录有《玩月关情》《巧缘同归》二出。

九十、《双璧记》 作者佚名,《远山堂曲品》著录,列入"杂调"。演焦文玉事。

《尧天乐》卷上收有《兄弟联芳》《荣归见母》。

九一、《征辽记》 作者佚名。《远山堂曲品》著录,列入"杂调",此即《白袍记》改本,演薛仁贵事。

《大明春》卷五录有《敬德南山牧羊》一出。

九二、《蟠桃记》 作者佚名。《古人传奇总目》著录。演宋陈抟事。

《群音类选》卷一二收有《陈抟庆寿》、《王母玩桃》、《仙友谈玄》、《洞宾问答》、《点化珍奴》(亦见《月露膏》卷一)、《道院闲谈》、《表荐陈抟》、《诞孙相庆》、《共友登途》、《琼林赐宴》、《输纳买山》、《蟠桃庆会》等十二出。《月露音》卷四还录有《山行》一出。

九三、《长城记》 又名《寒衣记》。作者佚名。《曲海总目提要》卷三五著录。演孟姜女送寒衣事。

《词林一枝》卷八收有《姜女送衣》一出。此出亦见于《群音类选》"诸腔类"卷四、《大明春》卷六上层《姜女送衣》(姜女送寒衣)。《摘锦奇音》卷三下层《姜女亲送寒衣》,《尧天乐》卷二下层《姜女送衣》,《怡春锦》弋阳雅调数集作《送衣》。

九四、《访友记》 又名《同窗记》。作者佚名。《曲海总目提要》卷三五著录,演梁山伯、祝英台事。

《群音类选》"诸腔类"卷四收有《山伯送别》(《尧天乐》卷一上层《河梁分袂》)、《山伯访祝》(亦见《缠头百练》二集,《摘锦奇音》卷六下层作《山伯千里期约》)。《时调青昆》卷二上层之《山伯访友》《英台自叹》。

九五、《赤壁记》 作者佚名。《曲海总目提要》卷四五著录。演孔明、周瑜事。

《时调青昆》卷二上层录有《华容释曹》一出。

按：清江鸿儒亦撰有《赤壁记》传奇剧本，今存康熙间刊本，而《时调青昆》为万历时的戏曲选集，所录的《赤壁记》当系别一本。

九六、《四郡记》 作者佚名。《曲海总目提要》卷四六著录，云："《古城》所演系刘关前载在徐沛间事；《四郡》所演系刘关后截与孙氏争荆州事。刘备起手，大略相仿，诸葛亮、鲁肃、周瑜等，则皆《古城》所无也。"

《玉谷调簧》(《玉谷新簧》)卷一下层所收《三国记》三出：《周瑜差将下书》(《周瑜设计河梁会》)、《云长护河梁会》(《云长河梁救驾》)、《曹操霸桥饯别》(《曹操霸桥献锦》)。

按：傅芸子《内阁文库读曲续记》认为《三国记》盖《四郡记》之变名（见《白川集》，页130）。

九七、《青丝记》 作者佚名。《海澄楼书目》著录，所演何事待考。

《月露音》卷录有《会语》《寻思》二出。

九八、《金兰记》 作者佚名。《祁氏读书楼书目》《鸣野山房书目》并著录，演刘观事。

《群音类选》卷二〇收有《金兰结义》、《舟中掷帕》（亦见《月露音》卷二）、《得谐私愿》、《七夕宴会》。《乐府红珊》卷四还录有《刘平江训子》一出。

九九、《负薪记》 作者佚名，明清各家戏曲书目未载。《明代传奇全目》始著录，演朱买臣事。

《万壑清音》卷一收有《渔樵闲话》《逼写休书》《诉离赠婿》《认奏重聚》四出。《怡春锦》新集还录有《振威》一出。

一百、《胶漆记》 作者佚名。明清各家戏曲书目未载。《明代传奇全目》始著录，所演何事不详。

《群音类选》卷二四录有《落第自叹》一出。

一〇一、《阳关记》 作者佚名。明清各家戏曲书目未载。《明代传奇全目》始著录。所演何事不详。

《群音类选》卷二二录有《登楼吹箫》一出。

一〇二、《种德记》 作者佚名。明清各家戏曲书目未载。《明代传奇全目》始著录。所演何事不详。

《群音类选》卷二二录有《麦舟赠葬》一出。

一〇三、《赛四节记》 作者佚名。明清各家戏曲书目未载。《明代传奇全目》始著录，此记或仿沈采《四节记》，演李白、刘晨、陶潜等人事。

《群音类选》卷二三收有《月宫游玩》、《郊外寻春》、《华阴供状》、《采石骑鲸》(亦见《月露音》卷四)、《天台遇仙》、《归去来词》、《葛中漉酒》、《白衣送酒》、《踏雪寻梅》等九出。

一〇四、《盍簪记》 作者佚名。明清各家戏曲书目未载，《明代传奇全目》始著录，结局为金簪再合，兄弟团圆，所演何事待考。

《群音类选》卷一五收有《题簪话别》《二良争死》。

一〇五、《二兰记》 作者佚名。明清各家戏曲书目未载。《明代传奇全目》始著录。所演何事待考。

《群音类选》卷二三收有《共女闲叙》、《二兰得扇》(亦见《月露音》卷四)、《设立道场》。

按：《曲品》著录张濑滨撰有《分钗记》，《远山堂曲品》亦著录，云："伍生箧中金钗，为神人授之二兰，后相值贞女祠，往来酬和，卒两谐之。"《群音类选》卷二一《春游遇妓》等六出。演伍生与史二兰故事。这两剧有何关系，待考。

一〇六、《白海棠记》 作者佚名，明清各家戏曲书目未载。《明代传奇全目》始著录。所演何事待考。

《群音类选》卷二四录有《郊外邂逅》一出。亦见《月露音》卷四乐集《邂逅》【新水令】"锦帆江上欲归来"曲。

一〇七、《四英传》 又名《后武香球》。作者佚名，明清各家戏曲书目未载。《明代传奇全目》始著录。所演何事待考。

《群音类选》卷二四收有《家传凶信》《王氏祭夫》。

按：据《明代传奇全目》著录,梅兰芳曾藏有清人曹茂林抄录残本(存十出),未见。

一〇八、《东厢记》 作者佚名。明清各家戏曲书目未载。《明代传奇全目》始著录,全仿《西厢记》情节,但将佛殿奇逢改地点为西湖,将红娘传柬,改为秋鸿请宴送柬等,实际是翻案之作。

《群音类选》卷二五收有《湖上奇逢》、《诗情惹恨》、《春鸿请宴》、《月夜听琴》、《云雨偷期》(亦见《月露音》卷二)、《致祭感梦》。

一〇九、《崒盘记》 一名《崒盘记》,别题《登科记》。作者佚名,明清各家戏曲书目未载。《明代传奇全目》始著录。演五代后晋窦禹钧五子登科事。

《乐府菁华》卷六收《萃盘记》之《二元加官进禄》(《二状元加官进禄》,亦见《玉谷调簧》卷一下层,原缺)、《窦氏五喜临门》(窦禹钧五喜临门);《乐府红珊》收有五出:《窦燕山五经训子》(卷四)、《窦燕山文武报捷》、《四花精游赏联吟》(卷一〇)、《窦状元加官进禄》(卷一一)、《窦仪魁星映读》(卷一六)。《群音类选》"诸腔类"卷三还录有《金精戏窦仪》(《怡春锦》敷集作《试节》)。按:应与《五桂记》中窦氏之剧同目。

一一〇、《调弓记》 作者佚名。明清各家戏曲目录未载。《明代传奇全目》始著录。演明刘瑾图谋篡位,太监李巡以扇击之事。

《词林一枝》卷四上层,《八能奏锦》卷五上层均收《调弓记·李巡打扇》一出(八能奏锦此卷还有《刘瑾思位》一出,原缺)。

一一一、《木梳记》 作者佚名。明清各家戏曲书目未载。《明代传奇全目》始著录。演宋江、李逵事。

《八能奏锦》卷一下层录有《宋江智激李逵》一出。《万曲合选》选有《李逵下山》。

按:该书卷三所收录《水浒记》中《夫妻拆散》一出,写夫妻分别,分拆枣木梳为表记。此关目不见于许自昌《水浒记》。《夫妻拆散》亦应为《木梳记》之佚曲。

一一二、《阳春记》 一名《护国记》。作者佚名。明清各家戏曲书目未载。《明代传奇全目》始著录。演王阳明平宸濠事。

《尧天乐》卷上收有《贵妃谏主》,卷下收有《点化阳明》,《乐府菁华》卷五上层亦收有此出,作《真君点化阳明》。

按:叶德均《秋月夜中罕见剧名考》怀疑此记为佚名《王阳明平逆记》之改题(《戏曲小说丛考》上册,页378)。

一一三、《明月当》 作者佚名。明清各家戏曲书目未载。《明代传奇全目》始著录,所演何事待考。

《玄雪谱》卷三录有《互角》一出。

一一四、《千古十快记》 作者佚名。明清各家戏曲书目未载,《明代传奇全目》始著录,云:"此剧今无流传之本;惟明人戏曲选集《珊珊集》中,采录有此剧散出。"

按:《乐府珊珊集》卷四信集录有《渡江》一出。所演何事待考。

一一五、《卖身记》 作者佚名。明清各家戏曲书目未载。《明代传奇全目》始著录。演董永卖身葬父事。

《缠头百练》二集卷八录有《送子》一出。

按:叶德均《秋月夜中罕见剧名考》认为此记即《织锦记》(《戏曲小说丛考》上册,页377)。

一一六、《卖水记》 作者佚名,明清各家戏曲书目未载,《明代传奇全目》始著录。演宋李彦贵街头卖水遇与黄月英事。

《词林一枝》卷四下层收有《黄月英生祭彦贵》。亦见《昆弋雅调》雪集。

一一七、《桑园记》 一名《采桑记》。别题《烈女传》,作者佚名。明清各家戏曲书目未载。《明代传奇全目》始著录,演秋胡戏妻事。

《缠头百练》二集卷六收有《戏妻》一出。亦见《尧天乐》卷下。

一一八、《青楼记》 作者佚名。明清各家戏曲书目未载。《古典戏曲存目汇考》始著录。演赵璘、淑真事。

《万壑清音》卷七收有《璘贞订盟》《淑贞鼓琴》二出。亦见《怡春锦》射集。

一一九、《绿袍记》 作者佚名。明清各家戏曲书目未载。《古典戏曲存目汇考》始著录。演刘湛、凤娘事。

《时调青昆》卷三录有《掷钗佳偶》一出。亦见《昆弋雅调》雪集,作《凤娘掷钗》。

一二〇、《嫖院记》 作者佚名。明清各家戏曲书目未载。《古典戏曲存目汇考》始著录,似演妓赛观音事。

《摘锦奇音》卷六收有《出游投宿肖庄》《周元曹府成亲》二出。

一二一、《琼琚记》 作者佚名。未见著录。演秋胡、罗梅英事。

《群音类选》"诸腔类"卷四收有《桑下戏妻》一出。

一二二、《玉钗记》 作者佚名。未见著录,演丘若山事。

《群音类选》卷二一收录有《嫣嫣闺怨》《寄柬相邀》《桂亭赏月》《云雨私通》《玉钗赠别》。

一二三、《琴线记》 作者佚名。未见著录,所演何事待考。

《时调青昆》卷八录有《兄弟联芳》一出。

一二四、《六恶记》 作者佚名。未见著录。

《玉谷新簧》卷四上层收录《三打应龙》。

按:此出写明代嘉靖年间,御史邹应龙三上奏章,弹劾奸相严嵩,遭三次责打。

一二五、《五关记》 作者佚名。未见著录。事见《三国演义》第二十六至二十七回。关羽护卫二嫂去寻刘备,曹操率诸将赶至灞陵桥,赠以锦袍,云长怕中计,于马上以刀挑袍而去。

《八能奏锦》卷一下层收《关云长霸桥饯别》【新水令】"兵甲西黄河,一同山河方可"(下残)。

《摘锦奇音》卷三下层收录《周庄子叹骷髅》(周庄子叹骷骸)【耍孩儿】、【十八煞】、【浪淘沙】三曲。

一二六、皮囊记作者佚名。未见著录。写庄子丧妻后,脱离红尘,前往洛阳访道修行,见路旁一具骷髅,救人一命胜造七级浮屠,使其复活。此人不知图报,反诬告庄子诓骗随身包裹雨伞。庄子复用灵丹喷水一口,将他再变成骷髅。自己腾云而去。

一二七、《马陵道》 作者佚名。《曲海总目提要》卷三七有此本,云:"演孙膑杀庞涓于马陵道事。"与元杂剧《庞涓夜走马陵道》题材相同。

《醉怡情》卷一收《摆阵》《刖足》《诈疯》《马陵山》四出(字迹模糊不清)。

一二八、《谋篡记》 作者佚名。未见著录。演余梦星和流少溪事。

《摘锦奇音》卷三上层收录佚曲三支。

一二九、《珍珠衫》 袁于令撰。《新传奇品》著录。事本《古今小说》卷一《蒋兴哥重会珍珠衫》。

《玄雪谱》卷一收《哭花》《歙动》《惊欢》三出。《纳书楹曲谱》除《歙动》外,另收《诘衫》一出。

一三〇、《绣球记》 作者佚名。《古典戏曲存目汇考》始著录。写吕蒙正故事。

八能奏锦卷六收《蒙正回窑居止》《刘氏采芹遇婢》;《万壑清音》卷二收《夫妇团圆》一出(写吕蒙正夫妇受封赠,回丞相刘懋家,合家团聚)。

一三一、《忆情记》 作者佚名。未见著录。所演何事不详。

《乐府菁华》卷三下层,收有《妓女送别情郎》【朝元歌】"送别阳关,携手叮咛泪不干"一曲。

一三二、《花亭记》 明王异撰。《远山堂曲品》著录。此为《百花记》改本,演江六云和百花公主的故事。

《词林逸响》月集收《女帅演武》【二犯江儿水】、【前腔】二曲。

附记: 班友书先生惠赠《青阳腔剧目汇编》(与王兆乾合编),其下册收有明金怀玉《香球记》之佚曲二出,即《姜碧钓鱼》和《拷红》。据《曲品》著录,"演江秘事",姓名与青阳腔演出本异。此剧和汪廷讷《彩舟记》剧情大致相似,事盖亦出自《名媛诗归》卷二八《吴氏女》(亦见《情史》卷三《江情》)。今特录出以补本文及拙著《曲品校注》之缺失。1991年11月27日校讫附记。

(本文原刊于《戏曲研究》第四十辑,文化艺术出版社,1992年3月)

明代戏曲文学史料概述

明代是我国古典戏曲发展的第二个黄金时期,演戏观剧不只是城市市民的娱乐活动和乡村社火、祭祀活动的需要,也是为了满足达官贵人的享乐需要,他们纷纷蓄养家班,并积极参与戏曲创作和演出活动。在商业经济和文化发达的江南,如金陵、苏州、杭州以及福建建阳的书贾,竞相刊印通俗小说和戏曲作品以谋利,一些财力雄厚的剧作家也请名工巧匠刻印自己的作品,从而使大量的剧作、曲选和戏曲论著得以保存和传播,这就为我们留下了极为丰富的戏曲文献史料。

一、现存明代戏曲文献述要

(一)杂剧总集和合集

明代杂剧虽然上承元杂剧,但受到南戏和传奇的影响,在体制、曲调和语言风格上形成自己的艺术特色,被称为南杂剧。傅惜华《明代杂剧全目》著录明杂剧523种,庄一拂《古典戏曲存目汇考》增至830多种,其中包括有姓名可考者380余种,无名氏作品450余种。今有传本者不过200多种。

1.《杂剧十段锦》 编者不详。自甲至癸分为10集,每集1剧,即朱有燉《关云长义勇辞金》《李亚仙花酒曲江池》等8种,以及陈沂《胡仲渊贬窜雷州》(即《善知识苦海回头》)、佚名《汉相如献赋题桥》2种,今存明嘉靖三十七年(1558)绍陶室刻本。由于过去戏曲传本为私家所珍藏,极为罕见,武进董康得此,视为秘籍,请王国维作序,于民国二年(1913)影印百部,以广流传。后来珍本秘籍大量发现,特别是《诚斋乐府》《脉望馆抄校本古今杂剧》公之于世,加之国内久佚的《四太史杂剧》在日本被发现(包括杨慎的《洞天玄冥记》、王九思的《杜子美沽酒游春记》、胡汝嘉的《红线金盒记》、陈沂的《善知识苦海回头记》),因此,《杂剧十段锦》已不被学者所看重。但它是现存不掺有元剧的明代杂剧最早的合集,而且也能反映周宪王朱有燉剧作的流传情况,仍有一定参考价值。

2.《阳春奏》 明黄正位辑。万历三十七年(1609),黄氏尊生馆刻印,集前有于嬴若序。清顾修辑《汇刻书目》载其目,为元明杂剧39种。今仅存残本3种:一种只有3卷,存元杂剧3种(此残本已收入《古本戏曲丛刊四集》);另一种10卷,收明杂剧10种(此本今存国家图书馆),除汪道昆《大雅堂乐府》4种外,其余为许潮《泰和记》中的《王羲之兰亭显才艺》《陶处士栗里致交游》《桓元帅龙山会僚友》《汉相如昼锦归西蜀》《卫将军元宵会僚友》《元微之重访蒲东寺》等6种;据日本九州大学图书馆教养部分馆浜文库书目,有《阳春奏存三种题目正名写本一本》,卷数不详,但子目8种,即《赵盼儿风月救风尘》《包侍郎三勘蝴蝶梦》《张孔目智勘磨合罗》《罗李郎打闹相国寺》《汉钟离度脱蓝采和》《河南府张鼎勘头巾》《玉清庵错送鸳鸯被》和《二郎神醉射锁魔镜》。《泰和记》按月令演述故事,共二十四折,每一则谱一古代名人事。今已不见全本,仅在《群音类选》《盛明杂剧》和《阳春奏》残本中保存十九折,而《汉相如昼锦归西蜀》《卫将军元宵会僚友》《元微之重访蒲东寺》三折,不见他书所载,为《阳春奏》所独有。《泰和记》在形式上不同于四折一楔子的元杂剧,因"裁制新异",在体制上有所创新,故吕天成《曲品》将它列入传奇类。

3.《盛明杂剧》 明末沈泰编。沈泰,字林宗,号西湖福次主人,钱塘(今杭州)人。与剧作家袁于令、祁彪佳、徐士俊(原名翙)等友善。他原本希望海内同好襄助,各出精品,足成百种杂剧,但未能如愿。仅编成《盛名杂剧》初集、二集,每集30卷,各收明人杂剧30种,共收录60种。初集刊于崇祯二年(1629),十四年(1641)又成二集,刊印行世。民国七年(1918)董康诵芬室据明崇祯本精刊初集,民国十四年

(1925)又刊印二集,收入《诵芬室丛刊二集》。1958年1月古籍出版社据诵芬室本重印,并增入邹式金所编《杂剧三集》。1958年6月,中国戏剧出版社将董氏刻本初集、二集合为一编,分两册影印出版。《续编四库全书》"集部"据原刊本影印,2002年4月,由上海古籍出版社出版。

沈泰在"凡例"中提出自己的选剧标准:"此集只词人一脔,然非快事韵事、奇绝趣绝者不载。"强调所选作品要雅俗共赏,既要"出风入雅,嘎玉锵金",又要"偶收鄙秽"、"旁及诙谐"。因此,所选诸作为有明一代重要曲家的名著,如朱有燉的《风月牡丹仙》等2种、王九思的《曲江春》、康海的《中山狼》、冯惟敏的《不服老》、王道昆的《大雅堂乐府》4种、徐渭的《四声猿》4种、梁辰鱼的《红线女》、陈与郊的《昭君出塞》等3种、叶宪祖的《易水寒》等7种、许潮《泰和记》中的《武陵春》等8种、徐复祚的《一文钱》、吕天成的《齐东绝倒》、王衡的《郁轮袍》等2种、凌濛初的《虬髯翁》、沈自征的《渔阳三弄》3剧、孟称舜的《桃花人面》《英雄成败》等3种以及徐士俊的《春波影》等2种。在这60种杂剧中,有32种为其独有,如今成为海内孤本。初集有张元征、徐翙、程羽文的序各一篇,二集由袁于令撰写序文;每剧有沈泰、王世懋等人的眉批。今存明人杂剧的精华,基本上都保存在《盛明杂剧》中。

4.《古今名剧合选》 即《新镌古今名剧柳枝集》和《新镌古今名剧酹江集》的合称。明末孟称舜编。《柳枝集》26卷,收元明杂剧26种,其中明人作品10种(所录《二郎收猪八戒》1种,实为杨讷《西游记》第四折);《酹江集》30卷,收元明杂剧30种,其中明人作品12种,另附《录鬼簿》1卷。孟称舜所作杂剧今存5种,《古今名剧合选》就收有《眼儿媚》、《花前一笑》、《桃园三访》(即《桃花人面》)、《残唐再造》(即《英雄成败》)等4种。此书值得重视之处,是卷首冠以孟氏崇祯六年(1633)撰写的《古今名剧合选序》,以及眉批、夹批600多条(其中孟称舜本人的杂剧为陈洪绶、马权奇等批点),是了解孟氏戏剧见解的重要资料。他推崇元杂剧,以之为评价标准,如评《不伏老》云:"有气蒸云梦、波撼洛阳之概。此剧堪与王渼陂《杜甫游春》曲媲美,置之元人中亦自未肯低眉也。"评《鞭歌妓》云："今人不及古人者,气味厚薄自是不同。君庸《霸亭秋》《簪花髻》及此剧皆欲与元人颉颃。今日词人鲜出其右,此剧较彼两剧为更胜者,以其无刻画前人之迹也。"所录诸本与他本也有所不同,皆有益于校勘和考证。这个戏曲选集的传本罕见,在清代就不大为治曲者所知,仅李调元《曲话》偶有涉及,王国维《曲录》也失载。今存明崇祯刻本,1933年春,被郑振铎在北京书肆发现,后为《古本戏曲丛刊四集》影印,公之于世,今又被《续修四库全书》"集部"所收录。

5.《脉望馆抄校本古今杂剧》 明代著名藏书家赵琦美抄校元明杂剧300多种,因其书斋名脉望馆,故称《脉望馆抄校本古今杂剧》。后为钱谦益的族曾孙钱曾所得,他晚年手编《也是园书目》,将其剧目录入该书,后人又称为《也是园古今杂剧》。这批杂剧数易其主,最后由丁祖荫后人在苏州散出。1938年5月,郑振铎闻讯,由于书贾索价昂贵,无力收购,他担心流失或被日本侵略者劫掠,于是四处奔走,抢救此书,最后以"文献保存同志会"名义用公款买下,归为国有,今藏国家图书馆。清初张远也曾收藏过这批剧本,他在《元明杂剧书后》中说:"右元人杂剧百三十六种,明人百四十七种,又教坊杂编二十种。旧抄者十之八,旧刻者十之二,皆清常道人(赵琦美号)手校,悉依善本改正。中有一二未校者,乃陆君敕先取秦西岩本校勘,朱墨灿然。"(见《无闷堂文集》卷七)据此,《脉望馆抄校本古今杂剧》总数应为303种,但辗转流传过程中多有散失,已非完璧,仅存64册,分装六函。它包括抄本173种,其中有"内府本"92种、"于小谷本"32种,还有49种从未见于刊本,是第一次发现,尤为珍贵;另有刻本69种(息机子刻《元人杂剧选》,即《古今杂剧选》本15种,《古名家杂剧》本54种),总计242种。

《脉望馆抄校本古今杂剧》原有明人杂剧147种,教坊杂编20种,今存泰半,只有76种。有作者姓名可考者,如贾仲明、黄元吉、朱权、朱有燉、康海、杨慎、陈沂、徐渭、冯惟敏、陈自得、桑绍良、叶宪祖等人所作杂剧41种,无名氏17种,教坊编演者18种。贾仲明的《吕洞宾桃柳升仙梦》、黄元吉的《黄廷道夜走流星马》、朱权的《冲漠子独步大罗天》《卓文君私奔相如》、康海的《王兰卿服信明贞烈》、桑绍良的《独乐园司马入相》等都是首次发现。书中所收陈沂的《善知识苦海回头》，虽然有《杂剧十段锦》戊集本，两本对勘后发现，此本第四折【越调斗鹌鹑】曲"巍巍乎魏阙天高"下插入一段"外按喝上云"说白，为《杂剧十段锦》本所无。所谓"按喝"，指戏曲演唱到精彩处，突然插入另一演员（此人非剧中角色）将表演暂时按住，向观众表白一番，以此邀赏。它所保存的这条史料，让我们得以窥见明代早期杂剧的演出情况。

《脉望馆抄校本古今杂剧》所收"内府本"92种，多是歌功颂德的承应戏，虽然在思想内容和艺术上都不足取，但每剧之末，附有比较详细的"穿关"。"穿关"载明登场人物及其应穿戴服饰、鞋帽、髭髯的式样，以及各种砌末，反映了明代宫廷演出的实际情况。这些穿戴既取自明代的服饰，又吸收了明以前的装束，式样繁多，丰富多彩，经过艺人长期演出实践而加以戏曲程式化。它们不仅适用于演出某个朝代的戏，而且通用于各个朝代的历史故事剧的演出，为研究戏曲舞台美术史提供了丰富的资料。内府本为演出用，故不在意作者和剧名，时有错误或脱漏，赵琦美对所藏剧本都予以校订，除校勘文字讹误外，还考订作者、补写或改正剧名。他每校迄一剧，都写下简短的跋语，时有自己的评论，如《司马相如题桥记》末跋云："于相公云：不似元人矩度，悬隔一层。信然。"

郑振铎对脉望馆抄校本杂剧的发现给予很高的评价："在近五十年来，其重要，恐怕是仅次于敦煌石室与西陲汉简的出现。"（《西谛书话》下册《跋脉望馆抄校本古今杂剧》）孙楷第也从收藏、册箱、版本、校勘、编类等方面，作了详细的考订和研究，在1940年《北京图书馆季刊》上发表专著《述也是园旧藏古今杂剧》，次年出单行本，后来又经过修改增订，更名为《也是园古今杂剧考》（上杂出版社，1953年）。郑振铎从这批杂剧中选择144种，由王季烈编为《孤本元明杂剧》，1939年商务印书馆排印出版，1957年中国戏剧出版社又据原纸型刊印。每剧都写有"提要"，或辨明作者，或考察本事，或简述剧情，或评骘关目和词曲,不少看法都有一定参考价值。《脉望馆抄校本古今杂剧》已影印收入《古本戏曲丛刊四集》。

(二) 传奇总集和合集

传奇上承宋元南戏,发展成明清戏曲文学的主要形式,作家辈出,作品众多。据傅惜华《明代传奇全目》著录,明传奇有姓名可考者618种,无名氏作品332种,总计950种,庄一拂《古典戏曲存目汇考》又有所增加,其总数约在1 200种左右,如今所存也不过200多种。

传 奇 总 集

1. 别本《绣刻演剧》 明代万历年间,戏曲出现空前繁荣的盛况,为了适应广大读者和演出的需要,南都金陵书坊唐氏富春堂、世德堂、文林阁、唐锦池、文秀堂等,刊印了大量传奇剧本。"后其书版殆归唐氏,始汇印为是编,总为6套,每套10本,都60本。每套前有书衣一叶,题《绣刻演剧第几套》。"(王重民《中国善本书提要》"集部·曲类")这应该是最早的"六十种曲"。为了不与毛晋汲古阁的《绣刻演剧》相混淆,有的学者冠以"别本"二字以示区别。传本极为罕见,北京图书馆原庋藏一部,每册1剧,存剧52册,当非全帙。1941年,为避免日本侵略军掠夺,其中45册,随该馆大批珍本运往美国寄存,现存台北"中央图书馆"。还有20卷,7册7剧,即《香囊记》《荆钗记》《浣纱记》《琵琶记》《易鞋记》《寻亲记》和《金貂记》,因装箱时遗漏,未被带走。南京图书馆还藏有一部残本《绣刻演剧》,为"第四套",10册28卷,计有《水浒青楼记》《虎符记》《白袍记》《鹦鹉记》《紫箫记》《玉环记》《千金记》《灌园记》《还带记》《白蛇记》。其中《水浒青楼记》《千金记》为他本所无。上海图书馆另有《白兔记》《双忠记》2种。至此,可知别本《绣刻演剧》,今存173卷,56册,尚有4册4剧,即《琴心计》《东窗记》《升仙记》《牧羊记》等,也可用现存其他富春堂本补齐。

别本《绣刻演剧》具有重要的文献价值,万历时金陵唐氏书林所刻戏曲几乎囊括在此集中,如为学者看重的富春堂本,据说号称百种,存世不过30多种,而此书原收约30种,今存25种。唐氏刻书各个时期版式都不一样，每书都配有大量绣像插图，为研究明代戏曲版本、版画提供了大量实物资料。所存56种剧作，有《赵氏孤儿记》《高文举珍珠记》《投笔记》《鱼篮记》《袁文正还魂记》《胭脂记》《易鞋记》《惊鸿记》《双红记》等28种，大多是民间弋阳腔的演出本，为汲古阁《六十种曲》所无。其中不少是稀见本，甚至是孤本，如《水浒青楼记》仅吴梅原藏有，后毁于战火，而保存在此书第四套中富春堂刊本就显得特别珍贵；又如《重刻出像浣纱记》《玉簪记》与他本也不同，可作为考察这两种传奇版本流传情况的参考。

2.《绣刻演剧》（即《六十种曲》） 明末毛晋汲古阁刻，也分为6套，每套10种，都120卷。因非一时所刻，故未题《六十种曲》名，书前既无总序，也没有列总目。只在每套第1种的扉页上标出"第几套"，再列出10个剧的名称。扉页后有"弁语"一篇。这种版式划一、行款精整的原刻本，流传至今已无全帙，多为单行零本，可谓凤毛麟角，被公私收藏家所珍藏。国内以吴晓铃收藏最多，约有30多种，今归首都图书馆庋藏。康熙年间，出现一种重印本，有"汲古阁订"字样，才始称"六十种曲"。仅剩"演剧首套弁语"，其他5篇佚失；剧本排列顺序，除第1、第3、第5诸套外，其他各套均被打乱，显然已非旧观。清代以道光二十五年（1845）重修本最为流行，然此本文字漫漶，页数次序，尤多舛误。1935年，上海开明书店据此校点排印出版。1954年，文学古籍刊行社用开明书店本纸型重印，请吴晓铃校订，并调整了剧本排列次序，恢复了原刻初印本的本来面貌。又辑得4篇"弁言"补入集中，然而第六套"弁言"尚未发现，暂付阙如。1958年、1982年中华书局两次据以影印，这是目前最为完备、最为流行的《六十种曲》。另外复旦大学图书馆尚存清石韫玉批校《六十种曲》残本一部，存《幽闺记》《明珠记》《红拂记》《还魂记》等26种52卷。

《六十种曲》中除《西厢记》为北杂剧外，其余59种为有明一代各个时期南戏和传奇的代表作，如《琵琶记》和"荆、刘、拜、杀"被公认为五大南戏，收入此集中的刊本都经过明人改编而传奇化，但犹可反映元末明初南戏发展的风貌。《千金记》《精忠记》《八义记》《三元记》《绣襦记》是明代前期的剧目,脍炙人口,一直传唱不衰。汤显祖是明代的戏曲大家,不仅选了他的全部作品,还兼收硕园改本《牡丹亭记》,这并非编者独崇尚于汤氏,而是谈明曲者莫不瓣香临川,以其为宗。《红拂》《浣纱》《鸣凤》《玉簪》《义侠》《红梨》诸记,都是昆山腔剧目中的精品,名噪一时,传播遐迩。而《西楼记》则是明末的重要作品,演出几无虚日,有压倒《燕子》《春灯》之势。《狮吼记》的谐谑,《东郭记》的讽刺,皆令人捧腹,是传奇中别一格调,为喜剧中的佳作。还有不少剧作虽囿于才子佳人戏的俗套,缺乏新意之笔,但其中或以音律见长,或以场上为工,或以单折为人所见赏,也都兼收并蓄。又如"以时文为南曲"的《香囊记》,以骈俪著称的《玉玦记》,对明曲骈俪派的形成起过推波助澜的消极作用,尽管为时人所指斥,但它们在戏曲史上不容忽视,还是录入集中。总之,这部《六十种曲》的选目,既有所突出和侧重,又顾及其他方面,可以说是比较审慎和妥善的选本。但编者对喜闻乐见的民间戏曲则采取排斥态度,是这个戏曲集最大的缺憾。此书所收《精忠记》《八义记》《三元记》《春芜记》《怀香记》《彩毫记》《运甓记》《鸾鎞记》《四喜记》《投梭记》《赠书记》《双烈记》《龙膏记》《双珠记》《四贤记》以及硕园改本《牡丹亭记》等16种,此前未曾全部刊刻,虽有个别印行过,但不见传本存世,因此,它们是弥足珍贵的孤本。《六十种曲》是继《元曲选》之后,又一部流传很广、影响较大的古代戏曲作品集,它们交相辉映,堪称曲选中的双璧。黄竹三、冯俊杰主编有《六十种曲评注》,2001年由吉林人民出版社出版。

传 奇 合 集

1.《李卓吾评传奇五种》 10卷10册,明万历刻本。此书原为郑振铎藏,今存台北"中央图书馆"。"五种传奇为:《浣纱记》《金印记》《绣襦记》《香囊记》及《鸣凤记》。其中《金印》《鸣凤》《香囊》三剧尤罕见。图版精良,触手若新。《浣纱记》首有三刻五种传奇总评,甚关重要。"(《西谛书话·劫中得书记》)傅惜华《明代传奇全目》曾说:《金印记》《绣襦记》"尚有明万历间刻李卓吾批评本,惟不详收藏者"。此书所收这两本或者就是他所指。但卓吾评剧仅《西厢》《琵琶》《拜月》

《红拂》《玉合》等数种，不少为叶昼伪托，明人钱希言已经在《戏瑕》卷三《赝籍》中指出："比来盛行温陵李贽书，则有梁溪人叶阳开名昼者，刻画模仿，次第勒成，托于温陵之名以行。"

2.《绣像传奇十种》 明文林阁编辑，据万历间金陵文林阁本复刻。20 卷 10 册。收明传奇 10 种，即《牡丹亭记》《蕉帕记》《四美记》《鱼篮记》《义侠记》《浣纱记》《云台记》《珍珠米糷记》《易鞋记》《袁文正还魂记》。这十种传奇又见别本《绣刻演剧》。像《四美》《鱼篮》《云台》《珍珠》《易鞋》《还魂》诸记，都无其他刊本，依靠文林阁刻本才得以保存。此书原为王国维所有，今收藏于日本京都大学文学部图书室。

3.《墨憨斋传奇十种》 明冯梦龙辑，明末刻本。凡 20 卷。收《新灌园》《酒家佣》《女丈夫》《量江记》《精忠旗》《双雄记》《万事足》《梦磊记》《洒雪堂》《楚江情》等。除《双雄》《万事足》两剧为冯梦龙自己创作外，其余都是冯氏改定张凤翼、史槃、汤显祖、佘翘、李玉诸人之作。此书还有清铁瓶书屋重印本、明末刻乾隆五十七年（1792）重修本（更名为《墨憨斋新曲十种》）传世。另有明末刊刻的残本流传，如日本京都大学文学部图书馆藏有《墨憨斋重定传奇五种》（即《梦磊记》《洒雪堂》《酒家佣》《新灌园》《人兽关》）和《墨憨斋重定传奇四种》（即《楚江情》《双雄记》《梦磊记》《洒雪堂》）。冯梦龙为了"正时尚之讹，挽剧坛于靡滥"，对数十种剧作进行整理和改编，使其能"案头场上两擅其美"。今可考知者仅有 17 种。1960 年，中国戏剧出版社在上述 10 种外，又收入《风流梦》《邯郸梦》《人兽关》《永团圆》等 4 种，总计 14 种，编为《墨憨斋定本传奇》影印出版。另有 5 种改本，《三报恩》《杀狗记》未收，《双丸记》《占花魁》《一捧雪》已佚。如果没有冯氏的改本，史槃的《梦磊记》、梅孝己的《洒雪堂》、李梅实的《精忠旗》等，都难以流传下来。冯氏在每个改本上都写有眉批，大多数改本都有序和总评，表达他对于戏曲创作和改编的意见，是研究冯梦龙戏曲思想的可贵资料。①

---

① 陆树仑《墨憨斋定本传奇杂考》，《戏剧论丛》第一辑，1986 年 5 月。

4.《玉夏斋传奇》 原为明崇祯刊刻的《十种传奇》,清初玉夏斋重印时,改为今名。两种刻本俱存,凡22卷,所收明人传奇9种,即《喜逢春》《春灯谜》《鸳鸯棒》《望湖亭》《荷花荡》《花筵赚》《长命缕》《金印合纵记》《凤求凰》,以及杂剧《四大痴》一种(包括酒、色、才、气四剧)。《喜逢春》《望湖亭》《荷花荡》《长命缕》《金印合纵记》诸剧比较罕见。清啸生《喜逢春》第十七出《封爵》写努尔哈赤率兵犯宁远、锦州,被明军统帅袁崇焕击败,努尔哈赤气急,背发疽而死。据清王先谦《东华续录》载:乾隆四十年(1775)闰十月辛酉,乾隆皇帝检阅各省呈缴应毁书籍内有金堡所著《遍行堂集》,韶州知府高纲曾为此集作序并为募赀刊行,于是下令搜查其子高秉家,查抄出《喜逢春传奇》,因有违碍而被禁毁。《喜逢春》列于10种之首,浙江巡抚不分青红皂白,于乾隆五十三年(1788),又将《十种传奇》列为《禁书总目》。北京大学图书馆还藏有《十分春色》,不著编者和刊刻年代,有插图,所收剧作与《玉夏斋传奇》相同,当是另一刊本。

(三) 戏曲总集

《复庄今乐府选》 稿本,姚燮编。原书卷数不详,清蔡鸿鉴《文权二编叙》云500卷,据《中国古籍善本书目》著录,今存395种632卷。共装订为192册,浙江图书馆藏110册,宁波天一阁藏56册,国家图书馆藏2册。这是《古本戏曲丛刊》之前规模最大的一部以戏曲为主体的总集。此书分为衢歌、弦索、元杂剧、明杂剧、国朝杂剧、元院本、明院本、国朝院本以及元散曲、明散曲、清散曲、耍词等12类。其中所谓院本即南戏和传奇。明人戏曲作品所收杂剧25种、传奇71种(佚12种)。其中史槃的《双舫缘》(即《合纱记》)、磊道人和癯先生的《撮盒圆》,均不见传本,但其佚曲却保存在此书,前者录有《投纱》《惊噩》《争婚》三出(见第68册),后者则有《觅寓》《订友》等十三出(见72—73册)。袁于令的《珍珠衫》,仅沈宠绥的《弦索辨讹》收有《歆动》一出曲文(《中国古典戏曲论著集成》本,因怕触犯禁忌,将它删掉),而此书收录《歆动》《哭花》两出(见第87册)。书中保存有姚燮的大量校记、题识和评语,是研究姚氏本人和入选作家作品的重要文献资料。① 由于学者不易见到此书,故未能引起重视和利用。据台北"中央图书馆"《善本书目》著录,也藏有抄本《复庄今乐府选》67卷16册,包括衢歌《迎銮新曲》5种6卷、弦索《董西厢》4卷、元杂剧《汉宫秋》等61种57卷。

(四) 戏曲选集

明代戏曲选集大致分为两类:一类是专门选录一部戏中的一出或数出的戏曲选集,如明郁冈樵隐辑古、积金山人采新的《缀白裘合选》;另一类则以剧曲为主,兼收供清唱用的散套、小令及时调小曲,如明方来馆主人辑《万锦清音》。早在明代正德、嘉靖时,就有《盛世新声》和《风月锦囊》的刊行,而大量出版通俗小说和戏曲书籍却在万历时期。为了适应舞台演出的需要,满足广大观众的喜好,当时南京、福建等地的书坊,竞相编选"时兴新曲",一些剧作家和审音度曲之士也推波助澜,遂使刻印戏曲选集蔚然成风,其流风余韵一直延续到清代。仅福建建阳麻沙书坊就刻印过300多种戏曲选集,今海内外所存明刊曲选也不过40多种。可惜泰半流散到海外,成为难得一见的孤本。从20世纪30年代开始,郑振铎、向达、王重民、刘修业、王古鲁等趁出国交流或访书的机会,都非常留心寻访并关注此事。其中傅芸子(傅惜华之兄)尤为突出,1932年旅日时,在日本著名的内阁文库、宫内省图书寮、尊经阁文库、静嘉堂文库中,发现一些未见著录的孤本秘籍,其中戏曲选本就有《词林一枝》《八能奏锦》《玉谷新簧》《摘锦奇音》《乐府南音》《玄雪谱》《大明春》等,并撰文《东京观书记》《内阁文库读曲记》《释滚调》等(见《白川集》,东京文求堂,1943年),对其曲目、佚曲、版刻(并附有各书书影)加以介绍,使国内治曲学者大开眼界,开始重视坊间所刊刻曲选的学术价值。新中国成立以后,《古本戏曲丛刊》编委会也准备在前九集出齐后,就着手编辑出版《戏曲选集丛刊》,但由于种种原因至今未能实现。后来台湾大学王秋桂汇编《善本戏曲丛

---

① 参见徐永明《姚燮〈复庄今乐府〉》,《文学遗产》2001年第6期。

刊》，将散失在海内外的明清孤本戏曲选集搜集影印，1984年，由台湾学生书局刊行前三辑，之后又编有续集问世，深受海内外学者的欢迎，并得到利用。

《善本戏曲丛刊》的前三辑，第一、二辑为明代戏曲选集，第三辑为明蒋孝编《旧编南九宫谱》和清徐于室、钮少雅订《九宫正始》等6种重要的曲谱。第一辑包括：(1)《乐府菁华》凡12卷，明刘君锡辑，万历二十八年(1600)书林三槐堂王会元刻本；(2)《玉谷新簧》(原名《玉振金声》)5卷，明吉州景居士编，万历三十八年(1610)书林刘次泉刻本；(3)《摘锦奇音》6卷，明龚正我编，万历三十九年(1611)书林敦睦堂张三怀刻本；(4)《词林一枝》4卷，明黄文华选辑，万历间福建书林叶志元刻本；(5)《八能奏锦》凡6卷，今存一、三两卷，明黄文华编，万历间书林爱日堂蔡正和刻本；(6)《大明春》(别题《万曲长春》)6卷，明程万里选，万历间福建书林金魁刻本；(7)《徽池雅调》2卷，明熊稔寰编，万历间福建书林燕石居主人刻本；(8)《尧天乐》2卷，明殷启圣编，万历间福建书林熊稔寰刻本；(9)《时调青昆》4卷，明黄儒卿选，明末书林四知馆刻本。第二辑收有：(1)《乐府红珊》16卷，明秦淮墨客选集，万历三十年(1602)唐振吾刻，清嘉庆五年(1800)积秀堂覆刻本；(2)《吴歈萃雅》4卷，明梯月主人(即周之标)辑，万历四十四年(1616)长洲周氏刻本；(3)《珊珊集》4卷，明周之标编，明崇祯刊本；(4)《月露音》4卷，明凌虚子编，万历间刻本；(5)《词林逸响》4卷，明许宇编，天启三年(1623)萃锦堂刻本；(6)《怡春锦》(别题《缠头百练》)6卷，明冲和居士编，崇祯间刻本；(7)《万锦娇丽》，残存风集1卷，旧题明汤显祖辑，白云道人编，明末刊本；(8)《歌林拾翠》初集、二集，不分卷，4册。明无名氏编，清顺治十六年(1659)奎璧斋、宝圣楼刻本。1987年，又将《新刊耀目冠场擢奇风月锦囊正杂两科全集》影印出版。此书简称《风月锦囊》，别称《全家锦囊》，共42卷，明徐文昭编辑。明嘉靖三十二年(1553)书林詹氏进贤堂重刊本。孙崇涛、黄仕忠有《风月锦囊笺校》，孙氏另有《风月锦囊考释》，2002年中华书局出版。

俄国著名汉学家李福清在欧洲讲学时,从丹麦皇家图书馆和奥地利国家图书馆访寻到3种孤本明代戏曲选集,即《新锲精选古今乐府滚调新词玉树英》《梨园会选古今传奇滚调新词乐府万象新》《精刻汇编新声雅杂乐府大明天下春》。由他和复旦大学李平共同编辑成《海外孤本晚明戏曲选集三种》,1993年由上海古籍出版社出版。这3种曲选与《词林一枝》《八能奏锦》的版刻形式一样,都是三截版,上下两栏为戏曲,中栏为散曲和俗曲。《玉树英》5卷,明黄文华选集,书林佘少岩绣梓。收录明初南戏以及传奇散出106出。《乐府万象新》前后集,各4卷,明阮祥宇编,书林刘松甫梓。今仅存前集,收录南戏及传奇散出六十一出。《大明天下春》编者不详,今存四至八卷,收录明初南戏及传奇散出九十七出。像《双节记》的"可兰描像",《焚舟记》的"孟明习武"、"百里视别母从征",《忠谏记》"文拯锄奸",《忠荩记》的"解晋获罪分离"、"解家赴谪辽东"等不见于他书著录。这三种孤本曲选的发现和影印,不仅丰富了晚明的戏曲遗产,也为研究明代的青阳腔和清理明代戏曲剧目,提供了珍贵的新资料。

明代传奇作品丰富多彩,由于封建统治者的鄙视、禁毁和兵燹等原因,绝大多数都已散失,幸亏在选本中保存了大量的佚曲资料,如明胡文焕编辑的《群音类选》(1980年,中华书局影印出版),虽已佚失7卷,尚存39卷,但仍然收有157种剧目的散出曲文,其中59种为明传奇罕见的剧目,通过这些佚曲我们才得以了解某些剧作的名目或部分内容,不至于湮没无闻。笔者又从39部明清戏曲选集中辑出126种明代传奇佚曲目。由此可见,戏曲选本的文献价值弥足珍贵,是戏曲佚曲辑佚的渊薮,戏曲古籍校勘、整理的重要参校本。这些选本中所保存下来的众多剧目,不少作品经受不住历史长河的筛滤和淘洗,已经黯然失色而被人所遗忘。但是,仍有一大批折子戏并没有失去原有光泽,经过历代艺术家不断精雕细琢和移植改编,成为活跃在戏曲舞台上的艺术精品,是一笔宝贵的戏曲文化财富。纵观这些选本,在它们的书名上不是冠以"昆弋雅调",就是"徽池雅调",还有什么"时调青昆",可谓名目繁多,固然是书商为了谋利,故意花样翻新,招徕读者,然而,也反映出晚明舞台上除雄踞正统地位的昆腔外,还有弋阳、青阳、徽池雅调等各种声腔与之角胜。它们各自以其独有的特点争奇斗艳,展现出明代戏曲诸腔竞奏、流派纷呈的盛况。如王古鲁的《明代徽调戏曲散出辑佚》(上海古典文学出版社,1956年),从日本内阁文库所藏《摘锦奇音》《词林一枝》《玉谷调簧》《八能奏锦》中辑录12种剧目的十二出折子戏,除《琵琶记》之外,像《招关记》的《伍子胥过招关》、《同窗记》的《山伯千里期约》、《和戎记》的《昭君亲自和戎》、《长城记》的《姜女亲送寒衣》等都是民间流传的稀见作品,可以通过对这些剧作的溯源和演变的考证,了解这些剧目在后世的传承和影响。选本中的大量折子戏以及各种声腔的宝贵资料,都应当引起我们足够的重视,有待深入发掘、拓宽研究领域,将戏曲史研究掀开崭新的一页。

二、明代戏曲文献的整理和研究

(一) 戏曲文献的搜集、整理和出版

现存的明代戏曲作品是前人遗留下来的宝贵精神财富和历史见证,极具文献研究价值,因此,对它们的搜集、整理和出版,是戏曲文献工作者的首要任务。然而,早20世纪初,刘世珩将其所藏善本戏曲编辑成《暖红室汇刻传剧》(1919年)、吴梅继之刊刻《奢摩他室曲丛》(1928年),其中都收录了明代著名曲家的作品。大规模搜集编刊明代戏曲作品和戏曲论著,则从20世纪50年代开始。

1.《古本戏曲丛刊》

刘世珩、吴梅所编刻的传剧和曲丛,嘉惠学林,其功不可没。但毕竟是私家所为,规模有限。郑振铎早就有志于将传世古典善本珍椠编印流通,使之化身千百,得以合理保存和利用。1952年,郑氏身居文化学术界的领导之位,才有条件使自己梦寐以求的理想成为现实。他召集志同道合的学者赵万里、傅惜华、杜颖陶、吴晓铃等组成编委会(后又增加阿英、赵景深、周贻白),征集各大图书馆和私人所藏剧本,打算搜集千种,编辑影印出版,供研究者使用。《古本戏曲丛刊》初集

和二集，分别于 1954 年和 1955 年由上海商务印书馆刊印。三集于 1957 年由北京文学古籍刊行社出版。四集由商务印书馆刊印于 1958 年，这一集主要收录《元刊杂剧三十种》、各种明刻本的元明杂剧集以及《脉望馆抄校本古今杂剧》，本着"求全求备"的原则，不嫌其重复，一律收入，因此，今存明代杂剧基本上都包含在其中。至于明代传奇作品主要收在这初、二、三集中。初集 103 种，除去元杂剧《西厢记》1 种 3 部、明杂剧 3 种 7 部以及宋元南戏 7 种 9 部外，剩下明初南戏和传奇 84 种。传奇名家张凤翼、梁辰鱼、高濂、汤显祖、梅鼎祚、徐复祚的代表作品，都收在此集中。所收各剧都比较注重版本，像富春堂、世德堂、容与堂的刊本都非常罕见，吴兴闵氏、凌氏的套印本也极为难得。二集 100 种，主要是万历时期的文人创作和修订、改编之作，或展示才情，或崇尚本色，都兼收并蓄。三集 100 种，以明清易代之际的作品为主，苏州派作家的剧作尤夥，况且大多数是梨园抄本，可见这些剧作流传于舞榭歌台，深受广大观众欢迎。另外，1985 年上海古籍出版社刊印的《古本戏曲丛刊五集》，主要收清顺治、康熙、雍正三朝的作品，其中补收明人传奇《性天风月通玄记》《断发记》《葛衣记》《锦西厢》《李丹记》《芙蓉记》和《凌云记》等 7 种（另有清人菜泾居士沈少云的《一合相》传奇，不应阑入明沈君谟的名下）。可以说，现存明传奇基本上都已收罗到《古本戏曲丛刊》中，"今有此巨帙陈之案头，搞晚明戏曲的人当不会有书阙有间之叹了"（郑振铎《古本戏曲丛刊二集序》）。

《古本戏曲丛刊》前四集编辑时，由于当时闭关自守，未能将散失在海外的珍本秘籍收罗进来，这不能说不是一个遗憾。随着改革开放，国际文化交流增多，这种情况才得到改变。1983 年，中国社会科学院文学研究所继续编印《古本戏曲丛刊五集》时，特意将日本神田喜一郎所藏《断发记传奇》、香港大学罗忼烈所藏《凌云记》以及法国巴黎国家图书馆所藏《环翠山房十五种曲》中有关李玉、朱素臣等明末清初曲家的剧作收入本集。像国内已无传本而流入东瀛者，如边三冈的《芙蓉屏记》、王衡的《葫芦先生》、孙学礼辑校《四太史杂剧》（其中胡汝嘉《红线金盒记》尤为可贵）、叶宪祖的《渭塘梦》《琴心雅调》《三义成姻》、青山高士的《盐梅记》、昭亭有情痴的《花萼楼传奇》等,也均系海内外孤本,还未能收录进去。《盐梅记》,1998年由北京图书馆出版社影印出版(书前有康保成的《孤本明传奇〈盐梅记〉述略》),其他几种总有一天也会得到刊印流传。

此外,台湾陈万鼐主编《全明杂剧》(台北鼎文书局,1979年),共收录明杂剧168种,所选多系善本或具有代表性者,书前有各剧题要。林侑荫主编《全明传奇》(台北天一出版社,1983年)及《续编》(1996年),上起元明之间,下迄明清之际,所选大抵善本或孤本,偶尔也收录同剧的不同刊本。两书所收还不够齐全,所谓《全明传奇》实际上将《古本戏曲丛刊》中的明传奇抽出影印,又增加了《金花女大全》《荔镜记》《凌云记》3种(《古本戏曲丛刊》失收者),以及据《墨憨斋定本传奇》影印的《灌园记》《楚江情》《永团圆》《女丈夫》《量江记》《人兽关》《邯郸梦》等7种,其印刷质量远逊于原影印本,特别是将每种影印本传奇的扉叶(载有记录版刻的牌记)删掉,使读者分不清是何种版刻。现存明人戏曲比较眉目清楚,编纂明人戏曲总集的条件已经趋于成熟,有待于编辑收罗齐全、校勘精良、印刷上乘的《全明杂剧》和《全明传奇》,为读者和研究者提供值得信赖的文本。

2.《续修四库全书》"集部·戏剧类"

王国维曾在他的《宋元戏曲考序》中,痛斥两朝史志与《四库全书》集部,均不著录戏曲,"即使有一二学子,以余力及此,亦未有能观其会通,窥其奥窔者。遂使一代文献,郁堙沉晦者且数百年,愚甚或焉"。过去被封建统治者鄙视的戏曲,如今已成为文学艺术研究领域中的一门重要学科。有鉴于此,近年新出的《续修四库全书》,专门增设"戏剧类",所收杂剧、传奇及其全集、选集,包括《元刊杂剧三十种》至清代的《梨园集成》,已经将古代戏剧作品囊括殆尽,其中明代总集有《盛明杂剧》《古今名剧选》《六十种曲》;选集有《风月锦囊》《词林一枝》《群音类选》《乐府红珊》《摘锦奇音》《大名春》《南北词广韵选》《乐府遏云编》《南音三籁》《缠头百练》等,还有许多戏曲名家的代表剧作以及重要的曲评、曲话、曲目、曲韵、曲谱之类的著作。均选择善本,影印收入该书集部。徐复祚辑的《南北词广韵选》（清人精抄本），槐鼎、吴之俊编选的《乐府遏云编》（明刊本）均系孤本，是首次公之于世，以飨广大读者。

3.《明本潮州戏文五种》

潮剧历史悠久，源远流长，它受宋元南戏影响，元末明初，在广东潮汕地区民间曲调基础上发展起来的地方剧种，广泛流行于粤东、闽南、港澳台地区，并被华侨远涉重洋传播到东南亚各国，同样也深受当地人民的喜爱。1958年在揭阳县明墓中发现嘉靖年间抄本《蔡伯皆》；1975年又在明初墓葬中出土了宣德写本《刘希必金钗记》；又在英国牛津大学、奥地利维也纳国家图书馆、东京大学东洋文化研究所，相继发现国内已失传的嘉靖刻本《重刊五色潮泉插科增入诗词北曲勾栏荔镜记》（附刻《颜臣》）、万历刻本《新刻增补全像乡谈荔枝记》、万历刻本《摘锦潮调金花女大全》（附刻《苏六娘》），由杨越、王贵忱等裒为一编，1985年由广东人民出版社出版。此书不仅填补了潮剧史的空白，而且也是研究明代戏曲及跨国文化交流的珍贵文献。

4.《中国古典戏曲论著集成》

曲论史料的汇集和刊行，早在1917年就引起董康的重视，他的诵芬室刊印了《读曲丛刊》，收录徐渭《南词叙录》、魏良辅《曲律》、王骥德《曲律》等7种。从1921年至1940年，陈乃乾、任讷等陆续编印《曲苑》《重订曲苑》《增订曲苑》以及《新曲苑》等。因为缺乏系统整理，收罗也不够精善和齐备，《曲苑》甚至误将梁辰鱼的散曲集《江东白苎》也收录其中。1959年，中国戏曲研究院对上述诸书进行删汰和补充，重新编纂成《中国古典戏曲论著集成》，由中国戏剧出版社出版。全书分为10集，共10册，收录唐至清代的戏曲论著48种。不仅对每部入选论著都择善而从，加以校勘，还撰写了提要，介绍作者、内容和版本流传情况，是一部辑录比较完备、深受读者欢迎的戏曲史料丛书。其中明代论著17种，如：无名氏《续录鬼簿》、朱权《太和正音谱》、徐渭《南词叙录》、李开先《词谑》、何良俊《曲论》、王世贞《曲藻》、王骥德《曲律》、吕天成《曲品》、沈德符《顾曲杂言》、徐复祚《曲论》、凌濛初《谭曲杂札》、魏良甫《曲律》、沈宠绥《弦索辨讹》和《度曲须知》、祁彪佳《远山堂曲品》和《远山堂剧品》等。这些著作既有比较系统的理论探讨、对当时戏曲艺术实践的经验总结,也有不乏独到见解的漫谈和札记,还有大量的有关剧作家、演员的掌故、剧目本事和曲词的考订,保留了丰富的戏曲史论的资料。它们大致以时代先后排列,从中可以看出明代戏曲发展的历史轨迹。然而,像乾隆杨志鸿抄本《曲品》不掺入清人的《古人传奇总目》和《新传奇品》,恢复了吕天成《曲品》的原貌,并提供了不少新材料。文徵明手写魏良辅《南词引证》否定了昆腔始于魏良辅之说,使昆腔的产生向前提早了200多年,引起学术界的重视。由于《中国古典戏曲论著集成》编辑出版时,某些种新发现的论著尚未披露,中国戏剧出版社已经约请笔者对这套丛刊作了修订,予以更换和补充,即将重新排印出版。80年代以后,陆续有李复波等的《南词叙录注释》(1989年)、陈多、叶长海的《王骥德曲律》注释(1983年),笔者的《曲品校注》(1990年),以及汪效倚从《鸾啸小品》和《亘史》中新辑出的《潘之恒曲话》(1988年),都是具有较大影响的整理本,在它们的注释里征引了大量有价值的史料。

(二)重视戏曲作家全集、作品专集的编定和研究资料的汇编

戏曲研究除了戏曲作品文本外,诗文集是研究作家的第一手资料。随着戏曲研究重心由元杂剧转向明清传奇,需要有比较完备的史料供研究工作使用,因此,明代重要曲家的全集或专集重新整理和编定,专题研究资料的汇编,就引起广大研究者的关注。

1. 全集或作品专集的整理和编定

(1)《徐渭集》 程毅中等编校,中华书局1983年出版。主要以《徐文长三集》《徐文长佚稿》《徐文长佚草》为底本,另将《盛明百家诗》中的《徐文学集》《一枝堂稿》及从各种书画题记中辑佚的作品,编为"补编",《四声猿》从《徐文长三集》抽出别为一编。校订和鉴别都比较认真。但未将《南词叙录》收入,而抄本杂剧《歌代啸》,别题"虎林冲和居士"作,显然非徐渭所撰,则将其阑入集中,未免令人遗憾。《四声猿》,另有周中明的校注本,1984年由上海古籍出版社出版。

(2) 20世纪60年代初,就有《汤显祖集》的编校,第1、2册为徐朔方笺校的诗文集,3、4册为钱南扬点校的戏曲集。1998年,徐朔方在《汤显祖诗文集笺校》的基础上重新编订出版了《汤显祖全集》,它囊括汤氏现存所有诗文作品和戏曲作品"临川四梦",称得上是名副其实的全集。作者用力最勤的是诗文笺注,广征博引,梳理和考证许多作品的人事关系,并对戏曲史上的"汤沈之争"、汤氏剧作的声腔等重大学术争论的问题,都能正本清源,提出自己独到的看法。由于汤显祖交游广泛,诗文作品宏富,全集的笺注,难免有顾此失彼、疏于考订之处。汤氏剧作除《邯郸记》尚不见有注释本外,其他如胡士莹的《紫钗记》(包括《紫箫记》)、徐朔方的《牡丹亭》、钱南扬的《南柯记》,都是名家注名剧,颇有影响。

(3)《冯梦龙全集》 魏同贤主编。全书22册,卷帙浩繁,校订审慎。它由一批学者通力合作,进行校点整理,并融入了最新学术成果。徐朔方辑校的《沈璟集》(1991年)、笔者编校的《梁辰鱼集》(1998年),也都是戏曲家文集整理的重要收获。除此之外,戏曲作品专集则有徐凌云等《阮大铖戏曲四种》(1993年)、隋树森等《张凤翼戏曲集》(1994年)等。

2. 专题研究资料汇编

20世纪80年代以后,是专题戏曲研究资料集中刊行的时期,涉及明代的有:

(1) 毛效同等的《汤显祖研究资料汇编》(1986年)、徐扶明的《牡丹亭研究资料考释》(1987年),都由上海古籍出版社出版。前者可能编者受各种条件的限制,一是在资料的搜集和考释方面比较欠缺;二是体例也不一致,甚至把汤显祖的佚文也编入其中。徐朔方《评〈汤显祖研究资料汇编〉》对编者的学风曾予以批评,并补充自己多年积累的50篇未收的材料篇目。汤氏作为诗文和戏曲名家,留下有关他的生平、交游、作品评论及演出的资料十分丰富,有待于编辑出能反映汤氏全貌的资料汇编。徐扶明的《牡丹亭研究资料考释》,是关于明代戏曲名著的专题资料,前人还没有辑录过,此书填补了这方面的空白。收罗丰富,考释精当,从"剧本"、"评论"、"演唱"、"影响"四个方面,反映了《牡丹亭》在明清两代流传的情况。

(2)《方志著录元明清曲家传略》(1987年) 赵景深、张增元编。从方志中辑录曲家资料,始于叶德均、赵景深,张增元紧步后尘。此书收录元明清三代曲家658人的传略,142人未见他书著录,罕见曲目100种。其中明代曲家就有155人,他们许多人名不见经传,生平材料极少发现。这些传略的披露,为考订作家作品提供了新资料。

(3)《青阳腔剧目汇编》(1991年) 班友书、王兆乾总编校。虽名"剧目汇编",但实际上是流传于民间的青阳腔折子戏剧本集。20世纪50年代,曾在山西万泉、江西都昌等地发现青阳腔古剧本,班友书、王兆乾等也在安徽岳西和潜山陆续发现大量青阳腔抄本。汇编入此书的青阳腔剧目,是"文革"劫后遗存,共有《卖水记》《鹦哥记》等64个剧目一百四十多出折子戏,另有"杂曲"和"喜曲"各15个,其中不少为明代剧目,可供研究声腔剧种者参考。

(4)《中国古典戏曲序跋汇编》(1989年) 蔡毅编,辑录戏曲序跋以此书为首创,它和吴毓华的《中国古代戏曲序跋集》(1990年),都是有一定影响的戏曲资料汇编。尽管校勘未精,标点有误,甚至没有说明序跋的版本来源,但对研究戏曲史论仍具有一定的参考价值。

(三)戏曲文献研究取得重要成果

从现代曲学奠基人王国维开始,戏曲史论研究就同戏曲文献的发掘、搜集、整理、出版和考订密不可分。许多老一代学者,像吴梅、郑振铎、孙楷第、傅惜华、赵景深、卢前、任二北、钱南扬、郑骞、冯沅君、周贻白、王季思、谭正璧、吴晓铃和叶德均等,他们基本上采用传统治学方法,通过注疏、排比、考证和辨伪,对戏曲起源、戏曲艺术的发展、作家生平、作品归属、版本源流以及剧作语言等进行了梳理和笺证,为戏曲文献整理和研究作出了不可磨灭贡献,也显示出这一代学者的严谨学风和深厚功力。新的历史时期以来,除少数硕果仅存的老专家外,"文革"前已经崭露头角的中年学者成为学术带头人,一大批青年学者积极参与其中,形成以中年学者为骨干的老中青相结合的学术梯队。他们面对改革开放的大好形势,海内外文化交流的增多,新的资料不断发现,不仅开阔了视野,而且拓宽了研究领域。在研究方法上虽然仍以考据学为主,但是在戏曲文化发展的大背景下,注意吸收民俗学、宗教学、人类文化学和比较文学的研究成果,既重视从整体把握研究对象,又注意对个案进行认真梳理和深入剖析。像徐朔方、徐扶明、蒋星煜、周妙中、吴新雷、吴书荫、邓长风、郭英德、俞为民等,都在明代戏曲文献整理和研究中有过不同的建树。

1. 由于研究者注意从族谱、家乘和方志中发掘材料,而各省甚至县市都在编纂戏曲志,也非常关注本地曲家和剧作的情况,于是过去罕为人知的谢谠、郑之珍、臧懋循、佘翘、卜世臣、袁于令等戏曲家的家谱,以及许多曲家的碑传墓志材料,才得以发现并公之于众,引起大家对曲家生平和剧作的研究兴趣,产生了一批考证曲家家世生平和创作的论文,一些重要曲家的传论也陆续推出。早在1962年,就有徐仑的《徐文长》,此书的写作非常认真,数易其稿才成书,作者将徐文长置于当时政治、经济、文化的大背景下加以思考和研究,对传主一生的重大行实都反复考订,做到言必有据,论断审慎。书后所附《徐文长著作考》和《徐文长书画著录简目》,也很有参考价值。后来又有骆玉明、贺圣遂《徐文长评传》(1987年)、徐朔方《元曲选家臧懋循》(1985年)、任遵时《明代剧作家周宪王研究》(1995年)、朱万曙《沈璟评传》(1992年)、姚品文《宁王朱权》(2002年);邓长风所撰《明清戏曲家考略》(1984年)、《续编》(1997年)、《三编》(1999年)等三书,对明清曲家的生平资料进行了辑录和考辨,用力甚勤,多有创获。

为曲家撰写年谱滥觞于20世纪30年代,如容肇祖的《冯梦龙的生平系年》、凌景埏为吴江三沈(沈璟、沈自晋、沈自昌)所撰的年谱等,以后又陆续有曲家年谱问世,如黄芝冈的遗著《汤显祖编年评传》(1992年)等。徐朔方为了深入研究汤显祖,同时也为晚明众多曲家提供详尽可信的事实,澄清某些学术偏见,用30多年的潜心积累和研究，终于完成《晚明曲家年谱》。此书共收录 39 家年谱或系年，按曲家籍贯分为苏、浙、皖赣 3 卷，对谱主的生平、著述、交游进行了比较认真的梳理和考证，使许多疑难问题趋于实事求是的解决。此书不但征引丰富，而且每家年谱前冠以作者所写的引论，各谱之间又互为补充，突破了传统年谱的框架。全书犹如一部内容翔实、观点鲜明新颖的晚明戏曲史，可谓戏曲文献研究的重要收获。

2. 叶德均最早致力于明代剧目的清理和研究，收录在其遗著《戏曲小说丛考》（中华书局，1987 年）中的《曲目钩沉录》《曲品考》《祁氏曲品剧品补校》等，都是为人所称道的力作。随着《古本戏曲丛刊》的编辑刊印，各种戏曲书录和戏曲选本的发现，剧目的清理和研究成为明代戏曲文献研究的一个重要方面。傅惜华精心编纂的《明代杂剧全目》《明代传奇全目》，是他的《中国古典戏曲总录》中的两种。两书都以明代杂剧和传奇的历史发展为线索，按曲家集中编排剧目，再以剧目为纲著录该剧的文献记载、存佚情况、流传版本、收藏地点，并间有考证。因此，它们以其资料富、编排合理、考订精审、检索方便，成为研究者案头必备的工具书。庄一拂《古典戏曲存目汇考》（1982 年），比《今乐考证》和《曲录》两书所录剧目，增出 2 600 余种，其中明代杂剧和传奇的剧目也远超过傅惜华的著录。编者注意剧情介绍、考订本事来源、附记作品影响，这是此书的长处，但著录疏漏、考订欠精，错误时见，又为研究者所病诟。郭英德的《明清传奇叙录》（1997 年）、李修生等主编的《古本戏曲剧目提要》（1997 年）、齐森华等主编的《中国曲学大辞典》（1997 年），这三种都是有影响的工具书，它们明代部分的著录比较丰富，注意吸收新的研究成果，融资料、考证和研究为一体，不单纯是供人检索查考的参考书录，也应被视为戏曲文献研究的学术著作。

3. 由于《中国戏曲志》编纂工作的开展，许多省份都涉及宗教戏剧问题，20 世纪 80 年代初，在湖南祁阳召开了首届目连戏学术研讨会，并进行了内部演出，从而使宗教戏剧得到开禁。于是早已销声匿迹的目连戏和傩戏等，引起海内外学者的普遍重视，在国外文化人类学的影响下,成为发掘整理和研究的热点。朱恒夫的《目连戏研究》(1993年)、刘祯的《中国民间的目连文化》(1997年)等,都能立足于郑之珍《目连救母戏文》的本体,走出书斋,注重实地调查研究,在占有大量文献资料的基础上从民俗、宗教、文化人类学的多视角,对目连戏的起源和演变史作了较全面系统的研究,对目连文化现象的出现,提出了自己的见解。林河的《傩史——中国傩文化概论》(1994年)、《古傩寻踪》(1997年),既对过去很少涉及的戏剧文化现象进行了发掘和探讨,也对戏曲的产生等问题重新予以思考。

4. 对戏曲文献的卓有成效的发掘、搜集、整理和考订,为明代的戏曲史论的研究奠定了坚实而厚重的史料基础,使存有争议的一些重大学术问题,如传奇和南戏的区别、文采和格律(或本色和当行)之争、"汤沈"之争、南戏声腔在明代的演变等,都取得了基本一致的共识。20世纪70年代末以来,在海峡两岸学者的共同努力下,出现了一大批具有影响的明代戏曲研究论著,如:曾永义《明杂剧概论》(1979年),陆萼庭《昆剧演出史稿》(1980年),胡忌、刘致中《昆曲发展史》(1989年),徐朔方《论汤显祖及其他》(1983年),叶长海《王骥德〈曲律〉研究》(1983年)、《曲学与戏剧学》(1999年),徐扶明《元明清戏曲探索》(1986年),王安祈《明代传奇之剧场及其艺术》(1986年)、《明代戏曲五论》(1990年),周育德《汤显祖论稿》(1989年),郭英德《明清文人传研究》(1992年)、《明清传奇史》(1999年),李惠绵《王骥德曲论研究》(1992年),陆树仑《冯梦龙散论》(1993年),俞为民《明清传奇考论》(1993年),郑培凯《汤显祖与晚明文化》(1995年),邹元江《汤显祖的情与梦》(1998年),邹自振《汤显祖综论》(2001年),朱万曙《明代戏曲评点研究》(2002年)以及徐朔方、孙秋克主编《二十世纪学术文存·南戏与传奇研究》(2004年)等。明代戏曲研究正继续向纵深发展。

(本文原刊于《文献》2004年第1期。收入傅璇琮、蒋寅主编《中国古代文学通论》,辽宁人民出版社,2005年)

曲谱绝学有承传

——《曲谱研究》读后

传统戏曲曲谱主要分为两种,即文字谱和音乐谱。文字谱主要记录曲牌的格律体式,厘正句读,区别正衬字,注明板式,称为"格律谱"或"平仄谱"。音乐谱则讲究唱腔和唱法,分别四声阴阳,标出腔格高低,旁点工尺板眼,叫做"宫谱"或"工尺谱"。曲谱一向被古代戏曲作家和演员乐师奉为圭臬,传至今日,其实用性已远不如过去那么重要,但它为古典戏曲名著的改编演出、剧目的推陈出新所提供的借鉴和依据,仍然是不可忽视的。曲谱的文献价值越来越受到学者的瞩目,它不仅保存了研究古代戏曲韵律论、声律论等理论的重要资料,也是从事戏曲和散曲佚曲钩沉、失传剧目辑佚的宝库,更是剧本校勘整理的必备参考书。

我国曲谱遗产十分丰富,从明嘉靖时蒋孝的《旧编南九宫谱》,继之有沈璟《南九宫谱》,后代不乏人,保存完整的传本就不下数十种(不包含各种地方戏的曲谱)。由于曲谱的内容涵盖面广,不具备深厚坚实的学术功底,缺乏多种学科专门知识的积累,对于此道只能望而却步,不敢轻易碰触。故近世以来,专治曲谱学而卓有成就的学者,屈指可数,比起戏曲研究领域的其他相关学科,曲谱学的成绩就显得有些单薄和滞后。自吴梅、王季烈、杨荫浏、钱南扬等老一代曲学名家先后辞世,曲谱研究后继乏人。正当曲谱之学濒于绝学的时候,周维培同志挺身而出,遵从乃师钱南扬先生的谆谆教导,甘于寂寞,刻苦学习,潜心钻研,经过十余载寒暑,撰写出这部《曲谱研究》专书,使我们感到由衷的高兴,曲谱绝学终于有了承传。

这是第一部研究曲谱的专著,不仅填补了曲学史研究的空白,而且取得了令人欣喜的成绩:

首先,作者将自己的研究对象置于戏曲文化发展的大背景下,作整体的把握和探索,既对曲谱的源流、类别、演变和流派,进行了全面具体、深入系统的考察,条分缕析,理清了曲谱形成和发展的历史轨迹;又从理论上对曲谱制作、南北曲曲律、曲牌系统、曲牌联套、南北曲韵律以及曲谱的价值等,都作出个案研究,剥茧抽丝,层层剖析,从而新见迭出,评价允当。因此,《曲谱研究》的构架做到了纵横交叉,层面凸出,使曲谱史和曲谱论二者有机结合。全书内容丰富充实,具有较高的学术价值。

其次,作者勤于搜集,资料翔实。他除了查阅研究大量的南北曲曲谱外,还广泛吸收海内外曲学研究的成果,并不断有新的开拓,如发掘出《曲谱大成》《随园曲谱》的残稿以及《南九宫谱大全》等珍贵的秘本,不仅使《曲谱研究》在资料占有上显出优势,而且对许多问题,诸如南北曲格律谱、工尺谱、南北曲合谱等的分析论证,更加详尽,更具有说服力。

再次,作者考证精细、论断准确,突破性地解决了曲谱学研究中的一些疑难问题。如通过探本求源,搞清了戏曲曲谱与唐代乐谱、宋代词谱之间的关系;拂去历史尘埃,揭开了古谱《骷髅格》的真实面纱,露出其庐山真面目;细心考辨史料,否定了传统曲学有关南曲用韵即"南遵《洪武》(指明初官修韵书《洪武正韵》)"的旧说。以上这些看法都颇有见地。

第四,作者在研究方法上值得肯定的是,重调查,注实证,用事实说话。如音乐界对宋词乐谱的遗响问题,普遍持怀疑态度,他先不急于表示自己的看法,而是从卷帙浩繁的《九宫大成谱》中逐一查检,结果发现尚存有宋词调150章,辑出80位词家161首词乐谱式,并列出详细的表格,极具参考价值。这种不盲从前人、注重调查、对大量事实材料进行比勘统计后才作出判断的研究方法,本书中随处可见。在当前学风浮躁、急功近利、令人困惑的周边氛围里,这种踏实、严谨的治学态度尤为可贵。

《曲谱研究》并非完美无缺，也还存在可挑剔之处。如作者未能寓目张大复(彝宣)的《寒山堂南曲谱》(在李玉、钮少雅协助下完成)，仅靠转述他人的材料，因此，对该谱的论证就明显感到薄弱；况且将北京大学图书馆所藏的4册残本，张冠李戴到北京图书馆的头上。我国还有大量地方戏的曲谱，都各有自己的特色，理应选择具有代表性的数种，辟出专章加以介绍，可惜只字未提，未免使人感到遗憾。

从事曲谱研究的学者仍然太少，绝学真正得到传承和发展，还需要有多一些人去关注它，并投身其中去耕耘。这里就涉及图书馆资料问题，因为曲谱书中的字体和各种符号繁杂，刻印非常困难，故而流传甚少。除大图书馆有收藏外，不要说一般人，就是专业工作者也难以读到，当然，就谈不上去研究它。如今有先进的照排印刷技术，不妨影印几种最有学术价值的曲谱，使之化身千百，方可促使曲谱的传播和曲学研究的繁荣，其功将莫大哉！

(本文原刊于《中国图书商报》1997年11月9日第7版"书评周刊")

收罗完备　校勘精当
——《汤显祖全集》评介

汤显祖是明代杰出的戏曲作家,又以诗文和辞赋知名于世,一生创作除传奇"临川四梦"以外,还留下卷帙浩繁的诗文作品。虽然在他逝世后五年,有所谓《汤若士全集》的刊行(又称《玉茗堂集》),但这个集子未收汤氏三十岁以前的作品,又将其戏曲作品摈斥于外,有全集之名而无全集之实。况且编印草率,错误不少。徐朔方教授长期致力于汤显祖的研究,成就卓著。他早就打算编辑汤氏全集,1962年出版的《汤显祖诗文集编年笺校》,就是这方面的一次尝试。又经过30多年的潜心钻研,他终于将精心编纂的《汤显祖全集》奉献于学林。

这个《全集》是徐朔方先生毕生研究汤显祖的集大成之作,较之《汤显祖诗文集编年笺校》有着明显的优点。

《全集》由诗文和戏曲两部分组成。诗文集囊括了现存汤氏所有作品,总计2 200首以上;戏曲集除"临川四梦"外,还收入了他早年创作的《紫箫记》。汤显祖是明代举业八大家之一,他的八股文时杂禅语和谐语,表现出不同于流俗的异端思想。为存其创作全貌,将《汤海若先生制艺》一书增列为一卷。剔除《汤显祖诗文集编年笺校》,"补遗"中的7篇伪作,增补近年来新发现的序、赞、墓志铭等8篇。这是迄今为止内容最为完备的本子,真正称得上是名副其实的《汤显祖全集》。

《全集》选择善本作为底本,并广泛搜集各种明清刊本,运用本、他、理等各种校勘手段,反复比较参证,对全书进行了审慎精当的校勘。如卷九《送何卫辉,时喜潞藩新出》,据《明实录》《康熙卫辉府志》,考订"何"字系"霍"字音近而误;又如卷一一《谪尉过钱塘,得姜守冲宴方太守诗,凄然成韵》,据《刘大司成集》卷一四所收《与汤义仍》书信十七封,考订"汤氏此时不可能有杭州之行。诗题当作《谪尉过□□,得姜守冲钱塘宴方太守诗,凄然成韵》,□□皖南地名也"。这就解决了版本校对中无法解决的问题。戏曲古籍整理难度颇大。汤氏的剧作刊本甚多,异文屡见,徐朔方先生1957年为《牡丹亭》作注时,曾一一比勘,校后始知皆不足校,因异文都出于有意窜改,不属于传统意义的校勘范围之内。这次校订戏曲作品时,慎选底本,校以他本时,择善而从,不胪列异文。因此,校记简明扼要,判断颇见识力,为戏曲古籍整理提供了范例。

由于汤显祖交游特别广泛,上至朝廷重臣、名师硕学,下至门生故旧、曲家演员,都在他的诗文中反映出来,因此,《全集》对诗文的笺注用力最勤,广征博引,缜密考证,仅尺牍部分就比《汤显祖诗文集编年笺校》增加新注150条,或订误,或增补,或考订写作时间,容入多年积累的研究心得。全书的笺注不仅理清许多作品的人事关系,查证了原来不能编年的100多首诗文的创作年代,而且对戏曲史上的汤沈之争、汤氏剧作演出的声腔等重大学术争论问题,都能正本清源,得出符合历史事实的结论。这是《全集》中最见校注者识见功力,最具学术价值的地方。

《全集》的责编认真负责,印刷精美,装帧考究大方,在近年来同类出版物中罕见,也是值得称赞的。

(本文原刊于《中国图书商报》1999年4月27日)

一部富有创新精神的曲学著作

——评周巩平《江南曲学世家研究》

明清江南谱牒中保存大量的家族史料和历代成员的传记,是从事人文科学研究的文献宝库,直到近年来才引起学者的重视。可是本书作者周巩平早在20世纪80年代初,就开始注意从家乘族谱中发掘和钩沉曲家资料,写出对苏州派曲家叶稚斐、清初云间曲家周稚廉的考证文章,引起学术界的重视。这部《江南曲学世家研究》就是他长期积累和研究的结晶。其研究特色和学术价值有以下几点:

一、作者从《重订南词新谱》"参阅姓氏"入手,展示晚明至清初江南曲学世家的整体阵容,对吴江沈氏、顾氏、周氏,吴中叶氏,太仓王氏,吴门袁氏以及嘉兴卜氏、山阴祁氏等数十个著名曲学家族,进行个案分析和归纳研究,不仅钩稽考证了大量曲家生平和戏曲作品的情况,而且厘清了这些家族的血缘世系,理顺了异性家族间的姻亲、戚谊和师友关系。对这个庞大曲家群体的填词度曲、审音定律的曲学活动,及其世代传承的情况,作了深入研究和探讨,并揭示这些曲学世家对当时的歌坛舞榭、丹青翰墨乃至时尚风气和地域文化的繁荣,都起到重要的促进作用。纵观全稿,资料翔实可信,论证缜密严谨,结论实事求是,从而填补了戏曲史研究的空白,使研究工作取得了突破。这是本书的最大亮点。

二、晚明至清初是我国戏曲继宋元南戏、金元杂剧之后,进入明清传奇发展的重要历史阶段,也是昆曲艺术展现异彩、独领风骚时期。沈璟执江南曲坛牛耳,他所开创的吴江曲派对昆曲的发展和传承作出了不可磨灭的贡献。过去我们的曲学理念和研究方法,由于受到种种干扰,加之研究资料匮乏,因此对沈璟及吴江曲派的评价较低。本书稿第二章《曲坛盟主——明清两代的吴江沈氏》着墨较多,发掘出许多有价值的史料,有利于戏曲研究专家,对沈璟及吴江曲派在曲学史上的重要地位和卓越贡献,作出客观公正的历史评价。

三、本书搜集大量曲家的传记资料,勾勒出同姓曲家的血缘世系图,异姓曲家的世代联姻图,再稽以碑传、诗文集、笔记等有关文献,整理出每位曲家的生卒年、科第、仕履、交游和著述,甚至包含隐逸情况。这样既可以弥补正史、方志和诗文集等载籍的缺失,又能订正今人研究著述的疏漏。这些传记和曲学活动资料,极具参考和应用价值,如被学者查考征引,可以拓宽研究领域,推动曲学史、文学史、艺术史及文化史的研究向纵深发展。

四、本书综合运用谱牒、艺术、历史诸学科的知识,从多视角研究明清戏曲史,富有开创和探索精神。作者在研究方法上,以乾嘉学派的重考据重实证为主,但又不墨守成规,注意引进新的表述手法,如运用图表和统计数字作为辅助说明,使研究的论题和论据更为醒目和确切,也就更具有说服力。作者不受当前的浮躁学风的影响,一坐冷板凳就是经年累月,始终坚持实事求是的治学态度,这种精神也是值得称道的。这是一部高质量而又具有原创性质的研究成果,因此,我感到非常欣慰,庆幸戏曲文献学后继有人。

苏州昆山一带是昆曲的发源地,也是昆曲艺术最早形成和流传的地区,可是作者对昆曲剧本创作和舞台表演的论述还不够充分。据报载,去年苏州新发现梁辰鱼家谱,作者可去查阅,并再发掘有关家谱,将其中的新材料吸收到研究成果中去,我深信将会大大突出这一部分的分量。

2012 年 11 月 23 日灯下

《鸾啸小品》著录小议

1967年,路工在第14期《戏剧报》上发表了《潘之恒——明代戏曲表演艺术评论家》一文,并选辑了潘之恒的《曲派》《正字》《仙度》《与杨超超评剧五则》《曲余》《神台》等6篇文章附于该文之后。这样,一位享誉万历剧坛而身后被湮没340年的戏曲家才彰显出来,为世人所知。但是,时光又过去20年,潘之恒其人其书才引起戏曲研究者的重视。他的戏曲评论主要收集在《鸾啸小品》中,还有一些散见于《亘史》。《鸾啸小品》传世极少,也不见明清以来各种书目记载,故今人著录时,就出现不同的说法。如1981年出版的《中国戏曲曲艺词典》,认为此书是"笔记";前年刚问世的《中国曲学大辞典》仍沿用旧说;而《中国古籍善本书目》卷三〇《集部·曲类》则将它排列在《南词叙录》和《词谑》之后、《顾曲杂言》之前,当作曲评、曲话一类的书。同一种书居然分属在两个部类里,那么,《鸾啸小品》究竟是什么性质的书呢?

此书现藏于上海图书馆,因为系海内外珍贵的孤本,原书已秘不示人。1985年秋,笔者访书于沪宁一带,有幸看到它的缩微胶卷。原来,《鸾啸小品》既非笔记,也不是曲论专书,而是一部诗文集。可见上述三种颇有影响的工具书的编纂者,不是未睹原书,就是失之于细察,仅凭想当然下断语,怎能不出现疏漏!

明天启七年(1627),潘之恒第五子乃肩,搜集其父遗稿,裒为一编,因为潘氏堂名"鸾啸",所选又以随笔、札记和山水游记等小品为主,故书名题作《鸾啸小品》。该书得到潘氏生前友好的资助,崇祯二年(1629)刊行于金陵。该书正文半叶9行,行19字,白口单鱼尾,单栏,共12卷。一至三卷,多为论曲评剧的诗文,潘之恒的曲学精粹,主要集中在这3卷里；四至五卷，为序、引和题词；六至七卷，为山水园林游记；八至九卷，是为当时著名演员、乐师所撰写的传记，可以比肩于元人夏庭芝的《青楼集》；第十卷为像赞、铭文、疏、说等；十一至十二卷，是与友人的书信。潘之恒的著作宏富，但大多数都已散佚，能流传于世而又保存完整的诗文集仅此一种。除大量论曲诗文之外，集子里不少文章也为我们研究他的家世、生平和交游提供了重要的史料。如他《答汪仲嘉》信中说："家大人故好声伎。"这可以和汤显祖为潘氏父母撰写的《有明处士潘仲公暨配吴孺人合葬志铭》（徐朔方笺校《汤显祖全集》卷四〇）互相印证，说明潘之恒对戏曲的浓厚兴趣和精湛的艺术修养，是和他的家庭熏陶分不开的。又如，他为了主持曲宴，观剧品艺，结交演员，不惜耗尽家赀，晚年一贫如洗，拮据困窘。这些都从给《李太守本宁》信中透露出来：

> 今举室寄金陵，萧然四壁。小儿其婿也，每依依外家，真爱莫能助，此皆不肖之责。伤哉，贫也！将奈之何？其川中装不足储一月粮，而债家日见催迫，正坐无计相助，惟门下念之。不肖今年嫁女，薄游不足糊口，家无黄犊可卖，室人交谪，则又莫能逃矣？

已故研究生同窗汪效倚师兄，在辑注《潘之恒曲话》（中国戏剧出版社，1988年）时，考虑读者不易见到《鸾啸小品》，故将书前诸家题词、序及目录抄出，收入《曲话》附录中，以便于读者阅读时参考。但不知何故，将米万锺《鸾啸小品序》和王则古《鸾啸小品后叙》遗漏。《后叙》所署"崇祯己巳重九日"，非常重要，"己巳"为崇祯三年（1630），《中国古籍善本书目》是根据这个题署，才断定《鸾啸小品》刊刻的年代的。

（原刊于《中国文化报》1999年5月30日"古代戏曲论坛"；收入吴敢、杨胜生编《古代戏曲论坛》，江苏古籍出版社，2001年）

古代戏曲选本的价值

古代戏曲选本,大致可以分为两类:一类是专门选录一部戏中的一出或数出的戏曲选集;另一则以剧曲为主,兼收供清唱用的散套、小令以及时调小曲。早在明代正德、嘉靖时,就有《盛世新声》和《风月锦囊》的刊出,而大量出版通俗小说和戏曲书籍却在万历时期。为了适应舞台演出的需要,满足广大观众的喜好,当时南京、福建等地的书坊,竞相选编"时兴新曲",一些剧作家和审音度曲之士也推波助澜,遂使刻印戏曲选本蔚然成风,其流风余韵,一直延续到清末。现存明清时代的戏曲选本,散见于海内外藏书家手中的,其数目大约在五六十种。这是一大宗宝贵的戏曲文化遗产,对戏曲研究和戏曲艺术的推陈出新,都具有非常重要的价值。

首先,这些选本保存了极为丰富的佚曲资料。由于历代统治者的鄙视、禁毁和兵燹等原因,许多原创和改编剧本都已散佚。如明代传奇的存目当在千种以上,至今有传本者不足 200 种,幸亏在选本中还保留了大量佚曲,才得以了解某些剧作的名目或部分内容,不至于湮没无闻。现存明万历刊本《群音类选》,虽然残缺不全,但仍收录剧目157 种,其中 58 种为明传奇的罕见剧目。像黄梅戏《天仙配》、越剧《梁山伯与祝英台》,曾经风靡一时,许多观众为之倾倒。考其来源,都可以在选本里寻觅到答案。董永和梁祝的故事,远在宋元时就被搬上舞台,明人又改编成《织锦记》和《同窗记》。尽管这两部剧作都已失传,但其精彩的折子《董永遇仙》《槐荫送别》《山伯访友》《英台自叹》等,通过明刊本《词林一枝》《群音类选》《时调青昆》《摘锦奇音》和《缠头白练》等多种选本流传于世。类似这样优秀的剧目为数尚不少,很值得我们去搜集整理。这不仅可以开拓戏曲史研究的视野,探索其继承、革新和演变的轨迹,而且还可深入发掘它们所蕴藏的戏曲文化的心理积淀和丰富内涵。

其次,综观这些选本的书名,不是叫做《新刻京版青阳时调词林一枝》《鼎镌昆池新调乐府八能奏锦》,就是标做《新锓天下时尚南北徽池雅调》《新刻精选南北时尚昆弋雅调》,真是名目繁多。这固然是书商为了谋利,故意花样翻新招徕读者,但也反映出晚明舞台上除雄踞正统地位的昆腔外,还有弋阳、青阳、徽池雅调等各种声腔与之角胜。降自清代,《清音小集》选京腔剧目三十二出,《缀白裘》录高腔、乱弹腔、梆子腔三十一出五十余折。它们各自以其独有的特点,在明清的戏曲园圃里争奇斗艳,展现出诸腔竞奏、流派纷呈的盛况。过去学者们为声腔剧种资料的匮乏所困惑,改革开放以来,国际文化交流增多,国内庋藏的选本不断发现,海外秘籍得以披露和回归,正好弥补这方面的缺憾。研究者视这些选本为至宝,再稽以其他资料,可以从不同角度去审视,对南戏声腔的起源和嬗变,各种声腔的交融和吸收,以及地方戏的兴起和发展,都作了深入而有意义的探讨,并取得了可喜的成绩。

第三,尤其值得称道的是,这些选本所保留下来的众多剧目,多数都深受当时观众的欢迎。因为人们的价值观念、审美情趣和观赏要求的变化,也有不少作品不能经受历史长河的筛滤和淘洗,已经黯然无色而被人所遗忘。但是,仍有一大批折子戏并没有失去它们原有的光泽,经过历代艺术家不断精雕细琢和移植改编,成为活跃在戏曲舞台上的艺术精品。如昆曲《单刀会》的《刀会》、《西厢记》的《佳期·拷红》、《宝剑记》的《夜奔》、《牡丹亭》的《游园·惊梦》、《焚香记》的《阳告·阴告》、《烂柯山》的《痴梦》、《长生殿》的《弹词》,以及湘剧《琵琶记》的《描容上路》、川剧《破窑记》的《评雪辨踪》等,都一直盛演不衰,闪耀着璀璨夺目的光辉,给人以回味无穷的艺术享受。今天,我们正大力弘扬中华优秀传统文化,振兴京剧艺术,繁荣戏剧创作,古典戏曲选本所提供的优秀剧目,以及有的选本所总结的昆曲表演经验(如《审音鉴古录》),一定会发挥出重要的作用。

已故郑振铎先生在主持编印《古本戏曲丛刊》时,就打算待此书出齐之后,再编纂一部《古本戏曲选集丛刊》。我们殷切地希望热爱戏曲的有识企业家和独具慧眼的出版家同研究者携手合作,共同实现老一辈的遗愿,这将是泽惠学林、功德无量的名山事业。

(本文原刊于《中华文化报》1999年1月2日"古代戏曲论坛")

《同窗记·山伯千里期约》赏析

《同窗记》是演梁山伯和祝英台故事的传奇剧本。全剧已佚,今存《山伯千里期约》(见明龚正我辑《新刊徽板合像滚调乐府官腔摘锦奇音》卷六)、《河梁分袂》(见明末殷启圣选辑《精选天下时尚南北徽池雅调》卷一下)。另有《英台自叹》(见明黄儒卿汇编《时调青昆》次卷)。《山伯千里期约》也题为《山伯访友》(见《时调青昆》次卷)或《访友》(见明冲和居士编《新镌出像点板缠头百练二集》"共唢罗曲数卷",内容作了较多删节),故本出选自《摘锦奇音》。

据唐代梁载言《十道四番志》和张读《宣室志》所载,梁祝的故事从东晋以来就在民间广泛流传。宋词中有"祝英台近"、"祝英台慢"的词牌名,可知传唱梁祝的故事在宋代就已经很普遍。并且被搬上戏曲舞台,如宋元南戏有《祝英台》,元杂剧有白朴的《祝英台死嫁梁山伯》。明代传奇中有关梁祝故事的剧目更多,如:朱从龙的《牡丹记》(见《古人传奇总目》)、朱少斋的《英台记》(又名《还魂记》,见《远山堂曲品》)、王紫涛的《两蝶诗》(见《传奇汇考标目》)以及无名氏的《同窗记》(又名《访友记》)等。这些剧目虽然都已散佚,但从明代戏曲选本所保存的佚曲中还可以窥见其风貌;尽管各本曲白的文字有所出入,然而它们都渊源于宋元南戏《祝英台》。梁祝故事的戏曲在许多地方戏中盛演不衰,川剧《柳荫记》直接继承了《同窗记》的戏路子,它和越剧《梁山伯与祝英台》最受人民大众的欢迎。

《山伯千里期约》即"楼台会",是一场著名的重头戏。描写梁山伯和祝英台同窗三载,朝夕相处,互相关心和尊重,情深谊厚。祝父催女归家,英台趁山伯送行时,见景生情,托物寓意,表达她对山伯的爱慕,而忠厚至诚的山伯，竟未能领会。河梁话别时，英台无奈，只得托言为九妹作伐，叮嘱山伯按期赴约。后来他千里相访，由于错过约期，英台已被其父许配马家。两人书馆相见，悲愤不已，表示此情专一不二，在"九泉终久重相会，再世相逢议此亲"的誓言中诀别。

戏一开场，《群音类选》所载"诸腔"卷四《访友记》的《山伯访祝》，有祝员外先接见山伯，同意梁祝相见，忽然庄外来人催他去算账的戏。《山伯千里期约》则将这些无关紧要的情节删去，直接描写梁祝的重逢。当侍女人心禀报有朋友来访，英台立即纠正说："丫头，窗友，说什么朋友！"她非常珍惜数载同窗的友谊，不仅与梁兄情投意合，而且暗自托付终身大事，这种"窗友"的情谊当然远远超出"朋友"的范围。正因为这种不同于一般的朋友关系，他们才可以不避嫌疑，将相会地点由客厅移至英台的书馆，在这个特定的情境里，演出一场感人肺腑、催人泪下的悲剧。

山伯一是为了探访挚友，二是为了与"九妹"缔结姻盟，"莫惮艰心"，兴冲冲而来，英台则久等梁兄不至，朝思暮想，况且经历了许婚马家的巨变之后，心情抑郁而悲伤。当听说梁兄真的到来，她反而热泪满腮，担心以"朱颜绿鬓"的女儿之身抛头露面，会让梁兄难以接受。因此，举步维艰，疑猜不定。在这种既喜且悲的对比映衬下，两人不同的心境和情态，就构成相见时的戏剧冲突。为了不使一上场就沉浸在悲剧的氛围里，紧接着通过相认时的一段对白，既细致地描绘梁兄辨认出女装英台的高兴，突出了山伯的至诚性格，又让事久和人心生动活泼的科诨，给两人相见增添了不少欢乐，使剧情跌宕有致，把久别重逢时的悲喜交集场面渲染得恰如其分。这个开场戏为情节的发展和转折起了铺垫的作用，也是对后面的悲剧场面的一种衬托。

英台不忍心将婚变之事告诉梁兄，便强压制住内心的悲痛，设宴置酒，殷情招待，直"饮得月落灯残，瓮干杯罄"，仍不肯罢休，又借行酒令，再频频把盏劝饮，欲让梁兄醉倒，一醉方休。当然，借酒岂能浇愁，内心的矛盾和痛楚难以掩饰。山伯终于从她的举止异常、谈话吞吐中看出破绽，他想急于了解事情真相，探明其中就里。于是将事久、人心支开,以便于他们畅叙衷怀。至此,剧情发生了转折,戏剧冲突也由隐蔽而公开化,梁祝的心灵碰撞不可避免地展开了。面对梁兄的一再追问,英台再也无法控制自己,也不顾人久、人心去而复返,通过两支【一枝花】曲子将真情一吐为快,把压抑在心头的满腔悲愤宣泄出来。她尽管聪明机智,品格高尚,敢于冲破世俗观念,女扮男装外出读书,但她毕竟是大家小姐,长期受到封建礼教的熏陶和桎梏,害怕有亏名节,"恐蜂喧蝶嚷,伤残风化,有乖奴家德行"。她处处谨小慎微,担心自己的身份暴露,山伯虽然对其女性也有所察觉,但却被英台的聪明机警搪塞过去;她钟情山伯,热切希望早日接丝罗,可是又不敢直截了当地表达自己对爱情的追求,只能托物比兴,委婉暗示,而一贯忠厚至诚的梁兄却"不解文君意",从而错过了"燕约莺期"。"终朝颙望结朱陈,今日望,望不见青鸾信;明日盼,盼不见黄犬音。我曾把银河肃整,鹊桥架定,那曾见牛郎来会织女星!"这段唱词把她的望眼欲穿、焦急等待以及埋怨心情倾吐出来,当唱到"因此上俺爹爹受了马……"便语不成声,急忙下场;至于许婚马家之事由人心嘴里说出。作者这样精心安排,既顺应了剧情的发展,也符合人物的性格和感情变化的轨迹,她已经悲痛欲绝,当然更不忍心当着梁兄的面,使他的心灵再受到创痛。同时也可以让紧张的剧情暂时趋于和缓,使场面和气氛得到调剂。这场戏深刻揭露了封建礼教和"父母之命,媒妁之言"的包办婚姻,是造成梁祝悲剧的主要原因。

　　山伯了解事情的真相后,特别是人心明确表示:你们"这段姻缘,一笔都勾罢!"紧接着就安排了两次告辞的戏,把悲剧的戏剧冲突推向高潮。第一次告辞,山伯虽然知道"亲事不谐",但他接受不了这个残酷的事实,还心存一线希望,"前去寻一个月老冰人,定要把赤绳绾定"。英台则比较清醒理智,"今生料不能够了,我劝你休想也罢了",力图让他死心,当然也在进一步试探他的态度。岂料一贯忠厚至诚的山伯居然失去了控制,他悲恨交集,怒火顿生,连发出"三恨":一恨贤妹言而无信,二恨自己命薄,三恨月老注得不均平。"本是同林鸟,又被狂风散,比目鱼又被猛浪分",声声字字都是对封建婚姻制度的斥责,就是这些"狂风猛浪"吞噬了这一对青年的爱情和幸福。事久也为主人忿忿鸣不平,责备英台是"歹心薄幸人"。这场面对面的尖锐冲突,终于使这对有情人的误会得到化解。英台虽然无法违背老父的意志,改变既成事实,但决心殉情,以死来抗争,她将相思热泪擦干,执酒对天盟誓:"今生不和你谐凤侣,来生定要和你结姻亲。""祝英台如果是亏心负义,七孔皆流鲜血,望天天鉴此情。"铮铮誓言,掷地有声。

梁祝二人消除误会、心灵相通、永结同心后,山伯再次提出告辞,在送行这场戏中,作者竭力描绘令人黯然伤神的暮秋景色,将离人置身在这个特定的凄凉环境里;又连用了三支【下山虎】和两支【斗黑麻】曲子,这两种曲牌属于南曲越调过曲,适宜于表现悲伤怨慕的情绪。再通过英台赠送"罗帕戒指表殷情",山伯睹物伤情,声泪俱下、悲痛欲绝。他俩一支接一支对唱和合唱,反反复复地咏叹,把诀别时"欲别又难忍,欲别又难忍"的愁肠寸断,"伯劳飞燕,东西离分"、"天各一方,相思两处"的痛苦思念,抒发得缠绵悱恻、声情并茂、凄楚动人,具有强烈的艺术感染力。然而作者却将笔锋轻轻一转,在【尾声】的合唱里,用矢志不移的决心,毫不妥协地积极追求,再一次表达他们对爱情生死不渝的坚定信念:"九泉终久重相会,再世相逢议此亲。"使梁祝的反抗性格得到升华,艺术形象更加光彩照人。

这出戏除了以强烈的感情扣人心弦外,大量运用民间俗词俚语,人物语言质朴生动,特别是事久、人心的演唱,采用青阳腔的【滚遍】、【摧拍】等滚调,曲词活泼流畅,富有个性色彩。而梁祝的曲词则优美清丽,融入和汲取了古典诗词和《西厢记》的养料,更能够揭示人物细腻的心理活动,渲染浓郁的悲剧气氛,显然在流传过程中经过文人的加工,因此与前者的语言形成了鲜明的对比。

(本文原刊于蒋星煜主编《明清传奇鉴赏词典》上册,上海辞书出版社,2004年)

张庚与戏曲文献

张庚先生在戏曲史、戏曲理论研究上的卓越贡献,早已蜚声艺苑,但是他与戏曲文献工作,尤其是有关戏曲文献方面的论述,因为没有鸿篇巨制,文章亦极少,所以鲜为人知。他自己总是谦虚地说:"这个领域我是个门外汉。"其实并非如此。尽管张庚先生侧重于理论研究,然而他长期担负戏剧界的领导工作,粉碎"四人帮"以后,又出任国务院古籍整理出版规划小组的顾问。他非常关心戏曲文献工作,谈过不少精辟的意见,可以视为张庚戏剧学说的一个重要的组成部分,应当引起我们的重视。作为张庚先生的学生,我多年来在他的指导下从事戏曲文献的整理和研究工作,耳濡目染,获益良多。借此学习讨论会的机会,向大家介绍一下张庚先生与戏曲文献工作。

首先,他十分强调戏曲文献对研究工作的重要性。我们在研究张庚的著作时,感受最深的是,他的戏曲理论,既具有强烈的时代气息,又深深扎根于民族传统的文化土壤中。这是与他对戏曲遗产的重视分不开的。在戏曲研究工作中,他通过自己的切身体会,指出:

> 戏曲史的研究方法,可以是多种多样的,我们既需要高屋建瓴,从宏观上探讨戏曲艺术的发展规律,也应当踏踏实实,对作家进行深入细致地研究。但不管采用哪种方法,都离不开对文献资料的搜集、整理和辨析。有的青年却不理解,热衷于趋时,而不屑去做这方面的工作。其实这是任何研究赖以建立高楼大厦的基础。

张庚先生并不是反对在研究工作中引进新的理论和新的方法,而是对不认真占有材料、一知半解地卖弄新名词的恶劣文风表示不满。他对年轻人寄予厚望,在同研究生谈话时,打了一个非常生动形象的比喻:"戏曲研究领域,过去很少有人涉足,这里几乎是一片荒原,以前我们这代人搞研究,是放火烧荒。现在时代不同了,你们的工作是打井,只有深入钻下去,才能喷出泉水。"他殷切希望我们刻苦钻研,成为戏曲领域的专门人才。因此,他要求我们重视占有文献资料,学会搜集资料,分析资料,运用资料,不要做空头理论家。

张庚先生在回顾和总结戏曲研究的经验和教训时,把戏曲文献工作也放在比较重要的地位。他说:

> 三十年来,我们的戏曲研究工作,落后其它学科,落后于演出实践,这中间有各种各样的原因,其中戏曲文献工作未跟上,也是一个重要原因。

正是基于这样的认识,他对图书资料的积累和建设工作特别关心。傅惜华先生,是国内外享有盛名的戏曲文献专家,毕生勤勤恳恳,从事戏曲、曲艺、民间美术的资料搜集和研究工作,其藏书之丰富、藏品之精,为士林所瞩目。而野心家、阴谋家康生,早就觊觎傅氏的藏书,趁"文化大革命"抄家之机,将其大部分珍藏窃为己有。张庚同志对此极为气愤,粉碎"四人帮"以后,他刚刚恢复工作,就几次派专人去查找。1983年5月,中国社科院文学研究所邀集有关单位研究《古本戏曲丛刊》《古本小说丛刊》的编印问题,我和副所长陈义敏同志参加了这次座谈会。行前,张庚先生又叮嘱我们,如果在会上见到李一氓同志,可向李老询问一下,请他关注此事。后来经过戏曲研究所资料室主任戴淑娟同志的努力,被康生盗走的傅氏藏书,除一部分散佚外,其余都由北京市东城区文物管理委员会归还原主,征得傅先生家属同意,已转让给戏曲研究所收藏。

这里又使我想起另外一件事。原孔德学校总务长马隅卿先生,于1925年夏,从蒙古臣图汗王府购了大宗戏曲和曲艺本子。戏曲部分包括昆曲、吹腔、皮黄、秦腔等全本或折子戏,虽然都系艺人抄录,但保留了从乾隆至光绪年间舞台演出本的面貌,况且有不少剧目现在已失传了。这批弥足珍贵的戏曲材料,后来主要庋藏于北京大学图书馆,首都图书馆也保存了一部分。前些年,我去北大查阅车王府藏曲时,听一位老馆员谈起:50年代的时候,张庚同志曾两次来看这批书,简直爱不释手。他甚至想同有关领导商量,移交给他们收藏。50年代正是中国戏曲研究院刚刚建院不久,张庚先生也刚从话剧转到戏曲战线,他不仅要为戏曲研究积极网罗人才,还要为研究资料而辛勤奔波。时隔多年以后,当我向他问及此事时,他仍记忆犹新,说:"北大当然不会撒手的。据说中山大学王季思先生,雇人过录一部,当时我们怎么就没有想到派人去抄回来呢?"先生喟然长叹:"现在可没有这个力量了!"

张庚先生在重视戏曲文献资料的同时,对从事这方面研究工作的专家学者也是非常关心和尊敬。像傅惜华、杜颖陶这些从旧社会过来的老知识分子,在50年代后期"左"倾思潮的影响下,被当作白专的典型。张庚先生却不随波逐流,总是满腔热情地团结他们,帮助他们,同他们一起工作,并充分调动他们的积极性,发挥他们的聪明才智,为社会主义的戏曲研究工作服务。为了使他们学有传人,他曾三次动员年轻同志去给傅惜华当助手,学习戏曲文献专业知识。由于种种原因,这些青年人中途便改弦易辙了。"文革"前,未能培养出一批从事戏曲文献整理和研究的人才,张庚先生一直引以为憾事!他对被"四人帮"迫害致死的傅惜华先生,始终充满怀念的深情,并给予较高的评价。记得1985年4月,我和张庚等先生去河南郑州参加首届中国古典戏曲学术讨论会,《光明日报》"文学遗产专刊"的编辑,想约一篇介绍傅惜华生平及学术成就方面的文章。我把此事告诉了先生,他特别支持,语重心长地说:

> 傅惜华先生毕生勤勤恳恳,从事戏曲文献的整理和研究,他留下的许多著作,至今还使我们受益不浅。

他又说:

> 我们有些著作,可能风靡一时,但很快就成了过眼云烟,而傅先生的那些著作,却是扎扎实实的东西,会经得起时间的考验。应当好好介绍一下他。

徐调孚先生是中华书局著名的老编辑,张庚和郭汉成主编的三卷本《中国戏曲通史》完稿后,最初是送给他审阅的。无论是对材料的审核,还是对文字的润饰,以至一个标点符号的运用,徐先生都一丝不苟。凡有问题的地方,他都在书的眉端贴上浮签,签注意见。张庚先生对徐先生严肃认真的工作态度,时常加以称赞,并以此教育大家。《中国戏曲通史》几经波折后,终于在 1980 年 4 月问世了。凡是为本书付出劳动和心血的人,他从来都不会忘记,曾多次打听徐调孚的情况,当得知徐先生被迫离开古籍出版工作,死在四川江油山区的消息,他对这位素昧平生的老编辑,非常痛惜和怀念。

张庚先生尊重知识、尊重人才的高尚品德,堪为我们后学者的楷模。

其次,他重视戏曲古籍的出版工作,尤其重视戏曲古籍的普及工作。我国古典戏曲的产生,虽然晚于诗歌和小说,但从它开始形成到现在,已有近千年的历史了。宋元南戏、金元杂剧、明清传奇以及清代地方戏,其作品之多,被喻为"词山曲海"。戏曲文献是中华民族文化宝库里的一宗极为珍贵的遗产。而"文化大革命"期间,大量戏曲古籍被抄被焚,遭到严重的破坏。如今从事研究和演出实践的同志,普遍感到戏曲资料极端缺乏。张庚先生认为,整理戏曲古籍是一项艰巨而迫切的任务,它对于继承民族文化遗产,建设社会主义精神文明,发扬爱国主义精神,提高民族自尊心和自信心,促进社会主义戏曲事业的繁荣,都有十分重要的意义。

1981 年 9 月,中共中央发出《关于整理我国古籍的指示》,张庚先生特别高兴,热烈拥护和支持陈云同志有关整理古籍的讲话。1982

年3月,国务院古籍整理出版规划小组在京召开第一次全体会议,讨论制订1982年至1990年的古籍整理出版规划。张庚先生参加了这次会议,并向与会同志提出《标点校印明清传奇的计划》。同年6月10日,他又在国务院古籍整理出版规划小组编印的《古籍整理情况简报》第90期上,发表了《加强古典戏曲文献整理出版工作的建议》一文,积极呼吁整理出版戏曲古籍,他开列了一个上至宋元南戏,下至清代地方戏,乃至戏曲理论、戏曲目录、戏曲史料及戏曲图像的整理出版项目。这是一个宏伟的计划,当然不可能急功近利,所以,他认为要"组织力量,分期分批,陆续完成",近期的目的是,向研究工作者读者提供大量易买易读的明清戏曲剧本。他的建议引起国务院古籍整理出版规划小组组长李一氓的重视。就在这年7月1日,李老约见张庚、俞琳以及中华书局的程毅中、许逸民等同志,共同研究和落实关于明清传奇的整理和出版问题。

张庚先生的戏曲理论有一个很大的特色,就是理论联系实际。这是他历来所倡导的学风,也反映到他在古籍整理的论述上。他说:

> 我国戏曲古籍也是浩如烟海,不仅杂剧、传奇的剧本繁多,而且曲论、剧评、音律、曲律、论唱的著作也十分丰富,这类书籍如不标点注释,是很难读懂的。但是这方面的书还不同于一般的文学作品专供欣赏之用,它们还在今天戏曲改革中具有继承和批判运用前人遗产以创造新艺术的实践作用。因此,有计划地出版这类书籍,既供给研究者用,也使之普及,实在是非常需要的。

很明显,张庚先生不同于一般埋头于书斋的学者,他强调戏曲的古籍整理工作,要为戏曲改革服务,要在批判和继承中创造新的艺术,这对我们来说就具有特别重要的意义。他还多次指出,要注意不同层次的读者,可以搞一些普及的东西,使古典戏曲作品和论著做到通俗化,这样有利于提高广大戏曲演员的艺术修养和理论水平。

第三,重视培养戏曲文献整理和研究的人才。张庚先生在《加强

古典戏曲文献整理出版工作的建议》一文中,还着重指出人才的重要性。他说:

> 古典戏曲文献的工作量是相当可观的,不可能一蹴而就,需要统筹计划,调动各方面的力量,分别轻重缓急,合理安排,其中最关键的问题是培养干部。

从事古典戏曲文献研究的人才,在我国本来就屈指可数,当一些老一辈专家相继谢世,或年事已高,青黄不接的现象就更为突出了。虽然早在50年代,张庚先生就已经注意到这个问题,但终因当时的历史条件所局限而不能获得解决。只有最近几年,在他的竭力倡导下,中国艺术研究院研究生部,于1982年招收了首届戏曲文献研究生;并在戏曲研究所组建立了戏曲文献研究室,填补了戏曲研究中的一个空白,他多年的夙愿才得以实现。

1982年1月9日,张庚先生在研究生部的一次会议上说:

> 我们今年招了一些空白专业,是为了解决问题。如戏曲就招了文献专业,为了什么?是因为大量的文献不能读,更不能用。陈云同志写了一封信,提出这个问题。这个问题提得非常及时,尤其是青年一代,将来读古书成为比读外国书还麻烦的事。

招收戏曲文献研究生的目标很明确,就是要造就一批能读懂文献,运用文献的专门人才。因此,他特别注重学生思想素质和专业知识的培养,而把人品的好坏放在首位,再三告诫我们:"这个问题切不可掉以轻心,思想品德低下的人怎么能搞好学问!"他对个别把研究生称号作为攫取名利敲门砖的人极为反感。他年事已高,况且社会活动较多,对研究生的具体业务指导,不可能事必躬亲,但他对课程设置、教学计划却毫不含糊,必须认真过问,并逐个审查落实。他强调基础理论课的学习,一定要开出版本、目录、古籍整理方面的课程。同时还要注意基本功的训练,他要求学生动手标点古书,规定毕业论文除作一篇文章外,每人都要点校一部传奇剧本,既作为成绩考核的一部分,又可纳入明清传奇整理出版计划。当他得知文献专业的研究生比较用功,喜欢埋头读书,认为这是一个可喜的现象,应当加以鼓励,他说:"他们结合自己的专业特点,多读一些古书是有好处的。"然而,他又提醒大家,要求钻得进去,也能走得出来;既入虎穴,又不能迷途忘返。能不能做到这一点,其关键在于能否掌握正确的世界观和科学的方法论。他说,有的学者钻研精神令人钦佩,材料占有也极丰富,可是结论却使人不满意,这主要是方法不对头。在一次毕业论文答辩会上,他结合论文中存在的问题讲述了研究方法的重要性,对这位学生启发很大,修改后的论文质量有了显著的提高。他非常重视理论联系实际,提倡多看戏,多留意当前的舞台演出,即使学文献的也不例外。经过三年的刻苦学习,第一届戏曲文献研究生早就毕业走上工作岗位,他们没有辜负张庚先生的教导,多数人已经成为本单位的业务骨干了。

近年来,各种各样的思潮和学说一下涌了进来,使人眼花缭乱,目不暇接。人们的文化观念发生了重大变化,他们对传统文化逐渐淡漠,古老的戏曲艺术面临严峻的挑战,古籍整理出版事业也出现了不景气的现象,当然,尚在襁褓之中而体质孱弱的戏曲文献专业也遇到重重困难。但是,我国灿烂的戏剧文化,丰厚的戏曲文献宝藏,将会召唤着一批有识者去开拓,张庚先生关注和倡导的事业绝不会半途而废。

(本文原刊于《戏曲研究》第 27 辑,文化艺术出版社,1988 年;收入《张庚阿甲学术讨论文集》,中国戏剧出版社,1992 年)

马隅卿先生为抢救和保存戏曲文献所做的贡献

今年正值马廉(隅卿)先生诞生110周年,北京大学图书馆编辑出版了《不登大雅文库珍本戏曲丛刊》,并将它作为百年馆庆活动的重要内容之一,以纪念这位为抢救和保存戏曲文献而做出卓越贡献的著名学者和藏书家。他的主要贡献如下。

一、抢救《清蒙古车王府藏曲》

1925年暑假前,马隅卿先生任孔德学校总务长时,几经周折,才以低廉价格购买了由蒙古车登巴尔王府散出的大宗曲本。计152函,2 154册。曲本分为戏曲和曲艺两大类。戏曲部分是据舞台演出本过录的,以皮黄戏为主,其次是昆曲,还有弋腔、吹腔、高腔、秦腔、木偶戏、皮影等,琳琅满目,丰富多彩。王季思先生给予很高的评价:"从文化史的角度看,他为我们提供清代由盛而衰阶段的民情风俗、宗教信仰、民族关系等方面的第一手资料。从戏曲史的角度看,他填补了昆腔高踞剧坛到京剧代之而起的一段过渡期间的空白。单就这两点说,他在近代的发现,将可与安阳甲骨、敦煌遗书并提。"[①]这批曲本引起海内外学者的重视,刘复、李家瑞编《中国俗曲总目稿》(中央研究院史语所,1932年,北京),傅惜华编《北京传统曲艺总录》(中华书局,1962年)、《子弟书总目》(上海文艺联合出版社,1954年),都采录车王府所

---

① 《车王府曲本题要小序》,载于郭精锐等编撰《车王府曲本提要》卷首,中山大学出版社,1989年。

藏俗曲的资料。戏曲中所保存的《打金枝》《三岔口》《玉堂春》《九莲灯》《得意缘》《四进士》和《打渔杀家》等，都成为戏曲舞台的精品。车王府藏曲除归北京大学图书馆特藏部庋藏外，还有230种、2300多册，于1954年移归首都图书馆收藏。该馆又将北大藏本过录一份入库。后来首都图书馆和北京古籍出版社联合，将《清蒙古车王府藏曲本》精心影印，线装，分成315函出版，供海内外收藏和使用。从20世纪90年代开始，中山大学中文系就组织专人对车王府曲本进行整理，出版了《车王府曲本题要》《车王府曲本选》等，近年来又从多个角度对曲本进行了较深入的研究，取得了可喜的成果。

二、发现明抄本《录鬼簿》和《今乐考证》稿本

1931年秋，马隅卿先生在宁波养病时，与郑振铎、赵万里先生访得天一阁散出的明抄本正续《录鬼簿》。这个抄本比起康熙间曹楝亭的刻本，要多出一些内容，而文字也有所出入。确为孤本，向所未见。他们连夜影抄一部（1946年10月，此明抄本《录鬼簿》从宁波孙祥熊家散出，西谛先生举债得之）。后来他们又在林集虚大酉山房发现姚燮（梅伯）的《今乐考证》稿本，惊为秘籍，朱鄦卿从中疏通，赵万里予以帮助，隅卿先生不惜以重价购得，"不登大雅文库顿时，为之生色不少"。赵万里先生认为："这本书虽薄薄的只有五册，但可认为近代剧曲史料的一个总记录。……远在钟（嗣成）、贾（仲明）、徐（渭）三家之上。这真是空前的杰作。"1934年秋，隅卿先生由宁波返回北平后，完成了《录鬼簿校注》。1935年2月19日，隅卿先生因脑溢血症病逝。北大为了纪念他，将《今乐考证》影印出版。此书要早于王国维的《曲录》70多年，比它提供的资料更加丰富。姚燮对清代乾隆、嘉庆、道光、咸丰年间曲家的剧作多所寓目，著录较详，这不仅提供了大量的新资料，而且大大激发了当时的研究者的兴趣，推动了戏曲研究的深入发展。马隅卿先生根据此稿本，再稽以其他资料，对王国维的《曲录》

进行了批校和考订。

三、集戏曲珍品于"不登大雅文库"

马隅卿先生所藏小说,由于孙楷第《中国通俗小说书目》已经著录,为治小说史者所重视,况且一大批珍籍已经影印或点校出版。而他的戏曲藏品内容十分丰富,可是利用者还不多。这些藏品颇具特色,保存了大量珍贵罕见的刊本,如明代金陵富春堂所刻传奇百种,今能寓目者也不过30种,而马氏所藏几乎占有一半,像《草庐记》《白蛇记》《升仙记》《玉玦记》《灌园记》等,都是罕见本或孤本。毛晋汲古阁所刻《绣刻演剧》(即《六十种曲》)以精善著称,其原刊初印本,传至今日已难觅完帙,以单本零种为图书馆或私人藏书家所珍藏,而马氏就收藏有《八义记》《三元记》《精忠记》《千金记》《鸣凤记》《邯郸记》《南柯记》《彩毫记》《金莲记》《投梭记》《春芜记》《飞丸记》《玉镜台记》等14种。再如萧腾鸿师俭堂刻本《六合同春》、明末刻清铁瓶书屋印本《墨憨斋十种传奇》、明末金陵两衡堂刻本《粲花斋新乐府》、清初南湖享书堂刻本《坦庵词曲六种》、康熙书带堂刊本《容居堂三种曲》、乾隆十八年世光堂刻本《夏惺斋新曲六种》、乾隆香雪山房刻本《研露楼三种曲》、乾隆刻本《红雪楼十二种填词》、道光十三年钱塘汪氏振绮堂刻本《瓶笙馆修箫谱杂剧四种》、道光二十七年椿树轩刊本《味蔗轩春灯新曲》以及清待鹤轩刻本《庶几堂今乐》(花部剧本)等,不是初刻本就是罕见本,大多数都刻印俱佳,插图精美,堪称版画史上的代表作。还有不少明清单刻零本也是难得的善本或稿本,也颇具研究价值,历来为治曲者所重。马氏还特别重视梨园抄本或传抄曲本的搜求和购置,使我们得以窥见当时的舞台演出风貌,而许多散失的剧目也得以流传于世。举凡剧目、曲选、曲话、曲谱,马隅卿先生也都热心搜寻。今天影印出版《不登大雅文库藏本戏曲丛刊》,既是保存戏曲文化遗产,为研究者提供大量的资料,也是对马隅卿先生为抢救和保存戏曲史料所作出重大贡献的纪念。马氏藏曲绝大多数是明清昆曲剧本,而昆曲已于

2002年5月18日被联合国教科文组织认定为"人类口头遗产和非物质遗产代表作",予以继承和保护,今天将其曲目的文字载体影印出版,更具有不寻常的意义。

我作为北大的校友,有幸被母校图书馆邀请,参与策划和编辑《不登大雅文库珍本戏曲丛刊》。我们从马隅卿先生的遗书中又有所发现。如明沈璟的《一种情》(即《坠钗记》),不见刊本传世,仅存近人姚华旧藏康熙二十八年(1689)抄本,后被梁启超索去,《古本戏曲丛刊初集》据以影印的就是此本;马氏藏曲中也有这部传奇,系姚华据康熙抄本重新过录的,他不仅保留了自己的批注和跋文,并以词隐(沈璟)所辑《南九宫谱》对勘,订正了某些曲牌,而且对原抄本的文字脱误也作了补正,显然优于《古本戏曲丛刊》本。又如明孙柚的《琴心记》,《古本戏曲丛刊二集》据汲古阁原刻初印两卷本影印,后来在《古本戏曲丛刊拟补目录》中,列入马氏所藏万历间富春堂刊四卷本《琴心记》,欲待重印时予以替换。又如明屠本畯为七十自寿所撰的《饮中八仙》杂剧,既不见于著录,也不为世人所知,马氏所藏抄本当为海内外仅存的孤本。又如明王异的《弄珠楼》,今仅存明崇祯杭州凝瑞楼刊本,《古本戏曲丛刊三集》据以影印。可惜此本残损严重,从二十三出《赠别》至三十二出《团圆》,共九出多皆缺失,而马氏藏曲中则有据凝瑞楼刊本过录,并有朱笔校订圈点的抄本,虽结尾稍有缺页,但不影响全剧内容。《鄞县李氏藏书目录》著录《弄珠楼》云:"按:此曲明王异撰,一作许自昌。传本极少,此为姚复庄旧物,可宝也。惜末有缺页。"马氏所藏这个朱笔校订本,与这个著录的情况相吻合,它或许是姚燮《复庄今乐府》散出的稿本。因保存于《隅卿杂抄》中,鲜为人所知,今使此本重见天日更值得"可宝也"。再如清江都郑小白的《金瓶梅》,《古本戏曲丛刊三集》所收本,由于编者未能仔细鉴定,竟将《双飞石》传奇和《金压瓶》传奇拼凑为一本。然而马氏则藏有两种《金瓶梅》抄本,皆不题撰人姓氏,一为二卷二十八出本,上卷第一、二两出,下卷第十四、二十三两出皆佚,剧以李瓶儿为主干,结构完整,曲词典雅,不含污秽,当出自文人的手笔。另一本仅十出,与前本比勘,发现这个抄本系艺人据前者改编增饰的演出本,它与中国艺术研究院戏曲研究所收藏的一个仅存下卷十四出的残抄本比较接近,可能是属于同一个系统的本子。现已将这两个抄本一并收入集中,以引起研究者的重视。

马隅卿先生还留下遗稿《隅卿杂抄》112册,约200多万字,其中绝大多数是他亲手抄录或题跋批注的有关戏曲小说的研究资料。马先生生前曾出示札记数册,供郑振铎、赵万里先生过目,引起他们的极大兴趣,郑振铎感叹说:"皆有关小说戏曲之掌故与史料也。予与斐云大喜过望,竟抄数十则,又有《明代版画刻工姓氏录》一册,予睹之如获异宝。"[1]北大图书馆已责专人整理这批遗稿,准备编辑出版,使马隅卿先生毕生心血的撰述能得以传世。

由于研究工作的需要,我多年来经常查阅马氏藏曲,已经获益匪浅。这次又有这么难得的机会,深入了解"不登大雅文库"藏曲的情况及其收藏经过,前辈为抢救和保存文化遗产所付出的辛勤劳动和奉献精神,使我肃然起敬。值此马廉先生110周年诞辰之际,我在此深深表达对他的缅怀和敬仰之情。

(本文收入北大纪念五马[马衡、马玉藻、马廉等五兄弟,均为北大教授]论文集,刘倩编《马隅卿小说戏曲论集》,中华书局,2006年)

---

[1] 见《郑振铎文集》第七卷《明抄本〈录鬼簿〉跋》,人民文学出版社,1988年,页93。

图书在版编目(CIP)数据

汤显祖及明代戏曲家研究/吴书荫著. —上海：复旦大学出版社,2018.8
(新世纪戏曲研究文库/江巨荣主编)
ISBN 978-7-309-13656-2

Ⅰ.汤… Ⅱ.吴… Ⅲ.①汤显祖(1550-1616)-人物研究-文集
②戏曲家-人物研究-中国-明代-文集　Ⅳ.K825.78-53

中国版本图书馆 CIP 数据核字(2018)第 092775 号

汤显祖及明代戏曲家研究
吴书荫　著
责任编辑/王汝娟

复旦大学出版社有限公司出版发行
上海市国权路 579 号　邮编：200433
网址：fupnet@fudanpress.com　http://www.fudanpress.com
门市零售：86-21-65642857　团体订购：86-21-65118853
外埠邮购：86-21-65109143　出版部电话：86-21-65642845
浙江新华数码印务有限公司

开本 787×960　1/16　印张 27　字数 343 千
2018 年 8 月第 1 版第 1 次印刷

ISBN 978-7-309-13656-2/K·656
定价：92.00 元

如有印装质量问题，请向复旦大学出版社有限公司出版部调换。
版权所有　侵权必究